来路

中共党史中的伟大细节

《理论中国》编辑部 编著

杨明伟 主编 ◆ 翟亚柳 樊宪雷 副主编

人民文学出版社

图书在版编目（CIP）数据
来路 ：中共党史中的伟大细节 /《理论中国》编辑部编著 ；杨明伟主编 ；翟亚柳，樊宪雷副主编 . 北京 ：人民文学出版社，2024（2025.8 重印）.
ISBN 978-7-02-018989-2
Ⅰ. D23
中国国家版本馆 CIP 数据核字第 2024EA8463 号

责任编辑 周墨西
装帧设计 刘 远
责任印制 王重艺

出版发行 人民文学出版社
社 址 北京市朝内大街 166 号
邮政编码 100705

印 刷 北京新华印刷有限公司
经 销 全国新华书店等

字 数 335 千字
开 本 710 毫米 ×1000 毫米 1/16
印 张 27.75 插页 3
印 数 11001—14000
版 次 2024 年 11 月北京第 1 版
印 次 2025 年 8 月第 3 次印刷

书 号 978-7-02-018989-2
定 价 68.00 元

序　言

《来路——中共党史中的伟大细节》，是一本极富感染力的小书，以一种独特的视角挖掘中共党史上一系列鲜为人知的细节。这些细节，往往处在中共党史的大关节当中，起着极为重要的作用；这些细节，党史界在深入探寻答案，普通读者也愿意热切关注。

细节中有着许许多多疑问，需要我们一路探究。

探究党的“代表大会”的曲折：自中国共产党成立到新中国成立之前的28年，全国性的党员代表大会为什么只开了七次？这些大会召开的时间、选择的地点、参加的人员、形成的决议等等，都是怎么确定的，其中经历了哪些曲折？许多事情年代久远，一些细节是怎么考证出来的？

探究党史印记中的一些“鲜为人知”：中共早期组织是怎样建立起来的？“南陈北李”是如何相约建党的？白色恐怖下的地下交通线是如何建立起来的？党内第一套密码是怎么产生的？一些重要的口号是怎么提出来的？

探究“党指挥枪”怎么一路走来：党旗党徽、军旗军徽是怎么诞生的？打响第一枪的人民军队当时是什么样子，担任前敌委员会书记的周恩来又是怎样来评述的？毛泽东为什么要为这支队伍作出“我们的原则是党指挥枪”“加强纪律性”等重大原则规定？

探究老一辈领导人“神采各异”的特殊气质和魅力：为什么毛泽东说自己“在我身上有些虎气，是为主，也有些猴气，是为次”？为什么周恩来说自己平生仅有一次“拍桌子”？为什么刘少奇在遵义会议上要支持周恩来的倡议、推举毛泽东为领袖？为什么红军总司令朱德自称为“伙夫头”？中共“五大书记”之一的任弼时为什么会英年早逝，被称为“党的骆驼、人民的骆驼”？

探究一些“经典著作”写作、出版和翻译的背后：《共产党宣言》翻译和出版后为什么会影响那么大？为什么说毛泽东在陈望道翻译之前就读到了《共产党宣言》的全译本，陈望道翻译的不是首个全译本？被誉为“工人阶级的圣经”的《资本论》是如何在白色恐怖下翻译出版的？毛泽东著作中为什么会存在“伪装本”？新中国成立前毛泽东为什么要自己“写一篇纪念七一的论文”？

另外，还要特别探究以下问题：一经成立就被国内外敌对势力“封锁”的中国共产党是如何一路“形象突围”的？她的声音是怎样“传播出去”的？特别是党的一些领袖人物是如何向国际社会讲述自己的主张的？外国客人来到中共领导的队伍中又是如何被折服、被感染的？1930年“中国兄弟党中央政治局的一位领导成员”在途经德国时，为什么会亲自撰文，在德共机关报上对外介绍朱德、毛泽东等领导的红军？毛泽东等领导人当年在延安窑洞中亲自对外“讲故事”，为什么他们讲的故事就能感动一大批前来“探风”的外国人？等等。

这些故事，就是《理论中国》编辑部针对学者和广大读者发起的“党史探微”。其中的内容，绝不仅仅是一些故事，而是中国共产党走过100年曲折而光辉历程的真实写照，里面有扣人心弦的内容和极为丰富的信息！

《来路——中共党史中的伟大细节》由《理论中国》编辑部编撰，有着很重的分量和权威性，许多内容有一定的原创性。

本书基本截取在新中国成立之前的素材，新中国成立之后的内容，我们将在以后的著作中陆陆续续予以披露。

我们相信，这本书会带您走进党史细节，更加深入细致地读懂中国共产党！

目　录

卷三　党指挥枪：人民军队一路走来

卷四　神采各异：他们有特殊气质和魅力

卷五 著作一瞥：经典著作影响深远

卷六 亲力亲为：这些声音是怎样传播出去的？

卷　一

代表大会：二十八年开了七次

中共一大召开的细节

自1921年成立到2022年，在中国共产党的历史上，召开过二十次全国代表大会。中共一大召开距今已有一百多年，越是离我们久远的事情，越是容易被淡忘一些细节。

一百多年前，中国共产党的第一次全国代表大会是怎样召开的？这次大会召开的时间、参加的人数、经历的曲折、形成的决议，其中的一些细节，在后来的很长一段时间里，无人知晓，甚至当事人也回忆各异。让我们从那年春天开始探寻。

李大钊：成立组织，彻底的大改革

1921年3月，李大钊著文公开呼吁创建工人阶级政党。他指出："中国现在既无一个真能表现民众势力的团体，C派（指共产主义派）的朋友若能成立一个强固精密的组织，并注意促进其分子之团体的训练，那么中国彻底的大改革，或者有所附托！"

1921年6月初，共产国际代表马林和共产国际远东书记处代表尼克尔斯基先后到达上海，与上海的共产党早期组织成员李达、李汉俊建立了联系。经过几次交谈，他们一致认为应尽快召开全国代表大会，正式成立中国共产党。李达、李汉俊同当时在广州的陈独秀、在北京的李大钊通过书信商议，决定在上海召开中国共产党第一次全国代表大会。随即，他们写信通知北京、武汉、长沙、济南、广州和旅日的党组织，各

马林（上）与尼克尔斯基（下）

派两名代表到上海出席会议。

7月23日代表到齐

国内各地和旅日的共产党早期组织派出的代表都是谁？

他们分别是：上海的李达、李汉俊，武汉的董必武、陈潭秋，长沙的毛泽东、何叔衡，济南的王尽美、邓恩铭，北京的张国焘、刘仁静，广州的陈公博，旅日的周佛海。另外还有陈独秀指定的代表包惠僧。他们代表着全国五十多名党员。共产国际代表马林和尼克尔斯基出席大会。

这时的陈独秀，已任广东政府教育委员会委员长，正在筹款办学。这时的李大钊，除任北京大学图书馆主任、教授外，还兼北京国立大专院校教职员代表联席会议主席。两人均因事务繁忙，未能出席会议。

据当时一份档案记载："代表大会定于六月二十日召开，可是来自北京、汉口、广州、长沙、济南和日本的代表，直到七月二十三日才到达上海，于是代表大会开幕了。"

当时这些代表们所代表的五十多名党员都是谁？

根据《中国共产党的九十年》刊载的考证信息，中国共产党早期组织成员名录列表如下：

中国共产党早期组织成员名录（五十八人）

姓名	所属地方党组织	姓名	所属地方党组织
陈独秀	上海共产党早期组织	陈德荣	北京共产党早期组织
李汉俊	上海共产党早期组织	董必武	武汉共产党早期组织
李达	上海共产党早期组织	陈潭秋	武汉共产党早期组织
陈望道	上海共产党早期组织	包惠僧	武汉共产党早期组织
沈玄庐	上海共产党早期组织	刘伯垂	武汉共产党早期组织
邵力子	上海共产党早期组织	张国恩	武汉共产党早期组织
袁振英	上海共产党早期组织	赵子健	武汉共产党早期组织
林伯渠	上海共产党早期组织	郑凯卿	武汉共产党早期组织
沈雁冰	上海共产党早期组织	赵子俊	武汉共产党早期组织
沈泽民	上海共产党早期组织	毛泽东	长沙共产党早期组织
杨明斋	上海共产党早期组织	何叔衡	长沙共产党早期组织
俞秀松	上海共产党早期组织	彭　璜	长沙共产党早期组织
李启汉	上海共产党早期组织	贺民范	长沙共产党早期组织
李　中	上海共产党早期组织	易礼容	长沙共产党早期组织
李大钊	北京共产党早期组织	陈子博	长沙共产党早期组织
张国焘	北京共产党早期组织	谭平山	广州共产党早期组织
邓中夏	北京共产党早期组织	陈公博	广州共产党早期组织
高君宇	北京共产党早期组织	谭植棠	广州共产党早期组织
何孟雄	北京共产党早期组织	李　季	广州共产党早期组织
罗章龙	北京共产党早期组织	王尽美	济南共产党早期组织
刘仁静	北京共产党早期组织	邓恩铭	济南共产党早期组织
范鸿劼	北京共产党早期组织	王翔千	济南共产党早期组织
缪伯英	北京共产党早期组织	张申府	旅法中共早期组织
张太雷	北京共产党早期组织	周恩来	旅法中共早期组织
李梅羹	北京共产党早期组织	刘清扬	旅法中共早期组织
朱务善	北京共产党早期组织	赵世炎	旅法中共早期组织
宋　介	北京共产党早期组织	陈公培	旅法中共早期组织
江　浩	北京共产党早期组织	施存统	旅日中共早期组织
吴雨铭	北京共产党早期组织	周佛海	旅日中共早期组织

中国共产党第一次全国代表大会会址

1921年7月23日晚，也就是代表们到齐的当晚，中国共产党第一次全国代表大会开幕，会场设在上海法租界望志路106号（现兴业路76号）李汉俊之兄李书城的住宅内。会场陈设简朴，但气氛庄重。

最先发言的是马林

共产国际代表马林首先致词，对中国共产党成立表示祝贺。他介绍了共产国际的概况，并建议把会议的进程及时报告共产国际远东书记处。随后，代表们具体商讨了大会的任务和议程。7月24日，各地代表向大会报告本地区党、团组织的情况。7月25日和26日，休会两天，由张国焘、李达、董必武起草供会议讨论的党纲和今后实际工作计划。7月27日、28日和29日，连续三天举行三次会议，对党的纲领和决议作了较为详尽的讨论。

哪来的不速之客

7月30日晚，代表们正在开会时，一名陌生的中年男子突然闯入会场，朝屋里环视。李汉俊问他找谁，他说找社联的王主席，接着又说找错了地方，然后就退了出去。在距此不远的地方，确实有一个社联组织，但这组织既没有主席，也没有姓王的人。因此，大家认为此事非常可疑。

马林富有地下工作经验，立即判断这是一个“包打听”，建议会议马上停止，大家迅速离开。于是代表们很快收起文件走了出去，只剩下陈公博和李汉俊。

十几分钟后，法租界巡捕房派出的两辆车停在了望志路，十来个巡捕包围了这栋小楼，法国警官带着中国密探进入楼内搜查。由于没有发现什么可疑迹象，没多久就离开了。

那么，这个闯入会场的不速之客究竟是谁？经多方核查，直到1990年才确认，此人是法租界的政治探长程子卿。程子卿与黄金荣是结拜兄弟，遂进入上海法租界巡捕房，先做巡捕，后升为政治探长。在法租界巡捕房期间，程子卿也做过一些对党和人民有益的事情。因此，新中国成立后，经有关人士说明相关情况，程子卿没有被当作“历史反革命分子”处理，1956年病逝于上海。

当一大上海会场受到法租界巡捕搜查后，李达夫人王会悟提议，会议可以转移到她的家乡浙江嘉兴继续召开。王会悟后来回忆说：“上海已不能开会了，到哪儿去继续把会开完呢？代表的意见不一。我想到我家乡嘉兴的南湖，游人少，好隐蔽，就建议到南湖去包一个画舫，在湖中开会。李达去与代表们商量，大家都同意了这个意见。我便作为具体安排事务的工作人员先行出发，与董必武、陈潭秋、何叔衡乘头班车去嘉兴。”

在船上以“打麻将”为掩护继续开会

第一批代表由王会悟带领离开上海后，李达又带着其余代表乘后一趟车出发。马林和尼克尔斯基怕再次引起注意，没有继续参加会议。李汉俊和陈公博也没有去嘉兴。王会悟回忆说：“到嘉兴后，我去鸳湖旅社租了房间，作为代表们歇脚之处。又托旅社代雇一艘中等画舫，要了一桌和餐。代表们上船前，我还出主意，让他们带了一副麻将牌。”“代表们上船后，以打麻将为掩护，继续开会。我坐在船舱外望风，见有船划近了，就敲窗门，提醒代表们注意。”

这次会议开了一天，继续7月30日晚上被打断的议程。

会议讨论了哪些问题？

首先讨论并通过党的纲领和决议。

会议在讨论中国共产党对其他党派的态度问题时，出现了短时间的争论。一种意见认为，“无产阶级不论在理论上还是在实践上都应该始终与其他党派进行斗争”；另一种意见认为，应“在行动上与其他党派合作反对共同的敌人”。会议通过了第一种意见，《中国共产党第一个纲领》明确指出：

“中国共产党彻底断绝同黄色知识分子阶层及其他类似党派的一切联系。”

“在加入我们队伍之前，必须与企图反对本党纲领的党派和集团断绝一切联系。”

《纲领》规定“本党定名为‘中国共产党’”，同时明确“革命军队必须与无产阶级一起推翻资本家阶级的政权”，“承认无产阶级专政，直到阶级斗争结束”，“消灭资本家私有制”，“联合第三国际”。

大会通过了《中国共产党第一个决议》，规定“在政治斗争中，在反对军阀主义和官僚制度的斗争中，在争取言论、出版、集会自由的斗争中，我们应始终站在完全独立的立场上，只维护无产阶级的利益，不同其他党派建立任何关系”。

接着着重讨论党今后的工作部署问题，比较具体地研究以工人运动为中心的各项实际工作。

吃过午饭，会议接着讨论《中国共产党第一次代表大会的宣言》草案。关于这个宣言草案，陈公博回忆说：“最后，宣言被通过，但第二天另一项议案又议决，宣言的发表问题留待中央执行委员会决定。第一次代表大会以后，第一个宣言没有公布，因而这个宣言的原稿遂不为世人所知。”

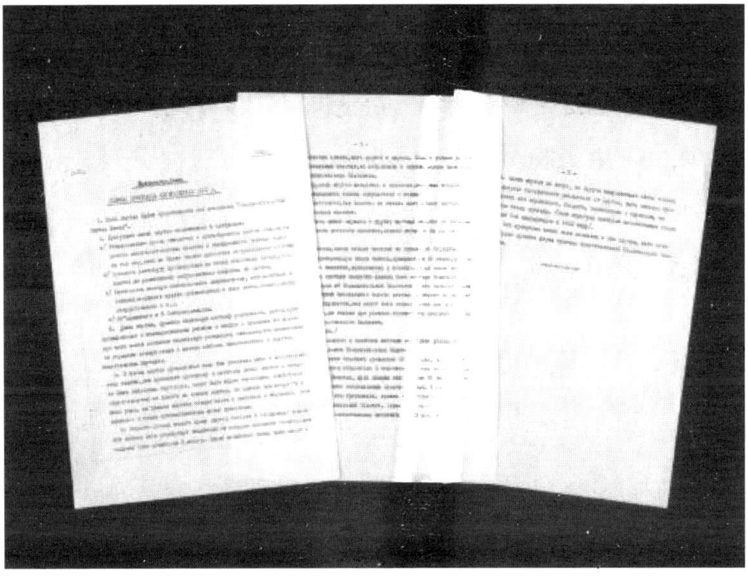

《中国共产党第一个纲领》俄文版。这是1957年苏共中央移交给中共中央原中共驻共产国际代表团档案中的一件。因为中文版一大档案遗失，这份俄文版档案连同其他一些档案一起，大致说清了一大的主要情况，还原了一大的主体面貌。《中国共产党第一个纲领》中文版由俄文版翻译而来。

会议是怎么结束的

据王会悟回忆，会议进行到下午5点钟的时候，忽然从远处传来一阵汽艇“突突突”的声音。在船头放哨的她警惕地敲了几下窗户，船舱内的代表们中止了讨论，把摆在桌面上的文件收藏起来，“呼啦呼啦”地搓起麻将牌。等汽艇渐渐靠近，才发现不是警察的巡逻艇，是私人租用游玩的。

经过刚才的虚惊，大家都意识到，必须加快讨论，尽快结束会议。

天色渐渐暗下来。大会进入最后一项议程，即选举党的中央领导机构。考虑到当时全国党员不过五十多人，各地的组织也不健全，所以决定不成立党的中央委员会，先组成中央局，负责领导党的工作。

选举采用的是无记名投票方式。陈独秀当选为中央局书记，张国焘当选为中央局组织主任，李达当选为中央局宣传主任。

下午6时，夜游消夏的游船逐渐增多，南湖水面上渐渐热闹起来。由张国焘宣布会议闭幕，并举行了一个简单的闭幕仪式。在庄重的气氛中，代表们轻声呼喊：“共产党万岁！第三国际万岁！共产主义、人类的解放者万岁！”代表们走下画舫来到岸上的时候，湖面上已经暮霭沉沉、渔火点点。而大家乘坐晚车赶回上海时，已经是午夜时分。

当事人毛泽东回忆：其作始也简，其将毕也必巨

1945年4月21日，在中共七大预备会议上，毛泽东在他的报告中回忆了一大的情况：“一九二一年，我们党开第一次代表大会。在十二个代表中，现在活着的还是共产党员的（叛变了的如张国焘之流不算），一个是陈潭秋，现在被国民党关在新疆监牢里，一个是董必武，现在飞

到旧金山去了，我也是一个。十二个代表中现在在南京当汉奸的就有两个，一个是周佛海，一个是陈公博。会是在七月间开的，我们现在定七月一日为党的周年纪念日。本来是在上海开的，因为巡捕房要捉人，跑到浙江嘉兴南湖，是在船上开的。发了宣言没有？我不记得了。当时对马克思主义有多少，世界上的事如何办，也还不甚了了。所谓代表，哪有同志们现在这样高明，懂得这样，懂得那样。什么经济、文化、党务、整风等等，一样也不晓得。当时我就是这样，其他人也差不多。当时陈独秀没有到会，他在广东当教育厅长。我们中国《庄子》上有句话说：‘其作始也简，其将毕也必巨。’现在我们还没有‘毕’，已经很大。《联共党史》开卷第一页第一行说，苏联共产党是由马克思主义的小组发展成为领导苏维埃联邦的党。我们也是由小组到建立党，经过根据地发展到全国，现在还是在根据地，还没有到全国。我们开始的时候，也是很小的小组。这次大会发给我一张表，其中一项要填何人介绍入党。我说我没有介绍人。我们那时候就是自己搞的，知道的事也并不多，可谓年幼无知，不知世事。但是这以后二十四年就不得了，翻天覆地！整个世界也是翻天覆地的。中国是翻天覆地的二十四年，世界是翻天覆地的二十八年。这二十八年是苏联共产党取得革命胜利后的二十八年，中国共产党的二十四年也是同过去大不相同的二十四年。”

当事人董必武回忆：奠定了以后我们党的纲领和路线

董必武关于一大有多次考证，在1929年12月31日他写给何叔衡的信中提道：“大会在一九二一年七月（？）在上海开会。”“会场是借李汉俊的住宅。开到最后一次会的时候，忽被侦探所知，未及成会，李寓即被搜检。隔了一日，我们到嘉兴东湖船上将会开完。”

1971年8月4日，他在谈到一大和湖北共产主义小组时表示：“两个口号：‘打倒帝国主义’，‘打倒军阀’提出来了，这是不简单的。”“宣言没有搞成功，但是总纲有了，奠定了以后我们党的纲领和路线。”

毛泽东说过：“中国产生了共产党，这是开天辟地的大事变。”

习近平也说过：“中国产生了共产党，这是开天辟地的大事变。这一开天辟地的大事变，深刻改变了近代以后中华民族发展的方向和进程，深刻改变了中国人民和中华民族的前途和命运，深刻改变了世界发展的趋势和格局。”

中共一大召开时间是如何考证出来的?

现在，大家都已经知道中国共产党第一次全国代表大会开幕的准确日期了。根据《中国共产党历史·第一卷(1921—1949)》《中国共产党的一百年·新民主主义革命时期》《中国共产党简史》的记载，中国共产党第一次全国代表大会于1921年7月23日晚上开幕，会场设在上海法租界望志路106号(今兴业路76号)。

但在改革开放前，中共一大究竟是在1921年7月份的哪一天召开的，却存在着若干种不同的说法。直到1980年《中国社会科学》创刊号刊登了时任中国人民解放军后勤学院政治教研室教员的邵维正写的《中国共产党第一次全国代表大

嘉兴南湖红船

会召开日期和出席人数的考证》一文，人们才搞清楚一些细节。

在该文中，邵维正根据当时所能看到的当事人回忆和尚存的文字记载，从代表行踪、可以借助的间接事件以及当时的文字记录三个方面，对一大的召开日期加以考证，最终得出一大的开幕日期是7月23日这一结论。胡乔木同志曾对这一结论动情地表示："这位同志下了这么大功夫，弄清了几十年悬而未决的问题，这是党史研究的一大成果啊！"让我们通过当年这篇产生广泛影响的论文，来看看中共一大召开时间是如何被确定的。

党诞辰纪念日与一大召开日期的关系

我们纪念中国共产党诞辰的日期是7月1日。而中国共产党一大召开是中国共产党诞生的标志。因此当年曾有不少人把7月1日当作一大开幕的日期。

事实上，7月1日并不是一大召开的日期。根据邵维正对资料的梳理，早在1938年就有地区性纪念党的生日的活动，时间大多在六月或七月，尚无特定的日期。1941年6月，中共中央发出了纪念中国共产党诞生二十周年和抗日四周年的指示，中央所在地延安开展了纪念活动，此后在全党范围内开始有规模较大的纪念活动。当时正处于抗日战争的艰难时期，未能查证一大召开的准确日期。因此，中央决定把召开一大的1921年7月份的月首，即7月1日作为党的生日。后来，纪念"七一"就成了我们党和国家的例行活动。毛泽东在《论人民民主专政》一文的开头就指出："一九四九年的七月一日这个日子表示，中国共产党已经走过二十八年了。"董必武在回忆一大时，也说："有些事情缺乏文字根据。我记得纲领提出来了，7月1日这个日子，也是后来定的。"毛泽东使用了"表示"这个词，以及董老所说的"后来定的"，都可以说明"七一"

作为党的生日，是一个象征性的日子。

剥茧抽丝，代表行踪透露的一些细节

为了考证一大的召开日期，邵维正对一大的参与者们在会议前的行踪作了剥茧抽丝的考察。1921年6月，党的上海组织发出通知，要求各地组织派两名代表来上海，参加党的第一次全国代表大会。由于种种原因，各地代表出发、到达的时间相距甚远。邵维正从掌握的资料着手，对代表的行踪作出具体排列，分析如下：

参加一大的代表中，原已在沪的有李达、李汉俊。7月1日以前到上海的有张国焘、王尽美、邓恩铭等人。出席一大的大多数代表是7月2日以后到达上海的。毛泽东、何叔衡两位是6月29日下午从长沙动身赴沪的。谢觉哉1921年6月29日的日记有如下记载：“午后六时叔衡往上海，偕行者润之，赴全国○○○○○之招。”谢老在1952年回忆说：“一个夜晚，黑云蔽天作欲雨状，忽闻毛泽东同志和何叔衡同志即要动身赴上海，我颇感到他俩的行动突然，他俩又拒绝我们送上轮船。后来知道：这就是他俩去参加中国共产党第一次代表大会——伟大的中国共产党诞生的大会。到今天恰恰是三十一周年。”谢老的夫人王定国也在回忆文章中写道：“对于这样一个重大历史事件，由于湘江上空乌云翻滚，反动势力猖獗，谢老既怕忘掉，又不能详细记载，只好在这天日记上，画了一大串圆圈。”从当时的交通情况看，从长沙到上海没有直达的车船，毛泽东、何叔衡既是乘船动身的，必然是从长沙到武汉，再从武汉乘船去上海，途中不停留的话，约需五天左右时间。可见毛泽东、何叔衡到达上海的时间是在7月4日以后。毛泽东到达上海时，因距开会时间尚早，曾去杭州、南京等地。《少年中国》的《会员消息》中有此记载：“毛泽东暑假中由长沙赴沪，现在杭州南京一带游历。”毛泽东在和斯诺谈话中曾提到：5月到上海去参加中国共产党成立大会。当时人们的习惯是阴历、阳历并用，知识界也是如此。毛泽东讲的5月，可能是指阴历。经核对，阳历1921年6月29日，是阴历的5月24日。因此，毛泽东的回忆也是符合实际的。

刘仁静本人回忆，他于1921年6月下旬与邓中夏、高君宇等人一起从北京动身南下，7月初的几天在南京参加少年中国学会的年会，年会结束后，还在南京停留了两三天，才去上海参加一大。《少年中国》刊登的"南京大会记略"上写道："本会今年南京大会，会期从7月1日起，4日止，开会时间计三天半，到会者有王克仁、郃爽秋、杨效春、方东美、陈启天、恽代英、杨贤江、蒋锡昌、李儒勉、陈愚生、高尚德、赵叔愚、沈君怡、刘衡如、陈仲瑜、沈泽民、张闻天、左舜生、阮真、刘仁静、邓仲澥（即邓中夏）、穆济波、黄日葵二十三人。""又第一日各问题，因关系重大，北京会员黄日葵、邓仲澥、刘仁静是日未能赶到，在7月1日鸡鸣寺会议上，由高尚德动议，与第二日互换，结果一致通过。"而在第二天会议的记录中，有刘仁静的两次发言内容。可以肯定刘仁静等是7月2日到达南京的，并参加了少年中国学会的年会。在《会员消息》一栏中登有："高君宇、刘仁静均因赴南京大会南来，并游历沪杭一带，现高君已返北京大学，刘君拟留沪习德文云。"为保密起见，当时以"留沪习德文"为借口，实则是刘仁静在南京参加少年中国学会年会以后，再去上海参加党的一大。刘本人的回忆，与当时的文字记载相符。据此，刘仁静是7月7日左右到上海的。

陈公博参加一大后，回到广州，曾写了一篇名为《十日旅行中的春申浦》，刊载在《新青年》上。此文开头就写道："暑假期前我感了点暑，心里很想转地疗养，去年我在上海结合了一个学社，也想趁这个时期结束我未完的手续，而且我去年结婚正在戎马倥偬之时，没有度蜜月的机会，正想在暑期中补度蜜月。因这三层原因，我于是在7月14日起程赴沪。”文中所述上海的“学社”，即是指党组织；“未完的手续”即是指参加党的一大，完成党的正式成立的议程。此文是紧接在一大之后写的，不像陈公博后来写的《寒风集》那样歪曲事实，解脱自己。当时的文字记载还是比较可信的。据此文记载，陈公博是7月14日从广东动身的。他的文章标题，已直接说出在上海住了十天。“因为法巡捕房的优待，和邻房暗杀案的刺戟，31日夜遂趁车赴杭。”（陈公博未参加南湖会议）根据上述记载，从7月31日向前推十天，陈公博是7月21日左右到达上海的。

周佛海当时在日本鹿儿岛第七高等学校读书，是从日本回国参加一大的。《少年中国》的《会员消息》中记载：“周佛海暑假中由日本回国，现寓上海渔阳里六号。”周本人也回忆说：“接着上海同志的信，知道7月间要开代表大会了。凑巧是暑假期中，我便回到上海。”从周佛海的行踪来分析，一是在暑期，一般开始放暑假是在7月；二是周接到上海同志的信后，才从日本鹿儿岛动身回国。信件送达和旅途都需要比国内更长的时间。因此，周佛海到达上海，是在7月下半月。

包惠僧到沪时间也较晚，他回忆说：“我是1921年5月10日从上海动身去广州的。当时李汉俊负责上海党组织的工作，他自己走不开，要我去广州找陈独秀。陈独秀让我在广州多住些日子，我就留下在报馆工作了两个来月。后来，接到上海李汉俊的信，要陈独秀回上海，并请广州派两人出席会议。陈独秀说他不能去，要陈公博和我出席会议，大家同意他的意见。陈公博带着他新婚的夫人比我早走一天，先到香港，坐邮船到上海。我是7月15日坐海船直赴上海，大约20日到达。”包惠僧所说的时间，与陈公博的回忆相符合，因此，他到达上海也是7月20日左右。

董必武、陈潭秋到达上海的具体时间，未查到直接的文字记载。在这个问题上他们的回忆都说得比较笼统，陈潭秋的回忆可以使人们知道大体的时间。他说："1921年7月的下半月，在上海法租界蒲柏路的女子学校，突然来到了九个客人。他们都下榻于这个学校的楼上。""这批新到来的许多人是中国各地共产主义小组的代表。他们到上海来的目的，是为正式成立中国共产党。"据包惠僧说，董必武、陈潭秋两人到达上海的时间，和他不相上下。这两个说法大体相同。因此，董、陈两位到沪时间，在没有发现新的更确凿的材料前，可暂定为7月20日左右。

代表们的行踪表明，1921年7月1日在上海的一大代表只有五人，不足半数，而当事人回忆第一次会议是全体出席的。显然一大开幕会议不可能在7月1日召开，也不可能在7月上、中旬召开。一大代表到齐并正式开会，只能在7月下旬。

蛛丝马迹，孔阿琴事件透出了准确时间

邵维正在研究中发现，一大参加者的回忆中一致提到，一大在上海的最后一次会议刚开始不久，就受到法国巡捕的侵扰，会议被迫中断。会址改在浙江省嘉兴县南湖画舫上举行，并于当天结束了党的一大。另据陈公博、周佛海的回忆，一大在上海召开的最后一次会议的第二天黎明，上海大东旅社发生了孔阿琴被杀案件。从查清孔阿琴事件的时间着手，便能间接推断一大的闭幕时间。

陈公博在《十日旅行中的春申浦》中写道："这次旅行，最使我终身不忘的，就是大东旅社的谋杀案。我到上海住在大东旅社的四十一号，那谋杀案就在隔壁的四十二号发生。7月31日那天早上五点多钟，我睡梦中忽听有一声很尖厉的枪声，继续便闻有一个女子锐厉悲惨的呼叫。……那知这件案子直到下午六点多钟方才发觉，那个凶手早已远飏……男子叫瞿松林，女子叫孔阿琴，一个是洋行的侍役，一个是缫丝的女工。"陈公博在《寒风集》中详细地记述了在李汉俊家开会，受

到法国巡捕的搜查和审问，回到大东旅社后，“谁知一波未平一波又起……睡至微明，忽然听见一声枪响，同时又听见一声惨叫……在杭州读报，知道那件命案是男女的情死。女的名唤孔阿琴，是一个丝厂女工。男的名字，我已忘记，是一个洋行的西崽。”周佛海在《往矣集》中也提到这件事。他说：“公博当时带着新婚夫人度蜜月，住在大东旅社。巡捕走后，他怕有人跟梢，不敢径回旅馆，绕了几个游艺场，才回旅馆。那知他紧隔壁的房中，当晚发生一件奸杀案，开了两枪，打死了一个女人，公博夫妇，真是吓得魂不附体。”

1921年8月1日上海《新闻报》刊登了《大东旅社内发生谋毙案》的消息，8月2日又报道《大东旅馆中命案续闻》。上海《申报》1921年8月1日第十四版，也刊载了《大东旅社内发现谋命案，被害者为一衣服丽都之少妇》的新闻，内容与《新闻报》相似。这两家报纸的新闻说的都是孔阿琴的被杀案件，案发时间是7月31日。陈公博、周佛海的记述与《新闻报》《申报》的报道基本相符。因此，孔阿琴案件及其发生的时间是可信的。

另据《上海生活报》1921年8月2日报道的消息：“前天，法国警察通知法租界的中国团体说，根据新的规定，一切团体在他们呆的地方举行会议必须在四十八小时以前取得警察的批准。”法国警察通知实行新规定的时间是7月31日，看来是针对党的一大的。时间是侵扰一大的第二天，地点是法租界，通知的对象是租界的中国团体（当时法国巡捕还没有充分的证据指明是中国共产党）。从法国巡捕派人跟踪代表、搜查会场的情况来看，他们已经得知有政治团体在法租界开会，但又没有抓住确凿的证据。因此他们就作出一项新的规定，团体集会必须在四十八小时前得到批准，以限制政党活动。这个报道也提供了一个时间证据。

以上两件事的记载，可以使人们从间接的材料中，推断出一大在上海召开最后一次会议的日期。孔阿琴被杀是7月31日发现的，一大被法国巡捕侵扰是在此案件的前一天晚上，无疑就是7月30日晚上。法国警察的通知是7月31日，是他们搜查一大会场的第二天。这两个间接事件都证明，一大在上海的最后一次会议是7月30日晚上。据董必武、陈潭秋、包惠僧、李达、周佛海以及南湖会议会址的安排者王会悟等人的回忆，上海最后一次会议被法国巡捕侵扰而中断后，第二天即去王会悟的家乡嘉兴南湖开会。其中周佛海回忆说："谁知（一大会议）到了第六晚，为上海法租界包探侦知，正在开会讨论的时候，忽来了一形迹可疑之人，闯入屋内，一望而去，我们知道不妙，随即散会。…… 当晚十二时，我们又在陈独秀家开会，决定第二天赴嘉兴南湖开会。"张国焘在《我的回忆》中说法有所不同，他提出是中间隔了一天才去南湖开会的。从当时情况分析，多数人的回忆比张国焘的说法更符合实际。会议开的时间已较长，加上法国巡捕也开始干涉此事，代表的心情都是希望抓紧进行。第二天到南湖开会从时间上看也来得及，巡捕走后是晚上十时左右，部分代表于当晚十二时在陈独秀家（即李达家，那时李达和陈独秀两家同住一栋房子）碰头，决定第二天改在南湖开会。（当时上海习惯于夜生活，晚上十二点乃至一二点人们仍在活动，曾有"不夜城"之称。）第二天王会悟乘早班车先去嘉兴，代表们是乘第二班车去的。看来多数人回忆第二天召开南湖会议是可信的。张国焘回忆应有误。

邵维正认为，既然上海最后一次会议是7月30日，南湖会议就在第二天召开，那么，可以推测党的一大在嘉兴南湖闭幕会议的日期便是7月31日了。

寻根探秘，当时的文字记载留下哪些重要线索

除了研究代表行踪和间接事件，邵维正还特别关注所能找到的当时的文字记载，以为佐证。建党初期，党的活动处于白色恐怖之下，当时

的文献在国内是难以保存下来的。全国解放以后，从国外陆续收集回来一批中国共产党早期的文献，并从外文翻译为中文。这是一批珍贵的史料，其中有《中国共产党第一次代表大会》一文，原件无日期和作者，从内容和文字上分析，此文是一大闭幕后不久写的，似出自当事人的手笔。文中有如下记载："代表大会预定6月20日召开，但是来自北京、汉口、广州、长沙、济南和日本的各地代表，直到7月23日才全部到达上海，于是代表大会开幕了。"此文将各地代表全部到齐的时间，明确地记为7月23日。这个说法与本文第一个问题中排列的代表行踪相对照是符合的。

此文还写道："代表大会第六次会议是在深夜里在一个同志家召开的。会议刚开始，有一个侦探闯到屋里，他道歉说走错了，可是终究不允许我们再继续开会了。这个侦探的到来，并没有给党带来损失，尽管在他来过以后，很快地警察就突然进行了搜查。在这以后，我们提高了警惕，为了使代表大会继续开会，只好到附近的一个不大的小城市去。"文中还提到在第二次会议之后，休会两天，用于起草党的纲领和工作计划。这就告诉我们，一大在上海开了六天会，加上两天起草文件，共为八天。从孔阿琴案件的间接推断中，已知在上海的最后一次会议是7月30日。从7月30日向前推八天，正好是7月23日。这和上段引文中所说"直到7月23日才全部到达上海，于是代表大会开幕了"完全一致。从以上几个不同侧面的论证中，邵维正得出结论：一大的开幕日期是7月23日，闭幕是7月31日。当然，目前史学界对党的一大闭幕日期还在做进一步研究，具体来说有7月30日、7月31日、8月1日、8月2日、8月5日等几种不同的说法。相信随着研究的深入，会找到比较明确的答案。

中共第一部党章背后的故事

党章就是党的根本大法，是全党必须遵循的总规矩。党的一大制定了党纲，1922年7月16日召开的党的二大制定了我们党的第一部党章。中共第一部党章是在什么情况下制定的？都说了些什么？党章背后又有一些怎样的人和事？历史的细节，值得我们进一步探究。

中共二大召开地点的确定颇不容易

早在1921年11月，《中国共产党中央局通告》中即提出，中国共产党第二次全国代表大会要在“明年七月开”，“开大会时能够依党纲成立正式中央执行委员会”。但会议召开的地点，直到会前两个月才确定下来。

党的一大在上海召开时曾遭遇法国巡捕搜查而不得不转移开会的地点。对党的二大是否还在上海开，中央局曾考虑：“如在上海，显然要预防租界当局的干扰；如改在广州举行，自然是很安全，不过当时广州的政情很复杂，孙（中山）陈（炯明）摩擦之说已甚嚣尘上，如果国民党内部真发生冲突，我们在广州举行大会就会有些不便。”

于是，中共中央决定委托陈独秀、张国焘借参加全国劳动大会和青年团大会之际，考察广州的政治情况，研究国共合作的可能发展，再决定中国共产党第二次代表大会是否便于在广州举行。

陈独秀、张国焘两位中央局成员通过对广州的考察，于1922年5月中旬得出结论：“鉴于广州局势的严重，觉得中共第二次全国代表大会在

中国共产党第二次全国代表大会会址之一——上海南成都路辅德里625号（今老成都北路7弄30号）

广州举行是不适宜的，因而决定仍在上海举行。”

会议的召开地点确定了，但会址设在哪里又成为让中央局颇费心思的一个问题。

自从法租界望志路李汉俊家和渔阳里2号陈独秀寓所遭到法国巡捕搜查后，李达的家——南成都路辅德里625号（今老成都北路7弄30号）就成了中共在上海尚未暴露的联络站。

辅德里处于公共租界和法租界交汇处。在这里，一排排用青红砖相间砌成的石库门房子样式几乎一致，深巷内各家都有前后门，独进独出，隐蔽性好且比较安全。而党创办的平民女校正对李达家的后门，万一有突发情况也便于疏散。所以最终中央局决定将李达家作为会议召开地点。

为保密和安全，二大采取了较为严格的防范措施

1922年7月16—23日，中国共产党第二次全国代表大

会在上海举行。出席大会的有中央局成员、党的地方组织的代表和参加远东各国共产党及民族革命团体第一次代表大会后回国的部分代表。他们是陈独秀、张国焘、李达、杨明斋、罗章龙、王尽美、许白昊、蔡和森、谭平山、李震瀛、施存统等十二人（尚有一人姓名不详），代表着全国195名党员。

大会共进行了八天。为了保密和安全起见，中共二大采取了较为严格的防范措施：以小组讨论为主，每次全体会议都要更换地点。二大共举行三次全体会议，第一次全体会议就在李达家的客厅里。据李达夫人王会悟后来回忆，当时没有正式布置会场，比较朴素简陋，就是加了几张凳子。两只柳条箱放在窗口，上面铺一块布，当桌子用。后两次全体会议都在公共租界的其他地方举行，具体位置已经无从查找了。小组讨论安排在附近党员家中。

第一部党章是党的二大通过的十一个文件之一

中共一大召开时，全国有50多名党员。中共二大召开时，全国党员人数达195人。这一年间，党的组织有所扩大，特别是在吸收党员、开展工人运动的工作方面积累了经验，在学习研究和传播建党理论方面也有新的提高。在此背景下，制定党的章程，成为党组织进一步发展的需要。中共二大担负起创建首部党章的历史重任。

制定首部党章时有两份参考蓝本，一份是中国共产党第一个纲领，一份是俄共（布）八大党章。因为那时中共尚幼小，没有过多的理论和实践经验，所以制定党章的过程中有所参考临摹。党章对党员条件、党的各级组织的建设和党的纪律作了具体规定。与党的一大所通过的党纲相比，它明确地阐释了党的民主集中制原则。

1922年7月23日，党的二大第三次全体会议举行。《中国共产党章

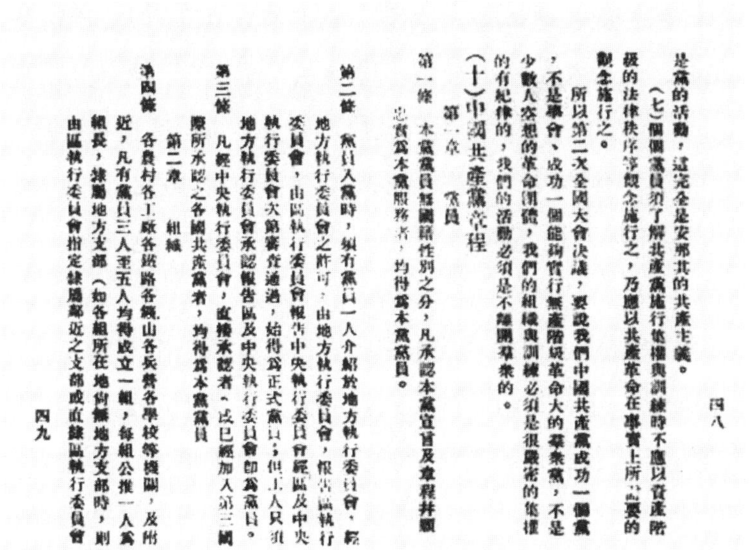

是黨的活動，這完全是安那其的共產主義。

（七）個個黨員須了解共產黨施行集權與訓練時不應以資產階級的法律秩序等觀念施行之，乃應以共產革命在事實上所需要的觀念施行之。

所以第二次全國大會決議，要說我們中國共產黨成功一個黨，不是學會，成功一個能夠實行無產階級革命大的羣衆黨，不是少數人空想的革命團體，我們的組織與訓練必須是很嚴密的集權的有紀律的，我們的活動必須是不離開羣衆的。

四八

（十）中國共產黨章程

第一章　黨員

第一條　本黨黨員無國籍性別之分，凡承認本黨宣言及章程并願忠實爲本黨服務者，均得爲本黨黨員。

第二條　黨員入黨時，須有黨員一人介紹於地方執行委員會，經地方執行委員會之許可，由地方執行委員會報告區執行委員會，由區執行委員會報告中央執行委員會；經區及中央執行委員會次第審查通過，始得爲正式黨員；但工人只須地方執行委員會承認報告區及中央執行委員會即爲黨員。

第三條　凡經中央執行委員會，直接承認者，或已經加入第三國際所承認之各國共產黨者，均得爲本黨黨員

第二章　組織

第四條　各農村各工廠各鐵路各礦山各兵營各學校等機關，及附近，凡有黨員三人至五人均得成立一組，每組公推一人爲組長，隸屬地方支部（如各組所在地尚無地方支部時，則由區執行委員會指定隸屬鄰近之支部或直隸區執行委員會

四九

《中国共产党章程》

程》作为中共二大制定的十一个文件之一在此次会议上被讨论通过。

依据《中国共产党章程》的规定，党的二大选举产生了中央执行委员会。陈独秀、张国焘、蔡和森、高君宇、邓中夏被选为中央执行委员会委员。另选出三名候补执行委员。

第一部党章有哪些内容？

党的第一部党章共六章二十九条，六章分别为党员、组织、会议、纪律、经费、附则。这部党章，第一次详尽地规定了党员条件和入党手续，规定了党小组、地方支部、地方执行委员会、区执行委员会、中央执行委员会的设置、职能、任期，明确了党的纪律，提出党章的修改权属于党的全国代表大会，并规定了党的经费来源、收取标准等。

关于党员，党章规定了严格的入党手续。为了从组织

制度上保证党员的先进性，明确党员入党时需要有入党介绍人和组织程序。“党员入党时，须有党员一人介绍于地方执行委员会，经地方执行委员会之许可，由地方执行委员会报告区执行委员会，由区执行委员会报告中央执行委员会，经区及中央执行委员会次第审查通过，始得为正式党员；但工人只须地方执行委员会承认报告区及中央执行委员会即为党员。”

关于组织，党章规定了党的基层组织的雏形。党章指出“凡有党员三人至五人均得成立一组，每组公推一人为组长，隶属地方支部”，“各组组织，为本党组织系统，训练党员及党员活动之基本单位，凡党员皆必须加入”。并且在会议一章第十一条还明确规定，“各组，每星期由组长召集会议一次；各干部，每月召集全体党员或组长会议一次”。

关于纪律，党章做出了严格规定。纪律一章，共九条（第十七条至二十五条），从服从党的决议到执行党的命令，从执行政策程序到党员违纪处理，均作了详细规定。如：

“全国大会及中央执行委员会之议决，本党党员须绝对服从之。”

“下级机关须完全执行上级机关之命令；不执行时，上级机关得取消或改组之。”

“凡党员若不经中央执行委员会之特许，不得加入一切政治的党派。其前已隶属一切政治的党派者，加入本党时，若不经特许，应正式宣告脱离。”

“本党一切会议均取决多数，少数绝对服从多数。”

“凡党员有犯左列各项之一者，该地方执行委员会必须开除之：

（一）言论行动有违背本党宣言章程及大会各执行委员会之议决案；

（二）无故联续二次不到会；

（三）欠缴党费三个月；

（四）无故联续四个星期不为本党服务；

（五）经中央执行委员会命令其停止出席留党察看期满而不改悟；

（六）泄漏本党秘密。”

从上述规定可以看到，无故连续四个星期不为党服务，三个月不交纳党费的，要开除出党。再如，言论和行动有违背党的章程和各执行决议案，无故两次不参加大会，泄露党的机密的党员都必须开除。在当时那样严峻的政治条件下，一个新生党组织对一名党员的要求如此严格，有这样的魄力，非常不容易。

与党的一大制定的纲领相比，二大制定的党章从内容到结构，从实体规定到程序规定，从根本原则到具体制度上，都有长足进步，初步形成了一套相对完整的体系。更为重要的是，我们党第一次有了正式的党章，反映出党对自身建设的重视，党章对于规范党员和党组织行为，健全党内生活，促进党组织的发展，提高党的战斗力都起到了积极的作用。

党章执行很严：朱德曲折的入党经历

朱德是在首部党章确立后入党的。他的入党故事，反映了当时党内严格执行党章的情况。

朱德早年受孙中山思想影响，1909年就在云南陆军讲武堂参加了同盟会。先后参加云南起义、护国战争、护法战争，屡建奇功，成为远近闻名的滇军名将。但他却感到：“打来打去，却没有出路，很多从前革命的分子、同盟会的同志们都升官发财，革命没有人来搞了，实际革命也并没成功。”

在苦闷与彷徨之时，他从俄国十月革命和五四运动中看到了希望的曙光，朦胧地感觉到：“有必要学习俄国的新式革命理论和革命方法，来从头进行革命。”1922年初，他毅然抛弃高官厚禄，踏上寻找新革命的道路。

1922年7、8月，朱德在上海闸北找到中共领导人陈独秀，向他讲述了自己的经历，恳切提出加入中国共产党的申请。陈独秀没有同意。他对朱德说，要加入共产党，就必须以工人的事业为自己的事业，并且准备为它献出生命；对于当过高级旧军官的人来说，需要经过长时间的学习和真诚的申请。

朱德没有放弃追求真理的信念以及加入中国共产党的心愿。

1922年9月朱德前往德国留学，10月下旬在德国柏林拜访周恩来，恳切地陈述自己的身世和寻找中国共产党的经过，坚决要求参加中国共产党，并表示自己一定会努力学习和工作，“只要不再回到旧的生活里去”，派他做什么工作都行。周恩来同意他的申请，并答应帮助办理加入中国共产党在柏林的支部的手续，说明在入党申请书寄往中国而尚未批准之前，暂作候补党员。之后，以“候补党员”身份旁听参加党组织的学习讨论会，会后由党组织安排专人帮助学习。11月，朱德才由中共旅欧支部负责人张申府、周恩来介绍，正式加入中国共产党。

用生命守护：第一部党章传世的故事

中央档案馆珍藏着一本《关于〈世界大势与中国共产党〉的议决案》的铅印小册子，其中包含了中共二大的十个文件，即：《关于“世界大势与中国共产党”》《关于“国际帝国主义与中国和中国共产党”》《关于“民主的联合战线”》《中国共产党加入第三国际》《关于议会行动》《关于“工会运动与共产党”》《关于少年运动问题》《关于妇女运动》《关于共产党的组织章程》《中国共产党章程》。这是迄今发现的中共二大唯一存世的中文文献。这份珍贵“孤本”得以存世的背后，有着令人唏嘘感叹的故事。

党的二大结束后，中共中央除按照规定将有关文件送往莫斯科共产国际之外，为了更好地宣传和贯彻党的全国代表大会及决议，还特别印制了小册子，将大会通过的文件集中分发给各级党组织传达贯彻。其中有一册就到了一位名叫张人亚的共产党员手中。

张人亚原名张静泉。1922年加入中国共产主义青年团（时称“上海社会主义青年团”），当年即入党，成为当时上海最早的也是仅有的几个工人党员之一。张人亚在党组织安排下曾在商务印书馆从事工人运动，1924年被派往苏联学习，之后又回到上海组织反帝运动。

1927年“四一二”反革命政变后，白色恐怖笼罩整个上海。是年年末冬日的一个午后，张人亚悄悄带着一批党的珍贵文件和马克思主义书报从上海坐船回到宁波霞浦老家，将其交给父亲张爵谦。他告诉父亲这包东西比他的生命还珍贵，请求父亲一定藏好，随后立即离开返回上海。

几天后，张爵谦编了个“不肖儿在外亡故”的故事，并为张人亚和他的妻子合修了一座墓穴合葬，把这包文件书报用油纸包好，藏进了张人亚的衣冠冢。墓碑上张爵谦还故意少写了一个“静”字，从“静泉张公”墓变成了“泉张公”墓，也显示了张爵谦为确保这批文件书报安全的良苦用心。

直到全国解放，年届八旬的张爵谦仍未等到儿子归来。于是他叫来三儿子张静茂，向他揭开了“衣冠冢”之谜，并要求张静茂将这些文件，连同在房间内挂了近三十年的“上海金银业工人俱乐部成立大会”照片，交给上海的相关部门。后来这些文件由中央档案馆保存。

那作为党章守护人的张人亚去了哪里呢？原来，1931年11月中华苏维埃共和国成立，张人亚不久就前往瑞金。在苏区，他先后担任中央工农检察委员会委员、中华苏维埃共和国出版局局长兼印刷局局长，和毛泽东、周恩来等人一起工作。1932年底，张人亚在从瑞金去福建长汀检查工作的途中病故，时年三十四岁。当时的《红色中华》报曾专门发表了《追悼张人亚同志》的悼文，文中写道：“人亚同志对于革命工作是坚决努力，刻苦耐劳”，“在党内没有受过任何处罚”，并评价他是一位“最勇敢坚决的革命战士”。

习近平总书记指出：“认真学习党章、严格遵守党章，是加强党的建设的一项基础性经常性工作，也是全党同志的应尽义务和庄严责任，对强化全党党章意识，增强党的创造力、凝聚力、战斗力具有极为重要的作用。”通过对党的第一部党章背后的故事的探寻，我们更懂得党章来之不易，需要倍加珍惜。

中共三大为什么选择在广州召开?

1923年6月12日至20日，中国共产党第三次全国代表大会在广州举行。大会决定采取共产党员以个人身份加入国民党的方式实现国共合作。为什么大会选在广州召开？大会又是怎样解决共产党员以个人身份加入国民党这一问题的？让我们回到一百年前，看看年轻的中国共产党是怎样面对新的形势和任务来制定这一重要政策的。

“我们要准备召开党代表会议，所以我们就把中央委员会迁到广州”

中国共产党成立后设中央局于上海。1922年5月，共产国际代表就曾主张将中共中央局和党的整个工作重心迁到广州。

那么，为什么共产国际和中共中央一定要在广州召开党的三大呢?

广东是伟大的革命先行者孙中山的故乡，也是众多近代志士仁人如康有为等抵御外侮、反抗黑暗势力、立志变革中国、追求民族解放而英勇战斗的一片热土。辛亥革命后，以广州地区为中心的革命运动从未停止过。孙中山两次举行的护法运动，都是以广东为基础，依靠南方各派政治势力进行的。

广州是孙中山及其领导的国民党长期进行革命活动的根据地，革命的气息一直比较浓厚。而早在广州党的早期组织的创建时期，党的创始人之一陈独秀就应陈炯明的邀请来到国民党治理下的广州，就任教育委员会委员长。对陈独秀的身份和政治态度，孙中山、陈炯明都是十分清楚的，但他们对陈独秀的革命活动却没有进行任何限制。在陈独秀的直接领导下，广州党的早期组织很快成立，党的各项活动迅速展开。一时间，马克思主义的宣传在广东掀起高潮，工人运动如火如荼，各行业工会纷纷成立。而这时的中国北方还在军阀统治之下。

党的一大后，在广东，党的组织迅速发展，党员人数由最初的九人发展到党的二大时的三十多人，数量仅次于上海，名列全国第二。团的组织也迅速壮大，到1922年3月，团员人数达五百多人，其中广州就有四百多人，并组织了佛山、肇庆、新会、东莞、蕉岭和广西梧州六个分团。工会组织更是发展迅猛，到1922年夏，广东的工会组织达两百多个，工会会员有二十多万人。就连一向不被关注的农民运动，在广东也展开了活动。特别是彭湃领导的海陆丰农民运动，更是开展得有声有色。对共产党开展的各项革命活动，孙中山和国民党不但没有进行限制，相反，在一些革命活动中，两党还密切配合，互相支持。

1922年1月爆发的香港海员大罢工，掀起中国工人运动的第一个高潮，是两党合作领导取得胜利的一个光辉典范。通过这次合作，孙中山、张继等国民党领导人对中共刮目相看，认为中共是有群众基础的党，“共产党在全国的力量比我们大”。同年5月1日，中国共产党在广州组织召开全国第一次劳动大会时热情邀请国民党参加，国民党在大会中也始终配合中共，使大会得以顺利进行。从此，两党彼此间有了更多的理解和信任。

国共两党在广州的良好关系以及共同营造出来的高涨的革命气氛，使前来考察的苏俄、共产国际代表对广州产生了非常好的印象，也增强了他们实现国共两党合作的信心。共产国际执委会远东书记处派往广州的代表利金在1922年5月给远东书记处的报告中，就广州革命运动的状况作出了很好的评价，明确提出了“中央局迁往广州”的主张。参加完党的一大后到广州进行考察和拜会孙中山的马林也断言：“只有广州是我们共产党人能开展工作的唯一地方。”这样，共产国际于1922年7月18日命令中共中央：“立即将驻地迁往广州并与菲力浦同志（指马林——引者注）密切配合进行党的一切工作。”

之后因陈炯明的叛变，广东的革命形势一时受到很大冲击。但1923年1月，陈炯明被驱逐出广州，孙中山重新回到广州，重建军政府，革命形势迅速好转。首先是广东的共产党和社会主义青年团组织得到了整顿和恢复，各项工作迅速展开，工会组织得到重建，工人运动也重新活跃起来。其次是重新回到广州的孙中山，由于指导思想上开始奉行“联俄、联共、扶助农工”的政策，对民众的革命宣传更加积极，对共产党的态度更加友好，对实现国共合作更加主动。特别是他亲自领导进行的国民党改组更是进行得如火如荼。为了彻底使国民党脱胎换骨，孙中山任用陈独秀、李大钊、谭平山等共产党员从事改组运动，吸收包括工人、农民在内的基层群众作为新鲜血液充实国民党。这样，在广州，国共两党的关系愈发密切，革命斗争的政治气氛愈发浓厚。

正是非常看好广州这种良好的革命氛围，第三次来华指导中国共产党实现国共合作的共产国际代表马林，再次提出将中央局迁移到广州的意见。他在1923年5月给共产国际执

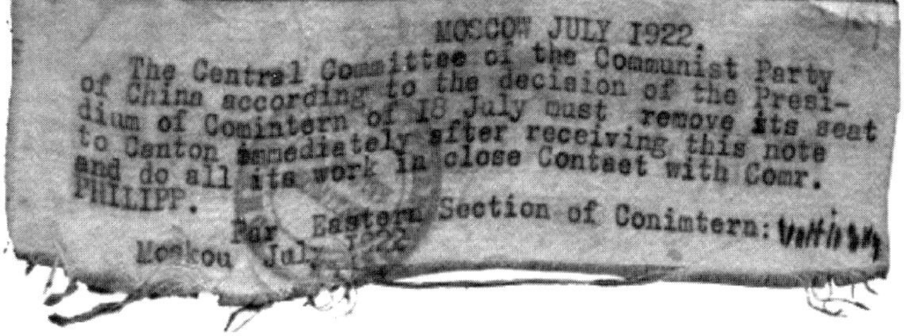
MOSCOW JULY 1922.
The Central Committee of the Communist Party
of China according to the decision of the Presi-
dium of Comintern of 18 July must remove its seat
to Canton immediately after receiving this note
and do all its work in close Contact with Comr.
PHILIPP.
Far Eastern Section of Comintern:
Moskou July 1922

用英文打印在马林衬衣上的1922年7月18日共产国际给中共中央的指示

行委员会、红色工会国际、共产国际执行委员会东方部和东方部远东局的报告中说："我们在广州有充分的行动自由，而且只能在这里公开举行党的代表大会和劳动大会。曾问及湖南代表，是否可在长沙举行青年代表大会，也曾问及北京代表，回答是：只能召开一个秘密的小会。"陈独秀在党的三大的报告中明确指出："我们要准备召开党代表会议，所以我们就把中央委员会迁到广州。"大约在1923年5月，中共中央机关由上海迁至广州。党的三大自然也就确定在广州召开了。

国共合作问题在大会上引起激烈争论

中国共产党成立后，建立了中国劳动组合书记部，集中力量从事工人运动。在1922年初香港海员大罢工后持续十三个月的时间里，全国发生大小罢工一百余次，参加人数三十万以上。其中，安源路矿工人大罢工、开滦煤矿工人大罢工最具代表性。1923年2月4日爆发的京汉铁路三万名工人大罢工，使第一次工人运动达到高潮。2月7日，军阀吴佩孚血腥镇压罢工工人，共产党员施洋等先后被杀。"二七惨案"发生后，全国工人运动暂时转入低潮。

党在斗争中认识到：中国革命的敌人是异常强大的，为了战胜强大的敌人，必须争取一切可能的同盟者；在半殖民地半封建的中国，没有革命的武装斗争，仅仅依靠罢工或其他合法斗争是不行的。带着这些经验教训，中国共产党人投入以国共合作为基础的大革命（也称国民革命）运动。

正在这时，共产国际执委会于1923年1月根据马林提议作出的关于中国共产党与国民党关系的决议传到中国，对促进国共合作起了积极的作用。

1923年6月召开的党的三大，其"筹备工作主要由第三国际代表和二届中央委员会主持”。会前，共产国际代表马林事先找各地代表，特别是工人代表谈话，“内容主要是交待和解释国共合作的必要性”。除此之外，“马林还向代表谈到了下届中央的组织安排，党章和决议的准备情况，并不厌其详地反复说明为什么要这样做的理由”。马林自始至终参加了大会。陈独秀为党的三大起草了《关于国民运动及国民党问题的议决案》，其根据也是共产国际执委会1923年1月12日决议精神。

尽管马林会前做了大量工作，但党的三大上还是出现了激烈的争论。三大代表徐梅坤回忆说，“‘三大’的中心议题是讨论国共合作及共产党员是否加入国民党”，“这个问题争论得很激烈，一个多星期的会议，大部分时间是辩论这个问题”。

党的三大上关于国共合作问题的争论，已不是共产党员要不要加入国民党的问题，而是全体党员加入还是部分党员加入的问题，特别是要不要动员产业工人加入，以及共产党如何在国民党内为国民革命工作的问题。

马林、陈独秀等人提出，既然共产国际已有指示，“我们就应该加入国民党”。他们认为，中国目前是资产阶级性的革命，故应与资产阶级联合。关于产业工人是否加入国民党问题，陈独秀等人主张不保留产业工人，因为保留就是减少国民革命的势力，而中国无产阶级在数量和质量上都非常幼稚，党目前又不能公开，所以，“我们要做工人运动只有加入国民党，集中势力于国民党。”

瞿秋白、张太雷等发言赞成马林、陈独秀的主张。瞿秋白发言具有一定的代表性，他的主要观点是：

“尽管现在小资产阶级和大资产阶级是不革命的，但为了自身利益，他们将会革命。”

“如果我们等国民党发展以后再参加进去，这是不合理的。假如我们希望壮大力量，假如我们有明确的目标，我们会有充分的机会在国民运动中壮大自己，走俄国十月革命的路。”

“如果我们——作为唯一革命的无产阶级，不去参加国民党，后者就势将寻求军阀、资产阶级和帝国主义的帮助。”

张国焘、林育南等反对马林、陈独秀的意见，担心全体党员加入会丧失党的独立，会使党腐化。认为不能期望中国资产阶级起革命作用，“发展共产党的唯一途径是独立行动，而不是在国民党内活动”。而“一切工作归国民党”的口号，“这是取消 C.P. 存在的主张”。后来，张国焘等人虽赞成加入国民党，但反对产业工人加入，认为产业工人是共产党的基础，加入国民党内去就会削弱共产党。他们坚持党领导职工运动的独立性，主张“工人应该在自己的政党旗帜之下参加民族革命，若加入资产阶级性的国民党组织，便不免有混乱无产阶级思想的危险”。张国焘说：“也许我们是错误的，但我们宁可保持左，左的错误比右的错误容易改正。”

邓中夏则明显表现出对国民党的不信任。他说：

“国民党是一个内部利益迥异的政党，很难改造。”

“让孙中山听取新党员的意见十分困难。”

蔡和森批评陈独秀等提出的“把工人置于国民党的旗帜下”，是违反共产国际决定的。他说：

“在统一战线中无产阶级如果不能全部掌握领导权，至少应拥有部分领导权。”

“如果目前中国的国民运动非常高涨，那么工人就不需要独立的政党。”

对此，陈独秀反驳：

“国民运动非常高涨时，我们才能加入国民党，这是机会主义思想，我们的责任是为开展国民运动而工作。”

“只有国民党才能容纳那些半革命的资产阶级，小资产阶级，农民和无产阶级，没有其它途径。”

事实上，对于国共合作的问题，除了上面提到的党内高层领导人，一般党员中也有许多人不理解，特别是工人和从事工运的同志。正如罗章龙所说:在他们看来，“国民党并不注重工人运动，在工人中影响甚微。而国民党脱离群众，成分中官僚、政客不少，鱼龙混杂，却为人所共知。许多同志不愿与之为伍，反对加入国民党，形成一股阻力”。

经过激烈的争论，全体代表对共产党员加入国民党的意义有了统一的认识：一、改组国民党为左翼的政党；二、在共产党不能公开活动的地方，扩大国民党；三、把优秀的国民党员吸收到我们党里来……

李大钊更是难能可贵地提出了统一战线的领导权问题。他说：

“过去和将来国民运动的领导因素都是无产阶级，而不是其他阶级。”

“由于这个原因，我们不要害怕参加国民运动，我们应站在运动的前列。”

毛泽东也发言说：

“在中国，资产阶级革命行不通。所有反帝运动都是由饥寒交迫者而不是由资产阶级发动的。”

“我们不应该害怕加入国民党。”

《关于国民运动及国民党问题的议决案》在会上仅以5票的优势（21票赞成，16票反对）通过，反映了党内对这一决议的真实态度。

至此，中共中央最终同意以中共党员加入国民党的方式实现国共合作，这也是当时能够为孙中山和国民党所接受的唯一合作方式。党的三大还明确规定，在共产党员加入国民党时，党必须在政治上、思想上、组织上保持自己的独立性。这样，国共两党就能够在孙中山这面颇有号召力的革命旗帜下，通过共同努力，广泛发动群众，发展革命力量，加速推进民主革命的进程。这既有利于国民党的改造，使国民党获得新生；又有利于共产党走上更广阔的政治舞台，得到锻炼和发展。

毛泽东进入中央领导层

党的三大选举陈独秀、蔡和森、李大钊、谭平山、王荷波、毛泽东、朱少连、项英、罗章龙为中央执行委员会委员，邓培、张连光、徐梅坤、李汉俊、邓中夏为候补委员，组成新的中央执行委员会。由陈独秀、蔡和森、毛泽东、罗章龙、谭平山组成中央局，陈独秀为委员长，毛泽东为秘书，罗章龙为会计，负责中央日常工作。李大钊、王荷波、项英、朱少连则分别为中央驻北方、上海、湖北、湖南委员，指导当地党的工作。

委员长主持一切中央局及中央全会会议，与秘书共同签署一切公文函件。

“中央局秘书”一职，是第三届中央委员会特设的。对于秘书的职责，《中国共产党中央执行委员会组织法》规定：“秘书员［负］本党内外文书及通信及开会记录之责任，并管理本党文件。”此外，《组织法》还特别规定：“本党一切函件须由委员长及秘书签字。”“执行委员会之一切会议，须由委员长与秘书召集之，附加会议之日程。”

在党的三大上，毛泽东被选入中央局，并担任秘书，这是毛泽东第一次进入党的领导层。后来，毛泽东兼任中央组织部部长，从而使党中央真正有了负责全党自身建设，特别是党务工作的专职主持者。事实也证明，党的三大后，全党组织工作取得了很大进步。

“中央局会计”一职也是第三届中央委员会特设的，负责管理全党财务行政，并负中央机关和各区各地方机关财政、行政审议之责，主持审计财务和决算有关事务，稽查现金出纳等项工作。这一职务，到1924年秋不再由中央局委员担任。

党在组织建设上有了新的完善和发展

党的三大制定实施国共合作政策，为党的组织建设的发展创造了有利的条件。大会提出要把党建成一个群众性政党的任务。大会遵照共产国际的指示，决定与国民党实行党内合作，同时强调："我们加入国民党，但仍旧保存我们的组织，并须努力从各工人团体中，从国民党左派中，吸收真有阶级觉悟的革命分子，渐渐扩大我们的组织，谨严我们的纪律，以立强大的群众共产党之基础。"这是党在组织建设方面的一个重大决策。

党的三大制定《中国共产党中央执行委员会组织法》，在党的历史上第一次用法规条文的形式明确规定了党中央组织结构和工作制度。

该《组织法》对中央领导机构体制、工作程序等方面作出详尽规定："中央执行委员会由本党常年大会选出。其一切行动对大会负责，在两大会之间为本党最高指导机关。""中央执行委员会以9人组织之。""大会后之中央执行委员会第一次会议，即应分配工作，并选举5人组织中央局。""中央局以中央执行委员会名义行使职权，由执行委员会选出委员长秘书及会计3人……"

该《组织法》反映了早期党的中央领导机构的组织构成和一般工作程序，并集中体现了党的民主集中制原则，直接关系着全党的命运，在党的历史上具有深远意义。

党的三大第一次修订党的章程，进一步完善了党的各项制度。大会通过的《中国共产党第一次修正章程》依据党的自身状况的发展和形势发展的需要，对党的二大党章进行了若干修改。与党的二大党章相比，党的三大党章的章节体例完全保留不变，仍然是党员、组织、会议、纪律、经费和附则六章，但从条文的数量上看，由原来的六章二十九条改为六章三十条，增加了一条；从内容上看，在基本保持党的二大党章内容的基础上作出了一些新的规定，如：（1）新党员入党由原来的“须有党员一人介绍”改为“须有正式入党半年以上之党员二人之介绍”。（2）首次规定了新党员有候补期的制度，并根据候补党员不同的社会职业，规定了不同的候补期，劳动者的候补期为三个月，非劳动者的候补期为六个月，但这个规定在执行的时候可以有一定的弹性，“地方委员会得酌量情形伸缩之”。候补党员在履行义务方面与正式党员相同，但在行使权利方面，只能参加小组会议，只有发言权和选举权，没有被选举权。（3）首次规定党员可以“自请出党”，即自愿退党。这是党的三大党章唯一新增加的一个条文。对党员“自请出党”，还作了相应的规定：“须经过区之决定，收回其党证及其他重要文件，并须由介绍人担保其严守本党一切秘密，如违时，由区执行委员会采用适当手段对待之。”

党的三大闭幕时，在通过的大会宣言中特别指出：“中国共产党鉴于国际及中国之经济政治的状况，鉴于中国社会各阶级（工人农民工商业家）之苦痛及要求，都急需一个国民革命；同时拥护工人农民的自身利益，是我们不能一刻疏忽的；对于工人农民之宣传与组织，是我们特殊的责任；引导工人农民参加国民革命，更是我们的中心工作。”

中共四大确定的“一个最重要的问题”

党支部是党在基层的战斗堡垒，是党的全部工作和战斗力的基础。那么支部何时被明确为党的基层组织？党章中“凡是有正式党员三人以上的，都应当成立党的基层组织”的规定又始自何时？这些都可以追溯到九十多年前的党的四大。1925年1月，为迎接即将到来的国民革命第一次高潮，加强党对革命运动的领导，中国共产党在上海召开第四次全国代表大会。这次会议从理论上对有关中国民主革命的基本问题加以系统化，并作出了新的概括，同时在党的组织建设方面特别是基层组织建设方面取得了新成果。

“第四次全国大会开会为期不远”

1923年中国国民党一大的召开，标志着第一次国共合作正式形成。在共产党和国民党的共同努力下，国民革命的思潮由南而北，以前所未有的速度向全国传播。1924年10月，冯玉祥发动北京政变，推翻了直系军阀曹锟、吴佩孚控制的北京政府，并电请孙中山北上共商国是。11月，孙中山离开广州北上，沿途宣传召开国民会议和废除不平等条约的主张，形成了广泛的政治宣传运动，中国大地上出现了一股向着帝国主义和军阀势力猛烈冲击的革命洪流。但随着革命形势的发展，革命阵营内部的矛盾也逐渐暴露出来，国民党内部的左、右派进一步分化，国民党右派分子开始了他们的反共分裂活动，反对和破坏刚刚形成的国共合作局面，国共关系逐步复杂化。为了应对复杂的形势，加强对日益高涨的革命运动的领导，回答党所面临的许多新问题，中国共产党决定召开第四次全国代表大会。

1924年8月至12月，中共中央为召开四大进行各项准备：发出会议通知、分配代表名额、确定会议中心议题、起草会议文件等。

8月31日，中共中央就关于召开党的四大致信各地党组织，称“第四次全国大会开会为期不远”，要求在全党范围内收集材料和意见。信中指出各地同志对于党一年来各种政策“工农，青年，国民党各种实际运动及党内教育上组织上各事必有许多意见”，希望各区各地方委员会各独立组组长“发表其所见”。这些意见“于每个小组会议时将上述各点提出讨论，以其结果报告中央局”，“同志个人有特别意见者可特别指令他写成意见书由委员会或组长汇寄中央”。特别说明，“中央接到此项报

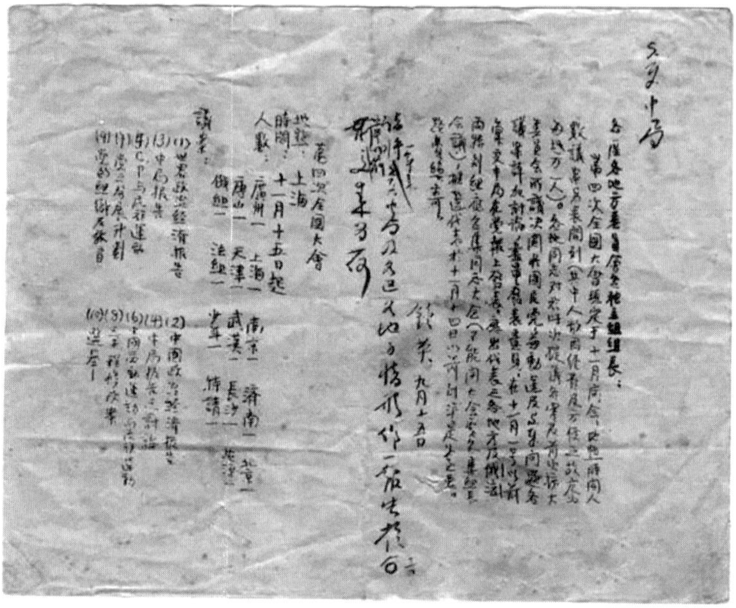

1924年9月15日，中共中央向各区各地方委员会各独立组组长发出《关于召开四大的通知》

告及意见书，即于最近期（第五六期）党报上发表以为第四次大会各项讨论决议材料”。

9月15日，中共中央正式向各地发出召开四大的通知：四大定于11月开会，要求各地召集同志大会推选代表来沪，并分配了代表名额，还提出四大的十项议程。

11月底共产国际代表维经斯基到达上海，了解了中国政治局势的特点，审定了会议基本材料和提纲，召开了为期一周的中央全会，确定了四大的中心议题。

12月初，中央指定专人组成大会文件起草委员会，成员有陈独秀与彭述之、维经斯基等，进行四大文件起草工作。各项草案都经起草委员会讨论，关于无产阶级在国民革命中的领导地位问题是集中讨论的主要问题，关于民族革命的性质问题也是讨论详细、争论较多的问题。

在做足充分的准备之后，党的第四次代表大会即将召开。

会场“布置成学校课堂的样子”

1925年1月11日至22日，中国共产党第四次全国代表大会在上海东宝兴路一幢石库门建筑内举行。出席会议代表二十人，代表全国九百九十四名共产党员。会议由陈独秀主持，彭述之为秘书长，郑超麟、张伯简记录。

会议仍然是在秘密状态下召开的。1980年郑超麟曾在一篇回忆录中对此有详细的记述：

“会场设在二楼，布置成学校课堂的样子，有黑板，有讲台，有课桌课椅，而且每人有英文课本，准备有人闯进来问时，就说这里是英文补习班课堂。三楼是一部分代表住宿的地方。我们都在后门出入，楼下课堂间怎样布置，我没有留下印象。会开完后，工人部拿去这幢房子做什么机关。”

关于会议代表的住宿情况，天津代表李逸在《中共四大会议琐忆》中也有生动的记述：

“各地代表中，住在会所者只有4人，即李维汉、尹宽、阮济和笔者。床是没有的，大家都席地而睡。李、尹是长人，所备棉被长度不够，他们和衣而睡，用毛围巾将被头下端扎起。这样，才能在寒夜中保持足部温暖。”

会议的气氛也还是不错的，郑超麟回忆中也有不少的细节：

“陈独秀在发言中说起李汉俊如何如何，可是他说错了，竟说成李启汉如何如何，于是李启汉从自己的座位上站起来说：你把李汉俊说成李启汉了。陈独秀当即承认错误。”

“讨论问题时，李维汉发言很有重量，往往能起决定作用。张太雷便给李维汉起个绰号，叫做‘实力派’。”

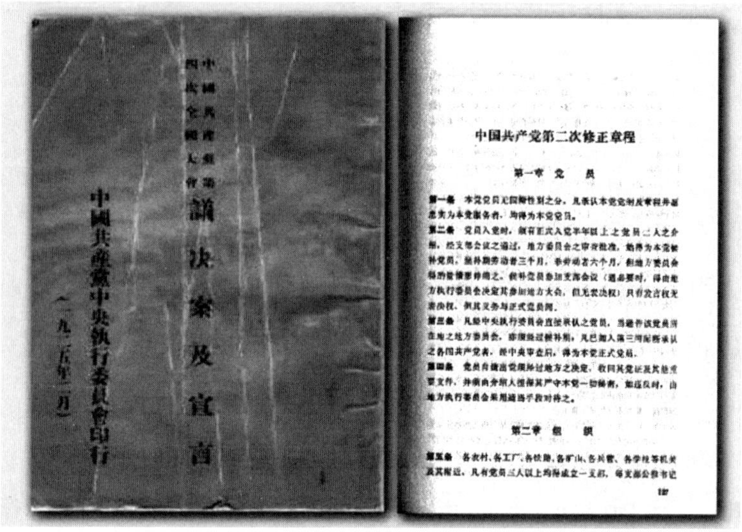

中共四大通过的《中国共产党第二次修正章程》

大会的中心议题为如何加强党对日益高涨的革命运动的领导，以及在宣传工作、组织工作和群众工作方面如何准备迎接革命高潮。大会通过了《中国共产党第四次全国大会宣言》《中国共产党第四次大会对于列宁逝世一周纪念宣言》《中国共产党第二次修正章程》以及作出了关于农民运动、青年运动、妇女运动、宣传工作和组织问题等十一个议决案。

"必须最革命的无产阶级有力的参加，并且取得领导的地位"

在国共合作的历史背景下，大会在党的历史上第一次明确提出了无产阶级在民主革命中的领导权和工农联盟问题，对中国民主革命内容作了更加完整的规定，指出在反对国际帝国主义的同时，还要反对封建的军阀政治和封建的经济关系。

关于无产阶级领导权问题，大会指出：中国民主革命是

“十月革命后，广大的世界革命之一部分”，它既“是一个资产阶级性的德谟克拉西革命”，又“含有社会革命的种子”。因此，对于这场革命，无产阶级“不是附属资产阶级而参加，乃以自己阶级独立的地位与目的而参加”。民主革命“必须最革命的无产阶级有力的参加，并且取得领导的地位，才能够得到胜利”。

关于工农联盟问题，《对于农民运动之议决案》阐明了农民是无产阶级同盟军的原理，强调了农民在中国民族革命中的重要地位，大会强调，“中国民族德谟克拉西运动之发展，当与工人农民及城市中小资产阶级普遍的参加为正比例”，中国革命需要“工人农民及城市中小资产阶级普遍的参加”，其中农民是“重要成分”，“天然是工人阶级之同盟者”，无产阶级及其政党如果不发动农民起来斗争，无产阶级的领导地位和中国革命的成功是不可能取得的。

此外，大会在总结一年来国共合作的经验教训后指出：无产阶级在民族运动中既要反对“左”的倾向，也要反对右的倾向，而右的倾向是党内主要危险。共产党要做到：在国民党内和党外坚持彻底的民主革命纲领；保持自己的独立性；在思想上、组织上和民众宣传上扩大左派，争取中派，反对右派；既帮助国民党在实际运动和组织上发展，又加紧同国民党内的妥协倾向作斗争。

“组织问题为吾党生存和发展之一个最重要的问题”

党的四大明确提出了无产阶级在民主革命中的领导权问题，强调必须解决自身的组织建设问题，以强有力的组织工作来保证领导权的取得与实现。这一成果充分体现在大会通过的《中国共产党第二次修正章程》——一般称为四大党章——以及《对于组织问题之议决案》中。

四大党章的调整与修改十分关注党的组织建设和纪律问题。大会通过的《对于组织问题之议决案》指出："组织问题为吾党生存和发展之一个最重要的问题"，在党的建设史上把组织问题提到如此高度，这是第一次。

《对于组织问题之议决案》第一次将支部规定为党的基本组织，并对支部建设的基本原则、设置标准、支部的工作任务和职责、组织制度、活动方式等做出了具体要求。

一是规定了支部设立的基本原则。《对于组织问题之议决案》提出将原来章程中的"有五人以上可组织一小组"改为"有三人以上即可组织支部"。《中国共产党第二次修正章程》则第一次将支部规定为党的基本组织，并首次规定"凡有党员三人以上均得成立一支部"。

二是规定了支部的设置标准。强调支部的设置应以产业和机关为单位，如不能以机关为单位组织支部时，则可以以地域为标准。这就确定了按照单位和区域来建立党的基层组织，真正把党的组织基础放在社会组织的最基层。

三是规定了支部的工作任务和职责。强调支部的工作不能仅限于吸收和帮助无党的群众。支部在企业中，也应利用企业主和工人之间发生冲突的机会，宣传工人运动。这就要求党的支部必须经常地用党的政治主张去教育群众，启发群众的觉悟，并组织和带领群众为实现自己的利益而斗争。

四是规定了支部的组织制度。支部的领导机构为支部干事会，每支部公推书记一人或推三人组织干事会，隶属地方执行委员会，不满三人之处设一通信员，属于附近之地或直接属于中央。支部人数过多时，酌情分为若干小组，每组设组长一人，由支部干事会指定之。如支部所在地尚无地方执行委员会时，则由区执行委员会直辖之，未有区执行委员会之处，则由中央直辖之。这样，就对支部的组织领导和活动方式、活动频次等作出了基本规范，从而保证了支部工作的日常运行。

从党的奋斗历程来看，党的基本组织经历了从无到有、从少到多、从弱到强的发展过程，而党对支部的认知也有一个不断明晰的过程。

1921年7月党的一大通过的《中国共产党第一个纲领》第七条规定："凡有党员五人以上的地方，应成立委员会。"党纲没有规定党的基层组织，而党的地方委员会可以说是党成立初期的基础组织。

1922年7月党的二大讨论通过了《关于共产党的组织章程决议案》与《中国共产党章程》。党章第二章"组织"第四条规定："各农村、各工厂、各铁路、各矿山、各兵营、各学校等机关及附近，凡有党员三人至五人均得成立一组，每组公推一人为组长，隶属地方支部。""各组组织，为本党组织系统，训练党员及党员活动之基本单位，凡党员皆必须加入。"

1923年6月党的三大通过了《中国共产党第一次修正章程》，对党的基层组织设置作了调整，明确："各农村、各工厂、各铁路、各矿山、各兵营、各学校等机关及附近，凡有党员五人至十人均得成立一小组，每组公推一人为组长，隶属地方支部。"党的二大党章所称的"组"、党的三大《修正章程》所称的"小组"均是当时党组织活动的基本单位，也是隶属于地方支部的，而这里所称的支部更近似于地方党组织的代名词。

党的四大第一次把党的支部规定为党的基本组织，对支部建设作出具体规定，这为随后1926年党中央提出"一切工作归支部"，党的五大第一次在党章中将支部单独列为一章，直到党的七大提出党支部的"战斗的堡垒"作用，以及为中国共产党成长为一个群众性的政党奠定了坚实基础。

党的第一个中央纪检机构是怎样诞生的?

1927年4月27日至5月9日，中国共产党第五次全国代表大会在武汉举行。最后一天会议选举产生了党的历史上第一个中央纪律检查监督机构——中央监察委员会。这个极为特殊而重要的机构是怎样在中共五大上诞生的？它的开创者们又是怎样开展工作的？

血雨腥风中召开党的五大

1927年4月12日凌晨，蒋介石突然在上海发动反革命政变。继上海的“四一二反革命政变”后，江苏、浙江、安徽、福建、广东、广西等省相继以“清党”为名，大规模搜捕、屠杀共产党员和革命群众。

大革命遭遇局部失败，是否继续国共合作？怎样才能打破反革命的包围？如何巩固和发展已取得的胜利？如何挽救处于紧急情势中的大革命？中国共产党应当何去何从？……这些急迫的问题，摆到了中国共产党人面前，摆到了党的五大面前。

1927年4月27日，蒋介石发动“四一二反革命政变”后的第15天，党的五大在武昌高等师范第一附属小学礼堂开幕。被蒋介石通缉的共产党“首要分子”，几乎都在这里。北方、广东、湖南、湖北、河南、山东、山西、四川、江西、安徽、江浙等11个地区、省的正式代表共82名，代表全国57967名党员参加大会。共产国际代表罗易、多里奥、维经斯基、鲍罗廷等参加会议。

党的第四届中央执行委员会九名委员，只有李大钊一人没有到会。4月28日，38岁的李大钊在北京西交民巷京师看守所被反动军阀绞杀，牺牲在党的五大召开之际。邓培、萧楚女、熊雄、李启汉、刘尔崧也未能到会，五大召开十天前，他们在广州被杀害。上海特委周恩来、陈延年、赵世炎没有来，他们正在白色恐怖之中与敌人周旋，后来陈延年、赵世炎也牺牲了。

党的五大是秘密召开的，就是说不许报纸登载消息。当时，武汉几乎所有的报纸或是由共产党员编辑的，或是受共产党指挥的。后来，有一个报纸，因为透露了党的五大召开的消息，受了处罚。之所以要保密，一是避免加重武汉政府"赤化"的色彩，二是防备反动派袭击。而且，在武昌开大会也有烟幕作用，因为第二天，第一附小就没有代表的踪影了。此后，会场转移至汉口。

4月29日起，党的五大的正式会议继续在汉口黄陂会馆

中共五大旧址

（原建筑已毁，现为汉口自治街31号）举行。黄陂会馆的大厅至大门隔着一个长方形院子。门外的荒地上，天天有唐生智部下兵士操练机关枪。

陈独秀在大会上作《政治与组织的报告》。大会批评了陈独秀的右倾机会主义错误。大会要求会后由中央政治局会议制定《中国共产党第三次修正章程决案》，明确规定实行民主集中制、将中央执行委员会改为中央委员会、设立中央政治局等。大会最后一天选举产生了党的历史上第一个中央纪律检查监督机构——中央监察委员会。

设立党内专门的纪律检查监督机构刻不容缓

党从成立之初，就非常重视党的纪律和党内监督机制的建设。党的一大通过的纲领明确规定："地方委员会的财务、活动和政策，应受中央执行委员会的监督。"党的二大通过的《关于议会行动的决议》，明确了共产党员参加议会活动的监督制度。在党的二大通过的第一个党章、党的三大通过的《中国共产党第一次修正章程》和党的四大通过的《中国共产党第二次修正章程》中，均专设"纪律"一章。

中国共产党如此重视党的纪律和党内监督，为什么没有在建党之初成立专门的纪律检查监督机构，而是建党六年后，才在党的五大上成立中央监察委员会呢？

从党的发展历程看，党的第一个中央纪律检查监督机构产生于五大，是党组织和革命形势发展到一定历史阶段的客观需要和必然产物。

处于幼年时期的中国共产党，从五十几人，到不足千人，一无政权二无经费，连党的主要创始人陈独秀和李大钊都要靠教书、当编辑和写作维持生活，东奔西走为党筹集经费。由于党员人数少、质量高，党组织长期处于秘密状态，机构精干且纪律严明，违纪现象较少发生，因此没有成立专门的纪律检查监督机构，而由党的各级委员会直接维护和执行党纪。陈公博和周佛海两人在建立党的早期组织过程中曾做过一些工作，并被选为代表出席了党的一大，但不久就严重违反党的纪律。党毫不留情地将这样的人清理出去，保持了党组织的纯洁性。

虽然没有专门的纪律检查监督机构，却严格维护和执行党的纪律——便是中国共产党从一开始就能保持清正廉洁作风的重要原因。

随着第一次国共合作的深入和轰轰烈烈大革命的到来，党的影响迅速扩大，党的力量也随之迅猛发展。大批工人、农民、知识分子、进步青年和革命军人纷纷加入党的组织。新党员的急剧增加，党员教育的滞后，加上少数投机分子的混入，使党的先进性和纯洁性面临严峻形势。

更大的考验是，国共合作后，大量共产党员以个人身份加入国民党，在国民党各级党部、军队和政府内任职。这些跨党任职的党员时刻面临着权力地位、金钱美色、灯红酒绿等各种诱惑，加上革命阵营内部分化日益严重，少数意志薄弱的党员出现了追求享受、贪污腐化、思想动摇甚至叛党变节的现象。中共中央敏锐地意识到问题的严重性，于1926年8月4日发出关于坚决清洗贪污腐化分子的通告，"特别训令各级党部，迅速审查所属同志，如有此类行为者，务须不容情的洗刷出党，不可令留存党中，使党腐化，且败坏党在群众中的威望"。

在蒋介石发动"四一二反革命政变"、新老军阀相继制造白色恐怖镇压革命的危急情况下，脱党、"自首"甚至叛党投敌等现象屡见不鲜。在这种形势下，在党内设立专门的纪律检查监督机构，就成为一件刻不容缓的事情。

王荷波："鱼行老板"成为首位中央监察委员会主席

1927年5月9日，党的历史上第一个中央纪律检查监督机构——中央监察委员会由党的五大选举产生。王荷波、张佐臣、许白昊、杨匏安、刘峻山、周振声、蔡以忱当选为中央监察委员，杨培森（杨培生）、萧石月、阮啸仙当选为候补中央监察委员。中央监察委员会的成立，标志着党的纪律检查监督制度的创立。

王荷波当选为中央监察委员会主席。王荷波（1882—1927），山西太原人。曾在沙皇俄国统治下的海参崴做过苦力，在日本人开办的大连铁道工场干过劳工，在浦口的浦镇机厂做过钳工，利用工余间隙，他阅读了《劳动界》《劳动音》《新青年》等进步刊物，悟出了一个道理：工人只有团结起来进行斗争才有力量。1922年，王荷波加入中国共产党，逐步成长为工人运动的领导人。曾出席党的三大和四大，历任中共中央执委会委员、中央局委员、中央工农部主任、上海地方执委会委员长、中共北方局委员、全国铁路总工会执委会委员长。

为了顺利参加党的五大，王荷波是一路乔装打扮来到武汉的。据郑超麟回忆，他是与陆定一做伴前往武汉参加五大的。他们乘坐的是英商怡和公司的轮船。七十多年后，郑超麟还对同船一位装扮成鱼行老板的“戴眼镜的老头子”代表记忆犹新：“老头子携带他的老伴儿以及四五个儿女，说是到汉口做生意的，他本在南京什么地方开鱼行。我们问他鱼的市价，问他哪种鱼味道最好。他就是王荷波。他的第三个弟弟王震东，在船上不同他打招呼，铺位隔得远远地。我同王震东在甲板上散步，我说：‘你的哥哥真像鱼行老板。’”就是这位“鱼行老板”，成为党的历史上首位中共中央监察委员会主席。

党的五大闭幕后三个月，王荷波在八七会议上当选临时中央政治局委员，随即又被任命为中共中央北方局书记。王荷波来到天津，调查处理顺直省委组织纠纷，撤销了坚持右倾错误、拒不执行八七会议方针的彭述之的省委书记职务。接着来到河北玉田，传达八七会议精神，部署武装暴动。有的同志出于对陈独秀右倾错误的痛恨，要求开除陈独秀党籍并把他枪毙。王荷波反问：“你们要求枪毙陈独秀，是根据党章上哪

中共五大会场

一条？党章上有枪毙党员的规定吗？”接下来，他耐心解释，平息了大家的怨气。几天后，玉田暴动取得成功。

用鲜血和生命诠释忠诚于党

第一届中央监察委员会选出的十位同志都是工农运动和革命斗争中久经考验、在群众中拥有崇高威望的党的领导干部，其中六人出身工人。

党的五大结束后两个多月，“七一五反革命政变”爆发，由国共两党合作发动的大革命宣告失败。共产党人和革命群众遭到残酷屠杀，第一届中央监察委员会的委员们也面临生与死的考验。

1927年10月18日，王荷波因叛徒告密在北京被捕。在狱中，他受尽酷刑，却始终严守党的机密，留下的唯一遗嘱是请求党组织教育他的子女，不要让他们走上和自己相反的道路。11月11日夜，敌人残忍地将他秘密杀害于北京安定门外，终年四十五岁。

1949年，北京刚解放不久，有关部门遵照周恩来总理的指示，经过艰辛查询，终于找到了王荷波等烈士的遗骨。1949年12月，周恩来总理亲自主祭，将王荷波等烈士的遗骨移葬八宝山革命公墓。

除王荷波外，党的五大选出的十名监察委员中，还有七人先后牺牲在刑场或战场上，却无一人叛党投敌。他们是：张佐臣、许白昊、杨匏安、蔡以忱、杨培森（杨培生）、萧石月、阮啸仙。

这些党的监察先驱，用鲜血和生命诠释了对共产主义的信仰和对革命事业的忠诚，为鲜红的党旗增添了绚丽的色彩。

中共六大：唯一一次在境外召开的全国代表大会

在莫斯科西南四十公里处的圣三一区五一乡五一村公园街18号，坐落着一栋被修复不久的俄罗斯古典建筑。褐色的穹顶、白色雕花的装饰、淡黄色的墙体，在林木葱茏中，整座建筑显得愈加淡雅宁静。1928年，正是在这里，召开了中国共产党第六次全国代表大会。这是一次对中国革命发展具有特殊历史意义的会议，也是中国共产党历史上唯一一次在境外召开的全国代表大会。

时光悠悠。九十多年来，这座建筑经历了怎样的变迁？背后有哪些值得追寻的记忆？又将续写怎样的故事？

中俄两国领导人商定会址修复和建馆

中共六大会址所在地，在沙皇俄国时期曾是一座名为斯塔罗尼柯里的贵族庄园。因其主体建筑的白色墙壁在阳光下光耀夺目，又被称为“银色别墅”。一位中共六大代表记录了别墅1928年时的景致，“别墅外面，泉流潆回，牛羊饮水过去，草带泥痕，四望林木参天”。

十月革命后，该建筑被收为国有，曾被用作兵营，后来又作了苏联国营农场员工的住宅。历经岁月侵蚀，这座昔日的“银色别墅”日渐衰落破败。加之2009年和2010年的两次大火，使本已年久失修的建筑几乎损毁殆尽。

2010年，时任中国国家副主席习近平访问俄罗斯，向时任俄罗斯总理普京提出在中共六大会址设立纪念馆的建议。提议得到了普京的热情支持。

2013年3月，中国国家主席习近平再次访问俄罗斯。这也是习近平担任国家主席后的首次出访。在习近平主席与普京总统的共同见证下，中俄两国签署了《中华人民共和国政府和俄罗斯联邦政府关于互设文化中心的协定》的补充议定书，确定对中共六大会址进行修复，修复后将作为莫斯科中国文化中心的分部设立中共六大历史常设展览，免费向公众开放。

3月23日，习近平主席与俄罗斯联邦副总理戈洛杰茨共同触亮发光球，中共六大会址建馆工程正式启动。同年9月5日，中俄两国互签六大会址租赁合同，规定该建筑属于俄罗斯文化遗产，中方通过租赁形式使用，租期49年。

在中俄两国领导人的高度重视和亲自推动下，中共六大会址修复工程和常设展览馆展陈工作作为中俄人文合作委员会的重点工作顺利推进。根据俄罗斯中央科学修复设计院提供的建筑原貌图纸，中方承建工程人员将先进的建筑技术与俄罗斯传统手工艺相结合，最大限度地重现了建筑的原貌。因采用特殊的冬季施工方法，修复工程仅用293天时间即实现全面完工。

2016年7月4日，中共六大会址常设展览馆宣布建成并正式对外开放。

来到中共六大会址常设展览馆，拾阶而上，穿过一层宽敞的大厅，向东是三间相互连通的展室。展室分“中国共产党的一大至五大”“中共六大的筹备”“中共六大的召开”“中共六大的作用和影响”“共产国际、联共（布）与中共六大”“中共六大会址今昔”六个部分，通过大量珍贵的历史照片、图片和文件资料，全景式回顾了中共六大召开前后中国革命的历史进程。沿着白色大理石旋梯来到二层，展现在眼前的是根

复原后的中共六大会场

据与会代表回忆录复原的六大主会场。会场旁专门设置了一间展室，记录“中俄关系新发展”。三层是阁楼，设有两间房间，复原了当时代表住处的场景。展馆二层南侧有一处开阔露台，一块斑驳的六大会址建筑修复前的老墙壁静静安放在那里，像一位历经沧桑的老者，向到访的客人讲述过去的故事。

中共六大为何在这里召开

中共六大的召开，经过了近一年时间的酝酿和准备。当时的中国笼罩着白色恐怖，中国共产党很难找到一个能够保证安全的地方开会。得知赤色职工国际第四次代表大会、共产国际第六次代表大会、少共国际第五次代表大会将分别于1928年春夏在莫斯科召开，中国共产党都需派代表出席，而且当时的中共中央也迫切希望得到共产国际的指导，所以，在报请共产国际同意后，最终决定中共六大在莫斯科召开。

出境参加会议的路途极其艰难和危险。1928年的中国，中苏已断绝外交关系，中国国内充满白色恐怖，国民党到处逮捕、杀害共产党人。在这种情况下，出席中共六大的代表要从全国各地前往万里之遥的莫斯科是何等艰难。

苏联和共产国际方面给予大力支持，派专人负责代表们的旅途安全。他们和中共临时中央密切配合，在哈尔滨和满洲里等地安排地下交通站，接送代表们过境。从4月下旬开始，代表们分批前往莫斯科。各省代表先到上海，在那里被编成若干小组，或乘苏联商船到海参崴，然后改乘火车赴莫斯科；或乘船去大连，在大连转乘火车到哈尔滨，再从哈尔滨北上满洲里，从那里偷越国境进入苏联，然后再乘火车赴莫斯科。因为苏联商船较少，多数代表都是走上海—大连—哈尔滨—满洲里的路线。走这条路线非常危险，经常会遇到国民党军警特务和日本警察暗探的跟踪盘查，稍有不慎就可能被捕。直到6月中旬，代表们才大都安全抵达莫斯

参加中共六大的代表分批秘密前往莫斯科的主要线路示意图

科。为保密起见，大会筹备处为每位参会者编定一个号码，并规定在大会发言及领取一切文件物品时均用号码，不用真实姓名。

1928年6月18日至7月11日，中国共产党第六次全国代表大会在当时被称为纳罗法明斯克区的五一村举行，历时24天。出席大会的代表142人，其中有选举权的正式代表84人。会前，斯大林与部分六大代表进行了谈话。会上，共产国际代表布哈林作了《中国革命与中国共产党的任务》的报告，瞿秋白作了政治报告，周恩来作了组织报告和军事报告……共产国际，少共国际，意大利、法国、日本、英国、捷克、伊朗、美国等国际组织和政党的代表在会上致祝词。大会通过了关于政治、军事、组织、苏维埃政权等一系列问题的决议，以及经过修改的《中国共产党党章》。大会分析了当时中国的政治经济状况，指出了当时中国革命的性质、所处的阶段和下一阶段中国共产党的路线、方针。会议选举产生了中共第六届中央委员会。毛泽东没有参加这次大会，但因他在井冈山领导工农武装、开辟革命根据地斗争中取得的显著成绩，受到大会高度重视，所以仍被选为中央委员。

中共六大对中国革命的恢复和发展都起到了积极作用。至于六大存在一些如把党的工作重心仍然放在城市，还没有充分认识到建立农村根据地在中国革命中的特殊重要的地位，仍然把民族资产阶级看作革命的敌人，对中间派和反动势力的内部矛盾缺乏正确的估计和应对政策，在选拔干部时片面强调工人成分等一些局限，但六大的路线基本上是正确的。

2013年，中国国家主席习近平在出席中共六大纪念馆建馆启动仪式时这样评价了六大："在中国人民饱受磨难的时候，在中国革命最艰难的关头，来自中国各地的140多名中共代表，为了国家和民族的前途命运，在俄罗斯人民和国际组织帮助下，冒着生命危险，冲破重重险阻，远涉万里来到莫斯科，召开了中共六大。中共六大在党的建设和发展、在中国革命和中国人民解放事业征程中发挥了重要作用。这是中共历史上唯一一次在境外召开的全国代表大会，具有重大历史意义。”

中俄两国人民的友谊之桥

中共六大是中俄共同历史中的重要事件，也是中俄两国人民相互支持的宝贵记忆。中共六大会址常设展览馆承载并记录了这段珍贵历史，同时也见证了中俄两国人民世代相传、历久弥坚的传统友谊。

展览馆自开馆以来，已经接待了大约2.4万名参观者，其中来自俄罗斯的参观者8000多人。除接待参观外，这里还举办了60多场演出、展览、联欢和讲座活动，如2019年，这里曾举办“纪念中俄建交70周年图片展”“周恩来与中俄友谊展”等。到访这里的客人中有中俄两国历史学者、文化界人士、媒体工作者，也有中小学校的老师和学生们；有远道而来的中国游客，也有居住在附近俄罗斯邻里。大家在这里追忆历史，共叙情谊。

中共六大会址常设展览馆的建成和开放，让这座始建于十八世纪的古老建筑重新获得了生机，也为中俄两国人民架起了一座增进理解、促进交流、深化友谊的新桥。

中共七大：与六大相隔十七年之久

1945年4月23日至6月11日，中国共产党第七次全国代表大会在延安杨家岭召开。此时，距1928年6月召开的中共六大已间隔了整整17个年头。

为期50天的大会除了完成制定党的政治路线，以便团结带领广大人民打败日本侵略者等重大历史任务外，特别值得一提的是，会议将毛泽东思想确立为全党的指导思想，并选举了以毛泽东同志为核心的中央领导集体。这是中共历史上具有里程碑意义的一次重要会议。

中共七大与六大为何相隔17年之久？会议从筹备到召开又经历了哪些曲折？七大召开前后一些鲜为人知的细节值得探寻。

十七年的等待

1928年6月18日，中共六大在莫斯科召开。1945年4月23日，中共七大在延安召开。两次党的代表大会中间相隔了17年。这期间，中共中央曾多次决定筹备召开七大，却一再推迟延宕。

据胡乔木说："早在1931年1月的六届四中全会上就提出要召开七大。在1930年12月写就的《中共四中全会决议案》中，把召开七大，总结苏维埃运动经验，通过党纲和其他文件作为'最不可延迟'的任务。"据现有资料表明，早在1928年，也就是中共六大召开的那一年，有关中共七大的议题就已经开始酝酿了。1928年10月，时任共产国际执委会东方部副部长的米夫就在《共产国际》杂志上发表文章说，中共六大没能通过党纲，应该委托新选出的中央委员会拟订党的纲领草案，提请中共七大审查批准。

1931年1月，党的六届四中全会提出要召开党的七大，并把总结苏维埃运动经验、通过党纲等作为七大的主要任务。《四中全会决议案》强调："四中全会认为必须召集党的第七次全国大会，委托新的政治局开始必须的准备工作，以保障这次大会要有各地党部的好的代表，要有对于苏维埃运动经验的郑重的总结的可能，要有对于工业中心党的工作经验的郑重的总结的可能，要通过党的党纲和其他文件。"由于国民党军队连续大规模地"围剿"红军和根据地，致使七大未能如期召开。

全面抗战爆发后，12月9日至14日的中央政治局会议，通过了《中共中央政治局关于召集七次全国代表大会的决议》，要求"在最近时期内"召开七大，并成立以毛泽东为主席、王明为书记的中共七大筹备委员会。会议规定："党的第七次全国代表大会的中心任务，在于讨论和规定如何在巩固和扩大以国共合作为基础的抗日民族统一战线的总方针下，组织和保障全中国人民取得对日抗战的最后胜利；同时，党的七次大会应当对于自六次大会以来的革命斗争经验作一个基本的总结。"

1938年2月27日至3月1日的中央政治局会议讨论了召开七大的问题。这次会议提出，中央应"立刻进行具体准备"，包括为召集七大告全党同志书和告全国同胞书；给地方党部发出关于七大准备工作的指示；成立大会各主要议程的报告草案委员会，责成政治局及中央同志起草报告提纲。同时，会议决定派任弼时立即去莫斯科，向共产国际说明中国抗战情况，通报中共决定于最近半年内召开党的七大的情况，希望共产国际派人指导。但由于战争紧迫，以及王明从共产国际回来后，造成的党的指导思想和组织上的分歧，致使这次预定的七大没能如期召开。毛泽东后来在中共扩大的六届六中全会上谈到七大推迟的原因时，强调

“因为战争紧张的原故”，同时又说“准备工作尚未完成”。11月，党的六届六中全会通过《关于召集第七次全国代表大会的决议》，提出七大“在不久的将来”召开，中心任务是讨论坚持抗战、争取和保证抗日战争的最后胜利等问题。毛泽东就召集中共七大问题作了专门说明，并表示，由于战争紧张的缘故，七大不得不推迟到明年召开。

1939年6月和7月，中共中央书记处先后两次向各地党组织发出选举七大代表的通知，并要求当年9月1日前确定代表人选。但从这时起，国民党顽固派相继发动了两次反共高潮，随后日军又加紧向我抗日根据地进攻，七大筹备工作受到影响。

1939年8月16日，中共召开中央政治局会议，总结抗战工作，分析形势，安排下一步工作。会议决定1940年召开中共七大，会议让各地的七大代表1940年1月15日到延安，并确定由毛泽东作政治报告，周恩来作副报告（统一战线工作）。1939年12月，在苏联疗伤的周恩来向共产国际执委会主席团提交报告，其中对中共七大的代表选举，会议日期、议程，政治路线和中央的总结，修改党章问题以及选举工作，等等，作了专门汇报。其后，中央和毛泽东几次催促尽快召开七大，但终因形势所迫和准备不足延迟下来。

1940年3月，任弼时从共产国际返回延安。3月底至5月上旬，中央政治局委托任弼时负责七大的筹备工作。8月8日的中央政治局会议上，毛泽东又提议由任弼时负责七大各种材料的准备工作，继续推进七大的召开。1941年2月21日，毛泽东与任弼时致电在重庆的周恩来：“七大代表已到齐，只待你回，拟五一开会，不便再延，请你估计有无回延可能，并准备何时回延。”再次明确了召开七大的日期。3月12日的中央政治局会议还讨论了七大的议程，确定由毛泽东作政治报告，朱德作军事报告，周恩来作组织工作报告，刘少奇发表职工运动的演讲，并任命任弼时为大会秘书长，王若飞、李富春为副秘书长。会议要求五一前完成七大的各项准备工作。胡乔木说:“这是准备工作讨论的较为具体的一次，也有部分代表到延安等候了半年，但不久又决定延期召开。在1941年9月政治局整风会议以后，曾打算在1942年上半年召开。后因部署整风运动、大生产运动和其他工作而未能举行。”

1943年7月17日，中央书记处向中央政治局提议在8个月到9个月内召开七大。8月1日，中央政治局又发出了《关于七大代表赴延安出席大会的指示》，改定在年底举行，要求代表“须于最近期间启程来延”。9月，中央政治局整风会议召开，开始开展党内高级干部党的历史学习和经验总结，批判王明在土地革命时期“左”倾错误和在抗战时期右倾错误。七大的召开再次延期。

在这个过程中，经过艰难曲折，党的力量有了很大的发展，毛泽东在抗战时期以及在此之前撰写的大量文章和中共中央发布的许多文件，已经对党的历史经验从各个方面进行了总结。特别是以毛泽东为核心的中央领导集体的形成和整风运动的成功，使全党的思想、政治和组织状况都发生了根本性的变化。这些，都为七大的召开创造了良好的条件。

1944年5月10日，整风进入总结阶段以后，书记处会议决定，立即着手召开七大各方面的准备，在7月内开预备会，8月内开大会。大会还决定在七大前召开六届七中全会，并于5月20日左右召开全会的首次会议。5月19日，中央书记处通知，决定5月21日召开七中全会第一次会议。这样，召开七大就实实在在提上了日程。

1944年5月21日至1945年4月20日，中共六届七中全会在延安杨家岭举行。会议长达11个月，也是中国共产党历史上时间最长的一次中央全会。党的六届七中全会的主要内容和最重要的成果是在1945年4月20日原则通过了《关于若干历史问题的决议》。《历史决议》总结建党以来，特别是六届四中全会至遵义会议前这一时期党的历史及基本经验教训，高度评价了毛泽东运用马克思列宁主义基本原理解决中国革命问题的杰出贡献，肯定了确立毛泽东在全党的领导地位的重大意义。党的六届七中全会的召开和《关于若干历史问题的决议》的通过，增强了全党在毛泽东思想基础上的团结，为七大的胜利召开创造了充分的思想条件。

赴延之路犹如“小长征”

七大的顺利召开，来之不易。出席会议的700多名代表，大多来自敌后抗日根据地和沦陷区。由于路途遥远、交通落后、战争环境险恶等原因，很多到达延安的代表都经历了千难万险，付出了巨大努力，甚至是鲜血和生命的代价。

以刘少奇为例，他是历经9个月的艰难跋涉才到达延安的。他的赴会经历就是这种困难的一个写照。

1941年10月，刘少奇接到毛泽东的电报。电文说：“中央决定你来延安一次，谅已收到电报，并希望你能参加七大。”刘少奇当时在苏北主持中共华中局工作，从苏北回延安路途遥远，中间要经过多个日伪军和国民党的占领区。毛泽东对刘少奇的返延问题极为重视，期待刘少奇早日回到延安协助他工作，但又非常担心刘少奇途中的安全。从1941年10月起，毛泽东前后有过10多封电报谈到刘少奇回延的问题。

1942年3月19日，刘少奇等人从苏北阜宁单家港动身。当时，日军正在华北全面推行更加野蛮的“治安强化”运动，在将近3000公里的铁路、公路两旁，掘了二丈宽、一丈二尺深的壕沟，筑碉、筑墙，企图隔绝各敌后抗日根据地之间的联系。国共两党关系也发生很大变化。国民党当局对敌后各抗日根据地实行严密封锁，捕杀过往中共党员。因此，刘少奇返回延安只能绕道山东、晋冀鲁豫、冀中、晋绥等敌后抗日根据地。沿途经过山东、河南、河北、山西四省，行程3000多里，中间密布着敌军的100多道封锁线。

由于日军一座座碉堡和一道道封锁沟墙，刘少奇一行只能依靠夜幕的掩护，夜行晓宿。刘少奇和同行者一样，随身携带铲子。遇到封锁沟挡住去路时，就把又宽又深的封锁沟铲开一个口子，让人马通过。有时齐腰深的水沟横在前面，他们便涉水前进。当他们从汉奸和大地主的庄子附近经过时，从碉堡发射出的土炮和枪弹，不时呼啸着从头顶掠过。刘少奇沉着关照大家："不要怕，夜里的枪弹是打不着人的。"

3月底，他们穿越日伪军严密封锁的陇海路，到达山东抗日根据地。在山东分局所在地停留了4个月，解决了山东抗日根据地领导人之间的团结问题后，7月下旬，刘少奇又踏上前往延安的路程。为了避免因人多而引起日伪军注意，地方党组织决定刘少奇一行分成几批前进。刘少奇化装成商人，在地下工作者精心安排下，通过伪军关系乘坐小汽车，在白天顺利通过了平汉铁路。

10月下旬，刘少奇继续向太岳山区西行。当时正赶上日军对太岳山区发动"全山西秋季剿共作战"。刘少奇等人躲过日军的好几次"扫荡"，来到日军封锁严密的同蒲铁路。过了同蒲铁路到晋西北，中间要横跨150余里的晋中平原，其中密布着日军的据点和碉堡。这是刘少奇回延安途中要通过的最后一道难关。为了适应敌占区的形势，刘少奇和负责护送任务的晋西南工委书记研究，决定停止部队护送，由敌占区工作干部依靠群众掩护悄悄通过。刘少奇仍装扮成商人，化名许行仁。经过三天的昼伏夜行，刘少奇一行基本走出晋中日军占领区。此后，又历经波折，终于在年底到达延安杨家岭。历时9个月的"小长征"结束了！

各地代表们的赴会之路同样也历经了艰难险阻。如冀南七大代表团历时1年多，行程1000公里，横过平汉路，道经太行山，跨过正太路，路过晋察冀，冲过同蒲铁路两侧180里的敌占区，到晋西北，渡黄河，通过敌人3道封锁线，护送部队伤亡10余人，代表伤1人。

闽粤赣边区代表团更是万里行程。1939年11月19日，伍洪祥等代表们从广东梅县出发，过长江，经淮南、淮北、苏北、鲁南、鲁西、鲁西北、豫北、冀南、晋东南、晋西北，过黄河到达陕北，历经皖、苏、鲁、豫、冀、晋、陕七省边界，这是距离最远的一条路线，沿途要经过多道敌人的封锁线，非常危险且艰辛。经过1年多的长途跋涉，最终抵达延安。

1945年4月，出席七大的代表们终于从四面八方汇集到延安。毛泽东接见了全体代表。他热情地对代表们说："祝贺你们胜利地到达了延安！"

"团结的大会，胜利的大会"

1945年4月23日，党的七大在延安杨家岭中央大礼堂开幕。出席大会的正式代表547人，候补代表208人，代表着全国121万名党员。毛泽东向大会作题为《论联合政府》的政治报告，朱德作《论解放区战场》的军事报告，刘少奇作《关于修改党章的报告》，周恩来作《论统一战线》的讲话。

七大提出了党的政治路线，"放手发动群众，壮大人民力量，在我党的领导下，打败日本侵略者，解放全国人民，建立一个新民主主义的中国"。毛泽东在会上解释这一政治路线时说："这里所说在我们党的领导之下，放手发动群众，壮大人民力量，就是组织我们的队伍。组织队伍干什么呢？不干别的，就是要打倒敌人——日本帝国主义和它的走狗。打败以后，得来一个什么结果呢？就是得到全国的解放，全国人民的解放，建立一个新中国，一个新民主主义的中国，一个独立的、自由的、民主的、统一的、富强的中国。这就是我们的总路线。"大会还制定了新民主主义国家在政治、经济、文化方面的纲领，提出了实现中国

中共七大代表合影

工业化的宏伟任务。

七大把党在长期奋斗中形成的优良作风概括为三大作风，即理论和实践相结合的作风、和人民群众紧密联系在一起的作风、自我批评的作风。这是共产党区别于其他政党的显著标志。七大强调，党的群众路线是党的根本的政治路线和组织路线。

七大通过了新的党章。这份党章规定，中国共产党，以马克思列宁主义的理论与中国革命的实践之统一的思想——毛泽东思想，作为自己一切工作的指针，反对任何教条主义的或经验主义的偏向。七大通过的党章重申党的民主集中制原则，明确规定："党员个人服从所属党的组织，少数服从多数，下级组织服从上级组织，部分组织统一服从中央。"这个规定的主要点，在后来历次修订的党章中一直延续下来，对于严肃党内政治生活、加强党的建设具有重大意义。

七大把毛泽东思想确立为党的指导思想并写入党章。刘少奇在《关于修改党章的报告》中指出："毛泽东思想，就是马克思列宁主义的理论与中国革命的实践之统一的思想，就是中国的共产主义，中国的马克思主义。"报告概括了毛泽东思想的主要内容。党的七大确立毛泽东思想为党的指导思想，是近代中国历史和人民革命斗争发展的必然选择。毛泽东思想是在党领导人民艰苦奋斗的基础上，通过总结正反两方面的经验，在实践中逐步形成的。它是中国共产党集体智慧的结晶，以独创性理论丰富和发展了马克思主义，实现了马克思主义中国化的第一次历史性飞跃。而毛泽东是马克思主义中国化的伟大开拓者。党的七大之后，全党同志在毛泽东思想的指引下，团结一致，为夺取抗日战争的最后胜利和新民主主义革命在全国的胜利英勇奋斗。

七大选举产生了新的中央委员会。七大选举产生中央委员44人，候补中央委员33人。在选举中坚持三个原则：（一）对过去犯过错误的同志，不要一掌推开；（二）对于中国革命在长期分散的农村环境中形成的

“山头”既要承认和照顾，又要缩小和消灭，要把各个地方、各个方面的先进代表人物都选进来；（三）不要求每一个中央委员都通晓各方面的知识，但要求中央委员会通晓各方面知识，因而要把有不同方面知识和才能的同志选进来。任何代表都可以提名候选人，没有任何指定和限制。

在随后召开的中共七届一中全会上，选出13名中央政治局委员，选举毛泽东、朱德、刘少奇、周恩来、任弼时为中央书记处书记，毛泽东为中央委员会主席、中央政治局主席、中央书记处主席。8月，中央政治局会议决定毛泽东为中央军事委员会主席，朱德等为副主席。这就使全党在组织上达到了空前的团结和统一。

党的七大是党在新民主主义革命时期召开的一次极其重要的全国代表大会。它总结中国新民主主义革命20多年曲折发展的历史经验，制定正确的路线、纲领和策略，克服了党内的错误思想，使全党特别是党的高级干部对于中国民主革命的发展规律有了比较明确的认识，从而使全党在马克思列宁主义、毛泽东思想的基础上达到了空前的团结。正如毛泽东在大会上所说：“我们共产党现在是一个很大的党，一个二十四年来有了很多经验的党，一个准备胜利的党。我们要在全国胜利，我们有这个志向。全党要团结起来，为全国人民解放而奋斗！”

七大作为“团结的大会，胜利的大会”载入党的史册。

历史视野下看七大

七大的成效如何？让我们在大历史视野下来看这次“团结的大会、胜利的大会”：

七大胜利闭幕2个月后，中国人民打败了日本侵略者，取得了抗日战争的伟大胜利，这是近百年来中国人民第一次取得完全胜利的伟大的民族解放战争。正如毛泽东所讲：“七大把七大以前所存在的问题都讲了，没有那一次的总结，就不能有日本投降后的大进步。”中国共产党在这场伟大战争中发挥了中流砥柱作用，是民族解放战争获取完全胜利的首要条件。

七大胜利闭幕4年后，在中国共产党的领导下，推翻了国民党的反动统治，建立起一个“独立的、自由的、民主的、统一的”新中国，并朝着“富强的中国”迈进！

回望历史走过来的脚步，七大确定的奋斗目标，给苦难中的中国人民以振奋和希望，使他们看到了光明未来，并在中国共产党的领导下，经过全国人民的艰苦努力和英勇奋斗，逐一得到实现。

毛泽东在七大的结论中讲：《论联合政府》的报告发表后，对国民党和全国人民都产生了很大影响，在重庆发了三万份，有人一晚上没有睡觉就看完了。蒋介石是很不喜欢的，但在国民党内《论联合政府》是发生了影响的，说共产党有办法，说得头头是道。

七大确定的方针路线，也被证明是正确的，毛泽东后来讲：“如果不是‘七大’的正确的团结方针，我们的革命就不能胜利。”

关于七大选举的中央委员会，毛泽东评价很高，他后来说：“一九四五年四月党的第七次全国代表大会以后，中央委员会和全党领导骨干，表现了比较抗日时期更为良好的团结。这种团结，使得我党能够应付日本投降以后整三年内国际国内所发生的许多重大事变，并在这些事变中使中国革命向前推进了一大步，摧毁了美帝国主义在中国广大人民中的政治影响，抵抗了国民党的再一次叛变，打退了它的军事进攻，使人民解放军由防御转到了进攻。”1956年在党的八大预备会议上，毛泽东又说：七届中委没有辜负七次代表大会的委托，“在11年间，他们正确地领导了中国的民主革命，正确地领导了社会主义革命和社会主义建设，没有出大毛病，并且同各种各样的机会主义的东西作斗争，同错误的东西作斗争，克服了各种不利于革命、不利于建设的因素，他们是有成绩的”。在党的八大选举新一届中央委员会时毛泽东还说：“我们这次大会跟七大有相同的性质。那一次，为了革命在全国的胜利，我们开了一个团结的大会。那一次对政治问题的解决、对党内历史问题的解决，那一次的选举，达到了团结全党、使革命在全国胜利的目的。”

中国共产党通过七大凝结的方方面面的经验、思想和精神，特别是有关党的作风、组织原则等党的建设的内容，以及毛泽东提出的解决前进中可能会遇到的各种困难和挑战的思路、办法，等等，无疑对我们实现建设新中国的奋斗目标，以及后来进一步领导人民朝着实现中华民族伟大复兴的宏伟目标前进，都发挥了极为重要的作用。

卷　二

鲜为人知：党史印记的由来

“南陈北李”是如何相约建党的?

1921年中国共产党正式宣告成立，这是开天辟地的大事件，它深刻改变了近代以后中华民族发展的方向和进程，深刻改变了中国人民和中华民族的前途和命运，深刻改变了世界发展的趋势和格局。在中国共产党的创建史上，流传着一段“南陈北李，相约建党”的佳话。

最早酝酿在中国建立共产党的是陈独秀和李大钊。对马克思主义理论的透彻认识和对中国实际的深入了解，使他们逐步认识到，要用马克思主义改造中国，就必须建立一个无产阶级政党，使其充当革命的组织者和领导者。

1920年2月，为躲避反动军阀政府的迫害，陈独秀从北京秘密迁移到上海。在护送陈独秀离京途中，李大钊和他商讨了在中国建立共产党组织的问题。其后，陈独秀主要在上海、广州，李大钊在北京积极推进中国共产党的创建，这就是党史上广为传播的“南陈北李，相约建党”。

陈独秀(上)和李大钊(下)

"南陈北李，相约建党"并不是一蹴而就的，而是马克思主义在中国广泛传播并且日益同中国工人运动相结合的过程中，酝酿、准备和实现的。

酝酿时期：从以文相和到挺身护送

在这一时期，李大钊和陈独秀由相识到相知，由以文相和到共同创刊，在同反动当局的抗争中结下了深厚的友谊，并在李大钊挺身护送陈独秀脱险的途中，共同商讨了在中国建立共产党组织的问题。

李大钊和陈独秀相识之时，他们的思想并不相同。1914年7月，陈独秀东渡日本，他在日本一边学习，一边帮助章士钊编辑《甲寅》杂志。李大钊1914年初赴日在早稻田大学学习，期间向《甲寅》投稿，陆续发表了一系列文章。通过《甲寅》，陈独秀和李大钊逐渐相识并有所交往。

《新青年》的创刊使得陈独秀和李大钊的关系更为密切。1915年9月，回国后的陈独秀在上海创办了《青年杂志》(1916年9月第二卷改名《新青年》)。《新青年》的创刊标志着新文化运动的开始，李大钊此时仍在日本学习，对《新青年》非常的关注和赞同。1916年夏，李大钊甫一回国，便立即将他撰写的《青春》一文送《新青年》发表，表示对陈独秀和《新青年》的支持。陈独秀将此文在《新青年》的显著位置发表，并亲自撰写《新青年》一文与他呼应。1918年2月，李大钊出任北京大学图书馆主任，并参与《新青年》的编辑工作，从此，"红楼两巨人"的身影，巍然耸立在中国共产党的创建史上。

由陈独秀、李大钊共同创办的《每周评论》，开启了他们并肩战斗的新阶段。1918年12月22日，《每周评论》第一期出版。它是以时事评论为主要内容的周报，战斗性极强，是中国最早宣传科学社会主义的刊物之一，在五四运动中起到了引导舆论的作用。

五四运动中陈独秀、李大钊继续推动新文化运动，友谊也日益加深。在带领学生进行社会运动的过程中，双双成为五四运动的组织者。1920年，少年中国学会、觉悟社、人道社等组织纷纷用主义进行改造，建立起改造同盟。它们摆脱中国旧式会党的组织方式，实现了在传播新思想基础上的联合。一批具有初步共产主义思想的知识分子，在学习和宣传马克思主义并深入工人群众的过程中，在参加反帝反封建的实际斗争中，不断地砥砺自己，一步步地成长起来。这就为中国无产阶级政党的创建准备了干部条件。

1919年6月，陈独秀因散发《北京市民宣言》传单被捕入狱，李大钊也被列入黑名单。李大钊一方面设法营救陈独秀，一方面同反对马克思主义的言论进行斗争。此间他发表了《我的马克思主义观》等文章，标志着他基本上完成了从革命的民主主义者向共产主义者的转变。三个月后陈独秀出狱，李大钊在《新青年》发表《欢迎独秀出狱》的诗歌，他在诗歌中写道："因为你拥护真理，所以真理拥护你……我们现在有了很多的化身同时奋起：好像花草的种子，被风吹散在遍地。"

之后陈独秀改组《新青年》编辑部，在《新青年》第七卷第一号发表的《本志宣言》中他提道："对于一切拥护少数人私利或一阶级利益，眼中没有全社会幸福的政党，永远不忍加入。"陈独秀也开始由民主主义者逐渐向共产主义者靠拢。

历史来到了1920年的2月，根据陈独秀、李大钊共同的友人高一涵的回忆："陈独秀出狱后，仍住北京北池子寓所，这时他已辞去北大文科学长的职务。他因有事到上海去，回北京时，应湖北省教育厅厅长李汉俊的邀请，取道武汉，做了一次讲演。国内各地报纸都摘要登载他讲演的重点，用大字刊出。北洋政府看到这些报纸，才知道他已出北京。警察厅就在北池子寓所门前，派一个警察站岗，企图等陈独秀自武汉回京时，加以逮捕。我们得到这个消息，就同李大钊商议，派人先到西车站，把他接到王星拱家里，暂避一避，再设法送他离开北京。当时同李大钊计划：想保护陈独秀安全出北京，万万不能乘坐火车或小汽车出京。李大钊挺身而出，自愿护送陈独秀从公路出走。因李大钊是乐亭人，讲的是北方话，衣着又朴素，很像生意人。就在王星拱家里准备一切。时当阴历年底，正是北京一带生意人往各地收账的时候。于是他两个人雇了一辆骡车，从朝阳门出走南下。陈独秀坐在骡车里，李大钊跨在车把上。携带基本账簿，印成店家红纸片子。沿途住店一切交涉，都由李大钊出面办理，不要陈独秀张口，恐怕漏出南方人的口音。因此，一路顺利地到了天津，即购买外国船票，让陈独秀坐船前往上海。李大钊回京后，等到陈独秀从上海来信，才向我们报告此行的经过。”

正是在这次有如传奇一般的护送中，他们讨论了建党事宜。这便是“南陈北李，相约建党”中被广为传颂的故事。

准备时期：由传播思想到创建组织

这一时期，陈独秀、李大钊按照约定，分别在中国的南方和北方发动进步力量，团结先进分子，聚集革命势力，最终建立了无产阶级政党。这一时期是党从组织上进行创建的关键时期，上海马克思主义研究会、北京马克思学说研究会、北京共产党的早期组织和广州共产党的早期组织以及各地共产党的早期组织相继建立。在这一时期，共产国际给予了帮助与指导，《新青年》成为马克思主义的宣传阵地。

1920年3月，李大钊在北京大学秘密组织成立马克思主义学说研究会，由在五四运动中涌现出来的一批具有初步共产主义思想的学生运动骨干分子组成，成员有邓中夏、高君宇、黄日葵、范鸿劼、何孟雄、朱务善、罗章龙、刘仁静等。研究会的目的是使青年懂得什么是真正的马克思主义，并把马克思主义同中国的实际情况，特别是工人运动结合起来，培养中国第一批共产主义知识分子。

在上海的陈独秀则一方面以《新青年》为阵地宣传马克思主义，一方面直接深入到工人中，支持和参与工人组织工会，团结起了包括李汉俊、俞秀松、施存统、陈望道、沈雁冰、邵力子等在内的一批从五四运动中涌现出来的进步知识分子。在此基础上，1920年5月，陈独秀组织了上海马克思主义研究会。

一南一北两个研究会的成立，为中国共产党的成立从思想上、理论上和组织上开始作初步的准备。

同时，李大钊、陈独秀在这一阶段同共产国际建立了联系。1920年4月，经俄共（布）中央与共产国际批准，俄共（布）中央远东局海参崴（今符拉迪沃斯托克）分局派以维经斯基为首的代表团到达北京，其使命是"同中国的革命组织建立联系"。李大钊及马克思学说研究会与维经斯基进行了多次座谈，李大钊向维经斯基推荐了陈独秀，建议他前往上海找陈独秀进一步商谈在中国建党的问题，并亲自写了一封介绍信。

1920年6月，在陈独秀的领导和维经斯基的帮助下，上海马克思主义研究会的主要成员开始酝酿成立共产主义组织。1920年8月上旬，上海的共产党早期组织成立，陈独秀任书记，成员包括俞秀松、李汉俊、陈公培、陈望道、沈玄庐、杨明斋、施存统、李达等。8月下旬，陈独秀致信李大钊，告诉他上海建党的情况，并希望在北京发展党组织。1920年10月，李大钊、张国焘、张申府三人在李大钊的办公室正式成立了北京的共产党早期组织。

关于党的名称是叫社会党还是叫共产党，陈独秀写信给李大钊商量。据张申府回忆："我和守常研究，就叫共产党。这才是第三国际的意思，我们回了信。"就这样，陈独秀和李大钊共同确定了"共产党"这个名称。

在上海、北京两地共产党早期组织的联络和推动下，从1920年秋到

1921年春，在武汉、长沙、济南和广州这几个受五四运动影响较大，工人比较集中，同时有一批具有初步共产主义思想的革命知识分子的城市先后建立起共产党早期组织。张申府、赵世炎在赴法勤工俭学时组成旅法共产党早期组织，成员有周恩来、刘清扬等，上海共产主义小组成员周佛海、施存统在去日本后，建立了旅日共产党早期组织。这样，全国范围内共产党早期组织纷纷成立。

在此阶段，陈独秀在广州通过维经斯基同李大钊确定了建立党的全国统一组织的问题。维经斯基随后在北京同李大钊、张国焘讨论了在中国建立党的全国统一组织的问题。他希望各地的共产党早期组织能够联合起来，举行全国代表大会，正式成立中国共产党，并加入共产国际，成为它的一个支部。这样，通过召开全国代表大会的方法建立党的全国统一组织确定了下来。

党的创建：孤松独秀如椽笔，日月双星照古今

中国共产党第一次全国代表大会的召开，是中国共产党正式成立的标志，也是“南陈北李，相约建党”的最终实现，中国历史从此掀开了崭新的一页。

1921年3月至7月间，陈独秀、李大钊为中共一大的召开做了大量的筹备工作。他们以《新青年》为阵地，发表了大量文章，为建党制造舆论。陈独秀、李大钊还为一大的召开确定了时间和地点。上海的共产党早期组织在会议组织和筹备方面做了大量工作。共产国际代表马林、尼克尔斯基1921年6月来到上海，与李达、李汉俊等多次会晤，一致认为在中国建立党的统一组织的条件已经成熟，应该尽快召开一次全国代表大会，宣告中国共产党成立。李达、李汉俊写信给在广州的陈独秀和在北京的李大钊，汇报了共产国际同意召开全国代表大会的意见，陈独

秀、李大钊同意。李达、李汉俊函约各地党的早期组织派两名代表到上海开会。1921年7月23日，中国共产党第一次全国代表大会在上海召开，中国共产党正式成立。自此，中国的面貌就焕然一新了。

陈独秀、李大钊作为中国最早的马克思主义传播者，在革命的实践和理论的探讨中相识相知，从最初成立马克思主义研究会到建立共产主义小组，直到中国共产党第一次全国代表大会的召开，每一步都倾注了大量的心血，真可谓"孤松独秀如椽笔，日月双星照古今"。

星火燎原：中国共产党成立前的各地早期组织

上海共产党早期组织

中国共产党最早的组织是在中国工人阶级最密集的中心城市上海首先建立的。

从北京回到上海后，陈独秀就开始着手筹备共产党。为开展建党的准备工作，1920年5月，陈独秀发起组织了一个秘密团体——马克思主义研究会，探讨社会主义学说和中国社会改造问题。不久后，他同李汉俊、俞秀松、施存统等人开会商议，决定成立党组织，还起草了党的纲领。党纲草案共有十条，其中包括运用劳工专政、生产合作等手段达到社会革命的目的。关于党的名称问题，陈独秀征求李大钊的意见。李大钊主张定名为"共产党"，陈独秀表示同意。

经过酝酿和准备，在陈独秀主持下，上海的共产党早期组织于1920年8月在上海法租界老渔阳里2号《新青年》编辑部正式成立。当时取名为"中国共产党"。这是中国的第一个共产党组织，其成员主要是马克思主义研究会的骨干，陈独秀为书记。11月，共产党早期组织拟定了《中国共产党宣言》，指出"共产主义者的目的是要按照共产主义者的理想，

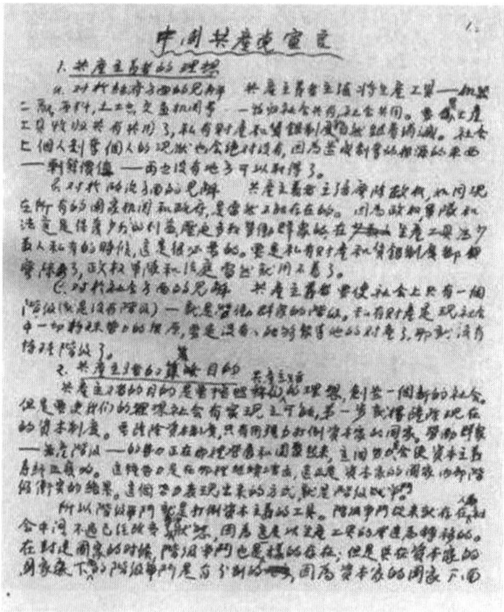
中国共产党宣言

1. 共产主义者的理想

2. 共产主义者的目的

上海共产党早期组织起草的《中国共产党宣言》

创造一个新的社会”。为此，要通过革命的阶级斗争，推翻资产阶级政权，建立无产阶级专政。宣言的内容没有向外发表，但曾以此作为收纳党员的标准。

参加上海共产党早期组织的有：陈独秀、李汉俊、李达、陈望道、沈玄庐、邵力子、袁振英、林伯渠、沈雁冰、沈泽民、杨明斋、俞秀松、李启汉、李中。

在上海成立的共产党早期组织，实际上是中国共产党的发起组织，是各地共产主义者进行建党活动的联络中心。从1920年8月到1921年春，经过半年多的工作，中国国内先后有六个城市建立起共产党早期组织。与此同时，在旅日、旅法的华人中，也成立了共产党早期组织。

北京共产党早期组织

北京的共产党早期组织是在李大钊的直接指导和筹划下成立的。1920年3月，李大钊在北京大学组织成立了马克思学说研究会。这是中国最早的一个学习和研究马克思主义的团体。成员大多是五四运动中的骨干和积极分子。研究会通过收集宣传马克思主义的书籍、举办座谈讨论、组织出版工作等，把活动开展得有声有色，成员也发展很快。这是李大钊把“对于马克思派学说研究有兴味的和愿意研究马氏学说

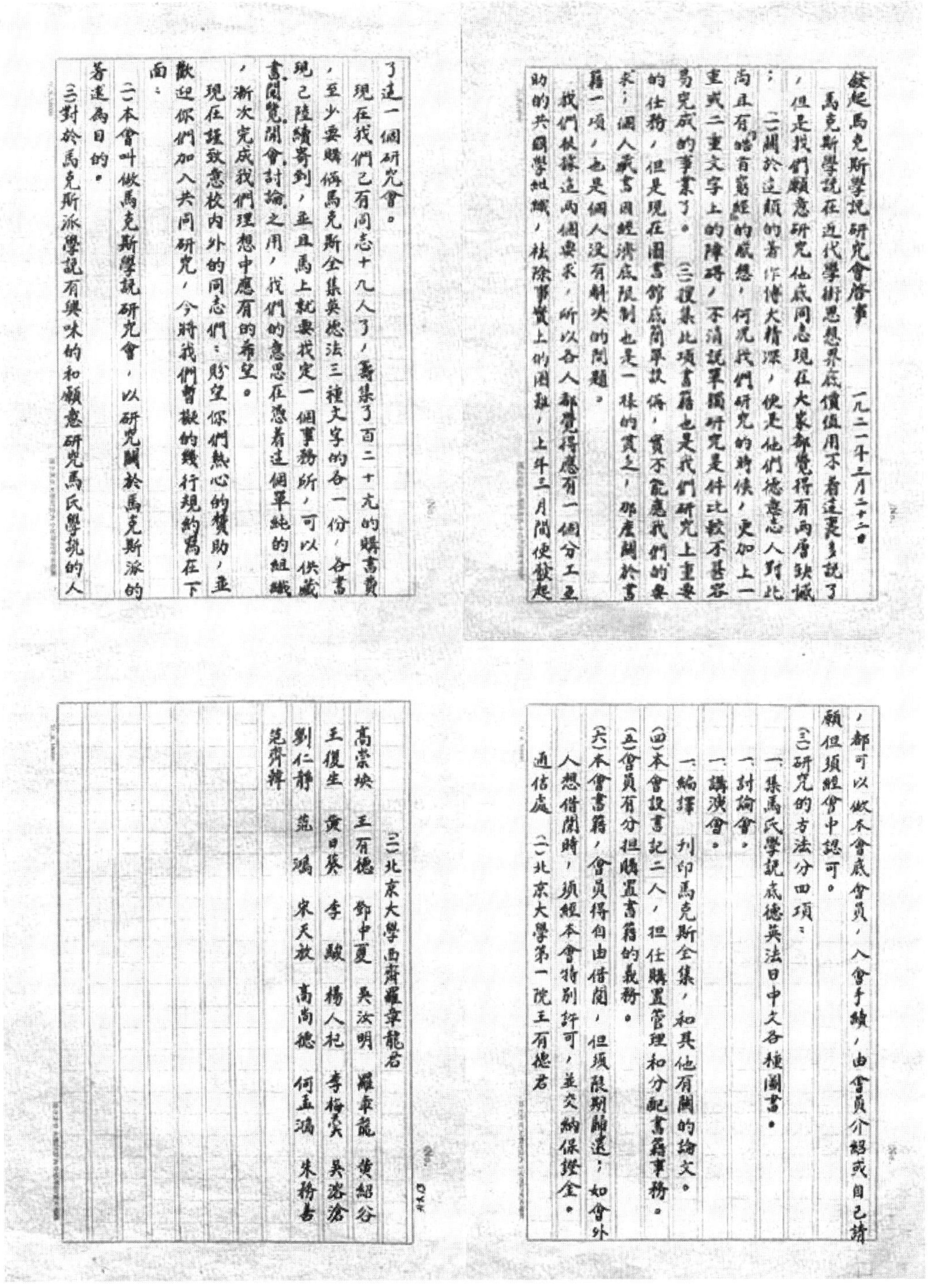

發起馬克斯學說研究會啓事

一九二一年二月二十二日

馬克斯學說在近代學術思想界底價值用不着這裏多說了，但是找們願意研究他底同志現在大家都覺得有兩層缺憾：

(一)關於這類的著作博大精深，使是他們德意志人對此尚且有「皓首窮經」的感想，何況我們研究的時候，更加上一重或二重文字上的障礙，不消說單獨研究是件比較不甚容易完成的事業了。(二)搜集此項書籍也是我們研究上重要的任務，但是現在圖書館底簡單設備，實不能應我們的要求；個人底經濟底限制也是一樣的實之，那麼關於書籍一項，也是個人沒有解决的問題。

我們根據這兩個要求，所以各人都覺得應有一個分工互助的共同學組織，袪除事實上的困難，上年三月間便發起了這一個研究會。

現在我們已有同志十九人了，籌集了百二十元的購書費，至少要購備馬克斯全集英德法三種文字的各一份，各書現已陸續寄到，並且馬上就要找定一個事務所，可以供藏書、閱覽、開會、討論之用，我們的意思在憑着這個單純的組織，漸次完成我們理想中應有的希望。

現在謹致意校内外的同志們：盼望你們熱心的贊助，並歡迎你們加入共同研究，今將我們暫擬的幾行規約寫在下面：

(一)本會叫做馬克斯學說研究會，以研究關於馬克斯派的著述爲目的。

(二)對於馬克斯派學說有興味的和願意研究馬氏學說的人，都可以做本會底會員，入會手續，由會員介紹或自己請願但須經會中認可。

(三)研究的方法分四項：

一、集馬氏學說底德英法日中文各種圖書。

一、討論會。

一、講演會。

一、編譯刊印馬克斯全集，和其他有關的論文。

(四)本會設書記二人，担任購置管理和分配書籍事務。

(五)會員有分担購置書籍的義務。

(六)本會書籍，會員得自由借閱，但須限期歸還；如會外人想借閱時，須經本會特別許可，並交納保證金。

通信處　(一)北京大學第一院王有德君

(二)北京大學西齋羅章龍君

高崇煥　王有德　鄧中夏　吳汝明　羅章龍　黄紹谷

王復生　黄日葵　李駿　楊人杞　李梅羹　吳溶滄

劉仁靜　范鴻　宋天放　高尚德　何孟雄　朱務善

范齊韓

《发起马克思学说研究会启事》

的人"联合起来的最初尝试。

经过一系列准备工作，北京的共产党早期组织于1920年10月在北京大学图书馆李大钊的办公室正式成立。当时取名为"共产党小组"。党组织的最初成员有李大钊、张申府、张国焘三人，不久，张申府经上海去法国。

1920年底，北京党组织召开会议，决定成立"共产党北京支部"。成员有：李大钊、张国焘、邓中夏、高君宇、何孟雄、罗章龙、刘仁静、范鸿劼、缪伯英、张太雷、李梅羹、朱务善、宋介、江浩、吴雨铭、陈德荣。由李大钊任书记，张国焘负责组织工作，罗章龙负责宣传工作。

长沙共产党早期组织

1920年夏，在酝酿筹备建党期间，毛泽东先后在北京、上海与李大钊、陈独秀有了直接的接触和联系。这两个地区马克思主义传播的状况和共产主义者的活动，对毛泽东产生很大影响。

1920年7月回到长沙后，毛泽东从传播马克思主义和寻找志同道合的"真同志"入手，先后成立文化书社、俄罗斯研究会等团体，并与新民学会的中坚分子讨论建党的问题。蔡和森从法国来信，提出必须建立中国共产党，"因为他是革命运动的发动者、宣传者、先锋队、作战部。以中国现在的情形看来，须先组织他，然后工团、合作社，才能发生有力的组织。革命运动、劳动运动，才有神经中枢"。毛泽东回信说：我对"和森的主张，表示深切的赞同"；同时通告说陈独秀已在国内开始建党活动。1920年秋，新民学会已经拥有100多名会员，是一个有相当社会影响的进步团体。其中一些先进分子已接受马克思主义，主张走十月革命的道路。

1920年11月间，毛泽东应陈独秀委托，创建长沙共产主义组织。

青年毛泽东

何叔衡

陈独秀和李达还将上海成立共产主义小组、机器工会，以及《中国共产党宣言》起草等情况，随时告知毛泽东，还寄去了《共产党》月刊和社会主义青年团章程等。在毛泽东、何叔衡等人的积极活动下，长沙的共产党早期组织于1920年初冬在新民学会的先进分子中秘密诞生。成员有：毛泽东、何叔衡、彭璜、贺民范、易礼容、陈子博。

武汉共产党早期组织

董必武

1920年6、7月间，李汉俊从上海写信给董必武和张国恩，后又亲自到武汉面见董必武，商议在当地建立共产党组织的问题。与此同时，刘伯垂受陈独秀的委托，带着一份手抄的中国共产党党纲草案、几本介绍社会主义和俄国十月革命的小册子回到武汉与董必武、包惠僧等商讨筹建共产党组织。

1920年8月，在武昌抚院街董必武寓所，由刘伯垂主持召开会议，成立武汉的共产党早期组织。当时取名为“共产党武汉支部”。刘伯垂在会上介绍了上海的共产党早期组织成立的有关情况，与会者传阅了上海党组织起草的党纲草案，研究武汉党组织日后的工作安排。武汉的共产党早期组织成员有：董必武、陈潭秋、包惠僧、刘伯垂、张国恩、赵子健、郑凯卿、赵子俊。

广州共产党早期组织

广州的共产党早期组织的建立过程比较曲折。上海党组织建立后，陈独秀曾为在广州建党之事，致函谭平山、谭植棠、陈公博，嘱其发起组织。1920年9月，俄共（布）党员斯托扬诺维奇和别斯林到广州，准备建立共产党组织。因这些俄国人是经参加北京党组织的无政府主义者黄凌霜引荐的，所以他们到广州后即与无政府主义者区声白等取得联系，并于同年底开始建党活动。参加这个组织的共九人，除两个俄国人以外，七个中国人都是无政府主义者。由于观点不一致，谭平山、谭植棠、陈公博拒绝加入这个组织。

陈公博

同年12月，陈独秀从上海到达广州。不久，他把自己起草的党纲拿到这个组织进行讨论时，一些无政府主义者反对党纲中关于无产阶级专政的条文。陈独秀等与他们“进行过非常热烈的争论，认为必须摆脱无政府主义者”。这样，无政府主义者退出了党组织。

王尽美

在陈独秀的主持下，于1921年春“开始成立真正的共产党”。当时取名为“广州共产党”。谭平山、陈公博、谭植棠、李季为广州共产党早期组织成员。

济南共产党早期组织

1920年秋，王尽美、邓恩铭（水族）等在济南成立马克思学说研究会，学习和研究马克思主义。这一组织开始时是公开的学术研究团体。活动地址是在济南城内贡院墙根街济南教育会的场所，门口挂着“山东马克思学说研究会”的大牌子。成立时只有十几人，后来发展到五十多人。在研究会活动的过程中，王尽美考察和团结了一批信仰坚定、愿意为共产主义献身的革命同志，形成了研究会的中坚和核心。

邓恩铭

不久，反动政府以“宣传过激主义”的罪名，宣布予以取缔马克思学说研究会。此后它又半公开地活动了一段时间。王尽美、邓恩铭等先进分子在上海、北京党组织的影响和帮助下，于1921年春成立了济南的共产党早期组织。除王尽美和邓恩铭外，成员还有王翔千。

旅法中共早期组织

旅法华人中的共产党早期组织，成员主要是留法勤工俭学人员，于1921年成立。发起人有张申府和赵世炎，成员有张申府、周恩来、刘清扬、赵世炎、陈公培。

1920年12月27日，张申府和刘清扬从国内来到法国。刘清扬是觉悟社的社员，五四运动中担任过天津女界爱国同志会会长，代表天津学联代理过全国学生联合会常务理事。张申府这时同刘清扬结了婚。他原是北京大学的讲师，在五四运动中也很活跃。在北京的共产党早期组织成立时，他就是最早的成员之一。1920年秋在北京筹建组织时李大钊曾要刘清扬参加。当时刘清扬因为要准备赴法勤工俭学没有加入。他们出国时，陈独秀和李大钊委托张申府建立海外的组织。到法国后，张申府先介绍刘清扬参加。

1921年春，经张申府、刘清扬介绍，周恩来加入了中国共产党八个发起组之一的旅法中共早期组织。

旅法的共产党早期组织建立后，多方面了解国际工人运动的状况和经验，利用欧洲的便利条件大量搜集、阅读并介绍马克思主义著作，在旅法的中国学生和劳工中开展革命宣传工作。旅法的共产党组织成为联系旅欧各国（法国、德国、比利时等）革命者和进步学生的中心，并于1922年发展为中国共产党的旅欧支部。旅欧的党组织为中国革命培养了一大批有才能的干部，其中有周恩来、蔡和森、赵世炎、李立三、陈毅、向警予、朱德、李富春、王若飞、陈延年、蔡畅、聂荣臻、李维汉、邓小平等。

张申府、周恩来等旅欧时照片，左一为张申府，左三为周恩来

旅日中共早期组织

施存统

旅日华人中的共产党早期组织，最初是由上海的共产党早期组织成员施存统和周佛海组成的。1920年夏，陈独秀、李汉俊、陈公培、俞秀松、施存统等五人在陈独秀家中集会，商议成立共产党组织，并起草了党的纲领。施存统手抄了一份，准备带到国外去。1920年7月，施存统到日本学习和养病。在日本期间，他广泛阅读，涉猎大量马克思主义理论书籍。经过对各种社会主义流派的研究和鉴别，他得出结论：布尔什维主义才是真正的马克思主义，宣布“我是绝对相信马克思主义的人”。

1921年7月，旅日的周佛海作为代表参加了中国共产党第一次代表大会。之后，施存统在东京发展了杨嗣霞、林孔昭等十余人等加入旅日共产党早期组织。

各地共产党早期组织建立后，迅速在社会上特别是在工人农民和知识分子中开展宣传和组织工作，集中研究和宣传马克思主义，介绍共产党的一些基本知识，推介共产国际和各国共产党的情况；还注重在青年群体中发展组织，发起成立社会主义青年团组织，引导青年参加实际斗争，为党造就了一大批后备力量。同时，他们还旗帜鲜明地与反马克思主义思潮展开论战和斗争，扩大了马克思主义的思想阵地。这些工作，为中国共产党全国性组织的成立和进一步开展工作打下了基础。

“三大纪律八项注意”的由来

“革命军人个个要牢记，三大纪律八项注意，第一一切行动听指挥，步调一致才能得胜利……”这首脍炙人口、旋律欢快，并唱出了坚定自信的歌曲——《三大纪律八项注意》广为流传，它的深刻内容和纪律要求伴随着中国共产党领导的军队的创建和发展壮大影响日益深远。回顾我们党如何带领人民军队从一支工农武装走向一支“人民铁军”的历程，就不得不探寻“三大纪律八项注意”的由来。

1927年在江西荆竹山首提“三大纪律”

中国共产党从建立自己的武装，特别是打响武装反抗国民党反动派第一枪起，就在思考如何带出一支“人民铁军”的问题。这支“铁军”，首先要做人民的子弟兵，同时以严格的纪律来约束自己。

1927年，毛泽东领导湘赣边界秋收起义时，就要求部队官兵对待人民群众说话和气，买卖公平，不拉夫、不打人、不骂人。据《井冈山革命根据地和中央苏区大事纪实》一书记载：“1927年10月23日，工农革命军在毛泽东的率领下抵达荆竹山，王佐派侦探队长朱持柳前往迎接。由于战士们长途跋涉，饥饿难忍，刨了老百姓的红薯吃，违反了群众纪律。毛泽东得知情况后，于次日在荆竹山雷打石上召开大会。要求部队官兵严格遵守群众纪律，和山上的王佐部队搞好关系，做好群众工作，同时提出了人民军队最早的三项纪律。”

这里提到的三项纪律分别是：

第一，行动听指挥；

第二，不拿工人农民一点东西；

第三，打土豪要归公。

这也成为中国工农红军“三大纪律”的雏形。从建军之初，“纪律”就是一个始终不离左右的关键词。

1928年“六项注意”在遂川应运而生

“三大纪律八项注意”是一个整体，这个整体的要求是不断丰富和发展起来的。但在历史发展过程中，“八项注意”的诞生要晚于“三大纪律”，并且是由“六项注意”发展而来。

1928年1月，毛泽东同志在遂川的李家坪，提出了“六项注意”，分别是：

一、捆铺草；

二、上门板；

三、买卖公平；

四、言语和气；

五、借东西要还；

六、损坏要赔偿，不准乱翻东西。

其中捆铺草和上门板这两项内容是与当时部队的生活环境息息相关。由于当时红军战士居住条件十分艰苦，晚上没有睡觉的地方，就向当地的老百姓借来稻草和门板用来睡觉。但是红军战士在用完之后，往往不能及时归还给老百姓，就算是归还老百姓，老百姓要在众多的稻草和门板中找回自家的，也是相当不容易。于是毛泽东同志就规定，稻草不但要还，还要捆好放回原处，门板不但要还，还要帮忙上回去。这几

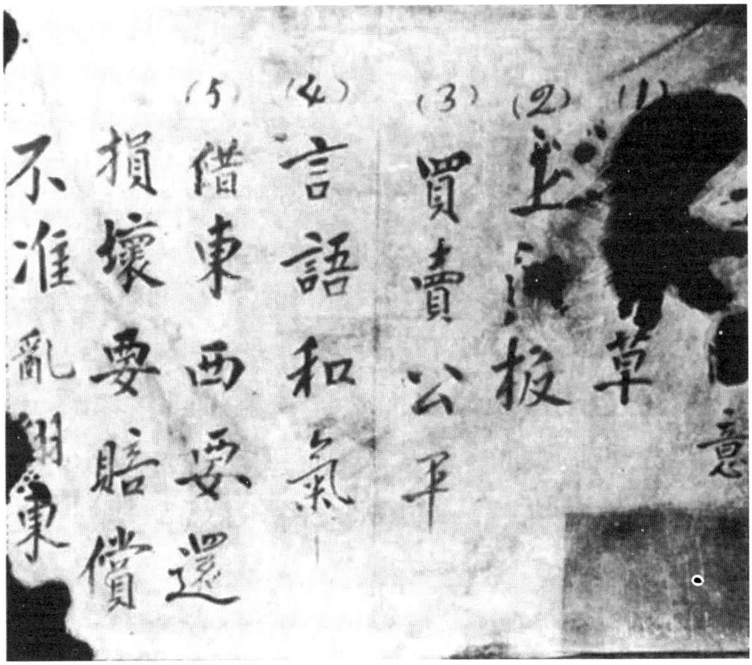

井冈山时期，毛泽东为红军制定了“三大纪律六项注意”，作为红军的行动守则。图为红军战士写在包袱布上的“六项注意”

条内容都十分简单明了，但是都从细微之处维护了广大人民群众的根本利益。

从“三大纪律六项注意”到“三大纪律八项注意”

根据形势的发展和部队的实践经验，“六项注意”中又增加了“洗澡避女人”和“不搜俘虏腰包”两项内容，这就变成了“八项注意”。这是井冈山和中央苏区时期形成的“三大纪律八项注意”最初版本。

1929年以后，毛泽东又将三项纪律中的“不拿工人农民一点东西”改为“不拿群众一针一线”；将“打土豪要归公”改为“筹款要归公”，后来又改为“一切缴获要归公”。

1935年9月，红二十五军到达陕北，与陕北红军合编为红十五军团。由于当时纪律教育的需要，红二十五军政治部秘书长程坦根据中央红军先期带到陕北的有关“三大纪律八项注意”的文件内容，使用曾在鄂豫皖苏区流传的《土地革命已经成功了》的音调，填写成了《三大纪律八项注意》，在《红旗报》上刊登。这首歌曲从此在人民军队中开始广泛传唱。

解放战争时期，由于“三大纪律八项注意实行多年，其内容各地各军略有出入”，1947年10月10日毛泽东为此起草发出了《中国人民解放军总部关于重行颁布三大纪律八项注意的训令》，对其内容作了统一规定，要求各地各军“即以此为准，深入教育，严格执行”，同时也指出“至于其他应当注意事项，各地各军最高首长，可根据具体情况，规定若干项目，以命令施行之。”

这份重新颁布的“三大纪律八项注意”条文内容为：

三大纪律：（一）一切行动听指挥；（二）不拿群众一针一线；（三）一切缴获要归公。

八项注意：（一）说话和气；（二）买卖公平；（三）借东西要还；（四）损坏东西要赔；（五）不打人骂人；（六）不损坏庄稼；（七）不调戏妇女；（八）不虐待俘虏。

自此，“三大纪律八项注意”的内容正式确定下来。新中国成立以后，1960年9月，在整理出版《毛泽东选集》第四卷时，这份训令被收录其中，成为全党全社会普遍学习的纪律教材，教育提高了一批又一批的党员群众。

“三大纪律八项注意”如何教育熏陶人民军队

在“三大纪律八项注意”长期教育熏陶下的人民军队，对敌斗争英勇坚决，无往而不胜，对群众则始终展现出作为人民子弟兵的立场本色、精神风范和纪律严明，在不同历史时期都涌现出许许多多感人至深的人物与事迹。

1935年2月，红军长征途经四川古蔺县境时，朱德向毛泽东讲起两件红军遵守纪律的事例，一个是红军路过该地橘林时秋毫无犯，另一个是红军战士挖了群众萝卜后塞进铜元作为酬金。毛泽东听后很高兴，他说："宋史言，岳飞军'饿死不掳掠，冻死不拆屋'。我们朱毛红军在井冈山是这样，到了总司令的四川家乡也是这样。"

当时不少穷苦的少数民族青年积极参加红军，一个很重要的原因，就是他们目睹了红军和旧军队纪律的截然不同，并且由此认定红军是穷苦人自己的队伍。世袭羌族土司安登榜的故事就是这样的。当时红四方面军在西渡嘉陵江后，执行了"各民族一律平等"的民族政策。而当安登榜在遭到国民党追捕走投无路时，恰遇刚刚进入羌族地区的红军。安登榜看见红军纪律严明，尊重少数民族，提倡"回番汉各民族平等"，和国民党"汉官"完全不同，便率领随从毅然参加红军，并利用他的身份和影响在羌族地区为红军做了大量工作。后来，他在长征路上为各民族的解放英勇捐躯。

广为流传的解放战争时期"锦州苹果"和"解放军露宿上海街头"的故事也很能说明问题。

1948年11月8日，东北野战军罗荣桓、刘亚楼、谭政等负责人在给毛泽东和党中央的报告里，详细汇报了所属部队的纪律执行情况，其中特别提到了部队在某地发现大批苹果，"战士一个未动"的情况。此后，"锦州苹果"的故事广为流传。1956年11月，毛泽东在中共八届二中全会上回忆听说这件事后的心情，他说："艰苦奋斗是我们的政治本色。锦州那个地方出苹果，辽西战役的时候，正是秋天，老百姓家里很多苹果，我们战士一个都不去拿。我看了那个消息很感动。在这个问题上，战士们自觉地认为：不吃是很高尚的，而吃了是很卑鄙的，因为这是人民的苹果。我们的纪律就建筑在这个自觉性上边。这是我们党的领导和教育的结果。人是要有一点精神的，无产阶级的革命精神就是由这里头出来的。”

还有一个感人的故事发生在刚刚解放的上海。当时解放军打进上海后，坚决执行党的城市政策，严格遵守“三大纪律八项注意”。为了不惊扰市民，在蒙蒙细雨中，部队悄然无声地睡在潮湿的路边。早上市民们醒来，开门看到这一感人的场景，油然而生的便是对我们党和人民军队的由衷赞佩。当时在上海的国外报纸报道说：“中共军队军纪优良，行止有节，虽然有许多大厦是打开着，可以用来做军营，而中共军队仍睡在人行道上。”

这些只是体现人民军队性质和宗旨，代表人民军队形象的千千万万事例中的几个普通事例。这是一支真正的人民军队，是受包括“三大纪律八项注意”在内的铁的纪律和爱民传统长期教育熏陶的人民军队。

“三大纪律八项注意”是以毛泽东为代表的中国共产党人为人民军队制定的纪律建设的基本原则，是任何时候、任何人都不能违背的铁的准则。

新中国成立后，“三大纪律八项注意”的纪律要求不仅牢固树立在人民军队的思想和行动中，而且广泛流传在新中国的社会生活中。每到历史关键时刻，毛泽东几乎都提出要用“三大纪律八项注意”来教育军队、教育干部、教育党员，引导人民。比如，二十世纪五六十年代初的“大跃进”和人民公社化运动，使我国国民经济和人民生活陷入困境。党中央经过调研发现，干部作风是加剧困难的重要原因。为解决这一问题，中央专门要求各级干部“彻底纠正十分错误的共产风、浮夸风、命令风、干部特殊化风和对生产瞎指挥风”。在1960年12月召开的中央工作会议上，毛泽东要求胡乔木借鉴红军的历史经验，尽快起草一个在新形势下普遍适用的“党政干部三大纪律八项注意”的文稿。1961年1月8日，毛泽东批示将胡乔木所拟稿子印发参加中央工作会议的同志讨论。1月9日，他又亲自参与讨论，指出“三大纪律八项注意”是我们军队战无不胜的法宝，并强调：现在我们的有些党员干部却自以为是，不听中央的统一指挥……这样下去后果不堪设想啊！现在我们要制定一个“三大纪律八项注意”，让大家对照着改正自己的缺点和错误，坚决执行中央的政策，与群众一起把生产和生活搞好。直到生命的最后几年里，毛泽东还多次亲自带领领导干部们唱颂“三大纪律八项注意”。在我们党和国家的历史上，“三大纪律八项注意”始终具有极高的政治地位，体现了极严的纪律要求，实现了极强的行动效果。

党的十八大以来，习近平总书记多次强调“三大纪律八项注意”的重要性。2014年10月31日，他在全军政治工作会议上指出：“我军一开始就建立了严明的群众纪律，军之所至，秋毫无犯，‘三大纪律八项注意’影响和教育了一代又一代官兵。”2015年1月13日，他在第十八届中央纪律检查委员会第五次全体会议上再次谈起这个话题，深刻指出：“‘三大纪律八项注意’就那么几条，很容易记，更容易执行。”

地下交通线是怎么建立起来的?

央视曾经播放了一部电视连续剧:《绝密使命》。它的播出受到广泛关注和好评。它讲的是在中国革命最艰苦的年代中共中央建立红色交通线的故事。在反革命势力残酷屠杀共产党人和革命群众的严峻形势下,这条交通线曾经被称为“中国共产党的生命线”。其实,在中国共产党领导的革命、建设和改革的历史进程中,地下斗争和秘密工作始终与党的其他工作相伴而行,这条战线上的同志们,以坚定的信仰、不屈的意志以及对党组织的无限忠诚,履行着极为艰巨的任务,忍受着常人难以想象的艰辛,用鲜血和生命守护着党组织和同志们的安全,保守着党的秘密。进入这条战线的人们,甘愿隐姓埋名,从此默默无闻,扮演无名英雄的角色,干的却是惊天动地的壮举。正如那首歌中唱的:“不需要你认识我,不渴望你知道我,我把青春融进祖国的江河! 山知道我,江河知道我,祖国不会忘记我!”

为什么秘密交通工作与党同源共生

中国共产党的秘密交通工作始于1921年底,是随着党的诞生而诞生,随着党的发展而发展,随着党的成熟而成熟起来的。

一个新生的政党为什么会在建党伊始就着手创建秘密交通工作呢?主要有三个方面原因:

首先是环境所迫。中国共产党自成立之日起,就是一个不折不扣的

“地下党”，长期处于“非法”“隐蔽”状态，人员不断被抓捕，组织不断被取缔，刊物不断被查禁。面对凶险的生存环境，中央与地方、组织与党员、党员与党员之间，被迫采取隐蔽的联系方式。

其次是联络所需。建党以后，地方组织如雨后春笋般建立起来，如何保证上海、武汉、长沙、广州、天津、北平等党组织之间文件和刊物的安全传递，成为当务之急。

第三是认识所致。党对秘密交通工作的认识可以归结为一个字：“早”。早在1921年底，中央局就委派了专职交通员，负责中央与地方的文件传递和人员联络。

早期的秘密交通工作鲜为人知，但第一位专职交通员的名字说出来却无人不知，他就是现代著名作家茅盾。

茅盾原名沈雁冰，1921年二三月间经中共创始人之一李汉俊介绍加入上海共产党发起组，是党最早的党员之一。中央局利用茅盾在商务印书馆编辑《小说月报》的掩护身份，委任他为直属中央的联络员，茅盾遂成为党第一位专职交通联络员。那时，外地给党中央的信件都寄给茅盾，信封上写着“沈雁冰先生转钟英小姐玉展”。

由于三天两头总有来信，同事们猜测这位“钟英小姐”可能是茅盾的女友。可问到茅盾，他却总是笑而不答。有一次，著名作家郑振铎出于好奇，也是为了跟茅盾开玩笑，私自拆开了一封寄给“钟英小姐”的来信，结果是福州地委给中央的报告，郑振铎这才恍然大悟，原来“钟英”是“中央”的谐音代号。

哪三个文件推动“红色交通线”升级

第一份，是具有奠基作用的文件，即1924年5月由中共中央执行委员会制定的《党内组织及宣传教育问题决议案》，发表在5月20日的《中国共产党党报》上。其中在提出“必须使我们的党及其各个机关能有更明显的组织形式”的同时，明确要求党的地方委员会在“组织部之下另有‘统计分配’及‘交通’的职务”。还对“交通”职务的工作内容作了明确规定：“‘交通’职务便是发送秘密宣传品，组织群众及示威运动等。”

建党之初，文件和刊物的传递一度依托邮政，因时常遭到反动当局审查、缉查而被迫改用隐蔽方式。随着敌人对邮件的缉查日益严苛，许多邮件被强拆、查抄。加上其他一系列需要秘密进行的重要工作，因此中共中央制定这一文件，就明确了各级组织部门必须设置专门的交通岗位。这一举措，开启了党的秘密交通工作正规化的先河。

第二份，是具有提升作用的文件，即1925年4月由中共中央总书记和中央组织部联合签署的中共中央第28号通告。当年1月召开的中共四大决定在全国范围内加强基层组织建设后，各地秘密交通组织的建设也得到了强力的带动，党的秘密交通工作在认识和建设上迎来了质的飞跃。中共中央发出《关于建立和健全党内交通问题》的第28号通告，第一次把秘密交通工作上升到了事关党的生死存亡的高度，指出：“这种工作在组织上的重要，等于人身上的血脉，血脉之流滞，影响于人的生死。”

中共四大之后，中央组织部设立交通处，配备交通干事，党的第一个专职秘密交通机构从此诞生。

第三份，是具有加速作用的文件，即1927年8月7日中共中央紧急会议通过的《党的组织问题议决案》，其中明确提出：“临时中央政治局，应当建立全国的秘密交通机关……各省亦应有此等机关之组织，务使本党有一全国的交通网。”并且特别强调：“即使在最公开的条件之下亦应有秘密组织及其工作，这是现时环境中最主要的职任。”

八七会议后，中共中央又于1927年8月21日发布了《中央通告第三号——建立党内交通网》，要求建立中央通省、省通县、县通乡的全党

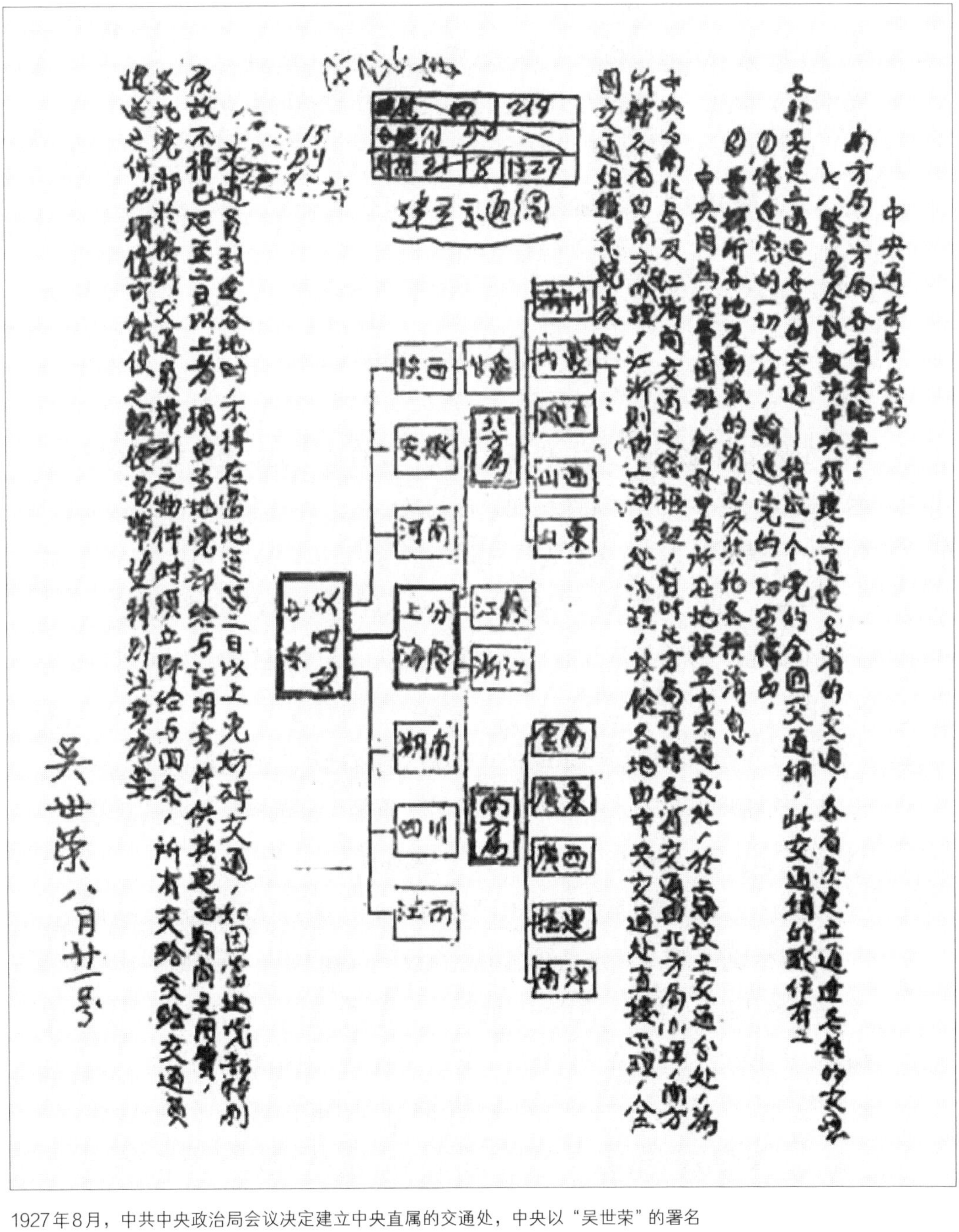

中央通告第三号

南方局北方局各省委临委：

七八联席会议议决中央须建立通达各省的交通，各省亦建立通达各县的交通

各县亦建立通达各乡的交通——构成一个党的全国交通网，此交通网的职任有三

(1)传达党的一切文件，输送党的一切宣传品，

(2)要探听各地反动派的消息及其他各种消息，

中央因为经费困难，暂于中央所在地设立中央交通处，于天津设立交通分处，为

中央与南北局及江浙两省交通之总枢纽，当时北方局所辖各省交通由北方局办理，南方

所辖各省由南方局办理，江浙则由上海分处办理，其余各地由中央交通处直接办理，全

国交通组织系统表如下：

交通员到达各地时，不得在当地逗留二日以上，免妨碍交通，如因当地党部特别

原故不得已逗至二日以上者，须由当地党部给与证明书，俾其逗留期间之用费，

各地党部于接到交通员带到之物件时须立即给与回条，所有交给交通员

带送之件，也须估计可能使之轻便易带，更特别注意为要

吴世荣　八月廿一号

1927年8月，中共中央政治局会议决定建立中央直属的交通处，中央以“吴世荣”的署名发出了《中央通告第三号——建立党内交通网》

交通网，并进一步明确了建立全国交通系统的内容。1928年底，三号通告提出的全国交通网初步建成，其中连接中央与地方的有上海至北平、天津的北方线，上海至汉口的长江线，上海至广州的南方线。

中共中央对“红色交通线”和秘密工作的规定，还不止这些。翻开党的一份份历史文献，你会看到中共一步步走来之组织严密和道路艰辛！

著名的“红色交通线”是哪条线路

中央交通机关成立后，仅用三个月，就打通了上海至中央苏区的秘密交通线。许多人因而笼统地说，这就是连接上海党中央和中央苏区之间的那条著名的“红色交通线”。

其实，当时打通的上海至中央苏区的“红色交通线”一共有四条。

第一条于1930年冬开通，由上海到汕头，经大埔县、永定县进入中央苏区。

1931年春又开辟出两条线：一条是西部线，从上海到武汉，经湖南株洲，从湘赣边苏区进入中央苏区。另一条是东部线，从上海到浙江衢州，经常山、玉山从赣东北苏区进入中央苏区。

还有一条是1930年底至1931年初开辟的，从上海到香港，经汕头、大埔、虎岗进入瑞金。这条线在第三次反“围剿”后，根据敌情几经调整，最终固定为上海—香港—汕头—大埔—永定—上杭—长汀—瑞金，全程大约3000公里。此后，其他几条交通线相继遭到破坏，只有这条线保留了下来，这才有了今天人们所津津乐道的那条“红色血脉”。

这条交通线，从水路、公路到山路，征服各种地形，克服各种天气，战胜随时可能被堵截、被盘查，被追踪、被出卖等危情，自1930年底打通，安全运行长达4年，直至1934年10月红军长征离开瑞金。

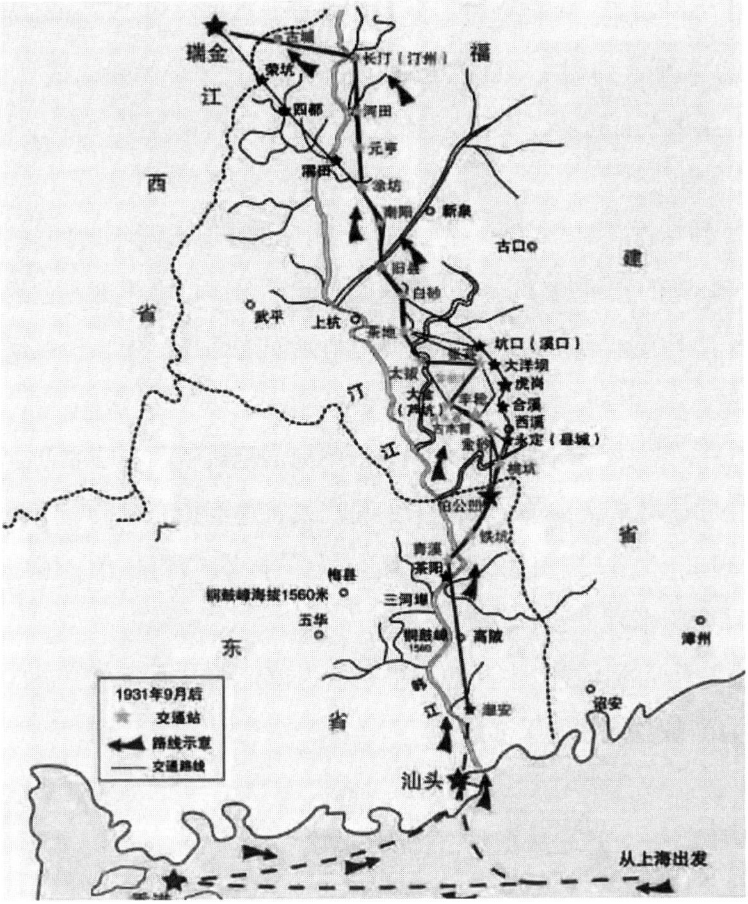

《中央红色交通线示意图》

延安时期中央交通机关为什么改称“农委”

1940年6月中央交通机关在延安重建，为更好地开展工作，这一机构对外掩护名称为“中共中央农村工作委员会”。

1941年，党中央决定将全国各根据地团以上主要干部数千人召回延安参加整风运动，“农委”迎来了一场规模空前、难度空前、持续时间空前的重大考验。

时值我党最为困难时期，日军抽调其在华北90％以上的兵力扫荡我各根据地，国民党接连发起两次反共高潮。胡宗南在延安周围布下50万大军，构建了5道包围圈，筑起18000多个碉堡，粮食、药品、纸张甚至火柴都进不了延安，逼得共产党人不得不发动“自己动手”的大生产运动。

就是在这种情况下，“农委”在1941年至1943年长达两年时间里，冲破日伪、国民党的重重封锁，成功护送全国几千名团以上干部，往返于华北、华东、华中直至海南岛等各根据地与延安之间，参加了整风运动。

1942年3月，“农委”协助各地方护送华中局书记兼新四军政委刘少奇一行，从江苏盐城阜宁县羊寨镇单家港村出发，途经山东分局、湖西分局、鲁西分局、北方局、太岳区、晋绥分局，穿越103道日伪、国民党封锁线，历时10个月，于12月底安抵延安。

对“农委”干部的选拔，中共中央也是极为慎重的。毛泽东曾亲自交待说：“尽力配备党性好的干部。”

这是一条什么样的线路？

从1921年底茅盾担任首位交通员至今，党的秘密交通工作已走过百年历程，“红色交通线”的概念早已远远超出了那条连接上海和瑞金的交通线本身，成为革命战争年代党的秘密交通工作的代名词。

这是一条血泊之路。

1928年4月，中共中央政治局委员罗亦农在上海被捕。为及时通知有关同志转移，内埠交通科科长张宝泉不顾个人安危，穿梭于上海街头，不幸被捕。敌人施酷刑打断他两条腿后，把他拖到院子里，毒打200军棍，又朝他连开七枪，用三把刺刀挑起他的尸体，扔出龙华监狱围墙。

秘密交通员龚增祥在上海被捕后，敌人对他施以“剃头”酷刑，用剃刀将他的头皮一片片割下来，他宁死不招。敌人假放他出狱，企图诱捕与他联络的人。龚增祥毅然乞讨露宿街头，用棍子打走想要营救他的同志，终被敌人枪杀。

福建省龙岩市永定区伯公凹村，曾经是上海至瑞金那条“红色交通线”从广东进入福建的第一站。该村邹氏家族的地下党员邹作仁，动员全族30多人参加了红色交通，最终13人为此献出了宝贵生命，其中7人被评为烈士：

邹作仁为护送军用物资与敌交战，牺牲于三河坝。当年周恩来前往苏区，曾在邹端仁家留宿。他长途跋涉起了脚泡，邹端仁夫妇给他端水泡脚，还杀了家中唯一一只鸭子给他煲汤。临别时，周恩来给他们留下3块银元贴补家用。邹端仁运送食盐时被捕，被敌人枪决焚尸。邹昌仁、邹佛仁兄弟被叛徒出卖，邹昌仁被敌人剖开脊背，从背后挖出心脏。邹佛仁被砍头示众。邹春仁为护送电台而牺牲，邹启龙在保护交通线的战斗中牺牲，邹晋发执行护送任务时牺牲。

土地革命时期，仅江西一省，牺牲的交通员就多达1780多人。

今天的人们常常赞叹这条红色交通线“从未中断”，却不知“从未中断”这寥寥四个字，是多少交通员用鲜血和生命换来的。

伍修权回忆说：“这些交通员，我连名字都不知道，他们却默默地为革命贡献着力量和智慧，我至今想起他们，还不由产生无限尊敬的心情。”

这是一条回家之路。

翻看开国元勋、将帅们的传记和回忆录，读着对他们初入苏区那一刻的描述，那种冲破黑暗、走向光明的豁亮和暖意，像一股惠风扑面而来。

“一进入苏区，周围的一切对周恩来都是那样新鲜，使他十分兴奋。”周恩来在给中央政治局的信中高兴地写道：“汀州（长汀）的繁盛，简直是全国苏区之冠。”

“一向性格深沉含蓄的陈云，抑制不住心中的喜悦，笑着大声说道：‘总算到家了！’”

聂荣臻回忆说：“到了根据地，才是到了自己的天下，可以大摇大摆地行走了。”“真是春风得意马蹄疾”。

“叶剑英一到苏区，就感到进入了另一个天地，一切景象都是新鲜的。”

伍修权深情地写道：“交通员大喊：‘到啦，同志们，到家啦！’……家，就是苏区，就是我们的中央革命根据地。……我深深地吸了几口苏区的新鲜空气，只觉它是那么清新，那么香甜。”

进入苏区，看到一面有镰刀斧头标志的红旗，病倒在担架上的李克农“猛然从担架上坐起，庄重地向红旗行了个军礼，心里在喃喃自语：‘我李克农回到家了，回到家了’”。

这是一条胜利之路。

土地革命时期，内埠和外埠两个交通渠道，是党的秘密交通工作的主线。

1929年下半年，送往共产国际的文件有570余份；全年“由中央秘书处一家发往各地的文件就有5523件，各省送到中央的达4687件。”

1930年至1933年，共有260多名党政军领导和骨干被护送进入苏区，几乎包括了所有开国元勋、将帅。

各地每年向苏区输送价值600万法币的布匹、价值900万法币的食盐，以及数百吨的西药、纸张、报刊、书籍、无线电器材、印刷工具、军械修理器材等。

抗日战争时期，14个八路军办事处成为红色交通的中流砥柱。驻武汉办事处曾转运军饷655万法币、枪炮730多支、弹药1390多箱、服装46万套、药品35万箱等。驻太原办事处曾转运30部电台、100万发子弹、

200挺机关枪等。驻上海办事处转运了1000具防毒面具、两万双胶鞋、4000匹细布、捐款1785万元。驻西安办事处采办了大量通讯军工器材、金属化工原料、皮革、纸张、蜡烛、行军锅、报刊书籍等。驻香港办事处护送宋庆龄、何香凝、柳亚子等800多位民主进步人士回到大后方。

解放战争时期，红色交通的收官之作是著名的“北上！北上！”行动。1948年9月至1949年9月，在毛泽东和周恩来直接指挥下，通过6条交通线，分大小20多批，秘密护送李济深、沈钧儒、郭沫若、黄炎培、马叙伦、马寅初等1000余名民主进步人士从香港北上，协商共建新中国。

面对这些数字和名字，你能感受到生命的温度，能触碰到历史的厚重，能遥望到红色交通工作者的背影。

如今，红色交通的统帅周恩来、红色交通的创建者吴德峰、红色交通的首位专职交通员茅盾，还有那些曾经行走于刀锋之上的一个个普通身影，已经离我们远去。当年那条黑暗、漫长、崎岖、凶险的小路早已难觅其踪，而那条血泊之路、回家之路、胜利之路，却依然在我们心间绵延不绝。

无论再过多少个百年，这条路也不会荒芜！

中共第一套“密码”的由来

回顾中国共产党领导中国人民进行艰苦卓绝的革命战争和曲折斗争的历史，不得不说到那条危机四伏、惊心动魄的隐蔽战线，以及它的领导人——周恩来。他就是领导中共隐蔽战线从无到有、逐步发展壮大，为夺取革命胜利做出了不可磨灭贡献的人，人们称他为“密战统帅”。作为这条战线的主要领导人，周恩来极具远见卓识，他足智多谋、缜密细致，从大处到细节，精心、精确指导，留下了众多令人叹服的传奇故事。

“伍豪”和“豪密”的由来

中国共产党成立伊始即面临的残酷生存环境，造就了共产党人对隐蔽斗争的职业警觉和敏感神经。早在天津从事学生运动期间，周恩来就有了强烈的隐蔽斗争意识。

觉悟社成立之初，周恩来提出：“我们已经决定献身于新中国的事业，前途少不了危险艰难。用各人的真姓名发表文章或写信联络，难免招引鹰犬注意。我建议用数字代替各人姓名，大家抓签决定自己的数字。”

觉悟社20位男女同学一致同意弃用真实姓名，改用数字代号。大家从1到50这50个号码中任意抓取一个号码，确定为自己的代号。邓颖超抓到1号，化名“逸豪”。周恩来抓到5号，化名“伍豪”，这就是“伍

中央特科旧址

豪”这个传奇化名的由来。此后的岁月里，“伍豪”不仅是周恩来个人的化名，更成为中共隐蔽斗争传奇与功勋的象征。

后来，拥有了自主研制的电台之后，周恩来亲自研制了党的第一套密码，用他的化名“伍豪”命名为“豪密”。这套著名的“豪密”采用复译法的二重密码体制，同字不同码，同码不同字，令破译者摸不到规律。

1931年3月，任弼时将“豪密”从上海带到中央苏区，周恩来、邓颖超在上海，任弼时在苏区亲自担任译电工作，实现了两地电讯秘密联络。“豪密”一直使用到全国解放，也未被国民党破译。

完成“不可能完成的任务”

公开工作和秘密工作，在许多时候都面临着看似“难以完成的任务”。

1931年4月，中央特科负责人顾顺章在汉口被捕叛变，中共中央机关和领导人面临被“一网打尽”的严峻危险。生死存亡之际，潜伏在中统特务头子徐恩曾身边担任秘书的我党情报人员钱壮飞截获了密电，将这一重大情报及时报告了党中央。受党的委托，周恩来毅然挑起了全面处理这一危机的重担。

顾顺章当时是知悉党内秘密最多的少数人之一，他的叛变危及面极大。周恩来应急处置工作的难度之大，我们今天仍然无法想象。

当时有三类机构需要紧急隐蔽：中共中央机关各部门、江苏省委机关各部门、共产国际派驻机构；有三类地点需要紧急搬迁：有关人员的居住地、各个机构的办公地、各种秘密交通联络站点；有五类人员及其家属需要紧急转移：中共中央、江苏省委、共产国际派驻机构有关人员、归国等待分配工作的同志、各地临时来沪办事人员。其中，仅中共中央机关工作人员就有200多人。

如此巨大的工作量，在当时的通讯、交通条件下，根本就是一项不可能完成的任务。据周恩来估算，敌人留给他的时间可能只有一天一夜。

千钧一发之际，周恩来表现出惊人的沉着和智慧，与时间赛跑。他召开紧急会议，迅速采取了一系列紧急措施：一是严密保护、迅速转移党的主要负责人，把顾顺章所熟识的或可能侦察到的负责同志的秘书换成新人；二是对一切可能成为顾顺章侦察目标的干部，尽快有计划地转移到安全地带或调离上海；三是审慎而又果断地处理了顾顺章在上海所能利用的重要关系；四是废止顾顺章知道的一切秘密工作方法。

在周恩来的指挥部署下，中共中央、江苏省委和共产国际派驻机构在当天夜里就搬迁完毕。

这期间，他不顾个人安危，亲自上门通知一些同志转移。时任军委工作人员朱月倩就是周恩来连夜上门、亲自通知她立即转移的。当时朱月倩的爱人、军委工作人员霍步青已上船前往武汉，而武汉的联络站点已悉遭破坏，霍步青此去必落敌手。周恩来专门派人乘飞机赶到九江，在霍步青乘坐的轮船停靠九江码头时找到了他。霍步青提前下船，得以脱险。

就这样，周恩来既指挥全局，又亲力亲为，迅速妥善地保护了党的组织和人员，把“不可能完成的任务”变成了现实，粉碎了敌人将中共中央机关和领导“一网打尽”的企图，“使党避免了一场特别严重的大破坏、大灾难”。

许多年后，徐恩曾回忆，从顾顺章供出钱壮飞，到他派人赶到上海，“距离的时间不过7小时，以当时的交通条件，不能再迅速了，然而仍嫌迟了一步”。

聂荣臻元帅后来回忆：“两三天里面，我们紧张极了，夜以继日地战斗，终于把一切该做的工作都做完了。等敌人动手的时候，我们都已转移，结果，他们一一扑空，什么也没有捞着。”

“量身定制”的潜伏人员

隐蔽战线，需要一些符合条件且具有极好素质的特殊人才。其中一些重要的潜伏人员，是周恩来“量身定制”的。

1937年12月，周恩来得知胡宗南正在招募战地服务团，希望从中选拔青年才俊为其所用后，当即要求选派一名秘密党员报名。根据胡宗南的个性特点，周恩来提出的选人条件是：“要出身名门望族或官宦之家，年纪较轻，仪表不俗，公开的政治面目不左不右，言谈举止有爱国进步青年的气质，知识面较广，记忆力较强，看过一些介绍马列主义基本原理的书籍和孙中山的著作，肯动脑筋，比较细心，能随机应变。”

时任清华大学地下党支部书记，中华人民共和国成立后曾任清华大学校长、教育部部长的蒋南翔，依据上述条件推荐了自己在清华大学中

周恩来与熊向晖（右一）

文系的同学、中共秘密党员熊向晖。

周恩来听了蒋南翔对熊向晖的介绍，认为合适，当即确定下来，不再进行其他繁琐的考察，甚至连熊向晖本人的面都没有见。

熊向晖随即报名参加了战地服务团，经过面试，被胡宗南选中，委任为机要秘书、侍从副官。6年后，周恩来与熊向晖在西安才第一次见面。

周恩来确定的选人条件，看上去并没有高深莫测的玄机，也没有独步天下的秘籍。周恩来不选超人、完人，熊向晖也没有三头六臂。周恩来只选了熊向晖一人报名参加战地服务团，而不是选派几人、十几人甚至几十人去应招，他甚至连熊本人都没见过，却慧眼识珠，着实令人惊叹！

反复细读熊向晖所著《我的情报与外交生涯》一书，我们发现，原来周恩来选定熊向晖的那些条件，在熊向晖面试和此后的潜伏生涯中竟一一得到运用，成为他赢得胡宗南充分信任的关键因素。

熊向晖在准备面试期间深入研究了胡宗南的个性，发现他喜欢标新立异，于是当胡宗南面试点到自己的名字时，熊向晖故意违例，坐而不立，只举起右手，说声“我就是”。胡遂“瞪眼瞧着”他，说明熊向晖以特立独行的方式成功吸引了胡的注意。熊向晖的精心准备和临场表现体现了周恩来所要求的“肯动脑筋，比较细心，能随机应变”。

胡宗南问熊向晖为什么参加一军？熊答，为了参加革命。胡宗南又问，为什么来本军就是参加革命？熊向晖说，孙中山先生遗嘱第一句就是“余致力国民革命凡四十年”，贵军是国民革命军第一军，到贵军来当然是参加革命。胡追问怎样才是革命？熊答，中山先生最初提出的革命任务是“驱逐鞑虏，恢复中华”，现在，“驱逐鞑虏”就是要抗日，抗日就是革命。此后谈到北平学生组织，胡问为何取名“中华民族解放先锋队”？熊回答说，记得中山先生讲过，民族主义就是“中华民族自求解放，中国国内各民族一律平等”。

胡面露喜色，称赞熊向晖对“总理遗教”有研究。周恩来关于“看过一些孙中山著作”的要求，让熊向晖赢得了胡宗南的好感。

当胡宗南问到北平学生为何“闹学潮”、反政府？熊向晖回答说，不是“学潮”，是学生爱国运动。说他参加的爱国运动不是反政府，而是拥护政府反对日寇侵略，反对华北自治。

这一问一答，正好符合了周恩来另一条选人条件：“公开的政治面目不左不右，言谈举止有爱国进步青年的气质”。

1940年12月，胡宗南准备去南五台山祭奠其父亡故三周年，交代熊向晖做好准备，只简单说了一句“用老礼节的仪式祭奠”。熊向晖一丝不苟，从布置灵堂、供桌、檀香炉，到准备干果、冷盘、热菜、水果各多少盘，特别是热菜中要有一只鸡，鸡头、鸡尾各留一撮毛，以及如何供奉牌位，如何点烛烧香，如何摆放胡宗南行三跪九叩之礼的蒲团如何，祭奠开始后如何给胡宗南传递祭品，等等，都准备得周到细致，面面俱到。胡宗南特别满意。多年后熊向晖对女儿说，办这样的事，“光凭勤快和机敏不行，还要懂得这些旧礼节”。他感慨地说：“从这一点可以理解为什么周恩来挑选打入胡宗南部的秘密党员时提出要出身官宦之家。”

周恩来的另一要求“记忆力较强”为熊向晖不动声色地、安全地获取情报起到了至关重要的作用。几次拿到内容厚实、数据繁多的作战计划等军事情报时，他都是先熟记于心，再私下默写出来，传递给下线。

周恩来列出选人条件并确定熊向晖的那一刻，熊向晖赢得胡宗南信任、创造保卫党中央的传奇就已经成为了必然。这就是情报工作所说的指向性卧底，学者称之为量身定制，百姓叫它“指哪儿打哪儿”。无论怎么变换说法，其背后都写着四个大字：知彼知己。

6年后的1943年7月，熊向晖将胡宗南部妄图闪击延安的情报报告给了党中央。1947年3月又接连传递出胡宗南部进攻延安的作战计划和保密局带来美国最新电台侦测设备用以查找中共中央所在地等重大情报，书写了保卫延安、保卫党中央的传奇。

那个时期，还有一些像熊向晖这样的人物。比如谢和赓，就是周恩来安放在白崇禧身边的“闲棋冷子”。谢和赓出生于广西桂林，早年在西北军加入中国共产党，后任著名爱国将领吉鸿昌的秘书。中共北方局党组织认真研究了谢和赓的个人和家庭情况，了解到谢和赓与白崇禧两家是世交，便建议中央派他打入桂系。周恩来对此高度重视，亲自为谢和赓规划了三项使命：一是通过稳妥的人事关系打入桂系，站稳脚跟后，调查研究桂系上层各方面情报，及时向党中央汇报；二是有所表现地争取李宗仁、白崇禧信任，并打入到他们身边工作；三是秘密地不露形迹地进行有利于发动全国人民抗日的宣传鼓动工作和抗日文化运动。后来，谢和赓担任白崇禧的机要秘书，发挥了很好的作用。

“我要承担责任，不能一误再误”

在隐蔽斗争中，难免会出现失误。周恩来这样被人称为“缜密如水银泻地”的人，偶尔也有疏忽的时候。

1946年6月，周恩来乘坐来华调停国共内战的美国总统特使马歇尔上将的专机，从延安飞往南京。起飞前一晚，周恩来开了整整一夜的会。他十分疲惫，在飞机上睡得很沉，装在衬衣口袋里的一个小本子在飞机颠簸中掉了出来，滑落到机舱里。小本子上记着熊向晖在南京的住址，还标注了一个“熊”字。这个小本子如果落到国民党手里，熊向晖将暴露无遗。飞抵南京的当天下午，从马歇尔处转来一个厚纸包装、火漆封好的小盒子，要求面呈周恩来亲启，里面装的正是那个小本子。周恩来立即派人将熊向晖秘密接到中共代表团驻南京办事处梅园新村。一见到熊向晖，周恩来就说：“我不小心出了事故。”接着把遗失小本子的详细过程告诉了熊向晖。

他说：“小本子上记了几件无关重要的事，唯一重要的是你在南京的住址。按照秘密工作的做法，本来应该记在脑子里，我一时粗心，写在小本子上，还写了一个‘熊’字。我原以为放在身上衬衣口袋里很保险，可是衬衣口袋没有扣子，匆匆忙忙下飞机，也没有注意检查，造成严重事故。我已经打电报报告中央，做了初步检讨，请求处分。”

多年后，熊向晖在回忆录中详细描述了自己当时的感受：“我顿时感到震撼，倒不是因为他丢了小本子，而是因为他对这件只有自己一人知道的事，毫不规避，如实报告中央，还做检讨，请求处分。更使我想象不到的是，他是中央最高领导人之一，竟向我这个普通党员和盘托出。他的真挚坦诚的态度和伟大崇高的品德深深震撼了我。”

熊向晖当即向周恩来表示，这是小事，没有什么了不起，从入党时起就准备随时牺牲。

周恩来说：“每个共产党员都应该准备随时牺牲，党组织不应该让党员平白牺牲，这个事故是我造成的，我要承担责任，要尽一切努力来挽救，不能一误再误。”随后，周恩来分析了马歇尔将小本子交给国民党的可能性，缜密安排熊向晖暂避上海，静观动向。熊向晖最终有惊无险度过这一关，重返虎穴，再立新功。

身教胜过言传！后来业内人士感叹：周恩来对党的赤诚，对同志的坦诚，让我们更加深刻地体会到，为什么他能够带出一支对党忠诚可靠的情报队伍，为什么他能够始终活在普通百姓的心中。

为什么说抗日战争“一九三一年就开始了”？

1945年4月24日，毛泽东在党的七大上作的《论联合政府》书面政治报告中有这样一段话：“中国人民的抗日战争，是在曲折的道路上发展起来的。这个战争，还是在一九三一年就开始了。一九三一年九月十八日，日本侵略者占领沈阳，几个月内，就把东三省占领了。国民党政府采取了不抵抗政策。但是东三省的人民，东三省的一部分爱国军队，在中国共产党领导或协助之下，违反国民党政府的意志，组织了东三省的抗日义勇军和抗日联军，从事英勇的游击战争。这个英勇的游击战争，曾经发展到很大的规模，中间经过许多困难挫折，始终没有被敌人消灭。”回顾“九一八事变”后中国人民在白山黑水间的顽强抵抗，才能对这段话有更深的领悟。

抗日战争“还是在一九三一年就开始了”

1931年9月18日夜，日本驻中国东北的侵略军——关东军自行炸毁沈阳北郊柳条湖附近南满铁路的一段路轨，反诬中国军队所为，并以此为借口，突然袭击中国军队驻地北大营和沈阳城，发动了震惊中外的“九一八事变”。9月19日晨，日军侵占沈阳。“九一八事变”是日本政府和军国主义者长期以来推行对华侵略扩张政策的必然结果，是它企图变中国为其独占殖民地而采取的军事措施。

日本对中国的侵略是蓄谋已久的。清朝末年，日本通过发动甲午战争和1904年至1905年在中国东北进行的日俄战争等侵略扩张行动，迫使清政府订立不平等条约，侵占中国台湾，并把中国东北的南部地区强行划为自己的势力范围。在中国东北设立殖民机构，如“关东都督府”、“南满洲铁道株式会社”（简称满铁）、“驻奉天总领事馆”等。建立关东军，对东北进行全面的政治、军事控制和经济掠夺。1927年6月27日至7月7日，日本政府召开东方会议，制定力图把“满蒙”从中国本土分割出去的《对华政策纲要》。会后，日本首相田中义一根据会议精神起草一份奏折呈送天皇（即“田中奏折”）。东方会议和“田中奏折”，确立了先独占中国东北、内蒙古，进而侵占全中国的扩张政策。1929年秋，日本受到世界性经济危机的猛烈冲击，国内阶级矛盾日益激化。为转化国内危机，1931年上半年，日本政府和关东军加紧进行武装侵略的一系列政治、军事部署。

“九一八事变”后，日军侵略步伐踏向整个中国东北地区。1931年9月，辽宁（除锦州及辽西）、吉林两省沦陷；11月，黑龙江省基本沦陷；1932年1月，锦州及辽西地区沦陷;2月，哈尔滨沦陷。短短4个多月内，辽宁、吉林、黑龙江三省沦为日本的占领地。1932年3月，以溥仪为“皇帝”“执政”的伪满洲国在吉林长春成立。日本及其卵翼下的伪满政权，对中国东北人民实行野蛮的法西斯统治，残酷迫害和屠杀抗日人民。

日本对中国东北三省的大规模侵略强烈地震动了中国社会，一场群众性的抗日救亡运动很快在全国许多城市和村镇兴起。在东北相继兴起为数众多的抗日义勇军，中国的抗日战争由东北抗日义勇军和英勇的东北人民拉开了大幕。

“国民党政府采取了不抵抗政策”

日本之所以能够如此轻易地推进它的侵略计划，主要是以蒋介石为首的南京国民政府对日本侵略东北的行动实行不抵抗政策。

“九一八事变”前，日军已在中国东北制造“万宝山事件”“中村事件”等多起事端，其侵占东北的野心早已昭然于世。但蒋介石一方面忙于国民党内部的派系斗争和军阀混战，更忙于调集军队“围剿”红军，置民族危机于不顾。1931年7月至9月，蒋介石调集30万大军对中央苏区进行第三次“围剿”，并亲赴南昌督战。七八月间，他连续致电张学良，训令地方当局压制百姓对日本挑衅的反抗。张学良在1928年底实行东北易帜的时候，本想通过依附南京政府来加强自身抵抗日本的实力，不料却被蒋介石拖入关内内战的漩涡，十几万东北军进驻北平、天津一带。“九一八事变”发生后，国民党政府竟电告东北军，日军此举不过寻常寻衅性质，为避免事件扩大，绝对抱不抵抗主义。当时日本关东军在东北只有一万多人，但十几万的东北军部队多次接受力避冲突的训令，在日军的突然袭击面前，除小部分违反蒋介石的命令奋起抵抗外，其余均不战而退。

蒋介石采取不抵抗主义的基本理由是“攘外必先安内，统一方能御侮”。他所谓的“安内”，主要是指继续“围剿”红军、镇压抗日爱国力量和排除内部异己力量。他所谓的“攘外”，在此时是对日本侵略者的妥协。他把制止日本侵略的希望完全寄托在国际联盟的调停上。但是，英、法操纵下的国联并没有对日本采取任何有力的制裁措施。日本拒绝接受国联作出的限期撤兵决议，国联也束手无策。

蒋介石的不抵抗政策使日本关东军没有付出多大代价就顺利占领了中国东北，几十万同胞流离失所，就像后来广为传唱的一首歌所写的那样：“九一八，九一八！从那个悲惨的时候，脱离了我的家乡，抛弃那无尽的宝藏，流浪！流浪！”不抵抗政策损害了中华民族的根本利益，压抑了中国人民的抗日热情，特别是损伤了东北人民的民族情感和中华民族自尊心。

在中共领导或协助下“从事英勇的游击战争”

在民族危机的重要关头，中国共产党率先高举武装抗日的旗帜。

1931年9月20日，中共中央发表《中国共产党为日本帝国主义强暴占领东三省事件宣言》，响亮地提出：“反对日本帝国主义强占东三省！”

9月22日，中共中央又发表了《关于日本帝国主义强占满洲事变的决议》，指出：“特别在满洲更应该加紧的组织群众的反帝运动”，“加紧在北满军队中的工作，组织他的兵变与游击战争，直接给日本帝国主义以严重的打击”。

此后，中共中央于9月25日、30日和10月12日连续对“九一八事变”发表宣言和告全国民众书，强烈谴责日本帝国主义的侵略罪行，提出了武装抗日的号召和对日斗争的策略。

从1931年10月开始，在东北相继兴起为数众多的抗日义勇军。其中较著名的领导人有黑龙江省的马占山、苏炳文，吉林省的李杜、丁超（后于1933年1月投降日军）、王德林、冯占海，辽宁省的黄显声、唐聚五、邓铁梅等。他们多数是属于东北三省的军、警界人士，所领导的斗争给日军以相当大的打击。义勇军的斗争揭开了东北抗日游击战争的序幕。但这些义勇军由于没有统一的组织和指挥，领导人物成分复杂、意见分歧，只奋战了一年有余。

在东北各地抗日义勇军刚刚兴起之际，时任中共中央军委书记的周恩来以“伍豪”的笔名在1931年10月出刊的《红旗周报》第20期上发表《日本帝国主义占领满洲与我们党当前任务》，指出“反帝的民族革命运动是要动员广泛的群众参加，而且要长期支持这一运动，才能取得最后的胜利”，“我们要领导工农及一切被压迫民众自己组织武装的救国义勇军”。

中国共产党高度关心和重视东北义勇军的斗争，先后派出杨靖宇、周保中、赵一曼、赵尚志、李兆麟、张甲洲、李延禄、冯仲云等，分赴东北各地联络义勇军部队，协助他们加强部队建设，同时组建中国共产党直接领导的抗日武装。周保中和李延禄在王德林部义勇军中进行了卓有成效的工作。李兆麟受东北民众救国会和时任共青团北平市委宣传部部长胡乔木的派遣回家乡辽阳组织抗日武装，他组建和领导的第24路义勇军，在辽南抗日斗争中发挥了特殊的作用。张甲洲和赵尚志领导的巴彦游击队在北满进行了英勇的战斗。由杨靖宇组建和领导的磐石游击队，成为南满抗日斗争的核心。

从1932年起，中共满洲省委和地方党组织经过艰苦努力，先后在南满、东满、吉东和北满地区创建了十多支抗日游击队。中国共产党直接创建的东北抗日游击队，尽管开始人数很少，武器装备很差，又处于日军频繁“讨伐”的极端困难环境之中，但由于有中国共产党的集中统一领导，有明确的政治纲领和严明的纪律，有同人民群众的血肉联系及英勇无畏的牺牲精神，因而从诞生的那天起，就表现出了一般群众武装不具备的组织性和坚韧性，并紧紧依靠广大民众，在斗争中不断壮大，给日军、伪军以沉重打击，将东北抗日游击战争推向新的阶段。

中共领导“建立全东北抗日联军总司令部”

抗战初期，中共满洲省委处于中央临时政治局的领导和上海中央局指导下，很难摆脱“左”倾冒险主义、关门主义的束缚，一度使抗日游击队和抗日游击根据地处于危急状态和被动局面。

1933年1月，共产国际执委会政治书记处和东方书记处经过反复研究，形成并批准了《中共中央给满洲各级党部及全体党员的信——论满洲的状况和我们党的任务》(简称《一·二六指示信》)，并通过中共代表团向中共中央和中共满洲省委发出。《一·二六指示信》顺应东北形势的发展，转变政策，明确提出了抗日统一战线的方针。

党组织主动地争取团结各种抗日力量，收编和改造各种义勇军。1933年9月，杨靖宇、李红光等领导的南满游击队改编为东北人民革命军第一军独立第一师。童长荣、王德泰等领导的东满游击队于1934年3月改编为东北人民革命军第二军独立师。赵尚志、张寿篯（李兆麟）等领导的珠河游击队于1934年夏改编为东北人民革命军第三军。以李延禄领导的密山游击队为基础，于1934年秋组成东北抗日同盟军第四军。周保中等领导的绥宁游击队，冯仲云、夏云杰等领导的汤原游击队以及饶河游击队等，也都积极开展抗日斗争。这些游击队依托山区，化整为零，使东北各地的抗日游击战争呈现蓬勃发展的大好态势，对日伪统治构成严重威胁。

1935年5月之前，中国共产党在东北已经建立了东北人民革命军第一至第三军、东北抗日同盟军第四军、东北反日联合军第五军共五个军。1935年秋，中共中央在发表的《八一宣言》中提出为结成全国抗日民族统一战线，需要建立全国统一的国防政府与抗日联军的主张。经过长时间的请示和商讨工作之后，1936年2月10日，中共驻共产国际代表团以中共中央名义拟定了《为建立全东北抗日联军总司令部决议草案》。2月20日，发出《东北抗日联军统一军队建制宣言》。此后，在中国共

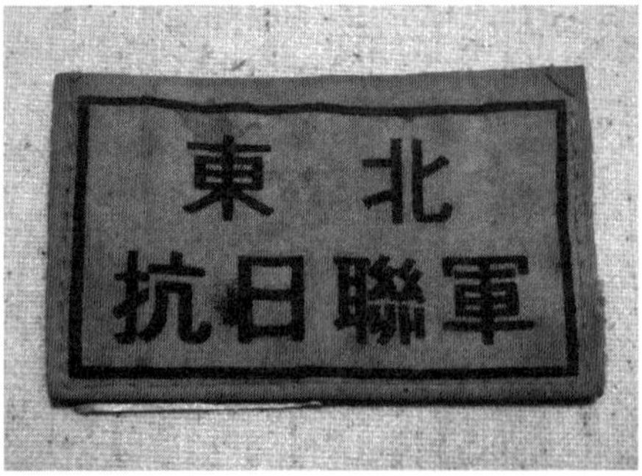

东北抗日联军胸章

产党领导下的东北各地的抗日部队统一改称东北抗日联军部队。

1937年7月7日，卢沟桥事变爆发。随着全面抗战的开启，党中央和毛泽东越来越把东北战场作为全国总抗战的重要组成部分而加以关注。8月22日至25日，中共中央政治局在陕北洛川举行扩大会议，通过毛泽东起草的《中国共产党抗日救国十大纲领》，明确地将“援助东北抗日联军，破坏敌人的后方”作为重要内容。从1936年初到1937年秋，东北抗日联军已建立11个军，共3万余人，开辟了东南满、吉东、北满三大游击区，在南起长白山，北抵小兴安岭，东起乌苏里江，西至辽河东岸的广大地区内，开展游击战争，同日军、伪军进行大小几千次战斗，粉碎了敌人的多次“讨伐”。

自1934年10月红军长征时起，东北党组织、抗联部队在一段时间内与中共中央失去了联系；1937年底以后，抗联同中共驻共产国际代表团的联络也一度中断。尽管失去联系，但东北抗联的队伍始终在中国共产党人的领导下，根据党的一贯方针政策开展斗争。同时，为恢复组织联系，中共中央和东北抗日联军都进行着艰辛的努力。1936年到1938年，杨靖宇率领第一军先后三次西征。中共中央也不断向东北派遣干部。1939年1月26日，中共中央书记处召开会议时毛泽东讲话说：“东北义勇军抗战最久，有七年的历史，现在虽只有一万人，但成为很好的基础。现在的问题是使中央同东北抗日联军建立联系，首先派交通员并设法派电台去。”

在党领导下“东北抗联的十四年苦斗”

由于日军、伪军的连续疯狂“讨伐”，加之自然条件恶劣，东北抗日联军在1940年冬遭受严重挫折，部队减少到不足2000人。东北抗日联军除留一部分在东北继续坚持斗争外，大部分陆续转至苏联境内，并建立南、北野营。1942年8月，南、北野营合编为东北抗联教导旅。一部分部队被派遣回东北执行特殊任务，另一部分留在营地进行整训。

1945年4月23日，中共七大召开，东北地区工作成为党代会的重点议题。4月24日，毛泽东在向大会作的《论联合政府》书面政治报告中指出：“在沦陷区中，东北四省沦陷最久，又是日本侵略者的产业中心和屯兵要地，我们应当加紧那里的地下工作。”

1945年8月8日，苏联对日宣战。9日，毛泽东发表《对日寇的最后一战》声明。消息传到抗联教导旅后，10日，抗联教导旅举行反攻誓师大会，周保中在讲话中号召抗联战士

對日戰爭進入最後階段
毛澤東同志發表聲明
致電斯大林元帥將以全力
配合紅軍及盟軍作戰

1945年8月9日，毛泽东发表《对日寇的最后一战》声明

坚决执行党的七大路线，全力配合苏军消灭日本侵略者，开展建党、建军、建政工作，迎接党中央干部和主力部队。

1945年8月15日，日本宣布无条件投降。1945年9月初，远东苏军总司令部正式下令将在苏联境内的东北抗联中朝官兵分别派遣至中国东北与朝鲜苏占区，周保中立即率抗联中国官兵随苏军进驻中国东北50余个战略要地。9月下旬，中共中央东北局正副书记彭真、陈云和东北抗联幸存者主要领导人周保中、冯仲云等胜利会师。彭真曾动情地说过："在我们中国共产党人20多年的革命斗争中，有三件最艰苦的事：第一件是红军的二万五千里长征；第二件是南方红军的三年游击战争；第三件就是东北抗联的十四年苦斗。"

东北抗日联军是在中国共产党领导下创建的"开始斗争最早、经历时间最长、条件最为艰苦、牺牲最为惨烈"的一支英雄抗日武装部队。他们即使在孤悬敌后、内无粮草、外无援兵，又在一段时间内与党中央失去联系的情况下，仍始终心系着党，按照党的一贯方针政策开展抗日斗争，并千方百计地通过各种渠道得到党中央的最新指示，信仰坚定地坚持武装斗争。

说抗日战争从"一九三一年就开始了"，是有坚实的历史依据的。

“五一口号”的由来

自中国共产党诞生以来，在五一国际劳动节这天曾经提出过许多个“五一口号”。而现在提到“五一口号”，人们首先习惯性地想到的是1948年中共中央发布的“五一口号”。其实，还有其他一系列“五一口号”，背后都有着生动的故事和丰富的内涵。

早期“五一口号”讲什么？

最早发布的“五一口号”，应该是1922年五一节期间在《第一次全国劳动大会宣言》中提出来的三个口号：

“要高呼：

全国工人们联合起来！

全世界劳动者和被压迫人民联合起来！

共同向着资产阶级和压迫阶级前进呀！”

第二次发布“五一口号”是1923年五一节期间，刊发在《中共中央一九二三年五一节敬告工友》中，这份文件最后也向“亲爱的工友们”提出了三个口号：

“我们中国工人在今年五一节向军阀反攻之口号是：

全国工人大团结！

打倒军阀曹锟吴佩孚为京汉工友复仇！

恢复全国工会！”

以后的“五一口号”，大多号召工人阶级联合起来，工人和其他阶级联合起来，进行反帝反封建的革命斗争。

最著名的“五一口号”讲什么？

在所有“五一口号”中，最出名的当数1948年中共中央发布的“五一口号”。

1948年4月的最后一天，30日，中共中央发布了纪念“五一”节口号，口号有23条，其中有几条，特别值得细细品读：

第一条，讲“今年的‘五一’劳动节，是中国人民走向全国胜利的日子”。表达了对中国革命取得胜利的准确判断和绝对自信。快胜利了，要干什么？接下来便是：

第二条，“打到南京去，活捉伪总统蒋介石”。

第四条，讲“为着打倒蒋介石建立新中国而共同奋斗”。

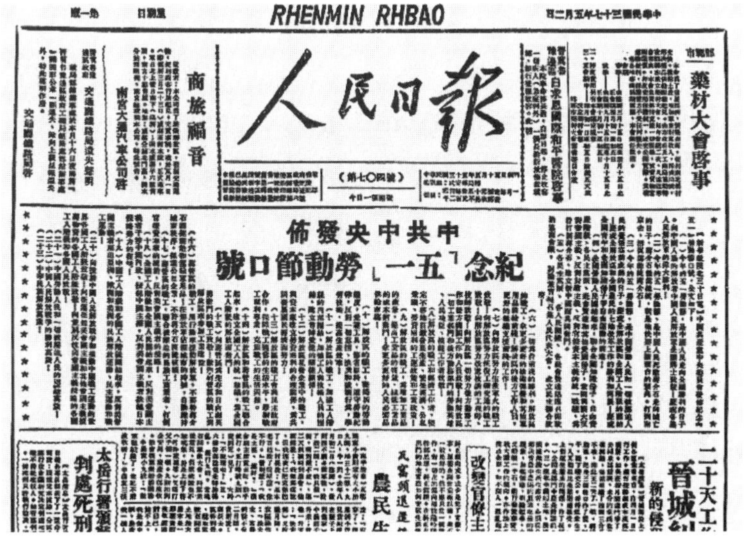
RHENMIN RHBAO

人民日報

中共中央發佈

紀念「五一」勞動節口號

1948年5月2日，《人民日报》头版全文刊发“五一口号”

提出了“建立新中国”的任务，怎么建立？所以接下来：

第五条，“各民主党派、各人民团体、各社会贤达迅速召开政治协商会议，讨论并实现召集人民代表大会，成立民主联合政府”。

其他条目讲各方面的人该干什么。层层递进，逻辑严密，这份口号特别讲究文理。

最后三条，以三个“万岁”结尾：

（二十一）中国劳动人民和一切被压迫人民的团结万岁！

（二十二）中国人民解放战争的胜利万岁！

（二十三）中华民族解放万岁！

人民团结万岁、解放战争胜利万岁、民族解放万岁！从这个“五一口号”后，中国共产党领导下的人民在呼喊口号中，更加自信。

这个“五一口号”发布后，毛泽东于5月1日致信李济深、沈钧儒，表示：

“在目前形势下，召集人民代表大会，成立民主联合政府，加强各民主党派、各人民团体的相互合作，并拟订民主联合政府的施政纲领，业已成为必要，时机亦已成熟。”

“但欲实现这一步骤，必须先邀集各民主党派、各人民团体的代表开一个会议。在这个会议上，讨论并决定上述问题。此项会议似宜定名为政治协商会议。一切反美帝反蒋党的民主党派、人民团体，均可派代表参加。不属于各民主党派、各人民团体的反美帝反蒋党的某些社会贤达，亦可被邀参加此项会议。此项会议的决定，必须求得到会各主要民主党派及各人民团体的共同一致，并尽可能求得全体一致。”

召开新的政治协商会议的构想，正是毛泽东在中共发布的这个“五一口号”中提出来的。

1949年9月召开的中国人民政治协商会议，制定了起临时宪法作用的《中国人民政治协商会议共同纲领》；通过了《中国人民政治协商会议组织法》，选举了人民政协第一届委员会；通过了《中华人民共和国中央人民政府组织法》，选举产生了中央人民政府委员会，宣告了中华人民共和国的成立。这在中国历史上是一个“翻天覆地”的划时代大事件。正如毛泽东在一届政协闭幕会上特别指出的：“中国的历史，从此开辟了一个新的时代。”

也因此，现在大家一讲到“五一口号”，首先想到的就是1948年的“五一口号”。

新中国第一个“五一口号”讲什么

新中国成立后刚刚半年，就迎来了中国共产党全国执政后庆祝的第一个五一节。1950年五一节期间，也发布了《庆祝五一劳动节口号》。

这个“五一口号”的起草过程，据《党的文献》2010年第5期发表的原中共中央文献研究室张素华研究员的考证如下：

1950年的《庆祝五一劳动节口号》，原始档案至今保存完好，十六开，共5页，全文竖写，字迹十分清晰。从这份档案可以看出，《庆祝五一劳动节口号》的初稿是胡乔木的笔迹，说明初稿是由胡乔木起草的。胡乔木起草的初稿拟出“五一口号”共35条。

最后两条是：“中国人民大团结万岁！”“毛主席万岁！”

胡乔木起草后，将初稿送刘少奇审阅。刘少奇对其中的第9条、第13条、第16条、第17条、第19条、第22条、第25条、第29条、第31条、第32条、第33条、第35条作了具体修改，并删去第34条“中国人民大团结万岁！”

这里单说第33条、第35条的修改情况。

刘少奇将第33条“中国共产党万岁！”改为“伟大的中国共产党——中国人民胜利的领导者与组织者万岁！”将第35条“毛主席万

岁！”改为“伟大的中国人民领袖毛泽东同志万岁！”

刘少奇修改后，于4月18日将修改稿报送毛泽东，在这份档案第1页的右侧写道：“毛主席：此件请审阅。如可用，请交尚昆印发政治局各同志。”

毛泽东看过刘少奇送审的“五一口号”修改稿后，于4月21日对其中的三条作了修改。

一是将第14条中的“坚决贯彻劳资两利、公私兼顾的经济政策”，改为“坚决贯彻公私兼顾、劳资两利的政策”；二是将第19条中的“不动富农财产”改为“不动富农的土地财产”；三是将第24条“台湾、西藏和其他待解放区的人民，努力协助全国解放事业的完成”，改为“台湾、西藏和其他待解放区的人民，准备一切可能条件，配合人民解放军的适时进军，解放自己，完成统一”。

其他地方没有改动。

按照惯例，这份文件还要经过中央政治局讨论通过，才能正式发出。因此，毛泽东改完后，又在标题《庆祝五一劳动节口号》下加括号写了“草案”二字，并在这份档案第1页的上方批示：“尚昆印发。印发政治局各同志及乔木、陆定一、陈伯达、李立三、聂、薄，星期三讨论。”随后，杨尚昆根据毛泽东的意见，在这一页的左上方批示：“乔木同志：请印20份。”

在这份档案上，胡乔木起草用的是钢笔，刘少奇批改用的是毛笔，毛泽东批改用的是铅笔，因此完全能够区分什么地方是谁修改的。

按照毛泽东说的日期，1950年4月26日中央政治局进行了讨论，最后定稿。《人民日报》后来公开发表的“五一口号”，由34条增加到了38条。增加的四条是：

“向全国为人民服务的知识界致敬！”“全国各界人民共同努力，协助人民政府救济灾荒！”“在土地改革已经完成的地区，迅速发给土地证，巩固人民的土地所有权，努力进行春耕！”“全国各民主阶级和各民主党派团结一致，努力建设独立、自由、民主、统一与富强的新中国！”

最后两条，发表时仍是：

“伟大的中国共产党——中国人民胜利的领导者与组织者万岁！”“伟大的中国人民领袖毛泽东同志万岁！”

这两条口号自刘少奇修改后直至正式发表，没有改动过。

这就是1950年“五一口号”的真实情况。当然，胡乔木起草的稿子，写“毛主席万岁”，也是一种历史的延续。据史料记载，早在延安时期，人民群众就开始自发和由衷地喊“毛主席万岁”了！

三个“人民英雄们永垂不朽”的来历

在北京天安门广场上，矗立着“人民英雄永垂不朽”纪念碑。它的背面，镌刻着重复三遍“人民英雄们永垂不朽”的碑文。

这就是新中国成立以后中国人民缅怀先烈的著名的三个“人民英雄们永垂不朽”文！这其中的碑和文是怎么来的呢？

毛泽东念完三个“永垂不朽”，全场代表“感动得哭了”

1949年9月30日，新中国成立前夕，当天闭幕的中国人民政治协商会议第一届全体会议通过了一个历史性的决定：为纪念在人民解放战争和人民革命中牺牲的人民英雄们，会议一致通过了修建“为国牺牲的人民英雄纪念碑”的决定，并采用毛泽东撰写的纪念碑碑文。

周恩来提议将纪念碑建在天安门广场，因为天安门广场承载着“五四”以来的革命传统，是全国各族人民敬仰和向往的地方。周恩来的提议获得代表们的一致赞同和一致通过。

当天下午，中国人民政治协商会议第一届全体会议闭幕后，为了追念一百多年来为新中国的诞生而英勇献身的人民英雄们，全体代表乘车来到天安门广场，举行人民英雄纪念碑奠基典礼。

下午六时，奠基典礼开始，周恩来代表主席团致词：“我们中国人民政治协商会议第一届全体会议为号召人民纪念死者，鼓舞生者，特决定在中华人民共和国首都北京建立一个为国牺牲的人民英雄纪念碑。现在，一九四九年九月三十日，我们全体代表在天安门外举行这个纪念碑的奠基典礼。”

周恩来致词后，全体代表脱帽静默致哀。默哀毕，毛泽东主席宣读了他亲自撰写的碑文：

“三年以来，在人民解放战争和人民革命中牺牲的人民英雄们永垂不朽！

“三十年以来，在人民解放战争和人民革命中牺牲的人民英雄们永垂不朽！

“由此上溯到一千八百四十年，从那时起，为了反对内外敌人，争取民族独立和人民自由幸福，在历次斗争中牺牲

毛泽东宣读人民英雄纪念碑碑文

的人民英雄们永垂不朽！”

现场庄严肃穆。四十多年后，亲历者雷洁琼在她的一篇回忆文章中写道：“大会闭幕后，在天安门广场举行人民英雄纪念碑奠基典礼，我们来到广场，毛主席庄严地宣读碑文，并亲自执铁锨培土，以表示对在革命战争中牺牲的人民英雄的怀念和崇敬。此情此景使在场的全体代表感动得哭了。”

雷洁琼的回忆，从一个角度道出了毛泽东撰写的碑文为什么会有三遍“永垂不朽”的原因：被三年以来，在人民解放战争和人民革命中牺牲的人民英雄们所感动！被三十年以来，在人民解放战争和人民革命中牺牲的人民英雄们所感动！被自鸦片战争以来，为了反对内外敌人，争取民族独立和人民自由幸福，在历次斗争中牺牲的人民英雄们所感动！总之，被近代以来为改变中华民族悲惨命运、实现中华民族伟大复兴而英勇奋斗献出生命的民族英雄们所深深感动！

碑文由毛泽东撰写、周恩来手书

毛泽东主席与周恩来总理对为人民英雄纪念碑题字的工作格外重视。

毛泽东主席先后写了两版“人民英雄永垂不朽”，并叮嘱工作人员：多请专家们提意见，问问哪一幅可以用，也可以从中选取单个字重新编排。如果认为写得不好，还可以重写。

现在纪念碑上的八个大字，就是征求专家们的意见，从两幅当中抽取个别字重新编排的。

梁思成在回忆录中写道：“考虑到‘碑文’只刻在碑的一面，其另一面拟请主席题‘人民英雄永垂不朽’八个大字。后来，彭真又说周总理写得一手极好的颜字，建议碑文请周总理手书。”最后，纪念碑背面是

人民英雄纪念碑上由毛泽东书写的“人民英雄永垂不朽”

毛泽东撰写、周恩来手书的碑文。

为了写好碑文，周恩来总理每天晨起的第一件事就是写一遍碑文，前前后后共书写了40余遍，最后挑选出他认为最满意的一幅。写好后，他把碑文手稿亲自送到人民英雄纪念碑建设工地向雕塑大家刘开渠请教。

可以说，从碑名到碑文，几十幅手稿，一笔一画都倾注着毛泽东和周恩来对先烈们崇高敬意和无限深情。

1955年11月18日的《人民日报》专门报道过此事。报道称：“毛泽东主席为首都人民英雄纪念碑题了词，题词的原文是‘人民英雄永垂不朽’。周恩来总理也写了一百五十个字的纪念碑碑文。”“纪念碑工地的工人正在细心地把他们写的字描下来，进行放大，并且制作石膏模型，为正式镌刻作好准备。刻字工程将在十二月开始。”“首都人民英雄纪念碑的五百九十多块碑心、碑身石料都已安装完毕，碑顶安装工程也快要完成。”

1958年4月22日，人民英雄纪念碑终于建成了。1958

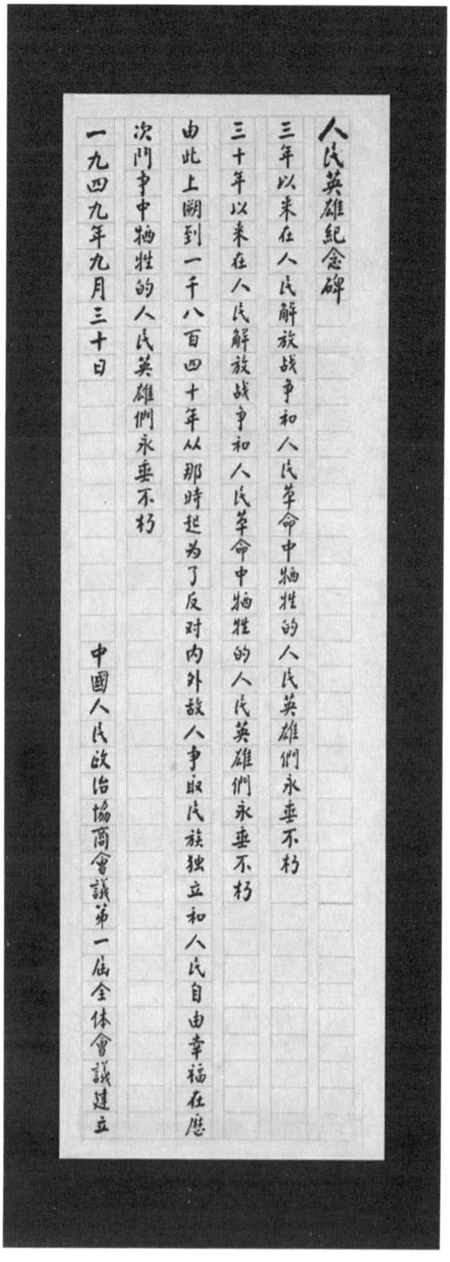
人民英雄紀念碑
三年以来在人民解放战争和人民革命中牺牲的人民英雄們永垂不朽
三十年以来在人民解放战争和人民革命中牺牲的人民英雄們永垂不朽
由此上溯到一千八百四十年从那時起为了反对内外敌人争取民族独立和人民自由幸福在歷次鬥爭中牺牲的人民英雄們永垂不朽
一九四九年九月三十日
中國人民政治協商會議第一屆全体會議建立

周恩来书写的人民英雄纪念碑碑文手稿

年5月1日，首都50万群众齐聚天安门广场，共同见证了人民英雄纪念碑的揭幕。碑身上的红披徐徐下落，显现出“人民英雄永垂不朽”八个镏金大字。首都各界人民代表登上碑前的月台，向1840年以来在历次革命斗争中牺牲的人民英雄们敬献花圈。

时任北京市市长彭真发表“五一”讲话，指出：“今天，也是首都人民英雄纪念碑建成揭幕的隆重的日子。我们向在人民解放战争和人民革命战争中牺牲的人民英雄们致崇高的革命敬礼，向1840年以来为了反对内外敌人、争取民族独立和人民自由幸福，在历次斗争中牺牲的人民英雄们，致崇高的革命敬礼。人民英雄永垂不朽！”

这座庄严巍峨的纪念碑总高度37.94米，比天安门还高出4.24米，由17000多块花岗石和汉白玉砌成，纪念碑碑座上8组10幅浮雕分别展现了中国近现代史上虎门销烟、金田起义、武昌起义、五四运动、五卅运动、八一南昌起义、抗日战争、胜利渡长江、支援前线、欢迎人民解放军等历史场景。

国家设立烈士纪念日

一个国家、一个民族、一个党的历史及其精神，都有着深厚的内涵，也会代代传承！

为了进一步弘扬烈士精神，缅怀烈士功绩，培养公民的爱国主义、集体主义精神和社会主义道德风尚，培育和践行社会主义核心价值观，增强中华民族的凝聚力，激发实现中华民族伟大复兴中国梦的强大精神力量，2014年8月31日第十二届全国人民代表大会常务委员会第十次会议作出决定：将9月30日设立为烈士纪念日。每年9月30日国家举行纪念烈士活动。这就进一步把纪念烈士的活动制度化！而在国庆节的前一天开展烈士纪念活动，充分体现了“国庆勿忘祭先烈”的情怀，突出了国家褒扬烈士的主题。

当年9月30日，党和国家领导人及广大干部群众就在天安门广场举行了首次烈士纪念日活动。

2018年4月27日，第十三届全国人民代表大会常务委员会第二次会议通过《中华人民共和国英雄烈士保护法》。以法律的形式规定：每年9月30日为烈士纪念日，国家在首都北京天安门广场人民英雄纪念碑前举行纪念仪式，缅怀英雄烈士。县级以上地方人民政府、军队有关部门应当在烈士纪念日举行纪念活动。

每年烈士纪念日，党和国家领导人都同首都各界群众代表一起在天安门广场向人民英雄敬献花篮。

习近平总书记指出：“中国人从此站立起来了！中国人民从此把命运牢牢掌握在自己手中！中华民族发展进步从此开启了新纪元！这个伟大历史胜利，是毛泽东同志和他的战友们，是千千万万革命志士和革命烈士，是亿万中国人民，共同为中华民族建立的伟大历史功勋。”

他告诫人们:“抛弃传统、丢掉根本，就等于割断了自己的精神命脉”，“不忘历史才能开辟未来”！

2021年7月1日，习近平总书记在天安门广场上举行的庆祝中国共产党成立100周年大会上发表讲话。他说:“此时此刻，我们深切怀念为中国革命、建设、改革，为中国共产党建立、巩固、发展作出重大贡献的毛泽东、周恩来、刘少奇、朱德、邓小平、陈云同志等老一辈革命家，深切怀念为建立、捍卫、建设新中国英勇牺牲的革命先烈，深切怀念为改革开放和社会主义现代化建设英勇献身的革命烈士，深切怀念近代以来为民族独立和人民解放顽强奋斗的所有仁人志士。他们为祖国和民族建立的丰功伟绩永载史册！ 他们的崇高精神永远铭记在人民心中！”

卷　三

党指挥枪：人民军队一路走来

党徽党旗的由来

中国共产党的党徽党旗是党的象征和标志。但中国共产党一成立就有党徽、党旗吗？没有！在党成立之初很长一段时间都没有。党徽、党旗是随着革命斗争的发展和需要而提出并逐步形成，在新中国成立后又根据党执政的新情况不断完善和确立的。

毛泽东率先提出：应“打出共产党的旗子”

1921年7月中国共产党成立时还未考虑党的旗帜问题。在共产国际的帮助下，1924年1月至1927年7月，中国共产党与中国国民党通过“党内合作”的方式，实现第一次国共合作。为了“打倒军阀，除列强”，共同完成反帝反封建的任务，这一时期，中国共产党没有打出自己的旗帜，而是打国民党的旗帜。国共第一次合作实现后，反帝反封建的国民革命运动在全国范围内迅速开展。但以蒋介石为代表的新右派和新军阀势力，在1927年后加紧反革命扩张。蒋介石、汪精卫等国民党右派，相继发动“四一二”和“七一五”反革命政变，公开屠杀共产党人，国共合作破裂。轰轰烈烈的大革命失败，中国共产党决定以武装反抗国民党反动派。

1927年8月1日，中共最初发动的南昌起义，还是在“主义不变，旗帜不变，纲领不变，组织不变”的指导方针下进行的，使用的旗帜仍旧是国民党的“青天白日”旗。

由于国民党右翼反革命面目的彻底暴露，迫使中国共产党必须竖起自己的大旗。不久，中共中央于8月7日在湖北汉口召开紧急会议，确定土地革命和武装反抗国民党反动派的总方针，决定继续在湘、鄂、粤、赣四省发动秋收起义，并提出了党的旗帜问题。在这次会议上被选为中共中央政治局候补委员的毛泽东，以中央特派员的身份从武汉前往湖南组织秋收起义。他根据在当地了解到的情况，认为国民党湖南省党部已与民众对立，镇压工农运动，人民群众对国民党已另眼相看。8月20日，毛泽东以湖南省委的名义写给中共中央的信中，明确提出："我们不应再打国民党的旗子了。我们应高高打出共产党的旗子。""国民党旗子已成军阀的旗子，只有共产党旗子才是人民的旗子。"看见国民党那样对待人民，"便可以断定国民党的旗子真不能打了，再打则必会再失败"。并认为"我们则应立刻坚决地树起红旗"。毛泽东这里所说的旗帜，可以说既是观念的，也是具体的。随后，毛泽东在9月领导的湘赣边秋收起义，就第一次打出了标志中国共产党领导的人民军队的旗帜："工农革命军第一军第一师"。

据参加秋收起义的何长工回忆，这面旗帜是由他负责设计制作的："鲜艳的红旗中间一枚大五角星，星中是镰刀和斧头的图案，紧靠旗杆有一条十厘米的空白，上写着中国工农革命军第一军第一师的番号，十分威武、漂亮。"毛泽东在他的《西江月·秋收起义》一词中，也曾有这样的记述："军叫工农革命，旗号镰刀斧头。"

中共领导机关明确：党的旗帜是"以斧镰为标志"的红旗

秋收起义后，随着革命斗争的发展，1927年9月19日中共中央临时政治局会议上，通过《关于"左派国民党"及苏维埃口号问题决议案》，决定不再打国民党的旗帜并成立苏维埃。

不打国民党的旗帜，中国共产党要打什么样的旗帜呢？同年10月15日，中共中央南方局、广东省委联席会议通过的《中共广东省委通告第十四号：最近工作纲领》中明确提出：“废除青天白日旗，改用红旗，以斧、镰为标志，与国际旗同。”

党的旗帜采用以斧、镰为标志的红旗，这在当时是自然的。因为中国共产党成立后的第二年即加入共产国际，是共产国际的一个支部。共产国际1919年成立时，就强调联共（布）是处于领导地位，明确要求各国共产党要团结在苏维埃的旗帜下。但这里要指出的是，共产国际是没有旗帜的，苏联共产党也没有党旗，前者所说的“国际旗”和后者所说的苏维埃的旗帜，实际上就是苏联的国旗。旗上的图案是镰刀铁锤，而不是镰刀斧头。据《苏联宪法》中对国旗的规定：“苏维埃社会主义共和国联盟的国旗，用红色或赤色布料制成，上角近旗杆处饰以金色镰刀铁锤，其上为镶有金边的红色五角星。”

此后，在中国共产党领导的武装起义中，建立的人民军队、苏维埃政权所使用的旗帜，以及制作的相关标识，都仿照苏联的国旗和旗上的图案。由于没有统一的规定，形制也不尽相同。从保存下来的历史图片资料中可见一斑。如下图所示：

1931年11月中共苏区第一次代表大会主席台中央悬挂的党旗

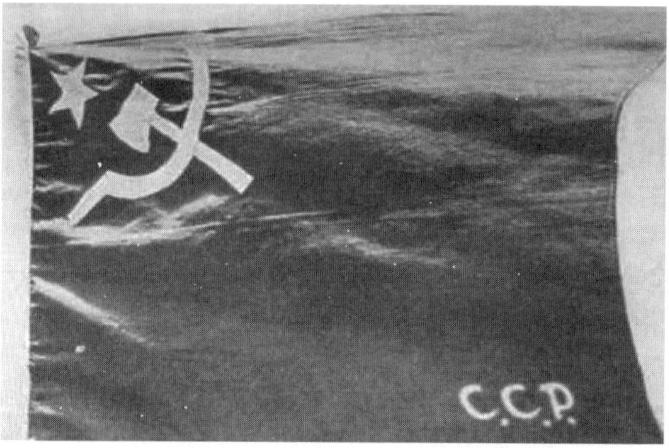

1928年闽西农民暴动中使用的旗帜（上）
中国工农红军的军旗（中）
中国红军第七军第一纵队第一营第四连军旗（下）

1933年中央红军哨位上的军旗（上）
1933年川陕苏区红军旗帜（下）

中华苏维埃共和国临时中央政府大礼堂外墙上镰斧五星徽（上）
中华苏维埃共和国中央执行委员会印中的镰斧五星徽（下）

第二次国共合作后，延安中央大礼堂悬挂的中国共产党党旗和国民政府旗

红军改编为八路军誓师大会上的中国共产党党旗

1943年延安中央政治局会议：首次决定规范党旗的样式

中国共产党党旗的正式样式，是在1943年5月共产国际执委会决定解散共产国际组织前夕确定的。这时，共产国际相信各国共产党完全可以独立解决各自的问题，中国共产党完全同意。1943年4月28日，中共中央在延安杨家岭召开的政治局会议上，讨论了中国共产党党旗的样式，决定：“中共党旗样式，长阔为三与二之比，左角上有斧头镰刀，无五角星，并委托中央办公厅制一批标准的党旗，分发各主要机关。”这样，中国共产党首次规范了党旗的基本样式。

随后，中国共产党一直在筹备党的七大的召开。1945年七大召开前夕，七大筹委会收到前来与会的各地代表的许多来信，提出关于中国共产党党旗的建议，其中认为党旗式样应规范统一，要体现地域化、民族化的特点。为此，筹委会专门成立了党旗党歌委员会，并发出征集党旗图样的通

中共七大主席台毛泽东、朱德肖像两侧的党旗

中共七大主席台马恩列斯肖像两侧的党旗

知。4月23日七大开幕时，大会会场上布置了正式的党旗，红色的旗面，左角上黄色的镰刀锤头，结束了建党以来历次大会没有正式党旗的历史。党旗虽是此前中央政治局决定的基本样式，但旗上图案的“斧镰”改为“锤镰”。

七大召开期间，经过一个多月的征集，党旗党歌委员会即收到230件党旗设计图样。5月29日，该委员会公开展出了这些应征图样，请代表们评选。

也许是由于当时革命形势的迅速发展，或是这次大会的议程所致，这次党旗样式评选没有公布最终结果，也未对党旗作进一步规范。

再次涉及党旗样式，是1949年3月在西柏坡召开的中共七届二中全会时。据当时在中共中央办公厅工作的杨尚昆回忆，为了布置这次全会的会场，开会之前讨论过党旗的设计，

中共七大期间征集的部分党旗图样

1949年3月毛泽东在中共七届二中全会作报告时的党旗背景

用红底衬金色镰刀斧头，加上“中国共产党”的字样，开会时就这样布置的。

会议期间，大家讨论认为，以前共产国际的旗帜是镰刀斧头，我们加上“中国共产党”不太合适。所以后来又不用有字的了。因此，现在留下的历史照片中，中央领导人讲话的照片背景，党旗上有的有“中国共产党”字样，有的则无字（见下图）。

1949年中国人民解放军向全国进军后，常有使用党旗的需要，但中国共产党党旗一直未定格，各地不断向中央询问党旗的制式。为此，中共中央宣传部6月15日发出通知：“各地询问党旗者甚多，兹答复如下：一、中共党旗过去无正式规定，现正在拟制中，在未颁布前各地不要自行公布党旗格式尺寸及解释。二、群众自行悬挂中国人民解放军军旗或锤镰旗，或青天白日满地红旗者，均听便。但误挂苏联国旗者，应善意劝止，免滋误会与造谣。三、苏联国旗为红底，左上角有黄色交叉之锤镰，其上有五角星，长与高为二比一。

1949年3月毛泽东在中共七届二中全会作报告时的党旗背景

苏联无党旗。”至此，中国共产党党旗的样式暂时定格。

党旗党徽不断完善定型并写入党章

1949年10月1日，中华人民共和国成立。此后，中国共产党党旗式样规范问题，又多次被提出和讨论，并进一步将党徽专门列出，使党旗党徽不断完善定型。

1950年6月，为庆祝新中国成立后中国共产党的第一个生日，各地纷纷询问党旗事宜，时任中共中央办公厅主任的杨尚昆，对此十分重视，专门请著名美术家钟灵设计了党旗图案。6月13日，杨尚昆为送审党旗设计图案致信刘少奇说：“‘七一’将届，各地询问党旗式样（过去无统一规定），定一同志要我拟定几个方案，交你核阅后送书记处批准。现已拟好三个方案，特送上请阅，究以那一个为好，请你决定。”并随信附上三套党旗图案及作图说明。经过研究决定，党旗的制作方案由中共中央组织部拟制。同年，中组部选用设计图案之一，并对其进行修改后规定：“旗面为红色，长与高为三与二之比，旗面左上方缀黄色镰刀斧头，旗杆套为白

1950年中共中央组织部拟制的党旗图样及说明

色。”并对镰刀斧头在旗面上的位置作了具体的说明，规定党旗和国旗同时悬挂时，党旗在左，国旗在右。

1951年，中国共产党建党30周年前夕，由于1950年拟定的党旗方案未下发实行，6月12日中共中央华东局致电中央，请示在七一纪念活动中使用党旗的式样问题。6月17日，中共中央发出《关于纪念建党三十周年时党旗式样的通知》：“在党中央未正式规定出党旗的式样以前，在党的三十周年纪念时，各地可仍按旧例，一律采用左上方缀以黄色镰锤图案的红旗，旗上不另加‘中国共产党’字样或其他记号。”1952年9月10日，中共中央办公厅还就关于公布党旗的统一图案事，批复华北中央局：“在去年我党三十周年纪念时，我们曾向中央提出过。中央同志意见，此事需全国代表大会决定，在此过渡期间，只能沿旧例仍用‘红旗左上角缀以锤头镰刀’的样式。此外并无其他具体规定。按过去习惯，党旗上只有锤头镰刀，并无五星（苏联国旗上有五星），此点请注意。”此后，中国共产党党旗一直按红色旗面、黄色铁锤和镰刀组成的基本样式使用。

党旗问题再次被提到中央的议事日程，是在改革开放以后。因为党旗图案上实际存在的党徽，在党的活动中更多地被析出独立使用。新中国成立以来，中国共产党召开的八大至十一大（除八大外），大会主席台正中均悬挂领袖肖像。中共十二大的大会主席台正中，首次以悬挂党徽取代悬挂领袖肖像，后历次大会一直沿用。

为规范党旗党徽的样式和使用，1995年1月，中共中央责成中央组织部会同有关部门对党旗党徽的制作和使用的规范化提出意见，并起草相关文件。1996年9月21日，经中共中央批准，中共中央办公厅印发了《中国共产党党旗党徽制作和使用的若干规定》，其中首次将党徽专门列出，正式确定了党旗党徽的规范。《规定》指出：“中国共产党党旗为旗面缀有金黄色党徽图案的红旗，中国共产党党徽为镰刀和锤头组成的图案。”同时对党旗党徽的性质、式样、规格、制作和使用等作了具体的规定。2002年11月，中国共产党召开的第十六次全国代表大会，党徽党旗作为专门一章，首次被写入大会通过的《中国共产党章程》，指出：“中国共产党的党徽党旗是中国共产党的象征和标志，党的各级组织和每一个党员都要维护党徽党旗的尊严。”党章中将“党旗党徽”的顺序改为“党徽党旗”，使之更加符合行文表述的逻辑。

2021年6月17日，经中共中央政治局常委会会议审议批准，6月26日，中共中央发布《中国共产党党徽党旗条例》，以党章为根本遵循，继承已有好做法，吸收实践新经验，对党徽党旗作出全面规范。并进一步指出：“党徽党旗表明中国共产党是中国工人阶级的先锋队，同时是中国人民和中华民族的先锋队，是为中国人民谋幸福、为中华民族谋复兴，为坚持和发展中国特色社会主义、为实现共产主义远大理想而不懈奋斗的马克思主义政党。”《条例》是中国共产党历史上第一部关于党徽党旗的基础主干法规，是党徽党旗制作、使用、管理的基本遵循。《条例》的制定和实施，将对于充分发挥党徽党旗的政治功能，增强党的凝聚力、战斗力，激发党员党的意识，激励全党不忘初心、牢记使命，坚定理想信念，团结带领全国各族人民在党的旗帜下奋勇前进，具有十分重要的意义。

“八一”军旗军徽诞生记

1949年6月15日，中国人民革命军事委员会发布命令，公布中国人民解放军军旗和军徽式样，规定以“八一”两字作为中国人民解放军军旗和军徽的主要标志。从此，“八一”军旗和军徽，成为中国人民解放军的象征和标志。关于他们的诞生，还有一段值得追溯的历史。

陕北米脂杨家沟决策

在中国人民解放军的历史上，土地革命战争时期，中国工农红军曾有过统一的军旗和帽徽；红军改编为八路军、新四军后，曾使用过国民党军的帽徽。随着解放战争的胜利发展，特别是人民解放军转入战略进攻后，到1948年初，战局已清楚地表明，我军不久即可将胜利的旗帜插遍全国各地。然而，这时全军尚没有统一的旗帜。因此，设计统一的军旗、军徽，让解放军以崭新的面貌挺进新区，就成为革命形势发展的迫切需要，并提上中共中央、中央军委的议事日程。

为此，转战陕北的毛泽东、周恩来、任弼时等研究决定，起草党内指示，征求对设计全军统一的军旗、军徽的意见。1948年2月21日，由周恩来为中共中央起草的电报，下发给各中央局、各分局、各军区、各野战军前委并中央工委、中央后委，指出：“中国人民解放军的军旗、军徽、帽花和臂章，均尚无正式规定。现我军向外进攻，发展新区，已渐感觉有此需要。”请各地各单位提出方案供报送中央选择，以便颁布统一规定，全体遵行。为了交通的方便，各单位上报的设计图样，可送到驻在河北省平山县西柏坡的中央工作委员会。据此，一个征集军旗、军徽图案的活动，伴随着解放战争的节节胜利在全军展开。

河北平山西柏坡决议

1948年3月，毛泽东、周恩来、任弼时率中共中央和中央军委机关陆续启程，于4、5月间相继到达西柏坡，与中央工委汇合。此后，周恩来便将军旗、军徽、帽章、臂章样式的汇集、综合和研议的工作，交给军委作战部一局承办。

军委作战部部长李涛领受了设计军旗、军徽的任务后，同张清化（作战部一局副局长兼作战室主任，周恩来的军事秘书）、张明（一局第二室副主任）商议，决定把这一工作交给江右书（作战室二科科长）具体承办，所需助手，可从一局工作人员中随时调用。

不久，周恩来从一份报告上看到：我军挺进到陇海路南新区后，有的部队在帽子上缝了布料红五星，引起其他部队效仿，以致有些商人趁机制作在市场出售。他在这份报告上批示：请李涛拟写电报，对上述情形加以制止。1948年5月15日，中央军委发出通令："查我大军自进攻以来，新区人民对我军容极为重视。军委现正收集各方所建议之我军军旗、军徽、帽章、臂章标准样式进行审查，一俟式样确定，即当通令全军照式制用。但在未颁发前，全军望勿自行制用，市场亦应禁止随意制卖。"

自中央关于征求军旗、军徽样式的电报发出后，军委直属机关和各野战军、各军区都积极参加军旗、军徽样式的设计工作。如第二野战军司令员刘伯承曾亲手设计过一幅军旗样式，时任总政治部第一研究室主任的黄镇，也参加了设计样旗的工作，著名画家张仃被调到作战部参加绘制样旗。

军委作战部经过近一年的征集、筛选，组织人员先后数次绘制、剪贴过几套《军旗样本》。最后筛选出一套《军旗样本》，以“中共中央军委作战部”的名义，送交毛泽东、刘少奇、朱德、周恩来、任弼时等中央领导人审阅，并征求有关部门负责人的意见。

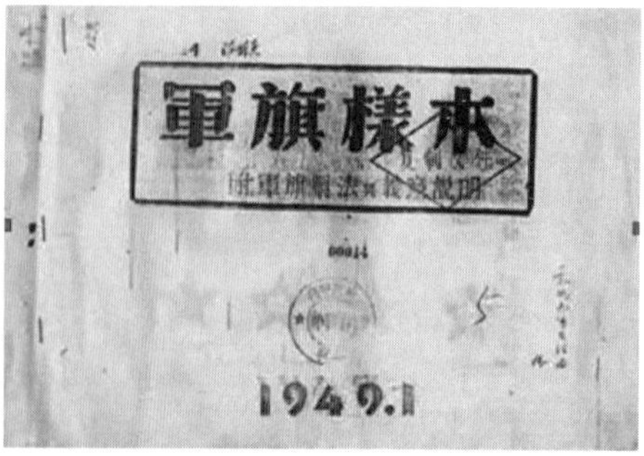

《军旗样本》

供审阅的军旗样旗

这些军旗图案，一致为红地，有以大五角星象征中国共产党，以小五角星象征陆、海、空三军的，有以齿轮象征历史的，以蓝水线象征河流的，也有以刀、剑、戈、矛、步枪、盾牌、长城象征人民武装的……虽然送审的图案很多，但都未被选中。其主要原因，是中央领导同志认为这些图案没有把中国人民解放军的特点充分体现出来。

大约是在1948年底，中央机要室主任叶子龙拿着一本军内刊物来到作战室，对张清化和江右书说，这是鲁中军区政治部《前卫》报社为纪念建军21周年出版的特刊，毛主席和首长们对此刊封面红旗上的五星和“八一”都很欣赏，指示可以按这个思路来设计军旗和军徽。

于是，由江右书主持，用红黄两色“电光纸”做出了一面带有五星和

“八一”的旗样。经李涛看过后，张清化和江右书把纸样面呈周恩来。周恩来看后说：“你们可用大一些的红布制作两幅样旗，五星和‘八一’两个字可摆放在不同位置。中央不久将召开七届二中全会，届时请到会的中央委员共同审议。旗样做好后，先送我看一下。”经周恩来审看过的两幅样旗，一幅是五角星右侧为“八一”，置于左上方；一幅是五角星在正中央，“八一”二字放在五角星内。

供审阅的军旗样旗

1949年3月5日，中共七届二中全会开幕。张清化和江右书带着一局的参谋，把两幅样旗张挂在会场的墙上，同时，也将各大单位上送军委的图样摆在靠墙的几张桌子上。到会的中央委员们审议后，绝大多数都表示原则同意在军旗上加五角星和“八一”二字。3月13日，七届二中全会通过毛泽东起草的《关于军旗的决议》：“中国人民解放军的军旗应为红地，加五角星，加‘八一’二字。”

之后，周恩来对李涛、张清化和江右书说：军旗图案已经原则通过，但五星和“八一”两个字的位置怎么摆放，你们再具体设计几个方案，待进一步审议后，确定一种样式，制作标准样旗；军徽，也按军旗的基本图案来设计。

北平香山双清别墅审定

1949年3月下旬，中共中央和中央军委机关迁到北平。毛泽东等5位中央书记处书记，以及作战部一局都进住香山原慈幼院内。

三种送审军旗式样

在香山，江右书根据周恩来的指示，组织工作人员拟出了军旗的几种方案，反复征求了多方面的意见。最后，确定了3种送审图案：

一、五角星右侧加“八一”，置于靠旗杆一侧的左上方。

二、五角星置于中央，“八一”二字竖排，置于五角星内。

三、五角星右侧加“八一”，置于上半部中央，下面加几条蓝色波纹水线，象征中华大地的山川陆水。

周恩来将这3种图案拿到书记处会议上审议后，对张清化、江右书说：军旗，毛主席和中央书记们的意见是倾向第一种；军徽，倾向于用军旗的第二种方案，将“八一”放在五星中央就可以了。制定军旗、军徽是国家的一项大事，还应该再征求一下在北平的中央委员们的意见，并请中央统战部征求参加新政协会议的民主人士和各界代表人物的意见。解放军很快就要渡过长江向全国进军了。不能等到中央人民政府成立再批准颁布，要尽可能快些，以便解放军戴着新的军徽，把军旗插遍全国。

张清化和江右书遵照这一指示，派一局的几位同志分头带了三种样旗征求意见。一致认为第一种图案最好。此后，周恩来指示按第一种图案制作一幅绸料标准样旗，再请华北军区安排步兵、炮兵和坦克兵部队，由新闻电影制片厂拍摄纪录影片，内容包括授旗仪式，旗手在方队、横队、纵队和行进间的位置，执旗姿势。然后，把标准样旗、纪录片一并送毛主席等中央领导人和有关方面审查。

军徽的样式，是将“八一”二字置于五角星中央，字体为宋体汉字；五角星的周边和字均为金黄色。4月26日，毛泽东审阅、修改了李涛关于军徽问题的请示报告，批示：“（一）请朱、周、任阅，如同意，即照此确定。（二）请周交罗迈征求各民主党派领袖人物的意见。因军队是国家的主要部分，似有征求他们意见之必要。”

经过广泛征求意见和精心的设计，5月下旬，中国人民解放军军旗、军徽的样式最终确定。军旗为长方形，横直为5∶4，红地，靠旗杆上方缀金黄色五角星和“八一”两字，故亦称“八一军旗”。军徽为镶有金黄色边的五角红星，中嵌金黄色“八一”两字，故亦称“八一军徽”。

新政协筹委会开幕时公布启用

中国人民解放军军旗、军徽样式确定后，1949年5月30日，中国人民革命军事委员会总参谋长周恩来，致电各野战军、各军区司令员政治委员并各级军区首长：“兹颁发军委制定之中国人民解放军军旗及军徽样式七百份，请即点收，并请各野战军各军区遵式制发各所属部队，并定于六月十五日全军正式开始启用。”“政治机关应按军委命令在部队中广泛地进行教育，阐明中国人民解放军的军旗、军徽含义，务使全体指战员有深刻的了解，并自觉维护我人民解放军光荣旗帜的严肃。”

6月15日，在新政协筹备委员会开幕的当天，中国人民革命军事委员会主席毛泽东，副主席朱德、刘少奇、周恩来、彭德怀发布命令，公布中国人民解放军军旗及军徽样式。命令对军旗、军徽的样式、规格、制法均作了具体说明。根据规定，凡中国人民解放军团级以上部队、院校，均授军旗一面，命令对各级军旗旗幅规格亦分别作了明确规定。在公布这一命令的同时，新华社还发表了题为《把人民解放军的军旗插遍全中国》的短评，指出：“军旗和军徽上都缀着一颗金黄色的明星、缀着‘八一’两个字。这表示中国人民解放军自从1927年8月1日南昌起义诞生以来，已经用灿烂的星光照耀着中国。”“人们看到人民解放军的军旗和军徽，就会想到它所走过的曲折的道路，想到人民革命力量必然获得最后胜利的真理。”“中国人民解放军正在成为一支完全正规化的军队；它的军旗和军徽的颁布，正是它的正规化的重要标志之一。”短评最后强调：“人民解放军的军旗和军徽，不但是人民解放军的标志，也是我们的人民民主的新国家的重要象征。因此，全国的人民和全国的人民解放军，都必须一致保卫它的尊严，要像爱护我们自己的生命一样来爱护它们。”号召人民解放军全体指战员“团结一致，努力奋斗，把我们的灿烂的旗帜插遍全中国”。

从这天起，人民解放军各部队利用战斗间隙，相继举行了隆重的授旗仪式。从此“八一”军旗和军徽伴随着中国人民解放军走在强军兴军的征途上。

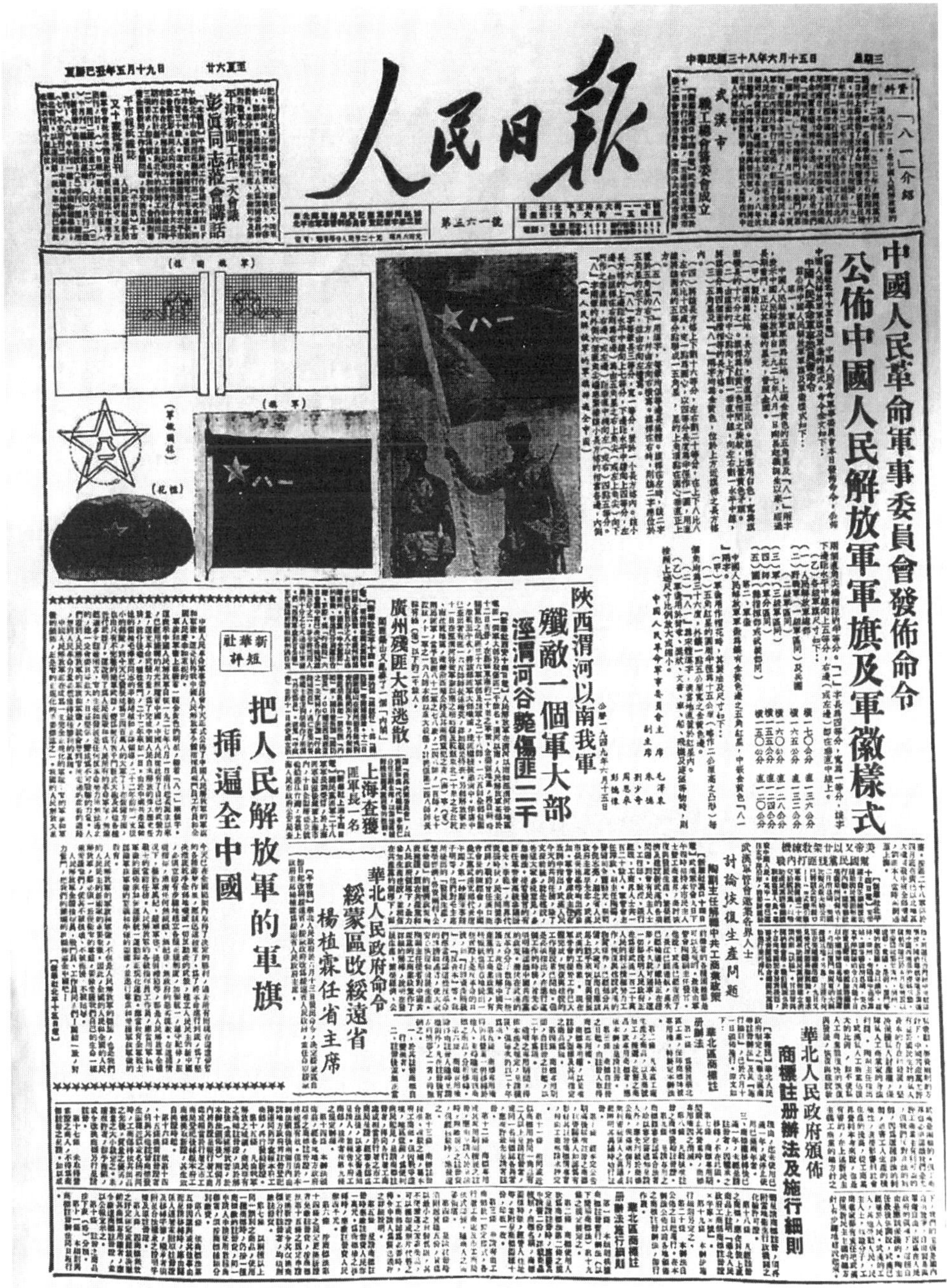
人民日報

中國人民革命軍事委員會發佈命令

公佈中國人民解放軍軍旗及軍徽樣式

把人民解放軍的軍旗插遍全中國

陝西渭河以南我軍殲敵一個軍大部

涇渭河谷斃傷匪二千

廣州殘匪大部逃散

上海查獲匪軍長一名

華北人民政府命令

綏蒙區改綏遠省

楊植霖任省主席

華北人民政府頒佈

商標註冊辦法及施行細則

武漢市職工總會籌委會成立

《把人民解放军的军旗插遍全中国》，刊登于《人民日报》1949年6月15日

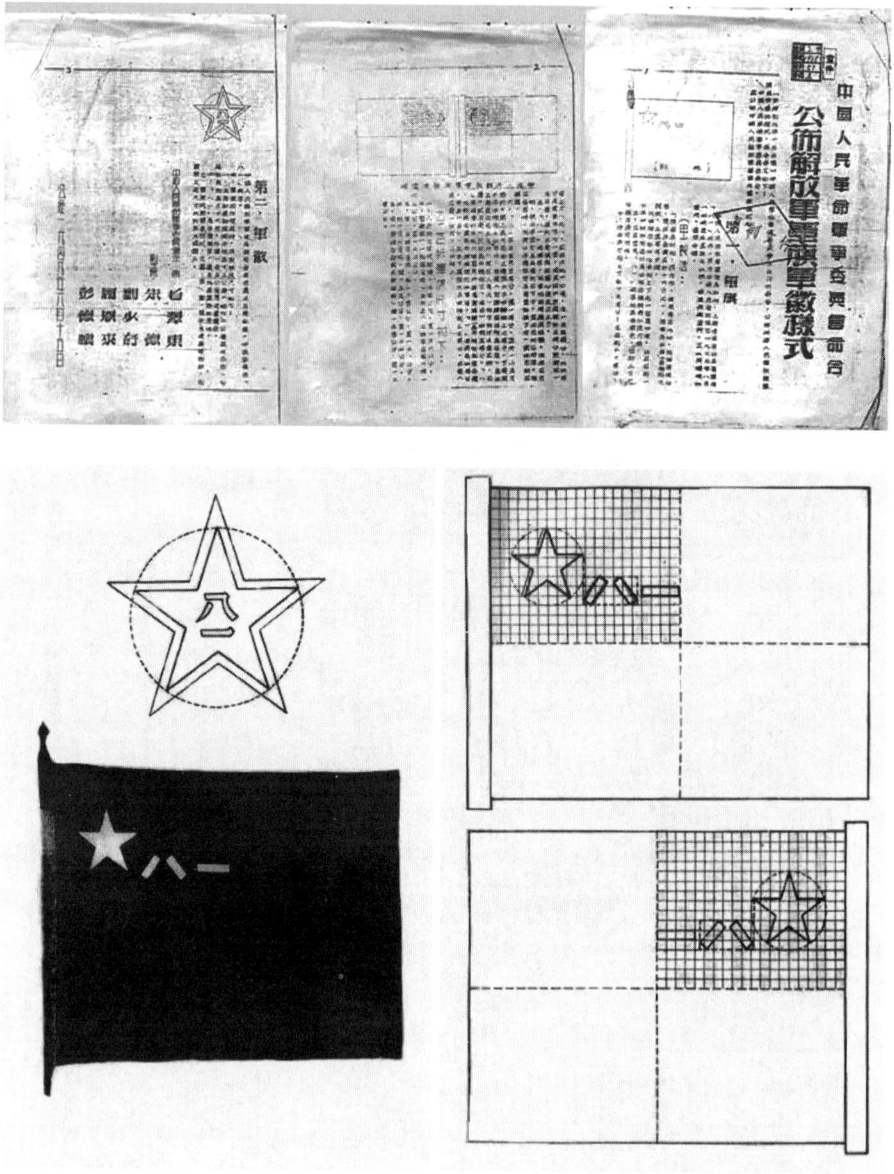
中國人民革命軍事委員會命令
公佈解放軍軍旗軍徽樣式
第一、軍旗
第二、軍徽
主席 毛澤東
副主席 朱德 劉少奇 周恩來 彭德懷
一九四九年六月十五日

军旗军徽样式图

打响第一枪的军队是什么样子？

1927年8月1日，中国共产党领导发动了南昌起义，打响了武装反抗国民党反动派的第一枪，标志着中国共产党独立创建人民军队和领导革命战争的开始。这一枪的意义和重大转折，人们已经熟知，但当时打响这一枪的军队到底是什么样子的，许多人却未必清楚，让我们回到那个转折关头去看看。

生死关头，听党指挥

1927年4月，蒋介石在上海发动反革命政变。三个月后，汪精卫在武汉反共，大肆屠杀共产党员和革命群众。在中国革命生死存亡的危急关头，中国共产党拿起武器，武装反抗国民党反动派的血腥屠杀。

1927年7月，中共中央决定举行南昌起义。那时候，中国共产党所能掌握或影响的军队并不多，主要有叶挺任师长的国民革命军第十一军二十四师，贺龙任军长的第二十军，朱德领导的第三军军官教育团等。起义前，根据中央决定，成立了由周恩来任书记，李立三、恽代英、彭湃等参加的前敌委员会，军事指挥主要由贺龙、叶挺、刘伯承等人负责。

当南昌起义的计划确定时，贺龙虽还没有参加共产党，但他六月间在武昌就对周恩来明确表示过：“只有共产党才能救中国，只有马列主义才是救国救民的真理。我听共产党的话，决心和蒋介石、汪精卫这班王八蛋拼到底。”7月23日，谭平山在九江把起义的打算告诉贺龙，征求他的意见，他立刻表示同意。7月28日，周恩来把行动计划告诉贺龙时，他毫不迟疑地回答：“我完全听共产党的话，要我怎样干就怎样干。”

周恩来7月27日从九江秘密来到国民党控制下的南昌，就住在朱德的寓所。曾在云南讲武堂系统地学习过军事理论，后又到德国与苏联留过学，在军事理论与实践上均颇多建树的朱德，欣然受领周恩来下达的任务。他除了直接指挥自己掌握的军官教育团和保安队，还利用自己在滇军中的“旧资历”，宴请南昌城内国民党军政领导共同“叙旧”，使南昌城中守备之敌“群龙无首”，并精心绘制出城里驻军布防图，多方掌握敌情、牵制敌军，发挥了“很好的参谋和向导”作用。

1927年8月1日凌晨，以周恩来为书记的中共前敌委员会，率领党掌握或影响下的两万多人在南昌举行武装起义。经过数小时激战，全歼守敌，占领了南昌城。

把革命干到底

占领南昌后，为了保留革命果实，起义部队主动撤离南昌，南下广东，计划直插潮汕，夺取海陆丰地区，以接受可能来自共产国际、苏联方面的援助，重建广东革命根据地。负责开路的朱德，在得知守卫九江的是自己的老同学金汉鼎后，借助自己的私人关系，使起义部队顺利通过金汉鼎的防区，为起义部队赢得了难得的生存机会。

9月中下旬，起义部队先后到达广东大埔县三河坝。为摆脱国民党军追击，使主力部队顺利南下，前敌委员会决定分兵，由朱德率领三千兵力驻守三河坝，阻击国民党军，为主力部队赢得突围时间。是役被称为“三河坝战役”，又称“三河坝分兵”。

对于前敌委员会的决定，朱德未有丝毫犹豫，毅然地接受了任务。面对数倍于己之敌的猛烈进攻，朱德带领官兵顽强阻击。在经过惨烈战

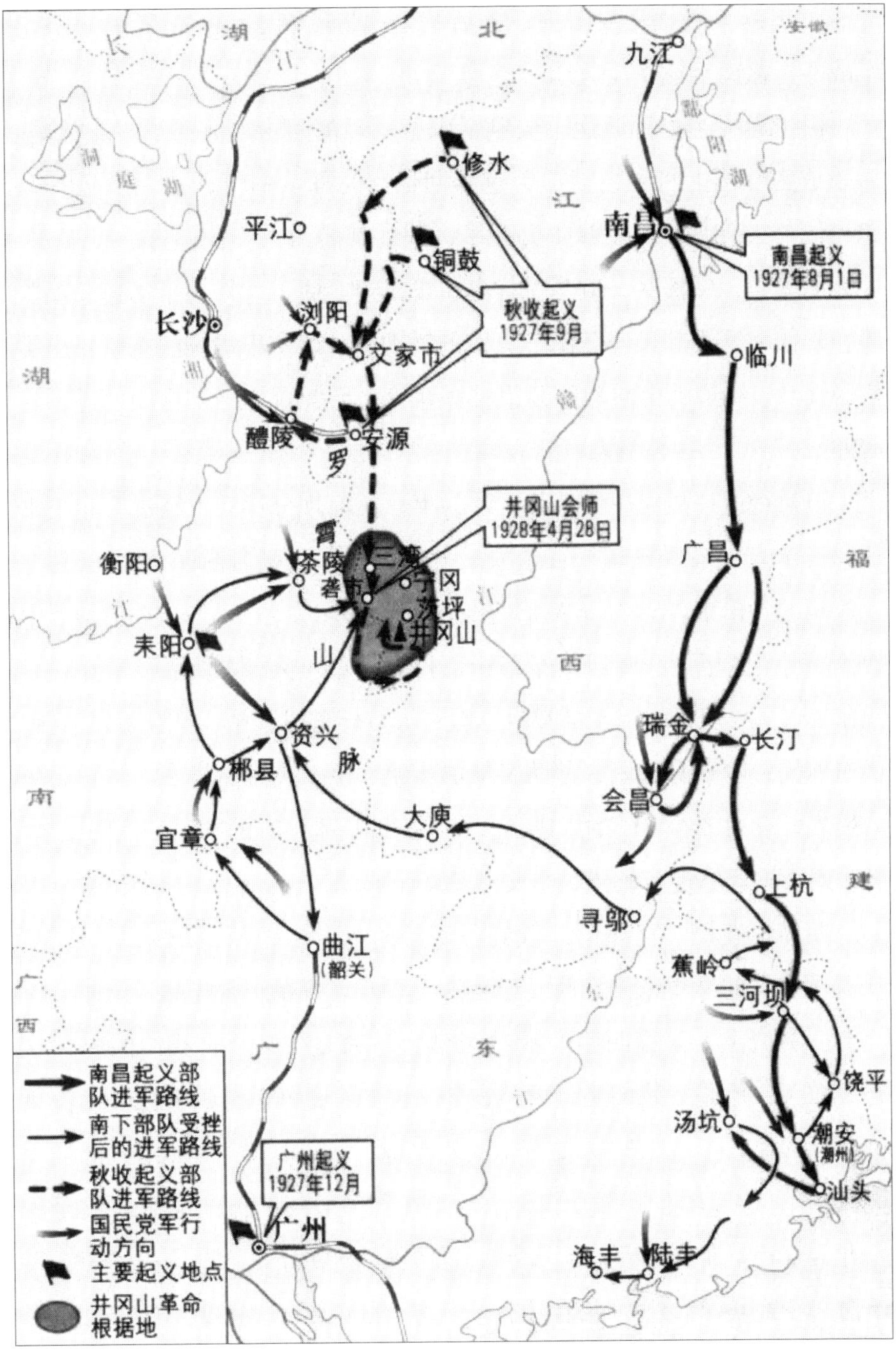

南昌起义军南下广东路线图

斗和付出巨大牺牲完成阻击任务后，朱德带领剩下的不足2000人撤出了战斗，撤离至饶平茂芝地区。

由于起义主力部队南下失利，朱德率领的阻击部队成了一支孤军。后来成为开国上将的杨至成曾这样回忆当时部队的境遇："每个人都考虑着同样的问题：现在部队失败了，到处都是敌人，我们这一支孤军，一无给养，二无援兵，应当怎样办？该走到哪里去？"为了迅速脱离险境，朱德在反思起义部队南下失败的教训后，以实事求是的态度作出了摆脱强敌、绕道闽南向湘粤赣边农村寻找立足点的决定："穿山西进，直奔湘南。"

但执行这一战略决策，却并非易事。三河坝分兵后，经过多轮阻击战，三千人到最后只剩八百余人。七十五团团长张启图1927年12月在上海写的一份报告——《关于七十五团在南昌暴动中斗争经过报告》中提到：剩余队伍中，师以上军事干部仅有朱德一人；团级军事干部只有王尔琢一人，团级政工干部只有陈毅一人。转移过程中，凶险无处不在。面对四周敌军重兵围困，部队又缺衣少粮、缺少武器弹药，一些官兵灰心丧气，有的带着自己的人逃离，有的先辞后别，有的则不辞而别，"师长、团长均皆逃走，各营、连长亦多离开"。

在前途莫测、官兵情绪低到谷底的时候，朱德站了出来。1927年10月下旬，起义军来到江西安远县的天心圩，并在此召开部队全体人员大会。在会上，朱德明确表示："虽然大革命是失败了，我们的起义军也失败了，但是，我们还是要革命的。要革命的跟我走；不愿继续奋斗的可以回家，不勉强！只要有十支八支枪，我还是要革命的！"他告诉大家："一九二七年的中国革命，好比一九〇五年的俄国革命。俄国在一九〇五年革命失败后，是黑暗的，但黑暗是暂时的。到了一九一七年，革命终于成功了。中国也会有个'一九一七年'的。只要保存实力，革命就有办法。"朱德还在干部会上坚定地说："我是共产党员，我有责任把‘八一’南昌起义的革命种子保留下来，有决心担起革命重担，有信心把这支革命队伍带出敌人的包围圈，和同志们团结一起，一直把革命干到底！”

这一席话，掷地有声，点燃了官兵的希望，坚定了大家不屈的斗志。陈毅带头表态：“一个真正的革命者，不仅经得起胜利的考验，能做胜利时的英雄，也经得起失败的考验，能做失败时的英雄！”还有人回忆，黄埔一期毕业的王尔琢捻着胡须表示：“革命不成功，不剃头不刮胡子！”

这支边打边退边探路的队伍，在朱德带领下，先后经过天心圩整顿、大庾整编、上堡整训的“赣南三整”，面貌焕然一新，士气大涨，战斗力增强，最终突破重重包围、冲过艰难险阻，与毛泽东带领的秋收起义部队会师井冈山。

有火种有信念就有希望

艰难困苦，玉汝于成！从南昌起义开始，到三河坝战役、“赣南三整”、井冈山会师，一路走来，朱德从一支八百人孤军的指挥员，一跃成为红军的主要统帅之一，之后更是成为中国人民解放军总司令。中国共产党所带领的英雄的人民军队，从艰险走向胜利，从苦难走向辉煌。

在《中国人民解放军战史》中，有这样的评价：这支队伍在极端困难的情况下能够保存下来，朱德、陈毅“为中国革命事业作出了重大贡献”。

从南昌起义时期走出来的将领中，元帅就有朱德、林彪、刘伯承、贺龙、陈毅、聂荣臻、叶剑英。作为起义军总指挥的贺龙和总参谋的刘伯承等人，都曾拒绝了蒋介石的高官厚禄，坚决追随共产党。他们中有的人一开始虽参加的是旧式军队，但一旦接受了马克思主义的洗礼，坚定了共产主义信念后，便义无反顾，从不退却。正是凭借着坚定的信念、无畏的精神、过硬的素质，在历史的关键时刻，一代一代革命军人有着向死而生的英勇决绝，形成了压倒一切敌人而决不向敌人屈服的伟大气概，能够站得出来、挺得上去，做出最正确的选择。

党所领导的人民军队的这种意志品质在创建之初就已经体现出来了。这，就是我们这支人民军队的样子！这，也是我们这支人民军队一路走来征程中统帅们的样子！

南昌起义前敌委员会书记是怎么说的?

1927年8月1日，是中国共产党领导的人民军队的伟大起点。这天，周恩来作为中共中央任命的中共前敌委员会书记，同贺龙、叶挺、朱德、刘伯承等领导南昌起义。南昌起义打响了武装反抗国民党反动派的第一枪，标志着中国共产党独立地领导革命战争、创建人民军队和武装夺取政权的开始。

1933年7月，中华苏维埃共和国临时中央政府根据中央革命军事委员会的建议，决定以南昌起义的发起日——8月1日作为中国工农红军诞生纪念日。从此，每年8月1日就成为中国工农红军和后来中国人民解放军的建军节。

作为南昌起义的主要领导人，周恩来在后来的革命生涯中，多次谈到南昌起义。这些谈话或文字有的回顾历史过程，有的总结经验教训，更多的内容是既客观又谦逊地分析南昌起义后来失败的原因，充分肯定毛泽东领导秋收起义成功的伟大作用，同时，也反映了南昌起义在党和军队发展史上的独特地位。

1928年:“这一行动是对的”但“主力下潮汕是错的”

1928年1月18日和25日，周恩来为中共中央起草致广东省委指示信。在谈到广州起义失败的一个重要原因是党的力量薄弱时，特别指出：“南昌暴动是结束了国共合作的最后一幕，广州暴动则开创城市苏维埃政权在中国第一次实现！”

同年，周恩来在莫斯科参加党的六大期间，在不同场合谈到了南昌起义：

5月16日，在莫斯科准备参加党的六大的部分代表召开讨论会，讨论南昌起义。周恩来在会上发言说，南昌起义后，当时情形造成了回广东的条件。起义军南下采取的路线，走赣东可能阻碍少些。在会昌是需要解决黄绍竑部的，后来应该出寻邬。主力下潮汕是错的，到汕头后忽略了军事。

7月3日，周恩来在党的六大上向大会作军事报告。报告总结党自从事军事活动以来的经验教训，批评两种错误倾向：一是为了联合战线而仅帮助国民党巩固国民革命军，“根本取消了我们自己独立的军事工作的意义”，“始终没有尽力发展工人纠察队，没有将农村中的农军发展起来，来做夺取乡村政权的力量”。二是南昌起义失败后，“抹杀一切军事工作，反对一切军事准备，军事技术的训练，都目之为军事投机。由那一极端直趋到这一极端，事实上将取消军事工作”。报告专门论述了建立红军的问题，指出红军的来源应包括游击队的扩大和军阀军队的倒戈，一定要建立地方苏维埃政权，方能有巩固的红军组织。

7月9日，中共六大通过的政治决议案对南昌起义作了结论，既肯定“南昌武装起义是反对国民党中央的军事行动，这一行动是对的”；又指出了造成起义失败的客观原因和主观错误。

1933年设立建军节：“南昌暴动孕育了中国工农红军的胚胎”

1933年6月30日，中革军委发布“关于决定‘八一’为中国工农红军成立纪念日”的命令。命令说：

“一九二七年八月一日发生了无产阶级政党——共产党领导的南昌

暴动，这一暴动是反帝的土地革命的开始，是英勇的工农红军的来源。中国工农红军在历年的艰苦战争中，打破了帝国主义、国民党的历次进攻，根本动摇了帝国主义、国民党在中国的统治，已成了革命高涨的基本杠杆之一，成了中国劳苦群众革命斗争的组织者，是彻底进行民族革命战争的主力。本委会为纪念南昌暴动与红军成立，特决定自一九三三年起，每年八月一日为中国工农红军成立纪念日。”

7月11日，中华苏维埃共和国临时中央政府批准中革军委的决定，“规定以每年‘八一’为中国工农红军纪念日”。

7月12日周恩来与朱德发布关于纪念“八一”建军节的训令，指出：“一九二七年八月一日的南昌暴动孕育了中国工农红军的胚胎。经过了六年来反帝、反中国地主资产阶级国民党的斗争，它已在土地革命的过程中，从小的分散的、在无产阶级及其先锋队共产党领导之下的农民暴动所产生的游击队与部分的白军士兵暴动，逐渐形成了今天的伟大的、反帝国主义、推翻中国地主资产阶级统治的主要武装力量——中国工农红军的基础。所以，中央革命军事委员会决定‘八一’为中国工农红军纪念日，实有非常伟大的意义。”

1944年：“在南昌起义之后，只有共产党是革命的”

1944年3月3日、4日，周恩来在中共中央党校作题为《关于党的“六大”的研究》的报告，其中讲到：

“至于大革命失败后，是否还可以用国民党和三民主义的旗帜问题，我也讲一下。假如邓演达没有走，仍与他合作，是还可以用国民党旗帜的。但在南昌起义之后，只有共产党是革命的，国民党叛变了，这时再用国民党和三民主义的旗帜，就会使群众的认识发生混乱。对三民主义不革命的方面应该批驳，对三民主义革命的方面应该保留下来，而我们当时却是对它全部否定了，没有给以历史的科学的分析。”

他还提道：

“‘六大’对于南昌起义，总结也不够。南昌起义是反对国民党的一种军事行动的尝试，中央虽指出了南昌起义五点错误，但没有指出它的主要错误。我觉得它的主要错误是没有采取就地革命的方针，起义后不应把军队拉走，即使要走，也不应走得太远。当时如果就地进行土地革命，是可以把武汉被解散的军校学生和两湖起义尚存的一部分农民集合起来的，是可以更大地发展自己的力量的。但南昌起义后不是在当地进行土地革命，而是远走汕头；不是就地慢慢发展，而是单纯的军事进攻和到海港去，希望得到苏联的军火接济。假使就地革命，不一定能保住南昌，但湘、鄂、赣三省的形势就会不同，并且能同毛泽东同志领导的秋收起义部队会合。”

1946年：“我也是南昌起义部队成员之一”

1946年9月，周恩来接受美国《纽约时报》驻南京记者李勃曼采访，谈到自己与南昌起义这段历史，他说：

“‘四一二’之后，中共马上变成了地下党，我仍留在上海办理善后事宜，把许多人送到武汉和莫斯科中山大学学习。五月下旬，我搭一艘英国商船去武汉，这时武汉政府内左派与右派的对立已逐渐明显，农民运动在湘、鄂、赣、粤蓬勃展开，农民要求土地，右派即反对农民运动。到了‘七一五’汪精卫便正式‘分共’，实行宁汉合作。接着我们就去南昌发动起义。

“南昌起义的部队是贺龙第二十军，叶挺第十一军第二十四师，共两万余人。当时参谋团中有叶挺、贺龙、朱德、刘伯承、聂荣臻、李立三、张国焘等，我也是其中成员之一。宋庆龄、邓演达都是革命委员会的委员。起义军后来失败了，是因为犯了一个错误，即没有与当地农民结合起来而要向广东去建立根据地。结果在潮汕与钱大钧等部激战失败。失败后的队伍，一部分到海陆丰与当地农民结合，一部分由朱德率领退到福建、江西边境，以后转到湖南，后来在井冈山与毛泽东的部队会合。毛泽东的秋收起义部队是由武汉国民革命军警卫团和农民自卫队组成的。”

1948年：“南昌起义开始创建人民军队”

1948年9月29日，周恩来在中央妇女工作会议上作关于时局问题的报告，在谈到军队建设问题时说：

“中国共产党从一九二七年南昌起义开始创建人民军队，到现在已有二十一年的历史了。在这期间，人民军队的数量由小到大，尤其是经过几次大发展，到今天已是一支二百八十万人的队伍了。二十一年前，我们党刚着手抓军队时，掌握的力量很小。开始有叶挺独立团，才两千人，这个团在大革命时期的北伐战争中起了开路先锋的作用，从广州一直打到武汉。南昌起义时，我们党领导的力量稍有增加，主要有叶挺、贺龙的部队，还有朱德的部队，也不过两万余人。当时朱德的部队人数不多，是从朱培德那里带出来的，才一千多人。南昌起义失败后，朱德带领一部分保存下来的部队转战各地，于一九二八年四月同毛主席领导的秋收起义部队在井冈山会师，标志着人民军队进入了第一个发展时期。”

1949年：“开始时是一支很小的队伍”

1949年4月22日，周恩来出席新民主主义青年团第一次全国代表大会并作报告，向青年人讲述了中国人民解放军成长的历史，他说：

“中国人民解放军不是突然形成现在这样的力量的，而是经过了二十二年的艰苦奋斗才形成的。它开始时是一支很小的队伍。在北伐战争时，我们党还不懂得也不会领导军队、组织军队，当时虽然组织了工人纠察队和农民自卫军，可是对这支队伍忽视了，没有认识到其重要，所以这就成了大革命末期党在领导上所犯的错误之一。对于把农民武装起来改造成为革命队伍的问题，当时只有毛主席和朱总司令认识到了。所以，虽然我们一些同志参加了一九二七年八月一日的南昌起义，然而因为思想上没有认识这个问题的重要，结果还是不能免于失败。那时有很多同志参加这个起义，起义的队伍共两万余人，但是最后只剩下朱总司令指挥的一个团了。另外，就是没有赶上南昌起义的一个警卫团，和毛主席当时在湖南领导的农民自卫军成为另一支队伍。这两支不过是两个团兵力的队伍会合在井冈山，就是中国最先形成的人民武装，也就是我们今天的人民解放军的基础。那时候，还有其他开展土地革命的地区也组织了人民武装队伍。但是，最初的骨干还是这两个团，这两个团影响了当时其他地区土地革命的斗争。所以说，人民解放军开始的时候力量很小，只有数千人。这个力量虽然小，但是毛主席、朱总司令领导正确，所以人民军队能够发展成为今天这样大的队伍。”

谦逊和胸怀：“南昌起义本身是正确的，但在领导思想上有错误”

新中国成立后，周恩来还多次谈及南昌起义。

1960年7月14日、15日，受中央委托，周恩来在中共中央于北戴河召开的省、市、自治区党委书记会议上做内容为共产国际和中国共产党关系的报告。在讲到1927年7月共产国际对中国革命的影响时提到：

“七月十三日中央有个声明，只提了退出武汉政府。当时我们党还有一点武装力量，如叶挺的部队，所以决定举行南昌起义。南昌起义的目的是南进汕头，占领海口，然后到广州。南昌起义本身是正确的，但在领导思想上有错误：单纯军事行动，中心是城市观点，没有跟当地农民结合起来建立根据地的思想。”

1962年4月7日，周恩来接见加纳驻华大使比纳·克西。谈到南昌起义时说：

“那次起义本身是失败了，但好处是保存了一部分武装力量，由朱德率领到井冈山和毛主席会合。今天许多得力干部是从那次起义里出现的。元帅就有六个：朱德、林彪、陈毅、贺龙、聂荣臻和刘伯承。参加过那次起义的将军就更多了。”

还说：

“我们那时也很年轻，所以没有把事情办好，但是革命和武装斗争一定要经过无数次的成功和失败，经验才会全面。几乎任何一种性质的革命和任何一个地区的革命，都没有不经过成功又失败而取得最后胜利的。”

1971年5月10日，周恩来出席全国教育工作会议小组会，向主管教育的各地、各部门负责人讲述党的历史时指出：南昌起义方向是对的，但路线、政策上有错误。

在这次讲话和其他一些有关回忆总结南昌起义的谈话中，周恩来对毛泽东领导的秋收起义的成功经验作了充分肯定，对朱德率南昌起义部队“一部分武装力量”上井冈山与毛泽东领导的队伍会合等，都作了高度评价。

毛泽东9月9日在做什么——从秋收起义到建立新中国

自1927年9月9日毛泽东领导发动湘赣边界秋收起义后，9月9日，就成了毛泽东、人民军队创建和发展以及中国革命正确道路探索的一个标志性日子。9月9日，也是毛泽东一生中留下许多重要印记的日子。

回望1927年9月至1949年9月这22年间，毛泽东在9月9日这天经历的一些要事，折射的是他从秋收起义到建立新中国的历程。

1927年：领导湘赣边界秋收起义

1927年9月9日，毛泽东领导的湘赣边界秋收起义爆发。铁路工人破坏了长沙至岳阳和长沙至株洲的铁路。工农革命军第一军第一师第一团和师部在驻地江西修水县城宣布起义。第一团立即从修水出发，向湖南平江长寿街进军，先师部一天到达渣津镇。

同日，毛泽东与潘心源途经浏阳张家坊时，被团防局的清乡队抓住，在被押送去团防局处死的路上，毛泽东机智脱险，死里逃生。关于这段脱险情节，毛泽东在1936年同斯诺谈话时曾详细讲述过：

"当我正在组织军队，奔走于汉冶萍矿工和农民武装之间的时候，我被一些国民党勾结的民团抓到了。那时候，国民党的恐怖达到顶点，数以百计的共产党嫌疑分子被枪毙。那些民团奉命把我押到民团总部去处死"，"打算贿赂押送的人释放我"，"可是负责的队长却不允许"，"因此我决定设法逃跑。但是，直到离民团总部大约不到二百米的地方，我才找到机会。我一下子挣脱出来，往田野里跑”。“我跑到一个高地，下面是一水塘，周围长了很高的草，我在那里躲到日落。士兵们在追踪我，还强迫一些农民帮助他们搜寻。有好多次他们走得很近，有一两次我几乎可以用手接触到他们。尽管有五六次我已放弃任何希望，认为自己一定会再次被抓住，可是不知怎么的我没有被他们发现。最后，天近黄昏了，他们放弃了搜寻。我马上翻山越岭，彻夜赶路。我没有穿鞋，脚底擦伤很厉害。路上我遇到一个友善的农民，他给我住处，后来又带领我到了邻县。我身边有七块钱，用这钱买了一双鞋、一把伞和一些食物。当我最后安全到达农民武装那里的时候，我的口袋里只剩下两个铜板了。”

1935年：处境危险，张国焘企图分裂和危害党中央

1935年9月9日，张国焘从阿坝致电徐向前、陈昌浩并转中共中央，再次表示反对北进，坚持南下，并称“左右两路决不可分开行动”。另背着中央电令陈昌浩率右路军南下，并企图分裂和危害党中央。右路军前敌指挥部参谋长叶剑英看到张的电令，赶往中共中央驻地巴西向毛泽东报告。毛泽东抄下电令，告诉叶剑英处境危险，要赶快回去，务必提高警惕，以防意外。随即同张闻天、秦邦宪等紧急磋商，一致认为再继续说服并等待张国焘率部北上，不仅没有可能，而且会招致严重后果。当晚，毛泽东在红三军驻地巴西同张闻天、周恩来、秦邦宪、王稼祥召开紧急会议，决定迅速脱离险区，率领红一军、红三军立即北上。并通知在俄界的林彪、聂荣臻，行动方针有变，要红一军在原地等待。

9月10日，毛泽东以中央名义致电张国焘，严肃地指出：“右路军南下电令，中央认为完全不适宜的。中央现恳切地指出，目前方针只有向北是出路，向南则敌情、地形、居民、给养都对我极端不利，将要使红

军受空前未有之困难环境。中央认为北上方针绝对不应改变。左路军应速即北上。”

在出发北上前，中央发布毛泽东写的《共产党中央为执行北上方针告同志书》。指出：“南下是草地、雪山、老林，人口稀少，粮食缺乏……敌人在那里的堡垒线已经完成，我们无法通过。……对于红军，南下是没有出路的。南下是绝路……你们应该坚决拥护中央的战略方针，迅速北上，创造川陕甘新苏区去。”

北上红军凌晨二时出发，毛泽东率部在前，彭德怀率部在后掩护中央机关北上。天明时，毛泽东看到叶剑英率军委纵队一部分赶了上来，十分高兴地说：“哎呀！剑英同志你来了，好！好！”后来，他引用“诸葛一生唯谨慎，吕端大事不糊涂”的话，来赞扬叶剑英的这次历史功绩。

9月12日，北上红军到达俄界的第二天，毛泽东在中央政治局扩大会议上作报告和结论。他说：我们现在背靠一个可靠的地区是对的，但不应靠前面没有出路，后面没有战略

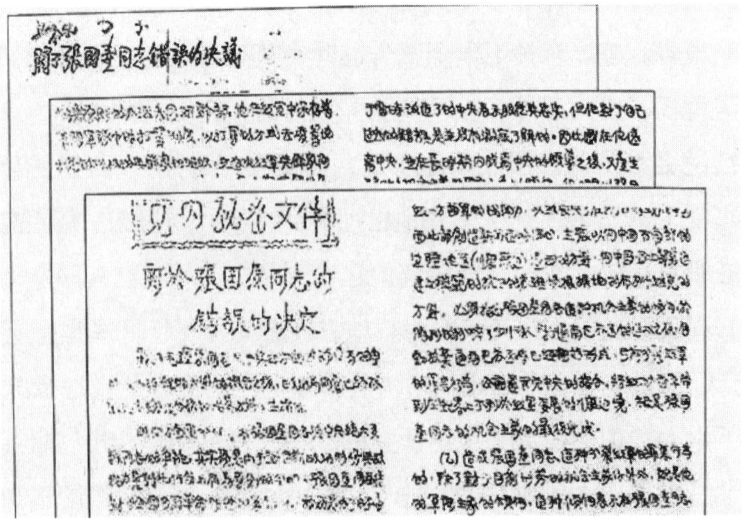
关于张国焘同志错误的决议

党内秘密文件

关于张国焘同志的错误的决定

《关于张国焘同志的错误的决定》

退路、没有粮食、没有群众的地方。“所以，我们应到甘肃才对，张国焘抵抗中央决议是不对的。”会议同意毛泽东的意见，通过《关于张国焘同志的错误的决定》，指出张国焘反对中央北上的战略方针，坚持向川康藏边境退却方针是错误的。中央同张国焘的争论，其实质是对政治形势的分析与敌我力量估量上存在着原则的分歧。中央号召红四方面军的同志团结在中央周围，同张国焘的错误倾向作坚决的斗争。

俄界会议决定，把红一军、红三军、军委纵队合编为中国工农红军陕甘支队，彭德怀为司令员，毛泽东为政治委员；毛泽东、周恩来、王稼祥、彭德怀、林彪成立五人团领导军事工作。俄界会议后，中共中央率陕甘支队迅速北上。

1941年：“要分清创造性的马克思主义和教条式的马克思主义”

1941年9月9日，毛泽东就配合国民党作战、争取时局好转问题，同朱德、王稼祥、叶剑英致电彭德怀、左权、罗瑞卿、陈毅、刘少奇、陈光、罗荣桓，指出：“敌攻湘北，又犯郑、洛，国民党正集中力量抗敌，我八路、新四各部应向各重要交通线予以可能的袭击，配合国民党之作战。同时对国民党敌后各部应停止任何攻击性行动，仅在彼方进行攻击时，取防卫手段。同时并向国民党各部发出通知，要求配合对敌。所有上述方针，其目的都为争取时局好转。”

第二天，毛泽东出席中共中央政治局扩大会议。会议检讨了党在十年内战后期的领导路线问题。毛泽东在会上作关于反对主观主义和宗派主义的报告，指出：“过去我们的党很长时期为主观主义所统治，立三路线和苏维埃运动后期的‘左’倾机会主义都是主观主义。苏维埃运动后期的主观主义表现更严重，它的形态更完备，统治时间更长久，结果更悲惨。”“遵义会议，实际上变更了一条政治路线。过去的路线在遵义会议后，在政治上、军事上、组织上都不能起作用了，但在思想上主观主义的遗毒仍然存在。”“六中全会对主观主义作了斗争，但有一部分同志还存在着主观主义，主要表现在延安的各种工作中。在延安的学校中、文化人中，都有主观主义、教条主义。”“现在，延安的学风存在主观主义，党风存在宗派主义。”报告强调指出：“要分清创造性的马克思主义和教条式的马克思主义。”要实行学制的改革，研究马、恩、列、斯的思想方法论，组织思想方法论的研究组，首先从政治局同志做起。“以思想、政治、政策、军事、组织五项为政治局的根本业务。”“掌握思想教育是我们第一等的业务。”报告提出：“中央研究组一方面研究马克思主义的思想方法论，一方面研究六大以来的决议。”“延安开一个动员大会，中央政治局同志全体出马，大家都出台讲话，集中力量反对主观主义和宗派主义。”“打倒两个主义，把人留下来。反对主观主义和宗派主义，把犯了错误的干部健全地保留下来。”会议决定，毛泽东为中央研究组（又称中央学习组）组长，王稼祥为副组长。会议还决定：自9月16日起《解放日报》扩大为四版，增加反对主观主义和宗派主义的宣传教育内容；今后《解放日报》的文字，应力求生动活泼、尖锐有力，反对党八股；中央各部委工作同志要多给《解放日报》写文章，解释党的政策，介绍工作经验，使之真正成为全党反映实际领导工作的机关报。这次会议，对十年内战后期中共中央领导犯了“左”倾机会主义路线错误的问题，基本上取得一致的认识。所说的“十年内战后期”，是指从1931年9月开始的中共临时中央领导的时期。

1944年：“放手与美军合作，处处表示诚恳欢迎”

1944年9月9日，毛泽东同刘少奇复电张云逸、饶漱石、曾山，指出：“机场筑好后，大批美军人员陆续飞来军部及各师，我们应表欢迎。”“虽可能引起日寇‘扫荡’，但比较全局，利多害少。放手与美军合作，处处表示诚恳欢迎，是我党既定方针。”

就在前一天，即9月8日，毛泽东出席了中央警备团为张思德举行的追悼会。张思德是中央警备团战士，9月5日在安塞石峡峪烧木炭时牺牲。毛泽东题写挽词：“向为人民利益而牺牲的张思德同志致敬。”并在会上讲话，阐述为人民利益而牺牲的意义，指出：“我们的共产党和共产党所领导的八路军、新四军，是革命的队伍。我们这个队伍完全是为着解放人民的，是彻底地为人民的利益工作的。张思德同志就是我们这个队伍中的一个同志。”“人总是要死的，但死的意义有不同。中国古时候有个文学家叫做司马迁的说过：‘人固有一死，或重于泰山，或轻于鸿毛。’为人民利益而死，就比泰山还重；替法西斯卖力，替剥削人民和压迫人民的人去死，就比鸿毛还轻。张思德同志是为人民利益而死的，他的死是比泰山还要重的。”这个讲话编入《毛泽东选集》时，题为《为人民服务》。

1945年：“前途是光明的，道路是曲折的”

1945年9月9日，在重庆谈判期间，毛泽东于当天在重庆红岩村会见了郭沫若、于立群等人，并与他们共进晚餐。在谈到郭沫若在文化界应采取的态度时，毛泽东认为态度应该强硬些，要有斗争，指出“前途是光明的，道路是曲折的”。

毛泽东是8月28日由延安飞抵重庆的。他在机场对中外记者发表书面谈话：“本人此次来渝，系应国民政府主席蒋介石先生之邀请，商讨团结建国大计。现在抗日战争已经胜利结束，中国即将进入和平建设时期，当前时机极为重要。目前最迫切者，为保证国内和平，实施民主政治，巩固国内团结。国内政治上军事上所存在的各项迫切问题，应在和平、民主、团结的基础上加以合理解决，以期实现全国之统一，建设独立、自由与富强的新中国。希望中国一切抗日政党及爱国志士团结起来，为实现上述任务而共同奋斗。本人对于蒋介石先生之邀请，表示谢意。”

在重庆谈判期间，毛泽东于8月29日同蒋介石第一次直接商谈。蒋介石表示一切问题愿听取中共方面意见，并重提所谓中国无内战的说法。毛泽东列举十年内战和抗日战争中的大量事实，指出说中国没有内战是欺骗。最后蒋介石提出谈判三原则：一、所有问题整个解决；二、一切问题之解决，均须不违背政令军令之统一；三、政府之改组，不得超越现有法统之外。

蒋介石一边谈判，一边准备内战。在见毛泽东的同日，国民党政府陆军总司令何应钦密令各战区印发蒋介石在1933年“围剿”红军时编订的《剿匪手本》。

9月10日，刘伯承、邓小平指挥晋冀鲁豫军区主力部队及地方部队三万余人，对侵入上党解放区的国民党军第二战区司令长官阎锡山所部开始进行自卫反击。至10月12日，上党战役胜利结束，歼国民党军三万五千余人，生俘军长史泽波和师长多名。9月11日晚上，毛泽东在桂园宴请张澜、沈钧儒、黄炎培等，向他们介绍了两党谈判情况，并征询他们的意见。席间，周恩来报告了国民党军队向上党地区进攻的消息，在座者皆为之愤愤不平。

9月17日，毛泽东应邀赴林园同蒋介石共进午餐。也就在同一天，蒋介石写信给阎锡山并附《剿匪手本》两册。当时阎部正在进犯以长治为中心的晋东南解放区。蒋介石在重庆谈判期间，至当日为止，还命令四个战区的司令长官傅作义、胡宗南、孙连仲、李品仙等，分别率领所部沿铁路线向解放区进犯。中共中央、中央军委决心开展交通破击战，打击沿铁路线进犯的国民党军，以求达到争取和平的目的。

10月4日，毛泽东致信柳亚子，信中说：“前曾奉告二语：前途是光明的，道路是曲折的。吾辈多从曲折（即困难）二字着想，庶几反映了现实，免至失望时发生许多苦恼。而困难之克服，决不是那么容易的事情。此点深望先生引为同调。”

1946年："我刘、邓已大胜"

1946年9月9日，毛泽东就粟裕、谭震林9月8日提出的撤围海安北上泗阳、稳定两淮局势的建议，为中共中央军委起草复粟、谭电，指出："同意放弃海安，休整十天，准备向北机动。"此电改变了中央军委本月4日关于华中野战军攻取扬泰线和西进淮南的决定。

此前一天，即9月8日，毛泽东还为中共中央军委起草致陈毅、张鼎丞、邓子恢并告张云逸、黎玉电："我刘、邓已大胜，对你们必有帮助。同意八师暂不北调，俟秋高水落，集中兵力在淮海歼敌，并与粟、谭南北配合（南，指华中野战军主力所在的苏中地区；北，指山东野战军所在的淮海地区），巩固两淮，开展局面。"这前后，毛泽东发出了一系列电报，作出一系列重大决策，运筹帷幄、决胜千里，指挥中国人民解放战争取得节节胜利。

1949年："中国的历史，从此开辟了一个新的时代"

1949年9月9日，毛泽东一边指挥各军事前线军事斗争，一边准备着筹建新中国。这天，毛泽东就攻歼国民党白崇禧部的部署问题，为中共中央军委起草致林彪、邓子恢电："陈赓、邓华两兵团，第一步进占韶关、翁源地区，第二步直取广州，第三步邓兵团留粤，陈兵团入桂，包抄白崇禧后路。陈兵团不派任何部队入湖南境，即不派部去郴州、宜章等处。""程子华兵团除留一个军于常德地区，另一个军已到安化地区外，主力两个军，取道沅陵、芷江，直下柳州。”“另以三个军，经湘潭、湘乡攻歼宝庆之黄杰匪部，与程子华出芷江的两个军摆在相隔不远的一线上。”十三日起，在林彪、邓子恢指挥下，第四野战军和第二野战军第四兵团采取大迂回方针，分三路南进，并于10月6日至16日在衡阳、宝庆地区歼灭白崇禧第七军、第六十八军等部四万七千余人，解放衡阳、宝庆、芷江、大庸等城，为接下来进军广西和第二野战军入川创造了有利条件。

在这之前的一天，即9月8日，毛泽东为中共中央起草致前线各野战军负责人、全体指挥员战斗员、南方人民武装及各界人民电，祝贺各军事前线连续告捷。全文如下：“我各路英勇的人民解放军奉命出师，向南方及西北各省大举进军以来，业已四个多月。除完成第一步计划，解放江苏、安徽、浙江各全省，江西的东北部及北部，湖北及陕西的大部，山西及豫北的残余敌占区，山东的青岛地区，共消灭数十万敌军，解放数千万人民以外，又复继续前进，解放甘肃及青海的大部，湖北的一部，湖南的中部、北部，江西全省，福建的大部，渤海的长山列岛，包括长沙、福州、兰州、西宁四个省城及赣州、常德、宜昌、天水诸重镇在内，消灭了大批敌军，解放了广大人民。在此期间，程潜将军及陈明仁将军率部起义，站在人民方面，给了国民党反动派以重大打击，有力地配合了人民解放军的进军。我广东、福建、广西、云南诸省的人民解放军在各该省的胜利发展，极大地威胁着国民党反动派的后方。我各路人民解放军军行所至，全体人民同胞及各界民主人士表示热烈欢迎，给予人民解放军以极大的帮助。其中，有甘肃的青海的回民同胞，和汉民同胞一样，表示热烈的欢迎和帮助人民解放军。我军全体指挥员战斗员长途远征，冒着酷热的气候，以无比的英勇和自我牺牲精神，为解放全国人民、统一全国领土的伟大的神圣的志愿所鼓舞，以短促的时间，完成了巨大的任务。中国共产党中央委员会特表示热烈的祝贺和深切的慰问。尚望你们继续努力，为完成新的军事政治任务，为消灭残余敌军，解放全国人民而奋斗。”

21天后的1949年9月30日，毛泽东出席中国人民政治协商会议第一届全体会议闭幕式，当选为中国人民政协全国委员会委员、中央人民政府主席。大会通过由毛泽东起草的《中国人民政治协商会议宣言》。宣言指出：

“中国人民政治协商会议第一届全体会议业已胜利地完成了自己的任务。”

“中国的历史，从此开辟了一个新的时代。”

“中华人民共和国现已宣告成立，中国人民业已有了自己的中央政府。这个政府将遵照共同纲领在全中国境内实施人民民主专政。它将指挥人民解放军将革命战争进行到底，消灭残余敌军，解放全国领土，完成统一中国的伟大事业。它将领导全国人民克服一切困难，进行大规模的经济建设和文化建设，扫除旧中国所留下来的贫困和愚昧，逐步地改善人民的物质生活和提高人民的文化生活。它将保卫人民的利益，镇压一切反革命分子的阴谋活动。它将加强人民的陆海空军，巩固国防，保卫领土主权完整，反对任何帝国主义国家的侵略。它将联合一切爱好和平自由的国家、民族和人民，首先是联合苏联和各新民主国家，以为自己的盟友，共同反对帝国主义者挑拨战争的阴谋，争取世界的持久和平。”

毛泽东："我们的原则是党指挥枪"

"我们的原则是党指挥枪，而决不容许枪指挥党。"这句名言，写在毛泽东1938年6月的军事篇章《战争和战略问题》中。但这句名言所体现的人民军队建军总原则和核心意思，却由来已久，是从血的教训中得出来的结论！追根溯源，还得从大革命时期中国共产党直接领导和掌握的第一支正规武装说起。

人民军队成立之初就标明了自己的属性：由中国共产党领导

创立一支人民军队，是毛泽东、周恩来、朱德等人从大革命时期开始求索的目标。

1924年1月，在孙中山主持下，中国国民党第一次全国代表大会确定了"联俄、联共、扶助农工"三大政策，第一次国共合作实现。由此也拉开了国民革命的序幕。同年6月，黄埔军校创办。9月，周恩来奉中共中央之命由法国回到广州，不久担任中共广东区委委员长、黄埔军校政治部主任。开创军队政治工作新局的周恩来，在总结孙中山从事军事斗争屡遭失败的原因、旧式军队的最大弱点并研究苏联革命成功经验时，得到一个启示："革命数十年尚未成功的一个重要原因就是没有一支真正的革命军。"在黄埔军校期间，周恩来利用工作便利条件，推荐了一大批有能力的共产党人到军校和各军中担任重要职务。1924年11月初，在征得孙中山的同意后，周恩来在广州负责组建了"大元帅府铁甲车队”。铁甲车队的队长徐成章、副队长周士第、军事教官赵自选都是周恩来从黄埔军校教官和毕业生中选调的共产党员。这支铁甲车队，成为中国共产党领导下的最早的一支革命武装。1925年11月之后，周恩来等人征得国民革命军第四军军长李济深同意，以铁甲车队的100多名队员为基础，在广东进一步组建了由共产党人领导的第四军独立团。团长由刚从苏联学习回国的共产党员叶挺担任，周士第任参谋长。该团的一些营长、连长和各级领导，是从黄埔军校调来的共产党员，而且从团到连都建立了共产党的组织。周恩来亲自过问团干部任免调动、人员补充和军政工作。叶挺独立团，也就成为中国共产党直接领导和掌握的第一支正规军队。

从1926年5月起，叶挺独立团在北伐战争中一路担任开路先锋。出发前周恩来还专门向连以上共产党员干部作了动员讲话，号召大家要英勇作战，不怕牺牲，担负起北伐先锋的任务。叶挺独立团的2000多名勇士一路冲锋，向湖南省中部挺进，先后攻克汝城、攸县、醴陵、平江，夺取汀泗桥、贺胜桥，为北伐军扫清了沿途的各种障碍，一直登上武昌城，创造了北伐战争史上最为辉煌的战绩，由此也为国民革命军第四军赢得了“铁军”的称号。同样是北伐军，为什么叶挺的队伍能够所向披靡，建立卓越功勋？铁军到底“铁”在哪里？就是因为它是共产党人直接领导的军队，冲在最前面的大多也是共产党员。它一改中国旧式军队的习气，有着严密的组织纪律、大无畏的革命精神以及视沿途群众为父母的作风。后来朱德作过这样的评价：没有这支共产党人领导的“铁军”，就不可能有南昌、秋收、广州、湘南等起义。这支铁一般刚强的军队，也就成为后来红军的榜样。

1927年，蒋介石集团发动“四一二”、“七一五”等反革命政变，屠杀共产党人，国共合作破裂。为挽救革命，中共中央决定在南昌发动武装起义，南昌起义的主力之一，就是叶挺率领的国民革命军第十一军第二十四师。在起义部队撤离南昌的过程中，周恩来、叶挺、聂荣臻等一路同行。后来聂荣臻回忆：“我们党在当时已经逐渐地认识到直接准备战争和组织军队的重要性。虽然这种认识还是很不够的，但是比起前一时期却有了显著的进步。”

对党领导军队的重要性是在什么时候开始有了更加足够的认识的呢？那是毛泽东领导秋收起义队伍上井冈山以后的事。

1927年9月，毛泽东根据中共中央指示，以中共中央特派员和湖南省委秋收起义前敌委员会书记身份，在湘赣边界领导发动秋收起义。随后带领起义队伍上了井冈山。上井冈山后，毛泽东就将这支队伍的性质在一首词中定了下来。

西江月·秋收起义

军叫工农革命，旗号镰刀斧头。匡庐一带不停留，要向潇湘直进。地主重重压迫，农民个个同仇。秋收时节暮云愁，霹雳一声暴动。

湘赣边秋收起义部队

旗号的标识即代表番号的属性："镰刀斧头"，工农的武装。一语道破，就是共产党的武装。

1928年1月，朱德率领南昌起义退下来的队伍，再次发动湘南起义。4月，率部万余人和毛泽东在井冈山会师。两支队伍合在一起，就是后来的中央红军的底子。这支队伍的番号怎么取？毫无疑问，共产党的色彩就决定了它的番号：工农革命军第四军。6月，改称中国工农红军第四军（简称"红四军"）。之所以把起义后合编的第一支红军武装叫"红四军"，取的就是叶挺"铁军"的威名。朱德任军长，毛泽东任党代表。从此开始了"朱毛红军"的历史。

无独有偶，贺龙在参加南昌起义后，按照中央指示回到湘西建立根据地，于南昌起义一周年之时，也将共产党所领导的湘西工农革命军称为"红四军"。

毛泽东等人领导的这支部队，一开始就明确标明了自己的属性：由中国共产党领导。这支军队一经成立，就确定了它必须完全在中国共产党的领导之下。因此，井冈山的红四军成立之时，就召开了中国共产党工农革命军第四军第一次代表大会，毛泽东被选为中共工农革命军第四军军委书记。不久后，毛泽东在给中共中央的报告中总结"井冈山的斗争"，其中讲到这支军队的特点，特别强调指出："党的组织，现分连支部、营委、团委、军委四级。连有支部，班有小组。红军所以艰难奋战而不溃散，'支部建在连上'是一个重要原因。"

党的组织和党的领导体制，决定了这支军队的生命力。

"党指挥枪"的曲折

然而，在白色恐怖的旧中国建立一支新式军队，党要指挥枪，绝不是件容易的事！

自井冈山等地开辟农村革命根据地以后，随着革命力量的不断扩大，党领导的红军内部也逐渐蔓延着各种非无产阶级的思想。在红军中有人试图以军事机关代替党的领导，提出：在组织上以军事工作机关为主导，不以党的组织对外，而是“司令部对外”。这实际上也就是要把军队的组织原则变成“枪指挥党”。毛泽东发现这种苗头以后，果断地指出：这是一种“单纯军事观点”，“这种思想如果发展下去，便有走到脱离群众、以军队控制政权、离开无产阶级领导的危险，如像国民党军队所走的军阀主义的道路一样”。

1929年6月，毛泽东在给红四军第一纵队司令员林彪的信中明确提出，在红四军要绝对建立起党的领导权。他指出：“个人领导与党的领导，这是四军党的主要问题。”

毛泽东在给林彪的信中，分析了红四军的大部分是“从旧式军队脱胎出来”“从失败环境中拖出来”这两点情况后，他说：

“我们记起了这两点，就可以知道一切思想、习惯、制度何以这样地难改，而党的领导与个人的领导何以总是抗分，长在一种斗争状况之中。红军既是从旧式军队变来的，便带来了一切旧思想、旧习惯、旧制度的拥护者和一些反对这种思想、习惯、制度的人作斗争，这是党的领导权在四军里至今还不能绝对建立起来的第一个原因。不但如此，四军的大部分是从失败环境之下拖出来的（这是一九二七年），结集又是失败之前的党的组织，既是非常薄弱，在失败中就是完全失了领导。那时候的得救，可以说十分原因中有九分是靠了个人的领导才得救的，因此造成了个人庞大的领导权。这是党的领导权在四军里不能绝对建立起来的第二个原因。明白了这两个原因，我们再来看一看四军党组织以后的历史，更明白个人与党斗争的盈虚消长之机。”

正因为“党的领导与个人的领导”关系问题上已经形成的旧思想、旧习惯、旧制度“这样地难改”，“总是抗分”，所以毛泽东决定在红四军召开第九次党代表大会，从根本上解决这一“主要问题”。这就是古田会议召开的根本原因。

1929年12月，毛泽东在古田会议上批评说：“红军党的组织问题现在到了非常之严重的时期，特别是党员的质量之差和组织之松懈，影响到红军的领导与政策之执行非常之大。”“这对于执行党的正确路线，妨碍极大。若不彻底纠正，则中国伟大革命斗争给予红军第四军的任务，是必然担负不起来的。”因此，毛泽东明确提出：“每连建设一个支部，每班建设一个小组，这是红军中党的组织的重要原则之一。”他还特别提醒说，绝不能出现这种现象：“党与军事分离，有成为党不能领导军事的危险。”根据毛泽东的建军思想，红四军中党的绝对领导问题由此基本解决。

如果光有勇猛的军队和善战的将领，离开了共产党的领导行不行？这恰恰是叶挺在革命过程中遇到的一大困惑。

叶挺是大革命开始后的1924年底加入中国共产党的，既是北伐名将，也是中共最早的一员战将。1927年分别参加领导“八一”南昌起义和当年12月的广州起义。广州起义失败后，受到“左”倾领导人不公正的责难和冷遇，脱离党组织，侨居海外。离开党组织的叶挺，既失去了“同志”的称呼，也没有了党的属性，时常感到“空虚或不足”。全面抗战爆发后，叶挺怀着民族大义回国投入抗日大业。恰遇共产党与国民党方面在商谈改编中共南方红军游击队为新四军的事。国共双方都在为新四军军长人选问题左右掂量：南方游击队是中共自己的队伍，自红军长征后在千难万苦中坚持斗争，好不容易迎来“出头之日”，自然要更进一步加强党的领导；国民党蒋介石早就想彻底消灭中共武装，无奈最终要联合抗日，只好谈判合作，但先是趁和谈之机推行“北和南剿”的方针，企图全面消灭中共南方红军游击队，在图谋未果、不得不同意保留的情况下，又不愿意在其“腹地”留存一支由共产党领导的军队。因此，国共双方在任命谁为军长的问题上，曾经一度僵持。叶挺的出现，给双方打开了僵局。1937年8月，周恩来在上海会晤刚刚回国的叶挺时，曾提议由叶出任新四军军长。但国民党蒋介石正式直接任命叶挺为军长的目的，却是想利用叶挺这一非中共党员的名将来执掌新四军，达到其削弱中共对新四军领导权的目的。

叶挺入主新四军，虽然有助形成南方抗日统一战线的大局，但新四军的组建和发展，要不断与国民党顽固派方面较量，并面临着“党指挥枪”还是“枪指挥党”的核心问题。蒋介石正是在这一核心原则问题上，始终想置共产党领导的队伍于死地。

有资料表明，叶挺在获得任命之后，应毛泽东和中共中央的要求到过延安。在延安期间，他表示完全接受中共的领导，但却没有接受有关人员提议他重新加入中国共产党的建议。叶挺在这一时期的政治理念、治军思想，与中共中央的主张还是存在一定距离的，但这并不影响毛泽东和中共中央对叶挺的完全信任。

当时在中共中央内部，也存在王明等人的一些杂音，主张“一切经过统一战线”“一切服从统一战线”，放弃中共在统一战线中的领导权。正是在这样的背景下，毛泽东于1938年10月在中共六届六中全会上特别阐述了中国共产党在民族战争中的地位问题，提醒全党同志，要明确地知道并认真地负起中国共产党领导抗日战争的重大历史责任，强调“坚持统一战线和坚持党的独立性”，要求在坚持抗日民族统一战线的方针下既要团结又要斗争，批评了统一战线问题上的迁就主义错误。

紧接着，毛泽东进一步在如何处理中共与国民党的关系、如何处理党和军队的关系两大问题上，给了大家明确的解答。他说：

“共产党员不争个人的兵权（决不能争，再也不要学张国焘），但要争党的兵权，要争人民的兵权。现在是民族抗战，还要争民族的兵权。在兵权问题上患幼稚病，必定得不到一点东西。劳动人民几千年来上了反动统治阶级的欺骗和恐吓的老当，很不容易觉悟到自己掌握枪杆子的重要性。日本帝国主义的压迫和全民抗战，把劳动人民推上了战争的舞台，共产党员应该成为这个战争的最自觉的领导者。每个共产党员都应懂得这个真理：‘枪杆子里面出政权’。我们的原则是党指挥枪，而决不容许枪指挥党。”

“党指挥枪”的口号，就是这样呼之而出的。

再回过头来看新四军的命运。新四军成立后，其领导权和指挥权完全掌握在中共手里。就是在这一核心问题上，蒋介石很快感觉到失控，即便任命了叶挺，也不能掌控这支部队，最终使得他下决心发动“皖南事变”欲消灭新四军。1941年1月，叶挺在震惊中外的“皖南事变”中不幸身陷囹圄，被国民党反动派囚禁于上饶集中营，后来辗转被囚于广西桂林和湖北恩施。这期间，中共中央不断想法营救未果。抗战胜利后，叶挺被押至重庆，失去自由达五年之久。在中共中央无数次与国民党方面交涉下，最终才把叶挺救了出来。

1946年3月4日，叶挺出狱。经过深思熟虑的他，作了一个重大的政治决定：立即申请重新入党。3月5日，叶挺致电毛泽东转中共中央，提出重新入党申请：“决心实行我多年的愿望，加入伟大的共产党。”3月7日，毛泽东为中共中央起草致董必武、王若飞电：“同意叶入党。叶来电与中央复电，均于今晚广播，收到时请在《新华日报》发表，并先告叶，但不要登广告。”8日，《解放日报》《新华日报》发表中共中央复叶挺电：“你为中国民族解放与人民解放事业进行了二十余年斗争，经历了种种严重考验，全中国都已熟知你对民族与人民的无限忠诚。兹决定接受你加入中国共产党为党员，并向你致热烈的慰问与欢迎之忱。”在叶挺经历的种种波折中，在他与党的关系中，使用“种种严重考验”和“无限忠诚”两个词，不是一句简简单单、轻轻松松的话。叶挺终于成为党中央称呼的“亲爱的叶挺同志”。

回到党的怀抱中的叶挺，完全像个孩子似的，“开始了新生”，他连夜给刘少奇和任弼时回信说：

“晨写此信时，我的热泪不时泛起，不可抑止。我分析这种眼泪的成分，首先是感激与喜悦的，再则是痛苦和郁闷的，它们并泻并交流，结束我的过去，开展我的新生！但我自知，痛感自己过去所获的浅薄知识，决不足以应付中国复杂的局面。就目前而论，不问党把我放在任何岗位，我都不敢自信的。如何学习，补其空虚或不足之处，尚祈考虑指示为幸！我噙着眼泪写这封信，一则表示感激党中央对我的殊遇，再则请求帮助我解决学习问题。至于我的最后一部分自传，当即赶写奉上。我很高兴，从此之后，我能很自然地亲切地称你们为同志了！”

一句“不问党把我放在任何岗位，我都不敢自信”的话语，一部叶挺与党的关系史，在一定程度上恰恰反映了中国共产党早期确立“党指挥枪”理念的曲折发展史。

“党指挥枪”是人民军队永远不变的根本原则和军魂

经过艰苦卓绝的斗争锤炼，中国共产党领导的这支人民军队牢牢地建立了“党指挥枪”这条首要原则。再经过抗日战争和解放战争，这条原则，为我们党领导人民军队取得一个又一个的伟大胜利奠定了重要的基础。对此，毛泽东感触最深。1944年4月11日，他授意中共中央军委总政治部副主任谭政起草了《关于军队政治工作问题》的报告，并在修改报告时特别加写了这样几句话：

“如果我们的军队没有共产党领导，如果没有共产党领导的革命的军事工作与革命的政治工作，那是不能设想的。没有共产党的领导，就不可能有彻底拥护人民利益的军事工作与政治工作，而如果没有这种军事工作与政治工作的军队，就不可能是彻底拥护人民利益的军队。八路军新四军在抗日战争中之所以能够如此英勇坚持，艰苦奋斗，再接再厉，

1944年4月，毛泽东指导起草并亲自修改的《关于军队政治工作问题》报告

百折不回，其根本原因就在这里。”

加上这几句话后，他还专门交代谭政将报告送给当时在延安的周恩来和各抗日根据地的主要领导人看。这一时期，“党指挥枪”的原则，不仅是个实践层面的问题了，已经被提升到了理论层面，并成为我们党和军队值得总结和永远坚持的优良传统，得到党内、军内的完全认可。

从革命战争岁月中走过来的人民军队的官兵们，都深深地懂得：我们的原则是党指挥枪，绝不允许枪指挥党。不管你本事有多大，领导的队伍人数有多少，都不能与组织对抗，更不能与党中央对抗、闹对立，要用无产阶级的党性和铁的纪律严格要求自己，自觉地维护党的团结和党中央的权威。

“党指挥枪”这条原则，在新中国成立后，在党和军队发展的任何情况下，毛泽东等老一辈革命家都始终强调，不断提请党内、军内同志注意，尤其是提醒军队高层将帅，要时刻牢记，不能居功自傲。1953年12月7日至1954年1月26日，中共中央召开全国军事系统党的高级干部会议。1954年1月，毛泽东正在杭州主持起草宪法，中央决定由朱德为全国军事系统党的高级干部会议作闭幕词。朱德的闭幕词稿事先传给毛泽东看过几遍，其中有一部分讲到党和军队的关系。随同毛泽东在杭州的人建议加上几句话，毛泽东欣然同意，特意嘱咐朱德和彭德怀，加上以下几句话：

“必须使全军了解：我们的武装部队是在党的领导之下建设和发展起来的，是在党的领导之下战胜了敌人的。没有党的领导，就没有我们的革命武装部队。我们军委是在党中央的领导之下进行工作。

“我们武装部队的高级干部应当时刻记住毛泽东同志的指示：‘我们的原则是党指挥枪，而决不容许枪指挥党。’就是说，我们的武装部队和武装部队的一切干部，要忠诚地服从党的领导，在党中央的领导之下紧紧地团结起来。”

1958年1月，在起草《工作方法六十条》的时候，毛泽

1953年12月7日，朱德在全国军事系统党的高级干部会议上致开幕词

东又特意加写了这样的内容："军队必须放在党委的领导和监督之下，现在基本上也正是这样做的，这是我军的优良传统。"

1962年8月1日，在中国人民解放军迎来建军35周年的时候，朱德感慨万千，赋诗一首，其中有两句最能表达他的心声：

建军总原则，党的领导尊。
非军指挥党，惟党指挥军。

1965年5月，毛泽东在重上井冈山之时，回想起38年前的斗争岁月，也深有感触地与随同的人谈起"党指挥枪"的建军原则。

"文化大革命"时期，党和军队的关系曾一度被林彪、"四人帮"一伙搞乱。1971年"九一三"事件后，在总结军队内部出现的问题过程中，毛泽东和一些老帅深刻地意识到：自1959年林彪主管军队工作起，特别是在他主管的后期，军队被搞乱了，乱就乱在偏离了党中央的意志，拉起了山头，搞起了派系。

1971年10月后，根据毛泽东的指示，叶剑英主持召开军委扩大会议，在讨论整顿军队问题时，叶剑英反复强调：军队必须坚持党指挥枪的原则，军队的领导权必须掌握在可靠的人手里。

1975年初，邓小平在主管军队整顿工作时，毛泽东又特意交待他："军队要整顿"，"优良传统要恢复"。针对林彪等人"把军队被搞得相当乱，现在好多优良传统丢掉了"的情况，邓小平发表了《军队要整顿》的讲话，句句切中要害：

"我们这个军队有好传统。从井冈山起，毛泽东同志就为我军建立了非常好的制度，树立了非常好的作风。我们这个军队是党指挥枪，不是枪指挥党。"

拨乱反正以后，在邓小平的主持下，毛泽东关于人民军队的建设思想和军事战略，被写入了《关于建国以来党的若干历史问题的决议》中，其中就包括："他规定了全心全意为人民服务是人民军队的唯一宗旨，规定了是党指挥枪而不是枪指挥党的原则。"

"我们的原则是党指挥枪，而决不容许枪指挥党。"毛泽东的这句名言，早已植根于人民解放军不变的军魂和传统之中。

党的十八大以后，以习近平同志为核心的党中央对进一步加强党对军队的绝对领导有着深刻的认识和高度的重视，不断提醒党内、军内同志对党指挥枪的极端重要性要有足够的认识。

习近平同志多次强调指出：

"我军是执行党的政治任务的武装集团，保证党对军队的绝对领导，关系我军性质和宗旨、关系社会主义前途命运、关系党和国家长治久安，是我军的立军之本和建军之魂。"

"党对军队实施绝对领导有一系列根本原则和制度，无论战争形态怎么演变、军队建设内外环境怎么变化、军队组织形态怎么调整，都必须始终不渝坚持。这个最根本的问题守不住，军队就会变质，就不可能有战斗力！"

毛泽东为什么要写下“加强纪律性”几句话?

“军队向前进，生产长一寸，加强纪律性，革命无不胜。”

这是毛泽东在解放战争决战决胜之际提出的响亮口号，也是中国革命夺取全国规模胜利之际，毛泽东将军队行动、生产保障与纪律要求更紧密地统筹绑定的战略思考和战略部署的凝练概括。这里面，最关键的环节是“加强纪律性”！

毛泽东当时特别强调“加强纪律性”是“在目前时期的一个中心环节”。所以，这个二十字口号又被简称为:“加强纪律性，革命无不胜。”它成为中国共产党通过加强纪律建设保障伟大胜利的一个根本性要求和标志性口号!

这一要求是怎么来的呢?

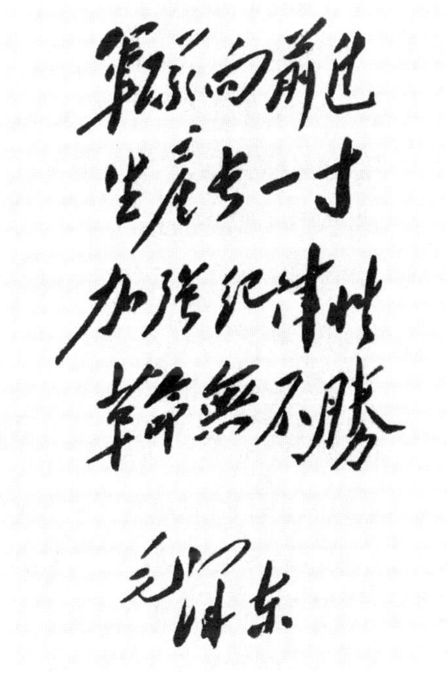

1948年12月，《中国青年》复刊时发表的毛泽东为《中国青年》的题词

在历史关头“建立报告制度”

1948年底，我军战略决战已经取得决定性胜利，毛泽东在奔赴北平前夕为复刊的《中国青年》题词:“军队向前进，生产长一寸，加强纪律性，革命无不胜。”这幅题词至今仍陈列在西

柏坡纪念馆，成为后人缅怀和纪念那段峥嵘革命岁月的重要历史标识。

“加强纪律性，革命无不胜”，这个口号的前提，是人民军队凯歌向前，但它反映的，却是中国共产党及其领导的人民军队发展壮大的光辉历程。

1948年前后，解放战争进入新的战略进攻阶段。毛泽东在1947年底的中共中央扩大会议上发表了《目前形势和我们的任务》书面报告，提出:“中国人民的革命战争，现在已经达到了一个转折点。这即是中国人民解放军已经打退了美国走狗蒋介石的数百万反动军队的进攻，并使自己转入了进攻。”“这是一个伟大的事变……这个事变一经发生，它就将必然地走向全国的胜利。”形势从老区到新区、从农村到城市、从局部到全局的发展，对党的集中统一领导和工作的正规化等提出了进一步的要求，而过去由于长期处于农村斗争环境以及被敌长期分割包围在一些地方形成的各行其是、各自为政的工作习惯已经不能适应新的形势发展的需要。

在此背景下，毛泽东1948年1月7日向全党发出《关于建立报告制度》的党内指示（即“子虞电”），由此开启了解放战争时期全面加强纪律建设的重要实践。

《关于建立报告制度》的指示，里面的规定清楚明白，其中有三点特别值得注意：

一是必须由“一把手”直接报告。指示在重申各地依旧要作“临时性的报告和请示”的基础上，提出一项新的要求，即:各地党政军一把手每两个月向中央和中央主席作一次综合报告，内容侧重于政策性——汇报该地各项活动动态，各类问题、倾向及解决办法。

二是充分认识“向中央作报告并请求指示的必要和重要性”。指示解释说:之所以规定这项制度，是因为七大以后，“仍然有一些（不是一切）中央局和分局的同志，不认识事先或事后向中央作报告并请求指示的必要和重要性，或仅仅作了一些技术性的报告和请示，以致中央不明了或者不充分明了他们重要的（不是次要的或技术性的）活动和政策的内容，因而发生了某些不可挽救的、或难以挽救的、或能够挽救但已受了损失的事情。而那些事前请示、事后报告的中央局或分局，则避免了或减少了这样的损失。”指示严肃提出：全党必须改正“对上级事前不请示、事后不报告的不良习惯”，各中央局和分局必须同中央“发生最密切的联系”，“当此革命已进入新的高潮时期，加强此种联系，极为必要”。

三是明确综合报告的具体写法。指示对报告的具体写法作了明确规定：由书记负责（自己动手，不要秘书代劳）；每次一千字左右为限；一次不能写完全部问题时，分两次写；一次着重写几个问题，对其余问题则不着重写；内容要扼要，文字要简练，要指出问题或争论之所在；等等。

报告制度的建立，顺应了新的阶段对党的工作提出的迫切要求，是解放战争时期以毛泽东为首的党中央作出的一项重大制度创新，为全党加强纪律性以进一步集中力量、团结一致夺取中国革命最终胜利奠定了关键的制度基础。

借批评东北局“无纪律思想”，强调“目前工作之中心环节”

一项制度建立后是不是有效，关键还要看执行的结果怎么样。

对于报告制度的落实执行，毛泽东以连续的、系统的、“钉钉子”的精神和做法确保这项制度在党内落地生根。而对于未按要求执行或者执行得不好的情况，毛泽东则抓住典型，督促其整改并坚决推进。批评东北局未按要求作综合报告，就是一个突出事例。

东北解放区是解放战争时期我党重点发展的一块根据地，各方面工作都走在全国前列，为解放事业作出了重要贡献。但是，当东北局未按要求作综合报告，毛泽东照样提出严厉批评。

1948年3月25日、8月9日，毛泽东连发两电催促东北局作报告，指出：中央规定的报告制度，各中央局、分局的负责同志“均已严格遵照实行，惟独东北局没有实行”，“三月，五月，七月三次报告均未做亦未声明理由。前已电催一次，你们亦承认应当作报告，但仍未实行，是何原因，究竟你们何时间开始作第一次综合性的报告，望复”。

8月15日，毛泽东第三次去电，对东北局8月13日复电中的“敷衍态度”提出严厉批评，并且质疑其中所提理由：东北局“常委各同志均极忙碌”，深陷具体事务，“故对各部门的工作难求得全部了解，对作全貌的报告遂感困难”。毛泽东拿关内和东北局作比较，指出“关内各中央局领导同志所处环境，均不如你们好”，“像大别山那样严重的环境，邓小平同志尚且按照规定向中央主席做了综合性报告”，“何以你们反不能做此项报告”。中央认为“主要理由并不是你们所说的一切，而是在这件事上，在你们心中存在着一种无纪律思想”。

在毛泽东的严厉批评督促下，林彪和东北局于8月15日和19日向中央先后提交了综合报告和有关检讨报告，深刻剖析发生错误原因在于“对于按期给中央作报告，没有提到政治的组织的原则高度去认识”，“没有完全自觉地意识到不按期向中央作报告，就是一种政治上的错误与组织上的违反纪律的行为，这是主要的一方面”。“今后保证定期向中央作报告”，“与各种无纪律观念继续作斗争”。

8月22日，毛泽东复电东北局提出“你们这次检讨是有益的”，这样才能“取得主动”。在这份电报里，他首次提出：加强纪律性是“许多环节在目前时期的一个中心环节”，“这一问题的性质是如此重要，即只有解决这一问题，才能由小规模的地方性的游击战争过渡到大规模的全国性的正规战争，由局部胜利过渡到全国胜利”。

事情到此还未结束，毛泽东决定借批评东北局一事推动全党纪律落实更进一步。他随即起草指示向党内转发和东北局的上述往来电报，要求关内各局“不能因为做几次综合报告，就不检讨这个长期在党内首先在各高级领导机关内存在着尚未解决仅在近来才开始认真解决的关系重大的问题”，要求他们在“克服自己及自己属下的经验主义、游击主义、无纪律状态和无政府状态”方面，“依照东北局办法”，在“一次至几次会议上加以认真检讨，实行自我批评，规定克服办法”，开展反对“无政府无纪律状态”的党内斗争。

批评东北局一事立即在党内引起很大震动。当时在西柏坡准备参加政治局会议的邓小平在一份电报里就说：“毛主席几次谈到加强纪律性系目前工作之中心环节。此种精神，从最近中央对东北局的批评和几个电示可以看到。”对其他未严格执行报告制度的单位和个人，毛泽东和中共中央同样严加批评和督促，又经过中央政治局“九月会议”的总结和提升，加强纪律性的意识和有关规定在全党全军扎根深化。

决战决胜之际，“克服无政府、无纪律状态”

1948年9月8日至13日，中共中央政治局会议（也称“九月会议”）在西柏坡召开。9月12日，也就是在“九月会议”召开期间，辽沈战役开始打响。这次会议是决战决胜之际，中共中央召开的一次重要会议，会议研究部署了解放战争夺取全胜的各方面工作，同时着重强调了全党加强纪律性和集中统一问题。

毛泽东在讲话中强调了全党加强纪律性的重要性：“上面说了许多条，还必须有这一条，没有这一条，那许多条实行起来都不会顺畅。”“中央同志要以全力来做这件事，要在战争的第三年内，在全党全军克服无政府、无纪律状态。”会议通过的基本决议再次强调：“目前工作的中心一环是加强纪律性，克服党内某些严重地存在着的无纪律无政府状态。”

从1948年初“子虞电”开始，中共中央不断发出指示完善报告制度。3月25日发出《关于建立报告制度的补充指示》，拓宽了报告的范围，即各地“对于下级发出的一切有关政策及策略性质的指示及答复”“须同时发给中央一份”；“下级向你们所作政策及策略性的报告，其内容重要者，亦须同时告知我们，文长者摘要电告或函告”；“每一个中央委员、中央候补委员均有单独向中央或中央主席随时反映情况及陈述意见的义务及权利”。6月5日又发出《关于宣传工作中请示与报告制度的规定》，强化了宣传纪律。

“九月会议”通过的《中共中央关于各中央局、分局、军区、军委分会及前委向中央请示报告制度的决议》，则更进一步以中央政治局会议决议的形式，全面强化了请示报告制度的落实执行，超越并涵盖了此前的综合报告制度。决议充分肯定了请示报告制度对于加强纪律性的重要支撑作用——执行请示报告制度就是为了“保证全党全军所执行的各种政策的完全统一及军事计划的完满实施，克服目前党内军内存在着的某些严重的无纪律状态或无政府状态”，同时对执行请示报告制度的具体内容和办法做出明确、细致的规定，并且明确划分了中央和地方在各重大及具体事项上的“决定权”，在决战决胜之际系统梳理了全党各方面的工作权责，历史影响极其深远。

值得指出的是，“九月会议”还从民主集中制的角度审视了加强纪律性问题。任弼时在会上讲道：“加强纪律性绝不是减弱地方的积极性，而是去掉盲动的积极性，发扬有条理有系统的积极性”；“强制应该是在民主基础上的”；“党内缺乏基层组织生活，应加强组织部。基层组织生活不健全，就不能加强纪律性”。而毛泽东对“权力统一”于中央这一提法，特别加上“一切可能和必须统一的”的限制性定语，也反映出他的有关思考，即“统一”要尊重客观实际——“可能的”，同时要保护地方主动性、积极性——“必须的”，正如他在会上说的，“不是一切都统一，而是可能的又必要的就统一，可能而不必要的不统一，必要而不可能的也暂时不统一”。这一系列深入思考把党对加强纪律性的讨论带入到加强民主集中制的更深的层面，“九月会议”后不久中央专门做出《关于健全党委制》决定就与此紧密相关。

加强纪律性，大大增进了全党在政治上的集中统一，对当时解放战争的决战决胜起到重要保障作用。蒋介石在反思自身力量失败的原因时，曾说过这样的话：国军“都养成自保自足的恶习，只看到带领的一部的利害，对于友军的危难、整个战局的成败，几乎漠不关心……纪律如此废弛、精神如此低落，要与凶顽狡猾的匪军作战，绝无幸免于消灭的道理”。败退台湾前夕，他在自己的日记里还写道：共产党的优点之一，就是“执行纪律、主义第一”。

蒋介石集团之败，是多方面原因造成的，其中根本原因在丧失民心，而要害的原因，正如他自己所说，关键在无纪律性、无精神气！

胜与败，关键看纪律！

抗战胜利后，中共军队在哪里单独接受日军投降？

1945年8月15日，日本宣布无条件投降。9月2日，在东京湾的美国“密苏里”号战列舰上，日本代表在投降书上签字。9月3日成为中国抗日战争胜利庆祝日。

1945年9月9日，中国战区接受日军投降签字仪式在南京举行。当时的日本驻中国派遣军总司令官冈村宁次作为日本方面代表在投降书上签字，从这一刻起，侵华日军128万余人向中国投降。

然而，日本宣布投降后，战争并没有完全结束；日本军国主义的代表也并没有完成他们全部的投降仪式。日本宣布投降后，在华日军并没有立即停止作战，一些日军仍在负隅顽抗，各根据地人民军队的反攻也在继续。

1945年12月中下旬，中国共产党领导的新四军向盘踞在江苏高邮城内的日军发起进攻，打败了受命顽抗的日军并于12月26日接受其投降。此战即为高邮战役，也被后人称为“中国人民抗日战争最后一战”。正是在这里，由中国共产党领导的军队，见证了侵华日军最后的投降。

人民军队有权接受日军投降

为抢夺和独霸抗战胜利果实，在日本投降前夕，8月11日蒋介石命令解放区军民“就原地驻防待命”，不得向日军、伪军“擅自行动”，而且命令日军、伪军“切实负责维持地方治安”，抵抗中共领导的人民军队受降。此前一天，8月10日，美国参谋长联席会议指示驻华美军司令魏德迈，要他指挥美军“控制中国战场的关键港口和交通枢纽”，美军所控制的地区和投降的日本军队只转交给国民党政府。8月17日，美国总统杜鲁门签署盟军关于日军投降的第一号命令，声称所有在中国（东北除外）的日本陆海空军，只能向国民党政府及其军队投降，不得向其他中国人民武装力量缴械。

8月13日，朱德、彭德怀致电蒋介石，坚决拒绝他8月11日的错误命令。8月15日，朱德总司令发出致美、英、苏三国政府说帖，声明中国人民抗日武装力量，在延安总部指挥之下，有权接受被我军包围之日、伪军队的投降，有权派遣代表参加同盟国处理日本投降事宜。同日，朱德命令在南京的冈村宁次及其所属一切部队，停止一切军事行动，听候中国解放区八路军、新四军及华南抗日纵队的命令，向我方投降。

负隅顽抗的高邮守敌

按照当时的国际公约，在日本宣布无条件投降后，日军、伪军需要尽快向就近的盟军缴械投降，交出手中的武器。在国共合作抗战的情况下，我党领导的人民武装属于盟军一方，更重要的是，我党领导的人民抗日武装长期坚持敌后抗战，始终奋战在抗日前线，并举行全面反攻，收复失地，是打败日本侵略者的中坚力量，因而有权受降，日军理应向我方投降。

然而，在“反共”这一目标上臭味相投的日军和蒋介石集团，对抵抗中共军队接受日军投降可以说是各自打着如意算盘。对于国民党政府来说，日本投降后，由于国民党军来不及返回以前的日本占领区，华中的日军仍处在与新四军的对峙中，国民党方面要霸占胜利果实，为发动内战做足准备，需要借助日军之手铲除新四军；而对于侵华日军来说，虽然日本已经宣布投降，但驻华日军仍然希望能够全身而退，平安回到日本，以冈村宁次为代表的投降日军，对蒋介石抵抗中共领导下的人民军队受降的命令心领神会。双方“一拍即合”。冈村宁次向何应钦提出了一个“天才计划”：华中长江与黄河流域尚存的30万日军，暂不缴械，绝不向新四军投降，必须要坚持到国民党军队到来后才能出城缴械。于是，驻守在高邮城内的日军大佐岩崎学便接到了来自冈村宁次的命令：死守高邮。

高邮是个古城，地处京杭大运河东岸，南控扬州，北扼两淮（淮阴、淮安），西靠运河，东濒水网，墙高城大，工事坚固，易守难攻，是苏中连接苏北的水陆交通要道。驻守在高邮城内的日伪军接到指令后就更加肆无忌惮，决定以就地“维持治安”为名，继续行占领中国、侵扰地方之实。他们甚至还把扬州当地的日军、伪军也调了过来，准备顽抗到底。

“最后一战”收复高邮

日军占据高邮，已成为威胁苏中两淮安全的在喉之鲠，更成为阻碍中国军队取得抗日战争完全胜利的最后堡垒。面对这种情况，新四军唯有予以坚决还击，才能保卫中国军队在华中当地抗击日寇的胜利果实。

1945年12月3日，华中野战军司令员粟裕、副政委谭震林致电中央军委，建议进行高邮战役。12月15日，粟裕接到邓子恢转来陈毅于12月11日发来的电文，要调七、八两个纵队北上，于是又写了千字的电文报中央，中共中央复电同意发起高邮战役。依据敌军兵力部署和战场形势，华中野战军司令员粟裕运筹帷幄、沉着应对，对即将到来的战争局势进行了冷静思考，并作出了严密的作战计划。

12月19日晚7时，参战部队在南北40公里、东西20公里的范围内同时发起攻势。负责从高邮城北面发起攻击的八纵第六十四团经过一夜激战，在20日拂晓占领北门外的城镇，直逼城垣。八纵第六十六团、第六十八团、第七十团和高邮独立团也在一夜间扫清日军、伪军利用庙宇等高大建筑构筑的外围据点。到20日中午，高邮城外围据点除东门宝塔外，均被扫除，日军、伪军龟缩在城内，处于攻城新四军的包围之中。

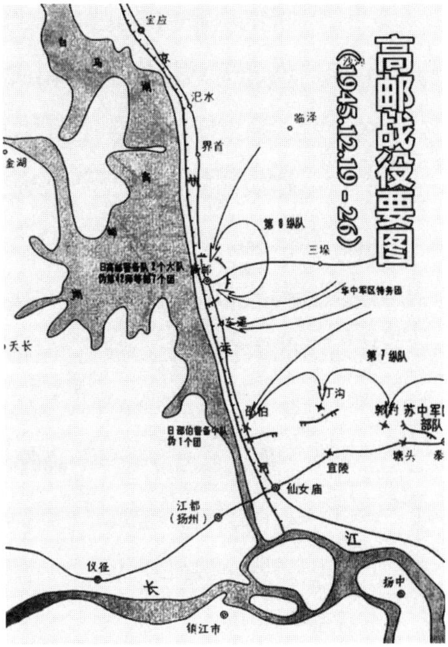

高邮战役要图

在八纵队清扫外围据点的同时，粟裕指挥七纵采取“围三阙一”的打法，集中火力从北、东、西三面猛攻龟缩于核心据点内的敌人。最后日军终于抵挡不住，拼命向南突围，而这正中粟裕下怀，他果断下令围追堵截，日军大多被歼，高邮日军、伪军南逃的退路被切断。

12月25日晚，攻城部队在高邮城西北、东、南三面发起总攻。第六十八团首先以云梯登上城头，突破南门。接着第六十四团利用暗夜的有利形势，在城墙的西北脚架起云梯悄悄往上爬，眼看就要爬上城头，敌人突然扔出许多钩镰枪，对着我军战士又刺又戳，处境十分危险。已有准备的战士迅速将手榴弹一阵阵扔了过去，趁着敌人惊慌失措的瞬间，爬上了城头，为自己赢得了一小块阵地。这时，敌人开始疯狂反扑，一营三连突击班班长袁金生率领全班与敌人展开殊死搏斗，硬是扛住了日军的反扑，保障了后续部队的登城。这时三营也迅速爬上城墙，一营、三营协同作战。在此同时第六十六团也从东门攻进城里。第七十、第七十二团相继投入巷战，在我军猛烈攻击下，日军、伪军纷纷缴械投降。战至25日夜，第六十四、第六十六、第六十八团合围日军司令部，高邮日军彻底失去抵抗能力。日军驻高邮最高指挥官岩崎大佐见此情景，知道大势已去，不得不同意向新四军投降。

这次战役共歼灭日军1100多人、伪军4000多人，收复了高邮城及其以南的大片乡镇。被日军盘踞多年的高邮城，终于回到人民怀抱。

高邮城内的受降仪式

1945年12月26日凌晨，高邮城内举行了新四军接受日军投降的受降仪式。

受降仪式的地点是一座中西合璧式的礼堂。这座礼堂建于1930年。20世纪30年代以后，这里就变成了高邮中山公园所在地。1939年日军侵占高邮之后，这座公园被拉上了铁丝网，变成了这一带日军司令部驻地，当地的老百姓称之为“洪部”，礼堂就被称作洪部礼堂。

受降仪式现场进行了精心安排。新四军代表韩念龙端坐在一条长桌的正中，左右分别是助理和翻译，身后站着新四军干部和战士，长桌左侧站着两排日军军官。仪式开始后，日军驻高邮最高指挥官岩崎大佐走向韩念龙，毕恭毕敬地行了一个礼，手里捧着的是日军的花名册和军械、军需登记册等，然后按照新四军代表命令，向高邮日军各级指挥官发布缴械投降命令。

日军投降仪式结束后，新四军一批干部由日军军官引导，到日军和伪军各部队接受缴械投降。按照事先安排，时任华中野战军首长的粟裕没有以公开身份出席此次的受降仪式，但他身着普通士兵的服饰，以一个旁观者的身份，目睹了受降仪式的全过程。直到三天后，粟裕将军在高邮城接见岩崎大佐时，日方才知道此事。得知眼前就是大名鼎鼎的粟裕将军后，曾经不可一世的岩崎大佐向粟裕深深地鞠了一躬，以表达对他的敬重。

高邮战役，是日本政府宣布无条件投降后，新四军对拒不投降的日军、伪军发动的最后一场战役，也是华中战场对日军的最后一战，以日军缴械投降、新四军彻底胜利告终；中共领导下的新四军接受日军投降，从某种意义上说，也是中国战区接受日军完全投降的最后一个仪式，见证了日本侵略者的最后失败。

高邮战役，彻底打垮了日伪拒不投降的嚣张气焰，也给了不能正确认识历史大势和历史规律、不知道反省自己侵略本性的日本军国主义者沉重一击！

卷　四

神采各异：他们有特殊气质和魅力

毛泽东:“在我身上有些虎气，是为主”

老虎，雄武勇猛，威镇群山，气势豪迈，所向披靡，具有力破万难、一往无前的精神。老虎的这种雄武勇猛之气，毛泽东经常以欣赏的语气谈到，并认为自己身上也有一些“虎气”。比如1966年7月8日，他曾在一封信中写道:“在我身上有些虎气，是为主，也有些猴气，是为次。”这里所说的“虎气”，主要表现在吞吐天地、气壮山河的豪气，不怕鬼、不信邪、敢作敢为的勇气，倔强刚毅、百折不挠的犟气。

毛泽东在诗词中多次以“虎”为题材，在著作和讲话中更是频繁谈“虎”。

让我们走进毛泽东的话题中，看看他是如何谈论“老虎”的。

遇到真老虎怎么办?

毛泽东从11岁开始，独自走山路，从韶山的滑油潭山冲里沿崎岖山中小道走到棠佳阁外婆家。据韶山冲老人回忆，毛泽东曾有三次在路途上遇到过老虎，但是都安全归家了。

滑油潭是毛泽东走近路去棠佳阁外婆家的必经之路，这里群峦起伏，山谷幽深、阴静，经常有豺狼虎豹出没。一次，正值冬天，毛泽东从外婆家回来，为了不让母亲担心，早点进屋，毛泽东又从滑油潭山冲里走，当他行走到书堂山底下时，遇到一只猛虎。这件事，有后人以文学的笔法，作了这样的故事性转述:

“吼……”一头威武雄壮的大老虎，坐在半山腰上朝着空中大叫一声，毛泽东听了，不由得后退一步，他急忙躲到树后隔远望去，老虎头上色彩斑斓的“王”字清晰可见，全身呈现出褐黄色和黑色横纹，虎眼圆瞪，威风凛凛。硕大的老虎离他只有二十丈远，周围的柴草被一条时而翘起摇摆，时而垂下横扫的大尾巴扫得沙沙作响。

毛泽东记得他爷爷毛冀臣说过，路遇老虎，一是不要心慌，你不惹虎，虎不伤你。二是走两边绕过，因为老虎没有人类的智商，只知道走直路，不走弯路。毛泽东小心地慢慢地从树背后走了出来，沿山路小跑回家。说也奇怪，你不惹它，它不惹你，这只老虎眼睁睁地望着他走了，一直坐在那里未动。“人不犯我，我不犯人”，老虎不但“不犯人”，最后还乖乖地“撤退”。

韶山冲里后人的这些描述，当然带有一些演绎的成分。

对这样的事，毛泽东本人曾经于1936年10月在与斯诺的谈话中提到过，但他只回忆了自己父亲的经历：“有一天，我父亲出门去收一些款子，路上遇见一只老虎。老虎突然遇见人，立刻逃跑了。然而对此更加感到惊异的却是我父亲。事后他对自己这个奇迹般的脱险思考得很多。他开始怀疑自己是不是冒犯了神明。从此，他对佛教比较敬重了，间或也烧些香。然而，当我变得越来越不信神的时候，老头儿也并不干涉。他只是在自己处境不顺当的时候，才祷告一番。”

不赞同“从老虎口里讨碎肉”

1919年7月14日，毛泽东写了一篇《各国的罢工风潮》的评述文章，里面提到法国的克列孟梭（1841—1929），这个法国资产阶级政治家外号“老虎”，曾参与起草《凡尔赛和约》。毛泽东在文中表达了这样的观点：“从老虎口里讨碎肉，是不能够的。”

这是目前所见到的毛泽东首次以“老虎”作为比喻，评述外国政治的文章。

1920年3月12日，毛泽东在致黎锦熙的信中，再次表达了这样的观点：“弟于吾湘将来究竟应该怎样改革，本不明白。并且湖南是中国里面的一省，除非将来改变局势，地位变成美之‘州’或德之‘邦’，是不容易有独立创设的。又从中国现下全般局势而论，稍有觉悟的人，应该就从如先生所说的‘根本解决’下手，目前状况的为善为恶，尽可置之不闻不问，听他们去自生自灭。这样支支节节的向老虎口里讨碎肉，就使坐定一个‘可以办到’，论益处，是始终没有多大的数量的。——不过，这一回我们已经骑在老虎背上，连这一着‘次货’——在中国现状内实在是‘上货’——都不做，便觉太不好意思了。”

“一切反动派都是纸老虎”

1946年8月6日，61岁的美国进步作家和记者安娜·路易斯·斯特朗到延安杨家岭采访中共中央主席毛泽东。斯特朗采访毛泽东的第一个问题是国共两党达成的政治解决的前景如何，第二个问题是美国是否可能举行反苏战争，第三个问题是有关对原子弹的看法。

当斯特朗问道：“如果美国使用原子炸弹呢？如果美国从冰岛、冲绳岛以及中国的基地轰炸苏联呢？”毛泽东发表了一篇后来震惊世界的著名谈话——《和美国记者安娜·路易斯·斯特朗的谈话》，提出了“一切反动派都是纸老虎”的论断，文中说道：

> 原子弹是美国反动派用来吓人的一只纸老虎，看样子可怕，实际上并不可怕。当然，原子弹是一种大规模屠杀的武器，但是决定战争胜败的是人民，而不是一两件新式武器。

一切反动派都是纸老虎。看起来，反动派的样子是可怕的，但是实际上并没有什么了不起的力量。从长远的观点看问题，真正强大的力量不是属于反动派，而是属于人民。在一九一七年俄国二月革命以前，俄国国内究竟哪一方面拥有真正的力量呢？从表面上看，当时的沙皇是有力量的；但是二月革命的一阵风，就把沙皇吹走了。归根结蒂，俄国的力量是在工农兵苏维埃这方面。沙皇不过是一只纸老虎。希特勒不是曾经被人们看作很有力量的吗？但是历史证明了他是一只纸老虎。墨索里尼也是如此，日本帝国主义也是如此。相反的，苏联以及各国爱好民主自由的人民的力量，却是比人们所预料的强大得多。

蒋介石和他的支持者美国反动派也都是纸老虎。提起美国帝国主义，人们似乎觉得它是强大得不得了的，中国的反动派正在拿美国的'强大'来吓唬中国人民。但是美国反动派也将要同一切历史上的反动派一样，被证明为并没有什么力量。在美国，另有一类人是真正有力量的，这就是美国人民。

拿中国的情形来说，我们所依靠的不过是小米加步枪，但是历史最后将证明，这小米加步枪比蒋介石的飞机加坦克还要强些。虽然在中国人民面前还存在着许多困难，中国人民在美国帝国主义和中国反动派的联合进攻之下，将要受到长时间的苦难，但是这些反动派总有一天要失败，我们总有一天要胜利。这原因不是别的，就在于反动派代表反动，而我们代表进步。

"在野兽面前，不可以表示丝毫的怯懦"

1949年6月，当中国共产党迎来成立28周年纪念的时候，当中国共产党领导人民即将建立新中国的时候，毛泽东写下了《论人民民主专政》

一文。其中在回应有关“一边倒”外交政策时，谈到“对付国内外反动派即帝国主义者及其走狗们”的态度：

积四十年和二十八年的经验，中国人不是倒向帝国主义一边，就是倒向社会主义一边，绝无例外。骑墙是不行的，第三条道路是没有的。我们反对倒向帝国主义一边的蒋介石反动派，我们也反对第三条道路的幻想。

“你们太刺激了。”我们讲的是对付国内外反动派即帝国主义者及其走狗们，不是讲对付任何别的人。对于这些人，并不发生刺激与否的问题，刺激也是那样，不刺激也是那样，因为他们是反动派。划清反动派和革命派的界限，揭露反动派的阴谋诡计，引起革命派内部的警觉和注意，长自己的志气，灭敌人的威风，才能孤立反动派，战而胜之，或取而代之。在野兽面前，不可以表示丝毫的怯懦。我们要学景阳冈上的武松。在武松看来，景阳冈上的老虎，刺激它也是那样，不刺激它也是那样，总之是要吃人的。或者把老虎打死，或者被老虎吃掉，二者必居其一。

“部队每团都要培养一个夜老虎连”

新中国成立后，在强调人民军队要加强训练、增强部队力量、开展大比武和培养军人血性等问题时，毛泽东也经常用“老虎”来形容。特别是在上世纪六十年代指示部队如何开展军事训练时，他说过：

敌人越凶越不要怕它。蒋介石过去不凶？美国不凶？具体到每个战斗的打法就不同了，就要重视它。军队无非是要学会两个东西，一个是会打，一个是会走。会打、会走，军队都要学会。打就吃它一口，吃不了大的吃小的，吃了一口再吃一口。

部队要练夜战、近战，练二百米硬功夫，每团要培养一个夜老虎连。

要注意多搞夜战、近战。在很黑的夜间搞，什么也看不见。什么叫做夜老虎？就是要搞夜战，搞近战，训练部队晚上行军，晚上打仗。

“‘老虎屁股摸不得’，那就不好了”

1954年9月14日，毛泽东在《关于辛亥革命的评价》一文中，明确指出：“从社会发展历史上说，辛亥革命确实是一次资产阶级性质的民主革命。”讲到“辛亥革命没有成功，失败了”。为什么失败？毛泽东分析说：

就是因为孙中山的领导集团犯了错误，有缺点。关于这一点，孙中山有过自我批评，国民党第一次全国代表大会通过的宣言上曾经说，当时向袁世凯妥协是不对的。国民党在第一次代表大会上都做了批评，现在我们就不能批评吗？我们在座的各位是不是圣人？要说是圣人嘛，圣人就多得很；要说不是圣人嘛，我看圣人也就一个没有。人总是有缺点的，总是要犯错误的，只是不要错得太多就是了。比如当主席，说十句话错了六句，错了百分之六十，那他的主席就当不成了。要说一句话都不错，没有那回事。写文章，总是改来改去，如果不错，何必改呢？做一篇文章，往往要犯很多错误。过去我到过上海，上海那个地方很复杂，我经常走错路，总是犯错误。凡是我有了错误，希望能及时得到朋友们的批评和纠正。一个人总是会有许多缺点的。如果觉得自己一点缺点也没有，‘老虎屁股摸不得’，那就不好了。要做到‘言者无罪，闻者足戒’。我们是靠老实吃饭，不靠摆架子吃饭。当然，在帝国主义面前，在艾德礼

（英国前首相——引者注）等人面前，还是可以‘摆摆架子’的，但靠摆架子吃饭就不好了。如果共产党的领袖人物就说不得，各民主党派、人民团体的领导人物就说不得，那就不好了。

毛泽东也多次针对干部要能够听取不同意见，特别是听取批评意见的问题，以“老虎”为例。他指出：

我们有些同志，听不得相反的意见，批评不得。这是很不对的。对于工作中的缺点错误，就要担起责任。不负责任，怕负责任，不许人讲话，老虎屁股摸不得，凡是采取这种态度的人，十个就有十个要失败。人家总是要讲的，你老虎屁股真是摸不得吗？偏要摸！

“美国帝国主义在铁老虎的形式中包含纸老虎的实质”

1955年4月29日，毛泽东与来访的英国共产党主席波立特之间，有过一段关于如何看待战争与和平，如何看待美国帝国主义的对话。他说：

我们对美国的看法，可以说是可怕，但又不可怕。美国手里有几颗原子弹，如果说不怕它，那么我们为什么要搞和平运动呢？但其实又不可怕。目前美国在广大的中间地带，从东京到伦敦建立军事基地，把三百万军队中的一百多万人都钉在这些基地上，动都动弹不得。这不像是个打仗的架势。美国实行着实力政策，如果真的打起来，首先中间地带就完了。但是，这广大中间地带的人民中，亚非两大陆就有十四个亿，还有欧洲的人民，都是我们反对美国侵略的同盟者。所以我们在国内和国际方面都有很多工作可做，美国最后必定要被孤立起来。在其他国家中支持美国战争政策的人也会愈来愈孤立，这些人可能每个国家内都有，像蒋介石这样的人我想英国也有。

目前的问题是和平还是战争？战争打起来，资本主义制度就会早些完蛋；如果不打，还可以多活几年。

我们称美帝国主义为纸老虎，它还叫嚣，不相信。可以这样说，战争如果打起来，在战争初期和表现形式上，它可能是铁老虎，可是到后来便会成为纸老虎。因为美帝国主义不得人心，人民反对它，它只能是在铁老虎的形式中包含纸老虎的实质。希特勒也是如此，但纸老虎的成分美帝国主义还多一点。美国的军队到处不受人欢迎。美国有三百万军队，驻在世界各地却有一百五十万。这样把自己的力量钉死了，无法打仗。看样子美国现在是想霸占些地方，不一定就会打起仗来。只要有五十年的和平，我们便可进行十个五年计划。同时在五十年间，在美国控制下的各国人民无法容忍，便要起来摆脱美国的控制。但是美帝国主义真的要打，我们也不怕。我们不要打，它打来，那么便要扫它几下。在亚、非、欧，扫它是有把握的。如果打起来，三个洲都会变成一个腔调。因为我们有力量，对帝国主义我们并不怕。

我们要努力阻止战争的爆发。万一战争无法阻止，准备打他几年，把战争从三个洲的土地上扫出去。第一次世界大战只打了四年，第二次世界大战打了五六年，第三次世界大战准备打上十年吧。自人类有史以来，只打过两次世界大战。第一次打出个苏联来，第二次打出八亿人口的人民民主国家。自第二次世界大战后还出现了两类新的国家：第一类是中国及人民民主国家，第二类是独立及半独立的印度、缅甸、印尼等。所以不待事实出现，就可以作出这样的结论：如果发生了第三次世界大战，资本主义世界就要完结。如果有疯子要发动战争，也没有什么了不起，灭亡的是帝国主义。

1956年7月14日，他在与拉丁美洲人士谈话时，还说过：

美国到处打着反共的招牌，为着达到侵略别人的目的。美国到处欠账。欠中南美国家、亚非国家的账，还欠欧洲、大洋洲国家的账。全世界，包括英国在内，都不喜欢美国。广大人民都不喜欢美国。

现在美帝国主义很强，不是真的强。它政治上很弱，因为它脱离广大人民，大家都不喜欢它，美国人民也不喜欢它。外表很强，实际上不可怕，纸老虎。外表是个老虎，但是，是纸的，经不起风吹雨打。我看美国就是个纸老虎。整个历史证明这一点，人类阶级社会的几千年的历史证明这一点：强的要让位给弱的。美洲也是这样。只有帝国主义被消灭了，才会有太平。总有一天，纸老虎会被消灭的。但是它不会自己消灭掉，需要风吹雨打。

我们说美帝国主义是纸老虎，是从战略上来说的。从整体上来说，要轻视它。从每一局部来说，要重视它。它有爪有牙。要解决它，就要一个一个地来。比如它有十个牙齿，第一次敲掉一个，它还有九个，再敲掉一个，它还有八个。牙齿敲完了，它还有爪子。一步一步地认真做，最后总能成功。从战略上说，完全轻视它。从战术上说，重视它。跟它作斗争，一仗一仗的，一件一件的，要重视。现在美国强大，但从广大范围、从全体、从长远考虑，它不得人心，它的政策人家不喜欢，它压迫剥削人民。由于这一点，老虎一定要死。因此不可怕，可以轻视它。但是，美国现在还有力量，每年产一亿多吨钢，到处打人。因此还要跟它作斗争，要用力斗，一个阵地一个阵地地争夺。这就需要时间。看样子，美洲国家、亚洲非洲国家只有一直同美国吵下去，吵到底，直到风吹雨打把纸老虎打破。

“破除对西方的迷信”，“打老虎要讲究拳法”

1958年9月2日，毛泽东在会见巴西记者马罗金和杜特列夫人时，外宾问到如何看待美国对中国的禁运问题，毛泽东回答：“对我们说来，没有影响，好处甚大。”

外宾问到“主席对国际形势是乐观还是悲观”时，毛泽东回答：

西方国家要达到它们的目的是很困难的。它们的目的是要统治一切可能统治的地方，但是它们到处受到抵抗。它们这些殖民国家结成一体，自称为西方国家。从地理上看，巴西也算西方国家；但是，从政治上看，它们所说的西方国家，实际上只是美国、英国、法国、意大利、比利时、西德、荷兰等等。西方世界的太阳是傍晚的没落的太阳，亚洲、非洲、拉丁美洲的太阳是早晨的上升的太阳。帝国主义历来就是吓唬人的，有时也动手打人，我们就是不要被它们吓倒，不要怕它们。对西方的崇拜是一种迷信，这是由历史形成的，现在这种迷信正在逐渐破除。说西方是先进的，这也是一种迷信；恰恰相反，它们是落后的。自然，它们有一点东西，无非是几斤钢铁和几个原子弹；其实这也没有什么了不起，因为它们在政治上是落后的，

光明日报
GUANGMING RIBAO
关于帝国主义和一切反动派是不是真老虎的问题
（一九五八年十二月一日）
毛泽东

1958年12月1日，毛泽东在《光明日报》发表了《关于帝国主义和一切反动派是不是真老虎的问题》的谈话

是腐败的，是低级趣味的，所以我们看不起它们。

他们虽然有钢铁和原子弹，但是这些东西是拿在落后的人手里，拿在垄断资本家手里；他们一时耀武扬威，最后总是要垮下去的。破除对西方的迷信，这是一件大事，在亚洲、非洲、拉丁美洲都要进行。在我们国家也要继续破除这种迷信。

在与巴西客人的这次谈话中，毛泽东还特别谈到了如何对待“纸老虎”的问题，他说：

我说的是，要在战略上蔑视帝国主义，把帝国主义看成纸老虎，不算数；但是在战术上和在每件具体工作上，却要重视它们，要认真地对待它们。帝国主义由真老虎变成半真半假的老虎，再变成完全的假老虎，即纸老虎，这是一个事物走向反面的转化过程，我们的任务就是要促进这个过程。在这个过程结束之前，老虎还可能要活一个时期，还能咬人。因此，打老虎要一拳一拳地打，要讲究拳法，不能大意。

在毛泽东的众多谈话和文章中，数次地以“老虎”为题，最为人们熟知和印象深刻的谈话，是关于“帝国主义和一切反动派都是纸老虎”的论述。1958年12月1日，毛泽东发表了《关于帝国主义和一切反动派是不是真老虎的问题》的谈话，他的回答是：

既是真的，又是纸的，这是一个由真变纸的过程的问题。变即转化，真老虎转化为纸老虎，走向反面。一切事物都是如此，不独社会现象而已。我在几年前已经回答了这个问题，战略上藐视它，战术上重视它。不是真老虎，为什么要重视它呢？看来还有一些人不通，我们还得做些解释工作。

七月一日：毛泽东的几个瞬间

七月一日，是中国共产党成立的日子。作为中国共产党的创始人之一，每到七月一日这一天，毛泽东都是怎样度过的呢？让我们走进几个历史的瞬间作一些观察。

1921年的7月1日，毛泽东正同何叔衡一道在途经武汉赶往上海途中，去“赴全国○○○○○之招”（此为谢觉哉1921年6月29日日记内容，据谢觉哉说，“○○○○○”，即“共产主义者”，因怕暴露秘密，画圈代意）。这就是毛泽东一生中与中国共产党紧密相关的第一个7月1日。7月23日，中国共产党第一次全国代表大会在上海召开；8月初在嘉兴南湖结束。

这次7月里开始进行的秘密集会，发展成了中国历史上开天辟地的大事变，犹如擎起的一把熊熊火炬，给饱受战乱、灾难深重的中国人民带来了光明和希望。

1938年五六月间，毛泽东在延安抗日战争研究会发表演讲，谈到了这个日子的重要性，他把这一天当作“纪念日”，提出：“今年七月一日，是中国共产党建立的十七周年纪念日。”

从这以后，7月1日这个日子，开始被人们作为中国共产党诞辰纪念日牢牢记住。

这一天，毛泽东参加重大活动

历史上的这一天，毛泽东曾多次出席纪念中国共产党成立的各种庆

毛泽东主席（中）、胡志明主席（右）和刘少奇同志（左）在游园晚会上观看表演。新华社记者 钱嗣杰 摄

祝活动、纪念活动，留下了许多与广大党员干部和人民群众一起为党庆生的欢乐瞬间。比如：

1943年，毛泽东在“七一”当天出席了中共中央办公厅为纪念中国共产党成立二十二周年和抗战六周年在中央大礼堂举行的干部晚会。

1949年的7月1日，毛泽东同朱德、周恩来等出席中共中央华北局、北平市委在先农坛运动场召开的纪念中国共产党成立二十八周年大会。

1951年，“七一”当晚，毛泽东和刘少奇、朱德等出席政协全国委员会及各民主党派、人民团体在中南海怀仁堂举行的庆祝“七一”的盛大酒会。

1955年7月1日当晚，毛泽东和刘少奇、周恩来、朱德、陈云、董必武、林伯渠、彭真、康生、张闻天、彭德怀、邓小平陪同胡志明、长征（时任越南劳动党中央总书记）参加中共北京市委为庆祝中国共产党成立三十四周年和欢迎越南政府代表团在中山公园举行的游园晚会。

这一天，毛泽东有重要报告或文章

“七一”当天，毛泽东多次以在纪念活动现场作报告、在新华社刊发纪念主题的社论以及在纪念专刊刊载题词等方式，科学分析中国共产党面对的形势，明确党的任务，研讨党的政策策略，鼓舞全党斗志，留下了一篇篇深入浅出、发人深省、极富感染力的重要文章和领袖金句。

——1938年7月1日，当天出版的《解放》第四十三、第四十四期合刊的《抗战一周年中国共产党十七周年纪念专刊》刊登毛泽东的题词：“坚持抗战，坚持统一战线，坚持持久战，最后胜利必然是中国的。”

——1943年7月1日，毛泽东出席纪念中国共产党成立二十二周年和抗战六周年的干部晚会并作报告。他分析指出，“过去一年里，世界的战争形势已经有了根本的改变，法西斯侵略者已经丧失了主动权，主动权到了同盟国手里了”，科学研判未来的发展趋势是“必然要造出一个更加进步的世界，一个更加进步的中国，这就是大方向”。同时，他还就我们党的政策分为对全国的和在陕甘宁边区、敌后抗日根据地的两部分进行了具体阐释。

——1947年7月1日，新华社发表经毛泽东修改的社论《努力奋斗迎接胜利——纪念中国共产党创立二十六周年》。毛泽东修改时加写几段话，特别指出：“我们有个伟大的民族统一战线，这个统一战线包括工人、农民、知识分子、小资产者、爱国的民族资本家、开明绅士、少数民族及海外华侨，这就是全中国的人民大众。”“前进的道路上还会有困难，我们一定要正视这些困难，宁可作长期打算，不要有速胜论，有困难我们一定要克服，也一定可以克服。同胞们，同志们，勇敢前进，努力奋斗，迎接胜利。”

这一天，毛泽东通宵阅读

毛泽东一生酷爱阅读。在许多个7月1日的夜晚，他都通宵阅读。每每读到好文章、好书，总是欲罢不能。有时觉得仅是阅读还不过瘾，还要约作者面谈。有人比喻，他的阅读方式极像当代社会的书虫催更。

1944年7月1日这天清晨，毛泽东写信给丁玲和欧阳山两人。信中说：“快要天亮了，你们的文章（指丁玲写的《田保霖》和欧阳山写的《活在新社会里》两篇文章，这两篇文章介绍了陕甘宁边区合作社工作中的模范人物，发表于1944年6月30日《解放日报》）引得我在洗澡后睡觉前一口气读完，我替中国人民庆祝，替你们两位的新写作作风庆祝！合作社会议要我讲一次话，毫无材料，不知从何讲起。除了谢谢你们的文章之外，我还想多知道一点，如果可能的话，今天下午或傍晚拟请你们来我处一叙，不知是否可以？”当天下午，丁玲、欧阳山应约到枣园毛泽东住处谈话。

翻开《毛泽东年谱（1893—1976）》，其中有关于毛泽东在7月1日当天阅读的记载至少有三处。

一处是1954年7月1日，记载毛泽东阅读了《政法研究》编辑部编译的《苏联宪法草案的全民讨论》一文，批送刘少奇、朱德、邓小平、李维汉、彭真：“此件值得看一下。”又批示：“送田家英同志阅，退毛。”

一处是1973年7月1日，当晚，毛泽东阅读了外交部6月28日编印的内部刊物《新情况》第153期刊登的题为《对尼克松 — 勃列日涅夫会谈的基本看法》一文。该文分析了美苏签订防止核战争协定以后的世界形势，认为美苏会谈所表现出的特点是“欺骗性更大”，“美苏主宰世界的气氛更浓”。次日，毛泽东让王海容向外交部党的核心小组转达他对该文的批评意见。

另一处，记载的是毛泽东处理故人来信请托的事。1950年7月1日，毛泽东阅读了周邦式（字长宪，五四运动前后曾与毛泽东等组织读书会，当时在重庆女子师范学院任教）6月16日来信，批示李维汉："周长宪，北大毕业，教了三十年书，政治背景不详，看其来信，似不太坏的人，要求来京就业或学习。是否可以许其入革大学习，请查告。"

这一天，毛泽东"夜不能寐"，"欣然命笔"

毛泽东是一位伟大的诗人。作为诗人的伟大，首先基于他对党、对人民有着深厚的情怀。

在中央文献研究室编辑的《毛泽东诗词集》中，共收入他的诗词作品67首（他生前发表39首，未发表28首）。《沁园春·长沙》《西江月·井冈山》《采桑子·重阳》《忆秦娥·娄山关》《清平乐·六盘山》《七律·长征》《沁园春·雪》《浪淘沙·北戴河》《卜算子·咏梅》等等诗词作品，艺术成就极高，广为流传，脍炙人口。

其中，著名的《七律二首·送瘟神》就作于1958年7月1日党的生日这天。

毛泽东为这两首诗写的小引是这样说的：

"读六月三十日《人民日报》（1958年6月30日《人民日报》发表《第一面红旗——记江西余江县根本消灭血吸虫病的经过》的报道，同时发表社论《反复斗争，消灭血吸虫病》），余江县消灭了血吸虫。浮想联翩，夜不能寐。微风拂煦，旭日临窗。遥望南天，欣然命笔。"抄录如下：

其一

绿水青山枉自多，华佗无奈小虫何！

千村薜荔人遗矢，万户萧疏鬼唱歌。
坐地日行八万里，巡天遥看一千河。
牛郎欲问瘟神事，一样悲欢逐逝波。

其二

春风杨柳万千条，六亿神州尽舜尧。
红雨随心翻作浪，青山着意化为桥。
天连五岭银锄落，地动三河铁臂摇。
借问瘟君欲何往，纸船明烛照天烧。

同时，他还在后记中写道：“六月三十日《人民日报》发表文章说：余江县基本消灭了血吸虫，十二省、市灭疫大有希望。我写了两首宣传诗，略等于近来的招贴画，聊为一臂之助。就血吸虫所毁灭我们的生命而言，远强于过去打过我们的任何一个或几个帝国主义。八国联军，抗日战争，就毁人一点来说，都不及血吸虫。除开历史上死掉的人以外，现在尚有一千万人患疫，一万万人受疫的威胁。是可忍，孰不可忍？然而今之华佗们在早几年大多数信心不足，近一二年干劲渐高，因而有了希望。主要是党抓起来了，群众大规模发动起来了。党组织，科学家，人民群众，三者结合起来，瘟神就只好走路了。”

当天，他还致信胡乔木：“睡不着觉，写了两首宣传诗，为灭血吸虫而作。请你同《人民日报》文艺组同志商量一下，看可用否？”

毛泽东之所以在7月1日这天“睡不着觉”而“写了两首宣传诗”，根源还在于他的心始终被人民的安危冷暖所牵动！

毛泽东“七一”写诗，还不止上述两首。1959年7月1日，他还在庐山作了一首《七律·登庐山》：

一山飞峙大江边，跃上葱茏四百旋。

冷眼向洋看世界，热风吹雨洒江天。
云横九派浮黄鹤，浪下三吴起白烟。
陶令不知何处去，桃花源里可耕田？

这首诗反映了在面对当时国内外复杂的局势和中国共产党面临的特殊困难时，毛泽东抒发共产党人的一种气概、一种情怀，以及他对社会主义前景的一种坚定、从容的展望。

这一天，他对一些重要文件作出批示

作为我们党第一代中央领导集体的核心，毛泽东日常公务十分繁重。在历史上的7月1日这一天，他曾分别就政治、经济、文化以及军事作出一系列重要批示。略举几例：

一是毛泽东高度重视马恩列斯经典著作的编译出版，指导工作细致入微。甚至对于一些较大部头的文章，印刷时该分成几卷，都曾作出详细而具体的指示意见。1963年7月1日，他在中南海颐年堂召集陆定一、萧华、许立群等开会，提出出版一批马恩列斯的经典著作，供干部阅读，并印一部分大字本。要中央宣传部开出一个书目来，报他批准。此后，他还专门针对印大字本问题，指示周扬："同意用照相放大胶印的办法。但请注意封面不用硬纸；大书（例如《唯物主义与经验批判主义》《反杜林论》）过去例作一卷或两卷，现应分装四卷或八卷，使每卷重量减轻。"这批著作于1964年5月出版。

二是毛泽东高度重视农业和工业生产。1962年7月1日，他到达郑州，同刘建勋谈话，了解河南的麦收情况。得知麦收不那么坏，预计秋收比夏收还会好一点。1974年7月1日，经毛泽东审阅同意，中共中央发出《关于"抓革命、促生产"的通知》。通知指出：从上半年的工业生产情况看，还有一些地区和单位没有完成国家计划，必须引起我们严重注意。擅离职守的领导干部和其他人员，必须返回工作岗位。对于那些把打内战、停工停产的行为说成是“反潮流”“不为错误路线生产”的错误言论，必须加以批驳。对于群众中提出的有关劳动、工资等经济政策方面的问题，一律放到批林批孔运动后期，经过调查研究，具体分析、统筹解决。通知规定：不准揪斗干部，不准打人抓人。

三是毛泽东十分关心社会主义文化的繁荣工作。1949年7月1日，新华社发表经毛泽东修改审定的中共中央给将于二日在北平开幕的中华全国文学艺术工作者代表大会的贺电。贺电说：“我们中国是处在经济落后和文化落后的情况中。在革命胜利以后，我们的任务主要地就是发展生产和发展文化教育。人民革命的胜利和人民政权的建立，给人民的文化教育和人民的文学艺术开辟了发展的道路。我们相信，经过你们这次大会，全中国一切爱国的文艺工作者，必能进一步团结起来，进一步联系人民群众，广泛地发展为人民服务的文艺工作，使人民的文艺运动大大发展起来，借以配合人民的其他文化工作和人民的教育工作，借以配合人民的经济建设工作。”

四是毛泽东高度关注军事斗争，并指挥若定。1946年7月1日，针对蒋介石当天发布给各战区长官的命令（蒋介石7月1日通过广播演说公开发布给各战区长官的命令，声称：“如共军不进攻我军，则我军亦不进攻共军”），毛泽东同朱德公开发布致全体战地司令员命令：“在任何地点，如国民党军队不攻击我军，我军即不应主动地攻击国民党军。但如被攻击，我军将坚决采取自卫手段，以保护人民之生命财产，并维持民主政府的法令。”1947年7月1日，毛泽东为中共中央军委起草致朱德、刘少奇，聂荣臻转杨得志、罗瑞卿并告林彪、罗荣桓电。电报指出：每打一仗后，如损伤不大时，休整数日至十天即打第二仗，目前不要作整月休息计划。每次作战计划，以歼灭孤立分散之敌为主，必须对敌方增援有充分之事先准备，但不要将计划重心放在打增援上。因在目前情况下，敌方往往畏惧增援，若决心增援，又往往集中兵力使我不易歼击。又指出：占领之地能守者，以地方部队守之，不能守者则不惜立即放弃，让敌重占，以利我再度、三度、四度之歼击。总之，我军必须完全主动，不要有任何被动。

这一天，毛泽东也在处理一些外交大事

毛泽东也是一位外交大师，他在外交上的高瞻远瞩、雄才大略，令人瞩目和敬仰。其外交风采在“七一”当天也留下了不可磨灭的深刻印记。略举几例：

1938年7月1日，毛泽东出席中共中央召集的欢迎世界学联代表团的干部会议。在欢迎词中说：中共中央以万分诚意欢迎世界学联派遣代表团来华考察，感谢世界学联对中国

毛泽东与世界学联代表团合影

的衷心援助。抗战虽然要自力更生，但外援也有重大意义，我们需要国际援助，希望代表团把中国人民的这一愿望带给将要开幕的世界青年大会和全世界人民。代表团访问延安期间，毛泽东的和蔼谦逊和远见卓识，给代表团留下极为深刻的印象。

1955年和1956年的“七一”，毛泽东分别在中南海颐年堂和勤政殿会见苏联驻中国大使馆临时代办罗迈进和世界著名和平人士、黎巴嫩东正教大主教尼冯·萨巴。

1975年7月1日上午，毛泽东在中南海游泳池住处会见泰国总理克立。毛泽东处理一些重大的外交事件和外交难题，往往把外交思想和外交艺术，轻松地融入风趣幽默语言当中。谈到中国同其他国家的共产党的关系时，毛泽东说，我们支持世界各国的共产党，但是不支持修正主义。共产党是骂出来的，是打出来的，是杀出来的。美国花了两千亿美元，派了五十万军队，去打越南、柬埔寨。不打还好，一打呢，美国滚走了。谈到尼克松时，毛泽东说，尼克松总统，他来了，尼克松不错，他是很有能力的总统。如果方便，请代我问他好。他得罪了东部大财团。我的朋友倒霉，尼克松、田中角荣、希思、蓬皮杜。

走进“七一”，回顾毛泽东的一些瞬间，你会深切地感知到毛泽东作为党和国家领导人伟大而平凡的各个侧面，也会从中更加体会到我们党如何一路走来的历程之艰辛！

周恩来平生仅有的一次“拍桌子”

1927年7月30日，在江西南昌，一场关于是否继续起义的紧急会议上，争论异常激烈。一向温文尔雅的周恩来没压住怒火，砰的一声，拍案而起。二十多年后，他对人说到：“拍桌子这个举动，是我平生仅有的一次。”周恩来到底因何怒拍桌子？

中共中央决策“实行南昌暴动”

蒋介石和汪精卫背叛革命后，国内政治局势陡然逆转。共产党人和革命群众遭到野蛮屠杀。据不完全统计，从1927年3月至1928年上半年，被杀害的共产党员和革命群众达三十一万多人。神州大地笼罩在腥风血雨之中，中国革命处于命悬一线的紧要关头。

在严酷的斗争和血的教训中，中国共产党人深刻认识到，没有革命的武装就无法战胜武装的反革命，就无法担起领导中国革命的重任，就无法夺取中国革命的胜利，就无法改变中国人民和中华民族的命运。不进行武装反抗，就无异于坐以待毙，听任整个中国变成黑暗的中国。

在极端危急的情况下，为了挽救革命，党领导人民进行了艰苦卓绝的斗争。1927年7月中旬，中共临时中央常委会会议初步决定，以在“东征讨蒋”口号下聚集在九江、南昌一带贺龙领导的国民革命军第二十军、叶挺率领的第十一军第二十四师和朱德领导的第三军军官教育团为基础，在南昌举行武装起义，周恩来为中共前敌委员会书记。

7月20日，谭平山、李立三、恽代英、邓中夏、叶挺等同聂荣臻一起在九江举行谈话会。鉴于张发奎日益右倾，谈话会提议，“抛弃依张之政策，而决定一独立的军事行动”。“在军事上赶快集中南昌，运动二十军与我们一致，实行南昌暴动，解决三、六、九军在南昌之武装。在政治上反对武汉南京两政府，建立新的政府来号召。”

7月24日（或25日），周恩来在中共临时中央常委会会议上发言提议中央从速决定南昌起义的名义、政纲和策略，切实计划发动湘、鄂、赣和广东东江一带工农势力，要求共产国际迅速接济军火物资。会议决定以国民党革命委员会的名义在南昌举行武装起义，起义部队的行动方向是立即南下，占领广东，取得海口，以取得共产国际的援助，再举行第二次北伐。这样，南昌起义的决策部署就正式确定下来。

南昌起义险些被搁置，周恩来拍案而起

实行南昌起义的决策确定后，周恩来立即紧张地进行组织准备和军事部署。7月26日，周恩来在陈赓陪同下赶赴九江，向正在这里讨论起义问题的李立三、邓中夏、谭平山、恽代英等传达中共中央的决定。针对讨论中是否把没收大地主土地列入起义政纲的争论，周恩来明确指出：应该以土地革命为主要的口号。会议同意周恩来的意见，并作出了决定。随后，组织起义部队向南昌集中，交代聂荣臻设法把在马回岭的第四军第二十五师拉到南昌，参加起义。

7月27日，周恩来从九江到达南昌。根据中央决定，中共前敌委员会（简称“前委”）成立，由周恩来、李立三、恽代英、彭湃组成，周恩来任书记。前委当即决定于7月30日起义。

正当起义各项准备工作紧锣密鼓推进之时，29日上午突然接连收到中央代表张国焘发来的两份密电，说：暴动宜慎重，无论如何要等他到

后再作决定。周恩来同前委其他成员商议后果断地决定：暴动决不能停止，继续进行一切准备工作。

7月30日，张国焘到达南昌，在中共前委紧急会议上提出：起义如果有成功的把握，可以举行，否则不可动；应该征得张发奎的同意，否则不可动。周恩来和前委其他成员一致反对张国焘的这种不切实际的主张和犹豫不决的态度，坚决表示："暴动断不能迁移，更不可停止。张（发奎）已受汪之包围，决不会同意我们的计划。在客观应当是我党站在领导的地位，再不能依赖张。"张国焘一看自己的意见受到那样强烈的反对，就搬出共产国际来阻止，说这是国际代表的意见。在这个迫在眉睫的时刻，一旦错过时机、贻误战机，将造成更为严重的后果，无法挽回。平时对人很温和的周恩来这时再也忍不住了，激动地说："国际代表及中央给我的任务是叫我来主持这个运动，现在给你的命令又如此，我不能负责了，我即刻回汉口去吧！"为表明自己气愤至极的态度，周恩来说话时，"啪"的一声，拍了桌子。二十多年后，谈起这件事，他对人说道："拍桌子这个举动，是我平生仅有的一次。"这样激烈的争论持续了几个小时，因为张国焘是中央代表，不能用多数来决定，问题没有得到解决。

7月31日早晨，再开会，又辩论了几个小时。在得知张发奎参加庐山反共会议后，张国焘只好表示服从多数。会议最终决定8月1日凌晨举行武装起义。

打响"第一枪"行动很成功！

1927年8月1日凌晨，南昌城头一声枪响，拉开了中国共产党武装反抗国民党反动派的大幕。经过4个多小时激战，起义军占领南昌城。城内的敌军全部肃清，共歼敌三千多人，缴枪五千多支、子弹七十多万

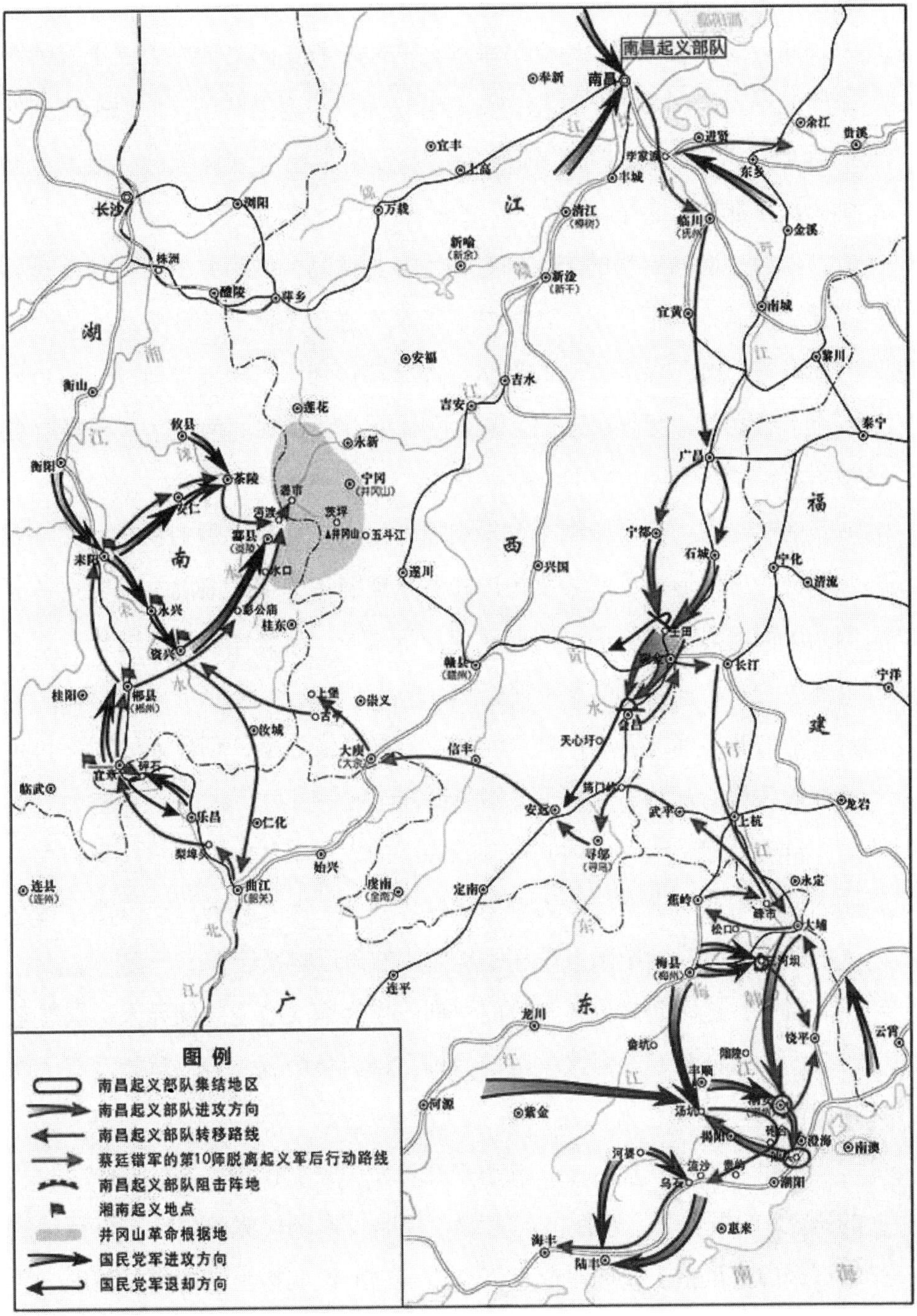

南昌起义部队转战路线图

发，还有大炮数门。起义成功了！

同一天，聂荣臻、周士第率领在马回岭起义的第四军第二十五师两个团三千人赶到南昌。这是一支有着很强战斗力的队伍。周恩来见到他们后十分高兴，说："行动很成功！我原来没想到这样顺利，把二十五师大部分都拉出来了。"

随后，根据形势的变化和各种主客观情况，按中共中央计划，起义军撤离南昌，南下广东。10月初，起义军在广东潮州、汕头地区战斗失利，最终失败。保存下来的部队一部分转移到广东海陆丰地区，同当地农军会合；主要部分在朱德、陈毅率领下，转移到湘南地区，开展游击战争。

南昌起义揭开了中国革命历史新的一页，它与之后的秋收起义、广州起义一道，形成了武装反抗国民党反动统治的革命浪潮，在全党和全国人民面前树立了一面鲜明的武装斗争旗帜，充分体现了中国共产党不畏强敌、前赴后继的革命精神。

南昌起义标志着中国共产党独立领导革命战争，创建人民军队和武装夺取政权的开端，开启了中国革命新纪元。

自南昌起义起，中国共产党领导下的人民军队，就英勇投身到为中国人民求解放、求幸福，为中华民族谋独立、谋复兴的历史洪流。这支人民的军队始终同中国人民和中华民族的命运紧紧连在了一起。

当然，这次起义也有深刻的教训。作为起义的主要领导人，周恩来曾多次反思南昌起义后来失败的教训，认为集中到一点，就是没有"就地闹革命"。

1944年3月3日至4日，周恩来在延安中央党校作《关于党的"六大"的研究》的报告时，曾指出："南昌起义是反对国民党的一种军事行动的尝试，中央虽指出了南昌起义五点错误，但没有指出它的主要错误。我觉得它的主要错误是没有采取就地革命的方针，起义后不应把军队拉走，即使要走，也不应走得太远。”

1972年6月10日，周恩来在中央召开的一次会议上谈到南昌起义时，再次强调南昌起义失败的教训就是没有到农村“就地闹革命”。“当时武装暴动的思想，不是马上就地深入农村，发动土地革命，武装农民。”“它用国民革命左派政府的名义，南下广东，想依赖外援，攻打大城市，而没有到农村去发动和武装农民，实行土地革命，建立农村根据地，这是基本政策的错误。”指出当时应该“在那个地方深入土地革命”，“当时没有这个思想”。

当时没有这个思想也不奇怪。中国共产党从诞生到这时还只有六年，处在幼年时期。它的领导人大多很年轻，周恩来也只有29岁。他们的斗争经验还不多。特别在武装斗争方面，还没有认识到建立农村革命根据地的重要性，更没有树立起农村包围城市那样明确的观念。人的认识总是要有一个过程的。这些，都需要在实践中经过多少次胜利与失败的反复比较，经过不断的探索，才能逐步认识清楚。

尽管留下了经验教训，但南昌起义在打响武装反抗国民党反动派第一枪和开始创建中国人民解放军方面的重大历史意义，却是怎么说也不为过的！

1933年6月23日，中共临时中央作出《关于“八一反帝战争日”决议》，其中指出：“今年‘八一反战日’适为红军成立纪念。应向广大的群众指出，只有中国的工农红军才是中国劳苦群众的唯一救星，并发动白区群众庆祝红军的胜利……”这是中共中央首次明确“八一”作为红军成立纪念日。

6月30日，中革军委发布《关于决定“八一”为中国工农红军成立纪念日》的命令，其中指出：“一九二七年八月一日发生了无产阶级政党——共产党领导的南昌暴动，这一暴动是反帝的土地革命的开始，是英勇的工农红军的来源。”

同年7月11日，中华苏维埃临时中央政府人民委员会召开第45次会议，决定以每年8月1日作为中国红军纪念日。同日，以毛泽东为主席的中华苏维埃临时中央政府批准了这一决定。

从此，8月1日就成为了中国工农红军和中国人民解放军的建军节。

刘少奇在遵义会议上都说了些什么?

1935年1月，中央政治局在长征途中举行遵义会议，事实上确立了毛泽东同志在党中央和红军的领导地位，开始确立以毛泽东同志为主要代表的马克思主义正确路线在党中央的领导地位，开始形成以毛泽东同志为核心的党的第一代中央领导集体，开启了党独立自主解决中国革命实际问题新阶段，在最危急关头挽救了党、挽救了红军、挽救了中国革命，成为党的历史上一个生死攸关的转折点。

刘少奇是随中央主力红军长征并参加了遵义会议的。但他在长征中有些什么故事？他是怎样参加遵义会议的？他与彭德怀是如何见面的？他在这次会议上都说了些什么？这些问题的答案，知道的人并不多。这里详述一二。

毛泽东把刘少奇介绍给彭德怀

1934年10月中旬，红军开始踏上漫漫长征路时，刘少奇甫从福建省委书记和临时出任十几天的红九军团中央代表任上返回瑞金。10月10日，刘少奇随中央红军主力开始长征。22日，他接到周恩来、秦邦宪代表中央下达的电令："刘少奇参加中央红军第八军团领导工作，任中共中央代表。"

在黎平部队整编时，中革军委决定撤销第八军团建制，余部并入第五军团。于是，刘少奇又随部到了红五军团，担任中央驻红五军团的代表。红五军团军团长是董振堂，政委是李卓然。在这里，刘少奇亲自指挥红五军团的同志，清理文件，丢弃多余物资。

不久，刘少奇接到周恩来给他与红五军团政委李卓然的电报，要他们赶去参加遵义会议。于是，他们分别从自己的驻地赶到遵义城，参加了这次决定中国革命前途和命运的历史性会议。在遵义会议期间，毛泽东把刘少奇介绍给彭德怀说："这是刘少奇，很早加入党，中央委员。"（对这件事，彭德怀印象很深，几十年后他在自己的《自述》里还专门提到。）彭德怀热情地同刘少奇握手。没想到会后不久，刘少奇回到红五军团传达完遵义会议精神后，便被派往彭德怀所在的红三军团，接替因生病住院的袁国平任政治部主任。刘少奇在红五军团传达遵义会议精神时，满怀激情地鼓舞红军战士，说毛泽东同志又回到中央来了，我们红军有希望了，我们党有希望了，中国革命有希望了。要听党的话，跟党走，我们一定会取得胜利！

卓然、少奇：

遵义城

周恩来给刘少奇等的电报

在红三军团，刘少奇也主要负责部队的政治思想工作。土城战役失利后，中央知道下面指战员中有意见，"就派少奇同志到红三军团、陈云同志到红五军团了解情况，传达遵义会议精神。那时，红三军团打得最苦，下面讲怪话的人最多"。彭德怀向刘少奇详细介绍了当时红三军团战士中存在的思想情绪，引起刘少奇高度注意。部队行军时，人们经常看到刘少奇在队伍中来回走动，做干部战士的政治思想工作。部队宿营时，他就来到司令部，同军团长彭德怀、政委杨尚昆一起研究问题，交换意见。1935年3月，在部队到达贵州鸭溪时，刘少奇召集红三军团团以上政治工作干部座谈会，研究干部战士的思想情况。“同志们汇报情况，刘少奇不时提问、插话。会议形式是讨论式的，大家畅所欲言，气氛热烈。”他还就党的支部工作、干部工作、思想政治工作和党的建设等问题讲话。经过一段时间的了解后，刘少奇将部队战士的思想情况与自己对形势的看法，写了一封致中共中央的电报，与政委杨尚昆联名发了出去。他们所反映的情况对中央在会理会议上了解部队战士的思想，克服和纠正当时在党内与红军中存在的消极涣散情绪，统一全军的思想和行动是“有积极意义的。那个时候，如果上下动摇是很危险的”。5月底，红军抢渡大渡河以后，原红三军团政治部主任袁国平病愈回任，刘少奇便离开红三军团，到国家保卫局工作，不久就回到中央。

可见，刘少奇在长征中的大部分工作主要是做思想政治工作，为从政治上保证红军长征的胜利进行竭尽全力，也为他在日后解放战争中出任中央军委总政治部主任奠定了基础。

在遵义会议上支持周恩来的倡议

遵义会议是长征中的一次极其重要的会议，是党的历史上一个生死攸关的转折点，是中国共产党走向成熟的重要标志。其突出表现就是一批中央高级领导干部，经过十几年革命实践的历练，特别是经过五次反“围剿”成功和失败经验教训的比较，加深了要把马克思主义基本原理与中国革命具体实践相结合原则的理解，从而使以毛泽东为代表的坚持一切从实际出发的正确路线的领导人在党内上升到领导地位。在此过程中，毛泽东、张闻天、周恩来和王稼祥等无疑在会上起了极为重要的作用，但其他同志包括作为政治局候补委员的刘少奇也起了一定作用。正如毛泽东后来谈到张闻天和王稼祥的作用时所言：“遵义会议参加者还有好多别的同志，酝酿也很久，没有那些同志参加和赞成，光他们两个人也不行。”他还在1966年10月25日的中央工作会议上指出，刘少奇在遵义会议上是反对“左”倾错误的。1980年5月17日，邓小平在刘少奇追悼会上代表中共中央所致的悼词中，也指出：“1935年1月，在决定中国革命命运的遵义会议上，刘少奇同志坚定地支持了毛泽东同志所代表的正确路线。”显然，刘少奇在遵义会议上是旗帜鲜明地反对“左”倾错误的，这一点应该是没有疑问的。然而限于历史资料的缺乏和后来的历史原因，党史界长期以来对这一问题很少给予论证与说明。本文现根据已有史料作一初步考析。

从总的方面说，刘少奇在遵义会议上有两方面的功绩。

一是支持周恩来关于推举毛泽东为领袖的倡议。会议参加者之一的伍修权说过：“周恩来同志的倡议（改变错误领导，推举毛泽东为领袖——引者注），得到朱德、王稼祥、张闻天、刘少奇、陈云……等同志的积极支持。”

二是“独树一帜”，提出了六届四中全会后临时中央所犯政治路线错误的问题。遵义会议纪念馆学者石永言根据有关资料研究认为：刘少奇在遵义会议的第二天发言，说“四中全会以来，白区工作犯了‘左’倾冒险主义的错误，导致白区职工运动乃至党的组织的瓦解，特别是五中全会后，白区和苏区党的路线是否正确，要求中央作出全面的检讨和改正”。（石永言：《遵义会议纪实》，解放军文艺出版社2001年版，第140页）刘少奇的发言表明，当时他在对临时中央“左”倾路线错误的认识上走在全党的前列。

对于刘少奇第一方面的功绩，根据现有材料基本可以肯定。但对于第二方面的功绩，则限于原始资料缺乏，迄今还不能完全认定。但根据遵义会议决议和出席会议领导人的回忆记述，以及刘少奇在会议前后的一贯思想和实践，认为这种说法是可信的。据考证，石永言所述是根据曾为长征途中地方工作部部长郭潜（早年为中共党员，长征时为地方工作部部长和第二组组长，配属第三军团；抗战时期在中共南方工作委员会任干部部长兼组织部部长及江西省委书记，1942年叛变）的记述。郭潜回忆：刘少奇在遵义会议上，“批评四中全会以来，白区工作‘左’倾冒险主义的错误，导致白区职工运动乃至党的组织的瓦解，认为四中全会以来及五中全会以后，在白区和苏区党的政治路线是否正确，要求作全面检讨和改正”。郭潜当时虽然没有出席会议，但他曾在红三军团与彭德怀、杨尚昆和刘少奇一起讨论过遵义会议情况，所以他的回忆应该是有价值的。

有人提出了“政治路线”问题

遵义会议上确实有人提出了“政治路线”问题。伍修权曾多次回忆说：“在会议上，曾经有人提出批判和纠正六届四中全会以来的政治错误，毛泽东同志机智地制止了这种做法。”毛泽东在1943年11月13日的政治局会议上也讲过：“遵义会议为什么不能提出路线问题？就是要分化他们这个宗派。这是我打祝家庄实行内部分化的一幕。如果当时提出政治路线，三人团便会分化。”伍修权的回忆与毛泽东的这个讲话是一致的，与遵义会议的决议也是一致的。遵义会议决议明确肯定“党中央的政治路线无疑义的是正确的”，这一论断明显是针对有人在会上提出相反的意见，才针锋相对地给以明确肯定的。这一点联系到博古在七大的检讨报告，也可以确定。博古在七大检讨报告中提及遵义会议时说：“在这个会议上，我个人是不认识错误的，同时不了解错误。我只承认在苏区工作的政策上有个别的错误，在军事指导上，有个别政策的错误，不承认是路线的错误。”刘少奇在1959年中共八届八中全会上，也曾提到:“博古在遵义会议开过会之后,他是顶住的,我跟他谈过话,我看过他,他就不承认错误,犯了路线错误,把红军搞到那么困难的情形。”

中共中央党史资料征集委员会在1984年9月《关于遵义政治局扩大会议若干情况的调查报告》中也指出:“由于当时大多数同志尚未认识到中央政治上的错误,加之战争形势紧迫,会议没有就政治路线的问题展开进一步的讨论。”这个调查报告是建立在采访许多当事人基础上的,应该属实。这就说明会上有人提出了“政治路线”问题,只是由于军情紧迫和思想认识问题而没有“进一步”展开讨论。

那么,谁最有可能提出这个问题呢?人的认识总是从自己所亲身经历和亲自接触的事情开始的,这也就是毛泽东在《实践论》中指出的:“认识从实践始”,“离开实践的认识是不可能的”。当时参加会议的人员,除政治局成员外,便是红军总部和各军团的负责人,他们提出的问题基本集中在从军事上反思第五次反“围剿”失败的原因上,这正是当时红军亟待解决的生死攸关的迫切问题。刘少奇则是在1932年底才从上海进入中央苏区,从事工人运动工作的。他从1927年大革命失败后,就一直在思考和总结大革命失败的经验教训。他通过在安源和武汉从事工人运动的实践,之后又经过顺直省委、满洲省委和上海工人运动的实践,深深感到由于中国经济文化落后,中国工人阶级及其政党比较容易受“左”倾错误的危害。他认为,大革命之所以失败,不仅由于陈独秀右倾机会主义的错误,还犯了“左”倾错误,尤其是在工人运动中,这一点他提出过很多次。由此,从1928年春开始,刘少奇就在工人运动的形势和任务上,同中央产生意见分歧。他主张大革命失败后,工人阶级的斗争处于防御地位,中共在城市应尽量利用合法的机会去工作,暂时避免和敌人决斗,广泛团结一切可以团结的力量,以准备将来革命的进攻和决斗。1932年“一·二八”抗战时,刘少奇在领导上海沪西纱厂工人进行反对日本帝国主义的罢工斗争中,实践自己的策略思想,广泛争取社会各界对工人罢工斗争的支持。然而，这些正确的主张却被上海临时中央和驻上海的共产国际代表视为“严重的右倾机会主义”而进行严厉批判，刘少奇还被撤销了中央职工部长的职务。他虽然被迫作出检讨，但仍一再给中央写信，要求中央对一些问题给予系统的说明。进入中央苏区后，刘少奇虽然戴着“老机会主义者”的帽子，却依然坚持自己的主张，同陈云一起，力所能及地纠正苏区职工运动中“左”的倾向。特别是他在目睹第五次反“围剿”失败的情形后，更对临时中央的“左”倾错误有了进一步认识。因此，刘少奇是在遵义会议上最有可能根据自己在白区和苏区工作的实践，提出政治路线错误问题的。这也在一定程度上反映在遵义会议决议中，即《决议》明确所指出的：“对白区群众斗争的领导方式，必须有彻底的转变。”

从会后的思想和实践来看，这一论断也是能够成立的。党内最早提出要公开检讨第三次“左”倾政治路线错误，是毛泽东在1940年12月4日的中央政治局会议上提出的。（张国焘在沙窝会议上别有用心地提出政治路线问题，则属另外性质的问题。）他在那次会上指出：苏维埃末期是打倒一切，这种“左”的政策使军队损失十分之九，苏区损失不止十分之九，“遵义会议决议只说是军事上的错误，没有说是路线上的错误，实际上是路线上的错误，所以遵义会议决议须有些修改”。但即使在那时也有许多人接受不了，以至毛泽东在公开发表这一讲话时（即《论政策》一文）不得不删去了这一段话。直到第二年的九月政治局会议，中央核心领导层在初步整风学习中，才重新提出讨论这一问题。而全党从政治和思想上彻底解决与统一对这一问题的认识，则是在1944年5月至1945年4月持续召开的扩大的中共六届七中全会上。

然而，刘少奇在长征到达陕北后的一系列中央政治局会议上，依然在不断地反思十年内战时期的政治错误。特别是他在1936年春到北方局主持工作后，在积极贯彻党中央建立抗日民族统一战线新政策实践的

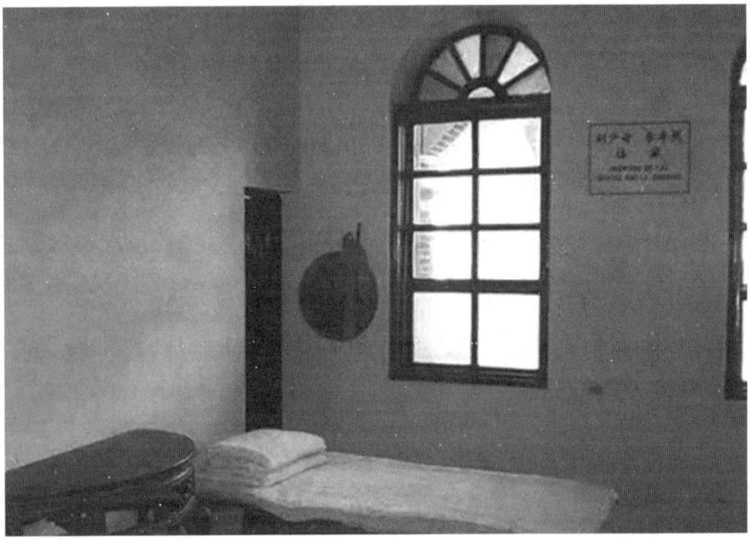

刘少奇在遵义会议期间居住的房间

迫切需要中，率先在华北党组织中，从理论、政策和思想工作方法上，大力纠正十年内战时期的“左”倾路线错误。为此，他在短短一年间，先后写了30多篇文章和党内通信，深刻批判大革命后党内存在的关门主义和冒险主义错误，要求党员干部切实肃清空谈的领导方式，把马列主义的一般原则与现实生活中的具体问题联结起来。尤其在1937年初，他连续四次给当时在中共中央负总责的张闻天去信，要求“必须批评”过去中央所犯的“左”倾错误，要“特别注意与研究这个问题”，“我对于这个问题感觉最深，而我也常常思考这个问题”，“目前革命高潮又将到来，统一战线策略又正采取，所以这个问题的重新提出实有必要”。他还明确提出要从思想路线层面上大力纠正十年内战时期的错误，他说：“这些错误的根源，一方面固然是对于形势的估计错误，另一方面还是一种思想方法、哲学方法上的错误，还是我们的行动有了原则，还应否实事求是，应否估计形势，以及如何估计形势的问题。”他认为，“过去我们党内的思想方法，形式逻辑占极重要地位，指导着同志的日常工作。这在同志中的影响很深。这也成为上述许多错误的根源”。他用许多具体事例说明党内许多同志不会具体地把马克思主义的基本原理运用到实践中，批评六届四中全会后的中央应付事变的能力很差，创造力很差，“但对国际是最服从的，不过有时是机械的服从”。他在这里反复强调“实事求是”的原则，实际提出了把马克思主义基本原理与中国革命具体实践相结合的命题，这同毛泽东1937年在延安写作《实践论》和《矛盾论》的研究方向一致。他们共同的发轫都是在遵义会议上，也是他们在十年内战时期在不同战线上坚持从实际出发探索符合中国国情革命道路的必然反映。

上述几方面的材料对照起来完全吻合，由此可见刘少奇在遵义会议上的发言，应该是可信的。这就说明刘少奇在遵义会议上提出了要检讨六届四中全会后的政治路线问题，这是他把马克思主义中国化过程中的一个重要历史环节，也是全党在实现马克思主义中国化第一个历史飞跃过程中的重要环节。

自称“伙夫头”的军事家朱德

朱德——这位“中国人民解放军的主要缔造者之一，中华人民共和国的开国元勋”，是一位从硝烟中走来的伟大军事家。毛泽东称赞他是“人民的光荣”，周恩来称赞他的革命历史“已成为二十世纪中国革命的里程碑”。他在近70年的革命生涯中，为中国革命成功、为中国人民解放事业立下了丰功伟绩，为中国社会主义革命和建设事业建立了不朽功勋。但朱德却自称为“伙夫头”！

“我的特殊战术已经出名，令人害怕”

1922年11月，朱德加入中国共产党，是中共早期少见的军事将才。在对朱德的评价和论述中，用“最”或者“难得一见”这类词来定位朱德的，也有不少。

朱德早年以最优异的成绩毕业于云南陆军讲武堂，继而跟随蔡锷参加响应辛亥革命的云南昆明起义和入川援助四川起义军的军事行动，“指挥有方，战功卓著”，还跟随蔡锷参加反对袁世凯复辟帝制的护国战争，担任支队长职务指挥作战，屡立战功，被蔡锷提升为少将。其间，他在纳溪战役中指挥所部6000人打败敌军10余万，“在整个中国打出了名”。接着，朱德被动卷入川、滇、黔各军首领以及川军内部各首领之间争权夺利的混战，成为“百战余生者”。

1917年俄国十月革命后，特别是1919年中国五四运动以后，朱德

朱德

接触从西方传入中国的无政府主义和马克思主义等新思潮，逐渐接受马克思列宁主义，进而决定去国外研究共产主义，寻找拯救中国的道路。朱德回忆说，在脱离军阀部队时，“我的特殊战术已经出名，令人害怕”。“我带兵的特殊战术是……每次作战，无论大小，我总事先勘查地形，精密计划每项细节。我的主要战术一般都很成功，因为我细心处理一切，亲自领导部队。我总是坚持从各方面弄清敌人阵地的情况。”

南昌城里走出来的“伟大军事家”

1922年初，朱德远渡重洋，前往欧洲留学，同年11月，在马克思的故乡德国加入中国共产党，成为党内难得的军事将才。朱德入党后，得到党组织的重点培养。当他在德国比较系统地学习和研究西方军事理论和军事历史之后，被党组织安排进入莫斯科郊外莫洛霍夫卡村秘密军事训练班学习，与40余名来自法国、德国的中国革命者一同接受军事训练，学习城市巷战和游击战战术。

国共两党领导的北伐战争开始后，朱德被党组织召唤回国，得到重用，充分显示出其军事才能。他先是根据时任党的总书记陈独秀的安排，带领一部分负责军事情报的人员，秘密搜集北方军阀在上海、南京一带的布置和军队的情形；接着又奉党组织之命到四川去策反军阀杨森，使之通电就任国民革命军第20军军长兼川鄂边防督办。之后，朱德根据党的指示，利用自己同国民革命军第五方面军总指挥朱培德及其所属滇军将领的关系，先后担任国民革命军第五方面军总参议、南昌军官教育团团长、南昌市公安局局长等职，保护、指导和推动南昌的工农革命运动，进而为中国共产党发动南昌起义创造十分有利的条件。

1927年7月底8月初，朱德参与领导南昌起义。起义之前，中共中央给他分派了一个特殊任务，“向总指挥部报告与起义有关的部队的情况，不论是支持的还是反对的”。了解掌握起义兵力和敌军有关情况，至关重要！领导南昌起义的中共前敌委员会书记周恩来到达南昌时，就住在朱德的寓所里。对于朱德的工作，周恩来称赞说：“你为党做了一件大好事，为制定起义作战方案提供了可靠的根据。”南昌起义后，朱德又担任了起义军南下的开路先锋，踏上了“我从南昌出发，就是走前头”的伟大历史新征程。

也正是从这个时候起，朱德成为中国共产党领导下的人民军队的主要缔造者之一，成为伟大的军事家。

“我是伙夫头”

自参与领导南昌起义后，朱德在中国革命战争中多次经历风险，命悬一线。

朱德率领南昌起义军余部向赣南转移途中，他在云南陆军讲武堂时期的同学、国民革命军第16军军长范石生，已从广东韶关移驻湖南郴州、汝城一带。为了解决部队物资和装备不足等困难，党组织决定派朱德利用与范石生的同学关系，与之合作结成统一战线。朱德率部到达上堡后，亲自率领一支小分队赴汝城与范石生的代表谈判。途中，小分队夜晚分散宿营濠头圩时，遭遇数倍于己的一股训练有素的土匪部队偷袭。这股土匪躲过因疲劳而疏忽的哨兵，将朱德宿营的一家祠堂包围。在这来不及躲避的紧急时刻，朱德灵机一动，转身去厨房抓起一条伙夫的围裙系在腰上，再向外边走。当迎面堵住自己的几个匪兵问他是什么人时，他冷静地回答说：“我是伙夫头。”当匪兵问朱德在哪里时，朱德用手指着后面的房子说：“在后面屋里。”敌人见他衣着普通，胡子又长，确实像个伙夫头，就没有管他，而急匆匆地到后面屋子去搜索。朱德趁机从窗口跳出，安然脱险。

之后，朱德赴汝城谈判成功，从范石生部得到一批现款和弹药、冬衣、被服等物资。

与毛泽东是“孪生的天才”

在中国共产党人中，朱德与毛泽东合作指挥军事斗争的时间最长。自1928年4月朱德与毛泽东井冈山会师，到1935年1月遵义会议前近7年时间里，朱德与毛泽东共同指挥红军作战，威震敌胆。朱德和毛泽东的名字因“朱毛红军”而连在一起。朱德和毛泽东曾被美国记者尼姆·威尔斯称为“孪生的天才”。

朱德在与毛泽东共同指挥井冈山革命根据地和赣南、闽西革命根据地的革命斗争中，形成以“敌进我退，敌驻我扰，敌疲我打，敌退我追”十六字诀为基础的，一整套指导中国革命战争的正确的战略战术原则；创建中国共产党领导的第一大革命根据地；打造中国共产党领导的人数最多的一支主力红军。期间，朱德和毛泽东指挥红一方面军胜利地粉碎国民党军第一、第二、第三次“围剿”，上演了一幕又一幕令人拍案叫绝的以少胜多的战争史活剧。

在第一次反“围剿”战役中，朱德和毛泽东指挥4万余红军与10万敌军较量。在第二次反“围剿”战役中，朱德和毛泽东指挥3万余红军与20万敌军较量。在第三次反“围剿”战役中，朱德和毛泽东指挥3万红军与30万敌军较量。朱德回忆说，在这三次反“围剿”战役中，红军连续以少胜多地“粉碎了几十万人的三次‘围剿’。蒋介石、外国人，都不知道我们究竟有多少人，连党中央也不相信我们只有那么多人”。

在华北抗日前线独当一面

全国抗战开始后不久，朱德担任中共中央军委副主席和八路军总司令。他深入华北抗日前线近3年，指挥八路军奋勇开辟、巩固和发展敌后抗日根据地，取得辉煌战绩。根据朱德1940年6月在延安干部会议上的报告，在近3年时间里，八路军“已与敌人进行了一万余次较著名的战斗，打死打伤了十万以上敌人，打死了敌酋阿部中将以下高、中级将领多人，争取了伪军十余万人反正”。还建立了“晋察冀、冀中、冀南、平西、晋冀豫、晋西北、冀鲁豫、鲁西北、鲁南、大青山等抗日根据地”，“在华北就牵制了敌人十个师团和十二个旅团，守备队、铁道队、伪军和‘皇协军’都还不在内”。八路军在艰苦作战中，不仅消耗了敌人，而且还极大地发展了自己，由开赴华北抗日前线时的4.6万人，“已发展到正规部队二十二万人，游击队还不在内”。华北敌后战场的开辟和八路军自身的发展，开拓了中国共产党领导抗日战争的新局面，为后来坚持长期抗战直至取得最后胜利夯实了基础。

朱德在指挥八路军开辟华北敌后战场中，创造性地贯彻落实党中央和毛泽东的战略方针和决策部署。他在1937年9月25日接到毛泽东关于晋东北八路军第115师暂时隐蔽目标，待机“向北突击”这一“新的战略意见”来电后，根据战场实际复电请示暂不执行，经毛泽东同意后，指挥八路军在继续配合国民党军正面战场作战中，灵活地突破国民党蒋介石对八路军作战范围的限制。他在1938年3月2日接到党中央“望坚决执行”保卫边区巩固河防的部署的来电后，根据国民党军正面战场的形势和黄河以北中国军队的现状以及其他有关情况，科学预判日军“转移兵力至华北进攻西北尚须一月左右时间”，复电党中央调整战略部署，并提出“在友军不过河以前，我应坚决而积极地在华北配合友军作战”

的建议，得到党中央的同意后，立即率部伫马太行，使日军欲将中国军队赶过黄河的企图失败。半年后，朱德阐述这次军事行动的重大战略意义说：日军“以为可以用大的力量来压，将我们压到黄河转弯的地方，那个小角角里面去，你还往哪儿跑？不是下河吃水还干什么？这个办法倒很聪明，但是我们也聪明。那时候我们八路军已经不单是指挥自己的队伍，同时也指挥着一部分国军。我们就全部向东北打出来，让你去打向黄河边上。结果他打到了黄河边上，朝四处望望，一个人也看不见。这个时候，他才知道已经失败了”。同时，“因为我们整个的队伍在敌人的后方，他不敢过河，他只有退回来”。

1940年5月，根据党中央安排，朱德返回延安后不久，接替王稼祥主持中央军委日常工作，是毛泽东指挥全国各抗日根据地军事斗争的得力助手。

国民党军惊呼“共军有了原子弹”

在解放战争时期，朱德为推进解放战争胜利进程发挥了重要作用。他参与制定“向北发展，向南防御”的重大战略方针，向党中央提出“要积极向东北发展，东北大有文章可做”，“要迅速派人到东北去，要准备四十万至六十万军队”等重要建议。他指导晋察冀野战军打“大歼灭战”，彻底扭转晋察冀解放区的不利战局，创造性完成毛泽东所嘱托的要在1947年下半年“将晋察冀军事问题解决好”这一事关全国战局的头等重要任务。他指挥晋察冀野战军攻克石家庄，并及时总结出许多重要的战略战术和宝贵的经验，破解战略决战中面临的重大军事难题。他主抓军工生产，有力领导和不断推动军工生产突飞猛进，为前线提供充足的火力保障，特别根据攻坚战的需要研制出一种大口径掷弹筒（也叫炸药抛射器）和粗膛迫击炮发射炸药包，在战场上凌空爆炸，能使方圆几十米内的敌军聋瞎丧生，使国民党军惊呼“共军有了原子弹”。到了战略决战阶段，朱德经常到人民解放军总部作战局战况汇报会上听取汇报，分析战局，发表重要意见，协助毛泽东运筹帷幄，决胜千里。

“朝鲜战争给我们一个很大的经验教训”

在社会主义革命和新中国建设时期，朱德与毛泽东一道，为打赢现代化战争未雨绸缪。

这一时期，朱德也提出了一系列军事思想观点。他提出“要根据我们的假想敌人帝国主义来建设我们的部队”，要“所有大炮、飞机都能自己造，要用之无穷”，要发展尖端武器，要研制原子弹和导弹，要“建立现代化的后方勤务工作”等许多重要的思想、观点和主张，并积极支持和推动国防现代化进程。

朱德还及时结合抗美援朝战争中得到的鲜活经验教训，及时指导装甲兵部队进行现代化战争训练。1951年10月26日，他在装甲兵干部集训会议上语重心长地说：“这一次朝鲜战争给我们一个很大的经验教训。我们组织庞大，供给困难，要供给作战人员又要供给一般人员。今后坦克部队给养要自己带，以便更快地消灭敌人。尤其是各军兵种联合作战，争取时间是很重要的。要争取每分钟每秒钟，如果技术不好，慢了几秒钟就会吃亏。”

总之，朱德的一生，是从硝烟中走来的一生，是与人民走在一起的一生，是与中国共产党生死相依的一生，是全心全意为中国人民和中华民族不懈奋斗奉献一切的一生！

英年早逝：他被称为“党的骆驼”

任弼时，是以毛泽东同志为核心的中国共产党第一代领导集体的重要成员。党内称他为“党的骆驼”，了解他的人赞他为“中国人民的骆驼”。十六岁参加革命，四十六岁英年早逝，他短暂的一生有着说不完的故事……

十七岁远赴莫斯科

1920年8月的一天，湘江码头上，人群熙熙攘攘，任弼时等一行六人将东去上海。经由船山中学校长贺明范介绍，任弼时加入了由毛泽东等人筹建的“俄罗斯研究会”。此行便是去上海外国语学社学习，再和其他各省的革命青年一起赴苏。

任弼时的同窗萧劲光回忆他们当时的思想状态时说：“我们不愿在内忧外患的国度里，做任人宰割的牛马，做一个仅仅为了谋生而活着的人，而想到国外去见见世面，一边工作，一边求学，以寻找救国救民的道路。”这一年，任弼时刚满十六岁。

1921年4月，任弼时过完了自己的十七岁生日。5月，经上海共产党早期组织与苏俄方面联络和安排，他作为赴俄学习的第三批学员赴莫斯科学习。任弼时启程赴俄之日，给父亲写家书一封，其中写道：“只以人生原出谋幸福，冒险奋勇男儿事，况现今社会存亡生死亦全赖我辈青年将来造成大福家世界，同天共乐，此亦我辈青年人的希望和责任，

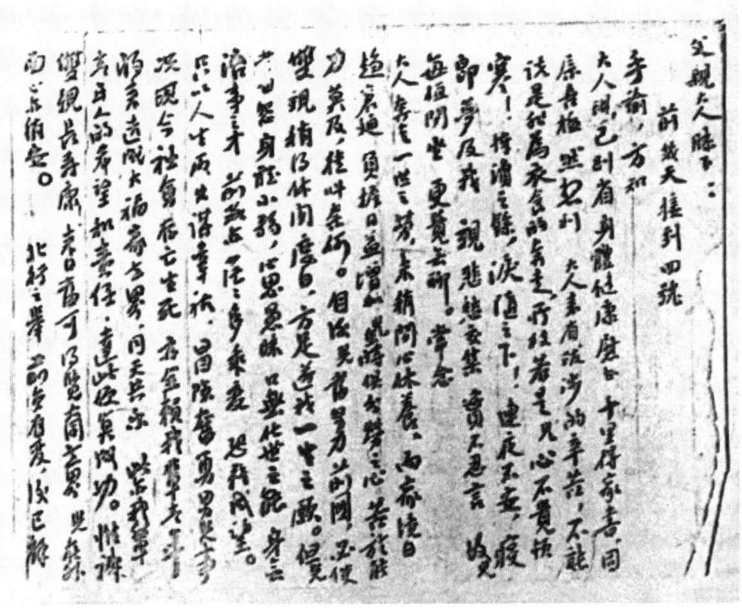

1921年，任弼时留学启程之日给父亲信的手迹

达此便算成功。”

8月3日，任弼时正式进入莫斯科东方劳动者共产主义大学学习。为了安全起见，他给自己起了一个俄文名字“布林斯基”。这个名字在他回国后，还被用来发出过很多团中央的通告。

东方大学的学习生活，使任弼时较为系统地了解了马克思列宁主义理论，也扩大了政治视野。1922年，任弼时第一次作为正式代表出席了远东各国共产党及民族革命团体第一次代表大会，切身了解中国革命的世界背景，将中国人民的解放运动和国际工人运动联系起来进行思考。这年冬天，任弼时由中国社会主义青年团团员转为中国共产党正式党员。

1924年5月，国共合作的联合战线形成后，大批共产党人参加了国民党的工作，而共产党本身的组织和训练工作，却因人手不足，有所削弱。为了解决这一问题，一批在东方大学学习时间较长且具有工作能力的党员被派回国工作。7月，任弼时出席了共产国际第五次大会和青年共产国际第四次大会。7月下旬，任弼时结束了东方大学的学习生活，告别了长住三年的莫斯科，坐火车经海参崴返回上海。中共旅莫支部对他的评语是："用功，思想有进步，但对于实际和政治问题还须特别注意。"

临行前夕，他拜谒了列宁墓。红场上，任作民问他："你已经决定把一生献给革命事业了吗？"

"决定了！"二十岁的任弼时简短而明确地回答。

大革命期间再赴莫斯科

任弼时回国不久，党中央分配他到上海大学去任教，教的是社会学系的基础俄语，同时又负责社会主义青年团的工作，担任青年团江浙皖区委委员及团中央宣传委员会下设编辑部的编辑，和张伯简、林育南、邓中夏等人一起给《中国青年》《平民之友》和《团刊》刊物供稿。不久，又担任团中央的俄文翻译。在此期间，他积极撰写文章，热情地向青年们介绍苏俄革命。例如1924年11月8日，他在《中国青年》第五十二期（苏俄革命纪念特刊）上发表三篇文章。在《列宁与十月革命》一文中，向中国青年介绍列宁领导俄国十月革命胜利夺取政权的成绩，号召大家学习和研究列宁主义；在《苏俄经济政治状况》一文中，列举事实，阐明十月革命后苏俄经济、政治地位的巩固，新经济政策的成功。在《苏俄与青年》一文中，详细介绍了十月革命后苏联青少年的组织状况、政治和文化教育状况以及青年团和童子团在革命与建设中的作用。一些老一辈革命家日后回忆说：我们是先读到任弼时等人的文章，接受了他们宣传的思想，才走上革命道路的。

1925年1月26日，经过精心筹备的中国社会主义青年团第三次全国代表大会在上海开幕。任弼时代表旅莫斯科团组织出席大会，并当选为五人主席团成员之一。大会决定把中国社会主义青年团的名称改为中国共产主义青年团。1月30日，大会选出张太雷、任弼时、恽代英、贺昌、张秋人等9人为中央执行委员会委员。任弼时任组织部主任。从此，任弼时辞去了上海大学的工作，专门从事共青团中央的领导工作。7月21日，团中央决定任命任弼时为中央局总书记兼组织部主任。

任弼时上任后，大力发展青年团组织，率领广大团员和青年参加了规模空前的五卅反帝斗争，这是任弼时回国后第一次斗争实践。共青团的组织在五卅运动后有了巨大的发展。据1925年9月统计，全国团员人数已由团的三大时的2400多人发展到9000多人，增加了近3倍。共青团已经成为团结广大青年为无产阶级革命事业奋斗的核心力量。

1926年下半年，任弼时赴广州检查团工作，处理学生团体的分裂事件。但正在这时，青年共产国际第六次执委会议定于11月12日在莫斯科召开。为出席会议，任弼时便乘“列宁号”邮轮离开广州，在上海稍作停留后，便与新婚不久的妻子陈琮英一同启程去了莫斯科。

中国的大革命运动，特别是轰轰烈烈的五卅运动，使中国共产党和中国共产主义青年团的国际地位大大提高。中国青年革命者在反帝反封建的国民革命运动中前赴后继的斗争精神深为各国代表赞赏。团中央总书记任弼时在会上受到各国兄弟组织代表的热烈欢迎。会议结束后，莫斯科市和列宁格勒市的团组织特地邀请他参加大会，任弼时第二次苏联之行的时间就延长了。

1927年4月中旬，任弼时同陈琮英从莫斯科回国。但他们没有料到的是，国内的政局发生了突变，蒋介石在上海发动了“四一二”反革命政变。无数的共产党人和革命分子惨死于蒋介石的屠刀下，上海的约8000团员锐减到3000左右，童子团被瓦解。15日，广州又发生反革命

1926年，任弼时以俄文名“布林斯基”赴莫斯科出席青年共产国际第六次执委会议，并代表青年共产国际执委会出席共产国际执行委员会第七次扩大全体会议。这是任弼时出席共产国际执委会第七次扩大全体会议的代表证（第132号）

政变，约6000团员减少了一半。严酷的现实，使刚刚抵达上海的任弼时对当时的革命形势、对党内右倾机会主义的面目的认识越来越清晰了。

最后一刻

1928年10月，任弼时作为中央委员和中共临时中央代表，在安徽巡视工作期间被捕入狱，被反动派残酷折磨，后经组织营救出狱。

1929年11月，任弼时作为中共江苏省委代理书记，在上海工作期间再次被捕入狱。不久又经组织营救出狱。

任弼时在为党工作期间两次被捕入狱，受过国民党反动派的酷刑，加上长期艰苦的革命斗争生活，身体一直不好。但他一旦获得工作机会，便不辞辛劳地拼命工作，一直工作到生命的最后时刻！

1949年4月11日，中国新民主主义青年团第一次全国代表大会在北平开幕，这是中国青年运动史上继往开来的重

任弼时在中国新民主主义青年团第一次全国代表大会上作政治报告

大节日。4月12日，任弼时代表中共中央抱病向大会作政治报告。长达一万二千多字的政治报告，对任弼时当时的体力来说，是超量的负荷。他讲罢头一部分后，开始感到头晕、心悸和气喘。因病体难支，后半部分由荣高棠代为宣读，但任弼时坚决不肯中途退场，坚持坐在主席台上，直到会议结束。

5月8日，任弼时出现了昏迷症状。10月29日，应中共中央的要求，克里姆林宫医院的内科主任瓦西林柯和神经科主任康诺瓦诺夫教授专程来北京为任弼时检查病情。经诊断发现，任弼时患有严重的高血压，脑血管显著硬化，心脏初期机能障碍，肾脏初期硬化，肝脏肥大，并有轻度糖尿病。

两位苏联医生建议任弼时应去莫斯科治疗三个月。11月21日，毛泽东致电斯大林，联系任弼时的治疗问题。经斯大林同意，11月底，中共中央决定让任弼时赴苏治疗。为了不给刚刚成立的国家增加负担，任弼时坚决要求减少随行人员，只带了秘书朱子奇和医生刘佳武随行。12月上旬，任弼时抵达莫斯科，住进克里姆林宫医院治疗。

治疗期间，任弼时充满康复的信心和乐观的情绪，他准备充分利用这段时间，为恢复工作做准备。任弼时非常关心苏联的情况，他在阅读苏联报纸杂志时，经常把有关的文章摘录下来，译成中文，他的注意力集中在战后苏联经济恢复和党组织建设方面。他的秘书提前回国时，任弼时还特意嘱咐他，购买一批新出版的关于经济建设的图书带回国去，他说："我们国家将要开始经济建设，搞经济建设没有知识和经验是不行的！"

在苏联疗养期间，任弼时最开心的事莫过于转到巴拉维赫疗养院后和分别十年的小女儿远芳的重逢了。任远芳是任弼时、陈琮英任中共驻共产国际代表团负责人时出生的。1940年3月，任弼时奉调回国，不到两岁的远芳被寄留在了苏联伊万诺沃国际儿童院。此次见面后，任远芳也决定和父

1950年元旦，任弼时与女儿在巴拉维赫疗养院

亲一起回国。

经过一段时间的治疗，任弼时的健康状况有所好转，1950年3月25日，他致电向中共中央报告："治疗于本月底完毕，前日会诊，认为结果良好，但为巩固已得成绩，迅送我去黑海边休息四至六星期后回国。"5月17日晚，任弼时父女和刘佳武乘列车一起返回祖国。回国后，组织考虑到任弼时的健康状况，只同意他参加部分会议，以休息为主。6月25日，任弼时获悉朝鲜战争爆发、美国第七舰队向我国领土台湾出动的消息后，便立即致书毛泽东和中央书记处其他同志，恳切要求恢复工作。27日，毛泽东批示："同意弼时意见，试做工作，每日不超过四小时，主管组织部和青委。"

在得到允许工作的批复后，任弼时便立即忘我地投身于工作之中。他立即听取了中央组织部和团中央的汇报，详细了解一年多以来的工作发展和当前的安排，特别是关于当时朝鲜的战局和美帝国主义在中朝边境的挑衅。每天的实际工作量远远超出了医生的建议和要求，他以难以想象的意志，克服着疾病带来的痛苦，拼命地工作着。8月3日，经任弼时审阅和修改的《中国新民主主义青年团宣传员工作暂行纲要》由团中央发出。他常常工作到深夜，头疼了，就叫孩子们帮他擦点清凉油、掐掐头皮，又继续看文件。后来更是每天工作八小时以上。

1950年10月1日，任弼时登上天安门城楼参加了新中国成立一周年庆典。这是他第一次，也是最后一次登上天安门城楼。

10月5日，任弼时出席中共中央政治局会议，赞同毛泽东派遣中国人民志愿军赴朝鲜作战的主张。8日，中共中央作出了"抗美援朝，保家卫国"的战略决策。这期间，中共中央连日开会，尽管医生规定，到睡眠时间应退席，但任弼时看到身边同志们都忙得不可开交，就希望自己能多分担一点。10月19日，任弼时约请河北武安县县委书记和其他同志座谈，为召开中央组织工作会议作准备。座谈会一直从早上八点进行到下午两点。夜里任弼时就继续阅读志愿军前方发来的战报，他没有想到，自己的身体根本支撑不住超额的工作。10月21日，为庆祝《中国青年》杂志创刊27周年，他亲自为刊物撰写纪念文章。

10月24日，秘书给任弼时送来毛泽东起草的关于增派志愿军出国作战和关于诱敌深入山地加以围歼等电报，晚上，他继续伏案查看地图，思虑朝鲜战局。妻子劝他快些休息，有事明天再继续。他说："明天有明天的事啊！"深夜，他在地图上标了最后一个红圈，随手把台历翻到新的一页——10月25日。

由于过度疲劳，病情恶化，10月25日晨7时，任弼时突发脑溢血，右半身瘫痪，失语，高压二百三十，脉搏每分钟一百。10月27日，中共中央书记处书记、中共第一代领导集体的重要成员任弼时溘然长逝，时年四十六岁。28日，毛泽东、刘少奇、朱德、周恩来一同来到景山东街甲2号任弼时的寓所，亲视任弼时的遗体入殓，并将一面中国共产党党旗覆盖在他的身上……

叶剑英元帅曾这样评价任弼时："他是我们党的骆驼，中国人民的骆驼，担负着沉重的担子，走着漫长的艰苦的道路，没有休息，没有享受，没有个人的任何计较。他是杰出的共产主义者，是我们党最好的党员，是我们的模范。"

一个人的自然生命是有尽头的，但他留下的革命精神却会永生。

毛泽东题词悼念任弼时："任弼时同志的革命精神永垂不朽！"

奇迹：他们是怎么从雪山上爬过来的？

八十多年前，为北上抗日，为中华民族的独立解放和自由幸福，中国工农红军在中国共产党领导下，爬雪山、过草地，历经二万五千里长征，战胜极大困难，创造了人间奇迹。据不完全统计，红军三大主力在长征时，翻越的雪山共计在72座以上。这可能是人类历史上绝无仅有的一场规模宏大、最能呈现出伟大精神的斗争奇迹了。

长征中跨越的第一座大雪山

1935年1月遵义会议后，中央红军在毛泽东等人正确路线的指引下，根据实际情况的变化，灵活地变换作战方向，迈开铁脚板，忽东忽西，迂回曲折地穿插于敌人重兵之间，使敌军感到扑朔迷离，疲于奔命，红军则处处主动。

蒋介石在遵义之战吃了败仗后，指挥多路军队向遵义一带合围。红军转兵西进，于3月中旬三渡赤水，重入川南。蒋介石调重兵围堵，红军突然又挥师东进，折返贵州，于3月下旬四渡赤水，佯攻贵阳。当各路敌军向贵阳以东开进时，红军出其不意向敌人兵力空虚的云南疾进，于5月初渡过金沙江。至此，中央红军摆脱了几十万国民党军队的围追堵截，粉碎了蒋介石围歼红军于川黔滇边境的计划。

中央红军渡过金沙江后，5月下旬向大渡河兼程疾进。蒋介石急令薛岳部、杨森部向雅安、汉源推进，企图凭借大渡河天险，使中央红军成为“石达开第二”。蒋介石效法清军对付石达开的部署，沿河陈兵，布下铁桶阵。然而，红军是打不垮的英雄汉。5月下旬，红军强渡大渡河，飞夺泸定桥，接着翻越终年积雪的夹金山。6月18日，中共中央与中央红军主力到达懋功（今小金）地区，与红四方面军胜利会合了。

夹金山是中央红军长征中跨越的第一座大雪山，海拔4000多米，终年积雪，空气稀薄，没有道路，没有人烟，气候变幻无常，时阴时晴，时雨时雪，忽而冰雹骤降，忽而狂风大作，有“神山”之称。有首歌谣说：“夹金山，夹金山，鸟儿飞不过，人不攀。要想越过夹金山，除非神仙到人间。”来自南方、衣着单薄的红军官兵，要越过这人迹罕至、禽兽无踪的雪山之巅，困难是难以想象的。

时任红一军团政治委员的聂荣臻是这样描述最初见到夹金山的景象的：“到了宝兴，再走百余里，就是晶莹耀眼、高耸入云的大雪山了。我虽然是四川人，但生长在秀媚的川东，看壮丽惊心的大雪山，生平还是第一次。”

在爬雪山前，红军进行了简单的准备。红一军团第二师第四团担任翻越夹金山的先遣任务。时任该团政治委员的杨成武这样回忆：

由于我们是过夹金山的前卫团，为了保证全军安全通过雪山，当好先锋，我们一面将情况向上级报告，一面积极做准备工作。我们知道，山上除了冰和雪是不可能找到充饥的东西的。可眼下村里的居民既少又穷，烈酒、辣椒都无法买到，只好让大家想方设法，每人备足两至三天的干粮，每人再准备上一根木棍。看来，我们也只能身着单衣去翻那座雪山了。

我们把雪山将要遇到的困难详细地向部队作了交代，要大家想办法做到过山时不落一个人，不掉一匹马。战士们豪迈地说：“我们最先强渡了乌江，夺下了泸定桥，突破了敌人层层截击，难道这

> 座山我们还制不服吗？”“强帮弱，大助小，走不动的扶着走，扶不动的抬着走，我们一定要让每一个战友安全地越过夹金山！”

“征服夹金山，创造行军奇迹”

就这样，6月12日清晨，在洪亮的集合号声中，部队从邻近的几个小村落向大硗碛村集结，进行翻雪山的动员。每个人手里拿着一根木棍，有的小心翼翼地夹在腋下，有的兴致勃勃地上下挥舞。“征服夹金山，创造行军奇迹”的口号声在山前震荡，无数根木棍一齐指向天空，像平地树起的一片无叶林。

杨成武这样回忆这段爬山历程：

> 9时许，队伍浩浩荡荡地沿着河旁的小路，向夹金山麓进发。到达山下，脚下的路冻得梆硬，木棍着地发

红军长征途中翻过的雪山——夹金山

出“咯咯”的响声。我们一鼓作气爬上山腰。

二营为前卫营，六连为前卫连，只见前卫六连的同志手执木棍，在雪中探路。他们利用刺刀、铁铲在雪上挖着踏脚孔，后面的同志沿着前面闯出来的蜿蜒曲折的小路往上爬。队伍越拉越长，仰面看，头顶上有人；低眼望，脚底下也有人。红旗灼燃似火，雪映战旗，色彩分外鲜艳。战马喷着雾气，衔尾相随。宣传队站在队伍旁，前呼后应。喊声，歌声，说话声，马嘶声，震荡着白雪皑皑的山谷，发出一阵又一阵欢快的回声。

我们的视线从行军队伍上移开，举目环视。

左面是松软的雪岩，右边是陡立的雪壁，中间是漫漫积雪，险峻情景，使人怵目惊心。

这画面，这声响，实在动人心魄，非身临其境莫能体会，可惜我不是画家，要不，真该把这壮丽的阵容，把这峥嵘的图景描绘下来。

刚上去，路还算好走。但越往上走，路就越窄越陡，空气也越来越稀薄，雪也越来越深，气温也骤然下降。眼下，天空的太阳虽然还是张着笑脸，但是，在这座茫茫的雪山面前，已经失去了它的威力。明晃晃的阳光把白雪照得格外晶莹透亮。雪的反光刺得人们睁不开眼。我们努力地往上攀登，每走一步，都要花很大力气。但是同志们的情绪还是很高，他们奋勇攀登，谁也没有叫苦，谁也没有叫累，有时不小心滑倒了，旁边的同志立即把他扶起。有的不慎掉到几米深的雪窝里，不等他喊，就有成群的人递去木棍、绑腿，拽的拽，拉的拉。被救的人爬上来拍去身上的雪，又继续前进。

我们虽然还在前进，但不知不觉地行动越来越迟缓，就像要故意放慢前进的速度似的，歌声也渐渐地少了。筋疲力尽的政治工作人员只能用手势鼓动大家继续前进了。

“可能只走了二十里！”团长看看身后白蒙蒙的山峦，对我说。

“是啊，上下山共有七十多里，还差得远哩，后边的路程更艰苦！我们动员一下。”我说。

“对，鼓动一下。”团长赞同地说。

于是，我踏上一块高坡，大声地说：“同志们，老乡都说雪山是神仙山，鸟飞不过，人烟绝迹，只有神仙能过，如今我们上来了，岂不成了神仙！”

战士们一听都笑了。一个小战士跟着说：“政治委员，人们都说爬雪山难，我看也难不过我们的两条腿！”

“对！我们终于用两条腿走上来了。可是，小鬼，也要当心它把你吃了！”我说。

“怎么吃？雪山又没有嘴！”他说。

“有嘴！”我说。

“有嘴？雪山有嘴？”大家哄笑起来。

我指着旁边厚厚的雪堆说：“它就是嘴，只不过嘴上抹的不是粉，而是堆的雪，看不出那嘴的模样罢了。可同志们别小看它，这嘴大得很，深得很啊，有的还不知道有多深呢，越往上，雪越厚，堆得越高，嘴就越大，可千万要小心，真要掉进它嘴里就麻烦了！”

“这倒是。”众人议论纷纷。

“所以我们千万不能麻痹！一定要踏着前面同志的脚印，一步步走！”我又说。

众人静静地听着。

我继续说：“还有，往上走，估计冰雪也越来越硬，要当心滑倒，防止掉下山去。路还长，上边更难走。上级号召我们，坚持下去，翻过雪山！”

这时，王友才同志站出来，举起拳头，带头高呼道：“坚持到底，翻过雪山，就是胜利！”

众人一齐高声呼应，巨大的声浪在雪峰上久久地回荡。

“前进！同志们，胜利在前！”

我下了高坡，赶到前头，顿时感到浑身热乎乎的。

我们团队在前进！

我们的战士一个个挺着胸膛，迎着寒风，在白雪中艰难地奋力前进。

“红军英雄汉，飞步碎冰雪”

对于红军将士们来说，这次过雪山的记忆，是如此的刻骨铭心。杨成武回忆到：

路越来越陡，小道几乎笔立起来了。弯弯曲曲的山路，虽然经过前卫的一番修补，但是，骡、马行走，还是十分困难。这时，偏偏寒风又大声吼叫起来。这风一刮，乌云蔽天，顷刻间阳光就不见了。那山峰上千年的积雪，瞬息变作腐朽疏松的土墙，一堆堆、一块块往下倾斜、倒塌。雪流翻卷，一泻千丈。它撞到坚硬的冰山上，又溅起无数冰团、雪屑，犹如银蛇狂舞，玉粉飞扬，凛将它直打在我们的脸上、手上，就像刀割似的。我们只能用手捂住脸，冒着暴风雪踉踉跄跄地行进，透气都十分困难。虽然这时我们把所有能披的东西都披在身上了，也还是觉得冷。越往上爬，空气越稀薄，呼吸越困难。有的同志头晕目眩，一步一停，一步一喘。我们互相搀扶着，几乎都是拼着全身力气，在同残酷无情的大自然搏斗。

刚到山顶，突然下起一阵冰雹，核桃般大的雹子劈头盖脑地打下来，我们无处藏身，只好用手捂着脑袋继续朝前走。

冰雹过后却是万里晴空，又感到阳光耀眼了。到山顶，我们举目一望，只见千里冰雪，银峰环立，除了山峰上有几根孤零零的电线杆和少数民族用石头垒起的旗杆之外，到处是一片琼玉世界。俯视山下队伍，像一条灰色长龙，蜿蜒而上，把这个琼玉世界划成两半。此一情景真是：

天空鸟飞绝，群山兽迹灭，红军英雄汉，飞步碎冰雪！

随后，我们全团人马沿着山顶上的一条曲折的盘道，绕着夹金山的主峰，又与风雪搏斗了四五个小时，就安全地翻过了山顶。这时，团长清点了一下人数，发现没有一个掉队的。

红四团是红一军团的主力团，干部战士身体比较强壮，但体质弱、有伤病的同志，妇女同志和肩负比较重物资的战士则面临着更大的挑战。

中央苏区“五老”之一董必武曾向美国记者史沫特莱介绍爬雪山时的情景：

天刚蒙蒙亮，我们就出发了。简直没有路，可是农民说，少数民族经常从山丛中下来抢劫，他们既然能翻山，我们当然也可以。所以我们就对准峰顶附近那个缺口，笔直地向上爬。浓雾环绕，大风凛冽，刚到半山，就下起雨来了。我们越爬越高，又撞上了让人担惊害怕的冰雹。空气越来越稀薄，呼吸越发困难。讲话是完全不可能的事，冷得人连呼气都冻了冰，手和嘴唇冻得发紫。有些人和牲口一步没走稳，就掉在冰河中，从此诀别。那些坐下来休息喘喘气的，就在原地冻僵。筋疲力尽的政治工作人员用手势和拍打鼓动大家继续前进，表示山口就在眼前了。

到了暮色苍茫时，我们在海拔16000英尺的高度上翻过了大山，那天晚上，我们就在人迹罕至的山谷中露营。我们大家都筋疲力竭地躺下休息，朱将军却照往常一样，到四处巡查。他一路上和部队一同跋涉，疲劳不堪。但是他的例行巡查却是无论如何中断不了的。他从口袋里拿出一小块牛肉干给我，他见人便鼓励说，我们已经爬过了最难爬的山，还有几天就可以到懋功了。

为了避开敌人的轰炸机，我们在半夜就起来了，开始爬第二个山头。天下着大雨，后来又变成大雪，冷风像刀子一样吹打我们的身体，又有很多人在严寒和力竭之中死去。

提起这座山的最末一个山头，真令人胆寒。我们估计，从山脚到山顶共长80里地。我们的人在这里一死就是好几百。他们想坐下歇歇腿、喘喘气，就从此站不起来了。沿路，我们不停地弯下腰去，想拉他们站起来，可是发现已经咽了气。

我们终于来到一处山谷，发现了几间部落人住的房屋，不由得都往那里聚拢，为重新发现人烟而欢呼起来。

时任红五军团第十三师第三十七团政治委员谢良也回忆了爬雪山的艰难情景：

越往上爬，气温越低。寒风吹在身上，冷飕飕的；雪粒打在脸上，像刀割似的疼痛。我们身上穿的都是单衣，几乎和没穿衣服一样。有的同志把毯子裹在身上，也无济于事，仍冻得浑身哆嗦，牙齿打战。特别是一双脚，长时间在冰雪里行走，草鞋浸湿后冻上了冰，硬邦邦的，磨得生疼。很多同志的脚被冰渣划破，鲜血直流。

再往上走，空气更加稀薄，胸口就像压着一块大石头一样透不过气来，两条腿也像灌了铅似的沉重。每向前迈出一步都要花费很大的气力，连着走几步心就跳得格外厉害，甚至头昏目眩，仿佛整个雪山也都晃动起来。

快接近山顶时，山势更加险峻。风大，路滑，经常有人跌倒，甚至从雪坡上滚下去。不少同志已精疲力竭，走几步就呼呼直喘，只想坐下歇一歇。但是一坐下来后，就再也起不来了。

在路的两旁，可以看到一个个隆起的雪堆，使我们感到沉痛，同时又使我们警惕起来，仿佛那些牺牲的战友对我们说：可不能松劲呀，一定要拿出身上所有的力气，咬紧牙关，坚持到底，战胜这冷酷无情的大雪山！

中午，部队终于登上了山顶，高高的大雪山被我们踩在脚下了！战士们欢呼起来。欢呼声响彻冰山雪岭，在山谷间久久地回荡着……

令人敬佩的是，跟随中央红军长征的女同志有的体弱多病，有的刚生过小孩或者正在怀孕，她们靠着顽强的毅力，克服了种种困难，跟随大部队翻过了雪山。

据《女红军长征记》中记载，当时女战士王泉媛正赶上来例假，在风雪严寒的侵袭下，腹部痛得像刀绞似的难忍。战友们见她脸色苍白，忍痛咬牙，都关切地询问，她说："没事，能走！"她和战友们互相搀扶着，步履艰难地向前移动，终于翻过了这座大雪山。李坚真看到有的马夫、运输员都晕倒了，便和战友们鼓着余劲，咬紧牙关，跪着爬行，不但自己过了雪山，还把伤病员及担架、药箱等全部拉过了这座大山。

用聂荣臻的话来说，"我们靠万众一心，群策群力，互相帮助，发扬了阶级友爱，胜利地越过了夹金山。"萧锋在日记中写道："一路上，大家发扬团结互助精神，看到年纪大身体弱的同志就扶护。真是阶级感情深似海！”

据后来深入川西北雪山草地进行实地考察的学者统计，红军三大主力在长征时，翻越的雪山共计在72座以上。

正如毛泽东所说的：“中国共产党，它的领导机关，它的干部，它的党员，是不怕任何艰难困苦的。”

“红军不怕远征难，万水千山只等闲！”

有一首颂歌，真实记载了史上最伟大的这场雪上斗争：

雪皑皑，野茫茫，
高原寒，炊断粮。
红军都是钢铁汉，
千锤百炼不怕难。
雪山低头迎远客，
草毯泥毡扎营盘。
风雨侵衣骨更硬，
野菜充饥志越坚。
官兵一致同甘苦，
革命理想高于天。

毛泽东的六位亲人是怎么牺牲的?

习近平说过:“一百年来，中国共产党团结带领中国人民，以‘为有牺牲多壮志，敢教日月换新天’的大无畏气概，书写了中华民族几千年历史上最恢宏的史诗。”

“为有牺牲多壮志，敢教日月换新天”，引用的是毛泽东《七律·到韶山》中的诗句。在这场“改天换地”的人民革命中，毛泽东当年带出韶山的弟弟妹妹，他的妻子、儿子、侄子，他亲手创建的韶山党支部最早的五位成员，还有成千上万的革命先烈，为着人民的利益英勇地牺牲了。毛泽东一家也付出了巨大牺牲，有六位亲人献出了宝贵的生命。

毛泽民：被敌人闷棍打晕，然后勒死

毛泽民说过:“共产党员无论在什么地方为国家民族的，自有他的气节。”作为中国共产党红色财经工作的开拓者，毛泽民牺牲后，遗骨被埋在何处是个谜团。直到新中国成立之后，烈士遗骨才终于被找到。

毛泽民，毛泽东的大弟，1896年4月3日出生在湖南韶山。1921年随毛泽东到长沙，是年底加入中国共产党。担任过安源路矿工人消费合作社经理、中共中央出版发行部经理、中华苏维埃共和国国家银行行长、闽粤赣军区经理部部长、中华苏维埃共和国临时中央政府西北办事处国民经济部部长等职，是红色财经工作的开拓者。

毛泽民担任中华苏维埃共和国国家银行第一任行长时，苏区处在敌

毛泽民

人的封锁中，物资奇缺，财政负担重。毛泽民领导国家银行，实行统一财政、统一货币、发行公债、提倡储蓄、开展对外贸易、开采钨矿等政策，改变了根据地以往自收自支、各自为政、货币不统一、苏区急需的食盐进不来等状况，对于打破敌人经济封锁，支援革命战争，起了很大作用。

处在长期艰苦的斗争环境中，有些同志对红色财经的发展缺乏信心。毛泽民鼓励说：“我们是从困难中生长和壮大起来的”，“我们能克服一切困难的”，“克服困难的唯一方法，是依靠我们的‘领导方式与工作方式’，并且自己坚决地依靠计划去执行”。毛泽民在党和红军中长期主管财经工作，始终廉洁奉公，一尘不染。

1938年初，毛泽民到新疆，准备转道去苏联治病，不巧边境封锁，他暂留在八路军驻新疆办事处。当时，新疆的边防督办盛世才伪装进步，主动要求我党派干部帮助他整顿新疆极度混乱的财经。经党中央同意，毛泽民化名周彬，被盛世才委任为新疆省政府财政厅副厅长，代理厅长的职务。到任后，毛泽民从县到省建立起一套财政金融机构，还建立了各级金库，亲自创办财经学校，培训财经干部，实行税制改革，改组新疆省立银行……将新疆的财经工作整顿得井井有条。盛世才等人在严格的财经制度下不能随便中饱私囊，开始排挤毛泽民，明升实降，将他调任民政厅厅长。

1942年，盛世才与国民党达成反共协议，露出了狰狞的面目，将毛泽民、陈潭秋等人软禁起来。1943年2月，他们被正式逮捕，关进监狱。敌人意图污蔑我党在新疆的活动，恶毒攻击我党和八路军。毛泽民大义凛然地回答："我们共产党为国家为民族而斗争，没有个人的利害。""我所做的一切，对国家民族的利益是没有违背过的，而且完完全全是站在国家民族利益的立场上工作的。我认为你们所说什么阴谋是对我（的）一种侮辱。我在新疆整理财政，尽了自己所有的力量，更没有违背民族利益。在新疆四五年，辛苦于抗战建新事业，事实俱在，哪有对新疆政府进行阴谋事件之理？我要求把事实拿出来。"

敌人气急败坏，逼问毛泽民："脱离共产党可不可以？"毛泽民说："不能脱离，气节还有，共产党员无论在什么地方为国家民族的，自有他的气节。"

敌人连续数十个日夜审讯，仍然一无所获，就用各种惨无人道的酷刑折磨毛泽民。尽管遍体鳞伤，但毛泽民始终表现出顽强的毅力。9月27日，毛泽民等人被敌人闷棍打晕，然后勒死，时年47岁。

几年后，在党组织锲而不舍的营救下，盛世才关押的其他同志和进步人士被解救出狱，到了延安。毛泽民等人牺牲的消息虽然已经多方证实，但遗骨被埋在何处却是个谜团。直到新中国成立之后，烈士遗骨才终于被找到。

毛泽覃：被叛徒出卖，为掩护战友突围战斗到最后

毛泽覃说过："只要我们还有一个人，就要战斗到底。"作为红军独立师师长，在被敌人包围、身中数枪之时，毛泽覃也不愿自己的红军奖章落入敌军之手，将它藏了起来。

毛泽覃，毛泽东的二弟，1905年9月25日出生在湖南韶山。1918年秋随毛泽东到长沙求学。1921年加入中国社会主义青年团，1923年

毛泽覃

10月加入中国共产党。曾先后在黄埔军校政治部、中共广东区委、武汉国民革命军第四军政治部工作，并随南昌起义部队行动。上井冈山后，先后任红三军政治部主任、中共吉安县委书记、中共永（丰）吉（安）泰（和）特委书记兼红军独立五师政治委员等职。

为了加强对县区的领导，中共永（丰）吉（安）泰（和）特委在东固宣布成立。东固是江西吉安的一个区，战略地位重要，敌我双方对东固的争夺十分激烈。毛泽覃担任特委书记后，深入走访群众，领导东固进行土改，发展生产，各项工作都开展得有声有色，东固被评为中央苏区第一个模范区。

1932年，毛泽覃调任中共苏区中央局秘书长。因抵制王明“左”倾教条主义路线，与邓小平、谢维俊、古柏一起被扣上“‘罗明路线’在江西的执行者”的帽子，遭到错误批判。有人担心地问毛泽覃：“这样下去怎么办？”毛泽覃冷静地回答：现在是很困难，我们党和根据地可能还要遭受更大损失，甚至是暂时失败。但是，要相信共产党，相信革命总会胜利的。

中央红军长征后，毛泽覃奉命留在苏区，坚持游击战争，任中央苏区分局委员、红军独立师师长。当时，瑞金驻扎敌军4个师，福建西部驻扎敌军8个师。毛泽覃率领红军游击队在闽赣边界转战。1935年2月，毛泽覃奉命率领独立师的一部与福建军区司令龙腾云、省委书记万永诚率领的队伍汇合。他提出“将部队编成几个支队，四处袭击敌人，领导中心退到闽粤赣边的深山中去”的建议没有被接受。不久，部队被敌人包围，龙腾云、万永诚率领大部队向东突围，毛泽覃率部队掩护，然后向西突围。龙、万在战斗中牺牲，毛泽覃突出重围后，又被敌人伏击，经过艰苦的战斗，借着夜色才摆脱敌人，进入瑞金红林山区。此时，他身边已经只剩下十几个人。毛泽覃鼓励疲惫不堪的战士们说：“我们十几个人的处境是很困难的，但是要看到光明的前途，经受住困难的考验，只要我们还有一个人，就要战斗到底。”

暴风骤雨中，敌人像梳子一样搜山，毛泽覃和战士们只能用野菜、野果充饥。他们在黄鳝口纸槽小屋休整时，一个战士外出侦察敌情被抓，当了叛徒。在叛徒的指引下，敌人再次包围了毛泽覃他们。毛泽覃为掩护战友突围，中弹牺牲，时年29岁。

几十年后，江西省瑞金红林山区村民在一块大石底下发现了一枚银质的“二等红星奖章”。这枚红星奖章是毛泽覃1933年在红军首次颁发奖章时获得的。被敌人包围、身中数枪之际，毛泽覃不愿奖章落入敌军之手，将它藏了起来。闪闪红星，象征着一个红军将领的卓越战绩，也昭示着一个共产党员战斗到底的决心。

杨开慧：拒绝跟毛泽东脱离关系，被刽子手从背后枪杀

杨开慧说过：“我死不足惜，惟愿润之革命早日成功。”作为毛泽东的妻子，她宁愿死，也不愿意与毛泽东脱离夫妻关系，不愿意脱离共产党。杨开慧上午被枪杀后，下午有人报告她还没有死透，敌人去现场看时发现枯草上浸透了血迹，杨开慧嘴里已啃满了泥沙，手在土里头挖着，手指甲里面塞满了土，于是又被刽子手补了几枪。

杨开慧，毛泽东的妻子，1901年11月6日出生在湖南长沙县板仓

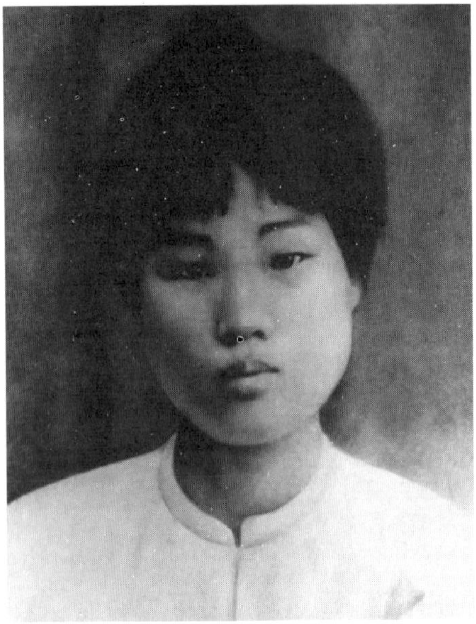
杨开慧

一个进步知识分子家庭，父亲杨昌济是毛泽东的恩师。1920年下半年，杨开慧加入中国社会主义青年团，同年冬与毛泽东结婚。1921年加入中国共产党后，除协助毛泽东从事机要和交通联络工作外，还参与开展农民运动、工人运动、妇女运动和学生运动。

1927年大革命失败后，按照党组织的安排，杨开慧带着孩子回到家乡板仓，继续坚持地下斗争，她参与组织和领导了长沙、平江等地的武装斗争。杨开慧一边坚持革命，照顾着孩子们，一边思念、牵挂着在外革命的丈夫。她将对丈夫浓厚的爱意、为革命抱定牺牲的决心刻印在文字中。在《偶感》一诗中，她写道："天阴起溯风，浓寒入肌骨。念兹远行人，平波突起伏。足疾已否痊，寒衣是否备？孤眠谁爱护，是否亦凄苦？书信不可通，欲问无人语。恨无双飞翮，飞去见兹人。"在《6岁到28岁自述》中，她回忆和毛泽东相识相知的过程："不料我也有这样的幸运！得到了一个爱人！我是十分的爱他，自从听到他许多事，看见了他许多文章、日记，我就爱了他。""从此我有一个新意识，我觉得我为母亲而生之外，是为他而生的。""假如他被人捉去杀了，我一定要同他去共这一个命运！"

革命形势严峻，杨开慧万分担心毛泽东的安危，她写道："我想假使是他死了，我的情丝将永远缚在他的尸体上，不会放松"，"我的心挑了一个重担，一头是他，一头是小孩，谁都解不开。”

当战友牺牲的噩耗接踵而至之时，预感到死亡正在逼近的杨开慧打算将孩子托付给亲友，她在一封给堂弟杨开明的信中说：“我好像已经看见了死神——唉，它那冷酷严肃的面孔！说到死，本来，我并不惧怕，而且可以说是我欢喜的事。只有我的母亲和我的小孩呵，我有点可怜他们！”这封托孤信最终未能寄出。这些文字被杨开慧藏在板仓老家房子的砖缝里，直到二十世纪八九十年代，才被人意外发现。

敌人紧锣密鼓地抓捕共产党员和革命群众，何键重金悬赏捉拿杨开慧。在地下党和群众的帮助、保护下，杨开慧几次安然脱险，但最终没能逃脱敌人的魔爪。1930年10月的一天，何键派来的人冲进板仓杨家，将杨开慧和8岁的儿子毛岸英、保姆陈玉英一起抓走。无论敌人如何逼问，她始终守口如瓶，保守党的机密，不透露任何同志的信息。她对保姆陈玉英说：“孙嫂（陈玉英），你一定要相信，革命一定会有胜利的那一天！”

杨开慧被捕后，父亲杨昌济生前挚友章士钊、蔡元培等名流开始营救她。南京政府屈于外界压力，致电何键，嘱其缓刑。何键答应：只要杨开慧自首，宣布与毛泽东脱离夫妻关系，就可以获得自由。杨开慧拒绝了。面对敌人的种种威胁，杨开慧毫不畏惧地回答：“我死不足惜，惟愿润之革命早日成功，牺牲我小，成功我大，我死后，希望家里人不作俗人之举！”

1930年11月14日，杨开慧在长沙浏阳门外识字岭英勇就义，时年29岁。新中国成立后，当年枪杀烈士的刽子手交代：他们从杨开慧背后开枪后就离开了，下午有人报告她还没有死透，他们就去看，发现枯草上浸透了血迹，杨开慧嘴里已啃满了泥沙，手在土里头挖着，手指甲里面塞满了土，于是又补了几枪。

1957年，毛泽东在给杨开慧生前好友李淑一回信时，饱含深情地写下一首词。这首后来改名为《蝶恋花·答李淑一》的词云：“我失骄杨君失柳，杨柳轻飏直上重霄九。”有人问毛泽东“骄杨”作何解释，毛泽东说：“女子革命而丧其元，焉得不骄？”

毛泽建：从容不迫走向刑场，牺牲在衡山

毛泽建说过：“只要革命成功了，就是万死也无恨。”作为远近闻名的“女游击队长”，当叛徒劝她投降时，毛泽建痛斥叛徒：“要我投降，除非太阳从西山出，湘江水倒流。”敌人审问她是不是叫“毛达湘”，她义正辞严地说：“我叫共产党！又叫毛达湘，毛达湘就是共产党！”

毛泽建，毛泽东的堂妹，1905年10月出生在湖南韶山。因家庭贫苦、父母病弱，几岁时就被毛泽东的母亲文氏接到自家生活。文氏十分喜欢勤快懂事的毛泽建，曾多次叮嘱毛泽东要带她出去读书。文氏病逝后，毛泽东忙于革命，一时无法照顾毛泽建。毛泽建被母亲嫁到一户姓肖的人家，她在肖家饱受虐待。1921年春，毛泽东回乡后得知毛泽建的情况，将她接回自家，不久带到长沙读书，并帮她解除了封建婚姻。1923年，毛泽建加入中国共产党，同年秋考入湖南省立第三女子师范学校，任学生中的党支部书记、湘南学联女生部部长。

毛泽建始终怀着饱满的革命热情和战斗意志。她给自己取名毛达湘、毛日曦，寄托着革命早日胜利的希望。她在给亲友写信时，总要在落款处画一柄利剑。她说，剑与建同音，“泽建”就是“泽剑”。我喜欢利剑，它所向披靡。我们革命者就要像利剑一样，对敌人毫不留情。

1926年夏，毛泽建受党指派，与丈夫、共产党员陈芬在衡阳开展农民运动。1927年11月任中共衡山县委组织和妇运委员，后参加朱德、陈毅领导的湘南起义，任耒阳县游击队队长。毛泽建有时扮成珠光宝气的贵妇人，有时扮成朴实的农家女，来往于城镇和乡村刺探敌情。她带

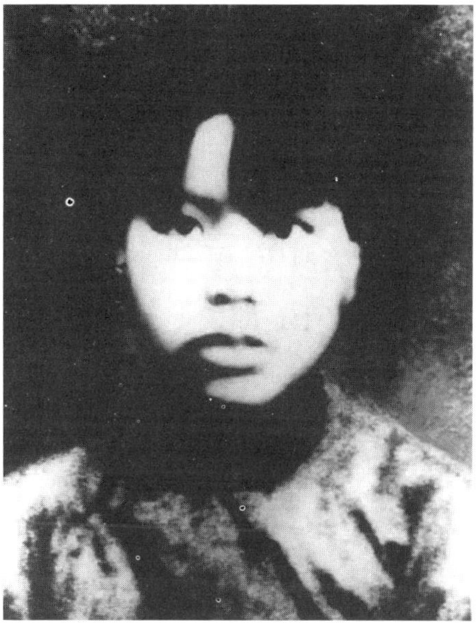

毛泽建

领游击队员，袭击挨户团，打击土豪劣绅，炸毁县衙，破坏铁路和敌人通信设备，使敌人闻风丧胆，成为了远近闻名的“女游击队长”。

1928年，毛泽建和陈芬领导游击队在耒阳开展游击斗争时遭到敌人围攻，因寡不敌众，两人身负重伤，双双被捕。年仅25岁的陈芬被敌人砍下头颅。毛泽建被战友营救出狱，这时她即将临产，行动艰难。战友们要用担架抬她撤退，她不愿拖累部队，坚决要求留下，隐藏在当地一个孤老婆婆家里。孩子出生时的啼哭惊动了正在搜山的敌人，毛泽建带着孩子再一次被捕。孩子几个月后不幸夭折。

敌人抓到毛泽建，如获至宝，以她系“毛泽东之妹，马日前后，均负该党重要职责”，妄图从她身上得到我党的重要机密。敌人用皮鞭抽、烙铁烫、杠子压，动用种种酷刑折磨她，但毛泽建毫不屈服。她利用一切机会教人识字、绣花，一个被派到监狱修理架子的木工在她的教育启发下，深受感动，经常到狱中探视她。当叛徒劝她投降时，毛泽建痛斥叛徒，回击说：“怕死不革命，革命不变节！要我投降，除非太阳从西山出，湘江水倒流。”敌人审问她是不是叫“毛达湘”，她义正辞严地说：“我叫共产党！又叫毛达湘，毛达湘就是共产党！”

在狱中，毛泽建给丈夫的姐姐陈淑元曾写过一封信。信中写道：“我将毙命，不足为奇……现在各处均在反共，这是我早就预料到了的。革命轻易的成功，千万不要做这样的奢望。但是，人民总归要做主人，共产主义事业终究要胜利。只要革命成功了，就是万死也无恨。到那天，我们还会在九泉之下开欢庆会的。”

1929年8月20日，衡山县马王庙坪，几十名敌人荷枪实弹，毛泽建戴着脚镣、手铐，从容不迫地来到刑场。她一路高呼：“乡亲们，杀了一个毛达湘，千万个毛达湘会站出来！”毛泽建牺牲时年仅24岁。国民党限令3天不准收尸，当晚几名工人冒着生命危险把她的遗体运出来安葬。

毛岸英：牺牲在朝鲜战场，毛泽东一个多月后才得知消息

毛岸英曾问自己：“我做毛泽东的儿子合格吗？”为抗美援朝、保家卫国，他主动请缨奔赴朝鲜战场，后被美军轰炸机向志愿军总部投下的大批凝固汽油弹引发的熊熊烈火吞没，毛岸英牺牲时年仅28岁。得到消息后的毛泽东安慰彭德怀说：“岸英是一个普通的战士，不要因为是我的儿子，就当成一件大事！”

毛岸英，毛泽东的长子，1922年10月24日出生在湖南长沙。8岁时随母亲杨开慧入狱。在监牢里，毛岸英时常看见有叔叔阿姨唱着《国际歌》走出牢房，走向刑场。他很快就记熟了歌词，常常哼唱。他问妈妈：“什么叫饥寒交迫的奴隶？”杨开慧告诉他：就是被富人、军阀欺负的老百姓，为了革命同志的安全被敌人杀死的烈士也是的。毛岸英渐渐明白了歌词的含义。狱中的苦难，使毛岸英对敌人满怀着刻骨的仇恨。

母亲牺牲后，毛岸英与两个弟弟被送到上海中共地下党办的大同幼稚园，小弟毛岸龙病死，他和二弟毛岸青不久流落街头。他后来回忆说，“在上海六年的流浪生活不堪回首”，“我和岸青除了没有给资本家当干儿子和偷东西以外，三毛的人生经历我们都经历了”。

毛岸英

1936年11月，党组织找到毛岸英兄弟，辗转托人送到苏联。毛岸英先后在国际儿童院、伊万诺沃苏雅士官学校、伏龙芝军事学院等校学习。在苏联遭到德国法西斯侵犯时，毛岸英一再主动要求上战场，被批准参加了苏联卫国战争。1943年加入苏联共产党（布尔什维克）。

1946年1月，完成在苏联学习和历经战火洗礼的毛岸英回到了祖国，在延安见到了阔别18年的父亲。同年转入中国共产党。回国后曾下乡劳动锻炼，后从事土改和宣传工作。新中国成立后，离开机关到北京机器总厂从事基层工作。工厂里战乱的遗迹依稀可见，大部分机器无法运转，工人生活条件艰苦。面对考验，毛岸英丝毫没有退却，他对妻子说："我就在这里扎根了！"在给好友蔡博的信中，他说："我准备在这个工厂连续不断地做十年……搞出一套完整的工厂中党的工作经验来。"毛岸英对自己的要求十分严格，他在日记中写道："我从不希望由于我是伟大领袖毛主席的儿子，而受到特殊照顾，被'另眼看待'。"在日记里，他总在不断地问自己："我做毛泽东的儿子合格吗？"

毛岸英长久做群众工作的计划很快被战火打断了。1950年，美国出兵侵略朝鲜，战火一步步向我国东北边境逼近。党中央作出了抗美援朝的决定。毛岸英主动提出参加抗美援朝战争，毛泽东同意了儿子的请求。因为懂俄语、英语，又从事过机密工作，毛岸英任志愿军司令部俄语翻译兼机要秘书。因为事涉国家机密，毛岸英对妻子刘思齐都没有透露去向。10月，毛岸英踏上了烽火连天的朝鲜战场。

11月24日下午，几架美军侦察机在我军设在大榆洞的志愿军总部上空盘旋侦察。25日上午，敌人的几架轰炸机从东向西飞过，约一刻钟后又调头飞回，向志愿军总部投下了大批凝固汽油弹。志愿军总部瞬间被熊熊烈火吞没，毛岸英牺牲在火海中，时年28岁。

当时毛泽东正在指挥战役的紧张时刻，身体也不适，为了不让毛泽东分心，周恩来等人决定把毛岸英牺牲的电报暂时搁下。直到1951年1月2日，周恩来才把电报送给毛泽东看。毛泽东嘴里念叨的却是："朝鲜战场上牺牲是有成千成万人……" 2月21日，当毛泽东从回国汇报朝鲜战争情况的彭德怀口中听到毛岸英牺牲的详细经过后，反而宽慰内心不安的彭德怀：打仗总是要死人的嘛！中国人民志愿军已经献出了那么多指战员的生命。岸英是一个普通的战士，不要因为是我的儿子，就当成一件大事。

当有人询问是否将毛岸英的遗体运回国内，毛泽东说：青山处处埋忠骨，何须马革裹尸还。不是还有成千成万的志愿军战士安葬在异国他乡的土地上吗？

其实，毛泽东承受着巨大的悲痛！他把对儿子的爱深深地埋藏在内心。1959年，刘思齐要去朝鲜给毛岸英扫墓，毛泽东对儿媳说："思齐，告诉岸英，你也是代替我去给他扫墓的，我们去晚了。告诉他，我不能自己去看他，请他原谅。告诉他，爸爸爱他，想他……"

1990年，中南海中央警卫局在整理毛泽东遗物时，竟意外地发现了毛泽东悄悄珍藏的毛岸英在朝鲜用过的毛巾，穿过的衬衣、袜子，戴过的帽子。如今，这些物品陈列在韶山毛泽东同志纪念馆里，无声地昭示着毛岸英伟大的爱国主义和国际主义精神，诉说着国家领袖对国家、人民的深情大爱和对儿子的深邃父爱。

毛楚雄：被五花大绑带到偏僻的城隍庙背后活埋

毛楚雄说过："我也想做一个改革社会的人物，为国效力。"毛楚雄作为谈判代表，一到胡宗南部便被无理扣押，被"就地秘密处决"——活埋在城隍庙背后，时年19岁。

毛楚雄，毛泽覃的儿子，毛泽东的侄子，1927年9月8日出生在湖南长沙。父亲毛泽覃一直随部队在外征战，毛楚雄半岁时随母亲周文楠被捕，因在狱中生了病，敌人才同意外婆将他从狱中接回家治疗。1930年，周文楠被营救出狱后随部队撤往苏区，从此毛楚雄与外婆相依为命。1937年11月，他随外婆、舅舅到韶山南岸上屋场居住，曾先后就读毛氏兴华初小和湘潭县私立思三高级小学。

毛楚雄

在韶山党组织和革命家庭的影响下，毛楚雄从小就有着远大的革命理想。他在《小朋友救国方法》一文中，开门见山地写道："各位小朋友呀！我们都是四万万五千万民众的一分子，对于救国的责任，当然我们是要担负一些的。"在《试述各人的志愿》一文中又写道："青年想要达到成功的目标，非要吃苦不行……我也想做一个改革社会的人物，为国效力，推翻侵略者，使世界变为和平的世界"，"继父之志，报父之仇"。有一年县里的督学来韶山视察，看了毛楚雄的作文，连连夸赞他是“非凡之才”。

饱尝社会艰辛的楚雄从小就十分懂事，小小年纪主动帮外婆种菜、放牛，抢着干家务。他也从小就深知劳动人民的疾苦。他说：“世界上最苦的是什么人呢？我心想：一定是那农人。”虽然他和外婆生活困难，但他宁愿自己少吃也要救济穷苦村民。一个80多岁经常得到楚雄帮助的老婆婆逢人就说：“楚雄真是个好伢子，从前他大伯经常帮助我屋里，如今楚雄就同他大伯当年一样。”

1945年8月，毛楚雄由王震派人接到湖南省湘阴县白鹤洞，随八路军三五九旅南下支队到中原军区。1946年6月，国民党军围攻中原解放军，在屡次战斗中，毛楚雄冲锋在前。后来，王震说：“在竹林关等地的战斗中，楚雄同志对敌斗争特别英勇。”国民党眼见中原解放军胜利突出重围，又玩起了“和谈”的花招，派飞机一路撒传单，要求我军派人和谈。为了表示和谈诚意，我军派张文津、吴祖贻、毛楚雄三人前去谈判。8月，他们三人来到宁陕县东江口镇时，被驻扎在这里的胡宗南部无理扣押。毛楚雄三人出示证件，据理力争。胡宗南部置之不理，对他们进行审讯。我党得知后四处设法营救，8月22日延安《解放日报》头版报道：“对张文津等被蒋方无理扣押事，南京中共代表团周恩来将军与北平执行部叶委员均已向国民党提出严重抗议。”向中外公布了这一重大事件。

胡宗南一面矢口否认扣押我军谈判代表，一面不顾舆论谴责，下令“就地秘密处决”。8月22日深夜，胡宗南的刽子手悄悄地将毛楚雄三人和带路的农民五花大绑带到偏僻的城隍庙背后，将他们活埋。毛楚雄时年19岁。毛楚雄等人牺牲的具体情形直到1984年才查明。

新中国成立后，周文楠要到韶山接母亲一起生活，当她询问毛泽东是否把毛楚雄牺牲的消息告诉老人家时，毛泽东说，就说是他送楚雄到国外很远的地方学习去了。他又说：“楚雄年龄不大，为国捐躯，虽死犹荣。”

1959年6月，毛泽东回到阔别32年的故乡，回到故居，走访烈士家属，看到32年来故乡的变化，特别是这个新国家对比旧中国发生的天翻地覆的变化，感叹这些由无数烈士奋斗牺牲换来的结果，用诗化的语言表达了自己的心情：

“别梦依稀咒逝川，故园三十二年前。红旗卷起农奴戟，黑手高悬霸主鞭。为有牺牲多壮志，敢教日月换新天。喜看稻菽千重浪，遍地英雄下夕烟。”

杨开慧是个什么样的人?

杨开慧，这个名字广为人知。她的父亲是杨昌济先生，一位学贯中西、思想开明的教授，一位忧国忧民的进步知识分子。她的丈夫是毛泽东，中国共产党、中国人民解放军、中华人民共和国的主要缔造者，中国各族人民的伟大领袖。但杨开慧本人究竟是一个什么样的人，她在短暂的一生中扮演过哪些角色，却鲜为人知。

受书香门第文化浸润，打下人生底色

杨开慧1901年出生于湖南省长沙县板仓。父亲杨昌济学贯中西，思想开明，是一位忧国忧民的进步知识分子。身处中华民族苦难深重的年代，他对后一辈寄托着殷切的希望。开慧虽为女儿身，但父亲却为她取名开慧，号霞，字云锦，期望女儿追求光明，人生有如灿烂的云霞，美丽而火红。

1903年，杨昌济先生远涉重洋，开始了长达十年的留学考察生涯。但他心系子女成长，不时写信回家，给子女们介绍国外的新思想并教育他们一定要有崇高的信仰和远大的抱负。小开慧7岁那年，杨昌济从国外来信，嘱咐杨开慧的母亲一定要送开慧上学。在当时的板仓，女孩子还没有上学读书的先例，杨家斜对面的长沙县第四十初级小学破例为杨开慧等7个女孩子单设了一个班。杨开慧成为该校第一批女学生。

辛亥革命爆发后不久，杨昌济从国外来信，提到妇女要了解当前社

杨开慧与儿子毛岸英（右）、毛岸青

会急剧演变的形势就要识字、看报，妇女也要会写信，并动员开慧不识字的母亲也进学校读书。开慧上学后喜欢听曾留学东洋的校长给学生讲日本的明治维新，讲广州的黄花岗七十二烈士，讲兴中会等等。她盼望革命早些成功，盼望祖国早些强盛起来。

1913年杨昌济留学归来，先后受聘于湖南省立第四师范学校、省立第一师范学校，带着全家搬到了长沙城内居住。他决心用毕生的精力培养一批改造社会的栋梁之材，对杨开慧也寄予殷切的期望。当时的长沙民生凋敝，萧条冷落，杨开慧进城的喜悦被冲得一干二净。穷苦人为何受苦受难？最先响应辛亥革命的省城为何不景气？敏锐多思的她有很多疑问，父亲总是为她一一解答。

1918年，杨昌济接受北京大学的聘请出任伦理学教授，17岁的杨开慧随全家北上。虽然进了大城市，但杨开慧没有改变朴实勤劳的习惯，仍然穿着粗衣布裙，梳着普通的蝴蝶头，关心着时局的发展。她在手稿中写道："那时我同情下层生活的同胞，我忌（嫉）恨那些穿华服只顾自己快活的人。我热天和下层生活的人一样，穿大布衣。"从这里可以看出，杨开慧从小就懂得同情弱势，追求社会的公平。她知道人生要有意义，不能只求自身荣华富贵，更不能浑浑噩噩度过。

1919年五四运动爆发，全国范围内的群众性反帝爱国运动兴起。杨开慧深受新文化的影响，开始追求女性的独立人格。她认为，独立的人格是一个人的自由和人权的真正体现。杨开慧还关注着"南北和谈"这一重大历史事件。在她看来，南北政府里的人都已"良心为利欲所蒙蔽"，和谈注定是徒劳的。退一步说，即使南北双方因为调停者的诚意而实现了和平，但由于执政者没有良心，谈成之后还是一个"无良政府"。她呼吁，一切有良心的人应该积极发挥自身作用，有责任扫除黑暗，使中国变成一个充满光明的世界。

而她的父亲杨昌济一生中有执着的信念和坚忍的精神。32岁他决定出国留学时，面对哥哥等人的劝阻，他斩钉截铁地说：“如不能成行，则吾精神生活已告灭绝，实等于死。”十年后，即1913年从德国归国时，面对友人劝说他在生活条件更好的北京工作时，他表示：“誓必居长沙五年，教育青年！”杨昌济对杨开慧的言传身教、家学渊源与新文化的洗礼，无疑奠定了她作为新女性的认知基础，打下了革命者人生的底色。

结识毛泽东，思想影响奠定信仰追求

杨开慧在长沙期间，曾读过父亲一位学生的课堂笔记《讲堂录》，里面的深刻思想使她对这个胸怀天下的年轻人产生了好奇。这个人就是毛泽东。先后在湖南省立第四师范、第一师范学习的毛泽东，有志探求救国救民的真理，深得老师杨昌济的欣赏。毛泽东常和一些进步同学在假日到杨昌济家中与老师一同研讨问题。他们成立了哲学研究小组，探讨世界本源、人生意义等问题。每当这时，杨开慧、杨开智兄妹就坐在旁边聆听。大家议论得最多的，是青年为什么要求学立志？怎样求学、怎样立志？国家这样积弱，民众这样贫困，青年的出路在哪里？责任是什么？这些议论在杨开慧心里引起了巨大的波澜。

毛泽东等进步青年以天下为己任，给了年少的杨开慧巨大的影响，她默默立下了寻找自己信仰的决心。她在自传中这样回忆到：“我很想寻出一个信仰来！后来我决定了我的态度，尽我的心，尽我的力，只要做到这一个‘尽’字，其余就不是我的责任。”自传中，关于信仰，她着笔很多。年轻的她甚至发出了这样的呐喊：“我要一个信仰！我要一个信仰！来一个信仰吧！！”

1918年8月，毛泽东为组织赴法勤工俭学来到北京，经杨昌济介绍，担任北京大学图书馆的图书管理员。17岁的杨开慧他乡遇故知，两人经常漫步于紫禁城外的护城河边或北海的垂柳之下。翌年，毛泽东返湘时两人相约通信，互以“润”“霞”相称。同年，毛泽东再次来京时，就住到杨家。在毛泽东帮助下，杨开慧大量阅读了《新青年》《新潮》等进步刊物，开阔了眼界。

由于和毛泽东志同道合，两人相爱了。杨开慧后来深情地回忆说：“自从听到他许多事，看了他许多文章、日记，我就爱了他。”“从此我有一个新意识，我觉得我为母亲所生之外，就是为他而生的。……假如他被人捉住了，我一定要去同他去共这个命运。”毫无疑问，杨开慧之所以爱上毛泽东更多的是由于思想的吸引、志趣的相通。

1920年杨昌济病逝。杨开慧在毛泽东和蔡和森的安排下回到了长沙，在福湘女中读书。杨开慧以“自由”之名剪掉了盘在耳边的辫子，成为全校唯一留短发的女生。她还经常出去搞学生运动，奔走于各校组织讲演队，宣传学联的主张，被许多学校称之为“过激派”。她公开地传播《新青年》《湘江评论》《新湖南》等进步刊物，积极在学校和社会上宣传救国救民的革命道理和进步思想。

由于杨开慧积极投身革命运动，她被学校开除。杨开慧便联络了福湘、周南女校的5名女同学冲破男女不能同校的禁令进入岳云男校读书，成为全省男子中学的第一批女学生。同年10月，周南女校的一名男老师逼死了出身贫苦的妻子，学校当局却没有采取处理措施。针对此事，杨开慧在校刊上发表控诉封建包办婚姻制度的文章，同时组织演讲队，号召大家为争取妇女解放和婚姻自主展开斗争。她在《女权高于男权》中更是直指要害，要求承认女子是一个“人”，彻底实现男女平等。

毛泽东领导的“驱张运动”取得胜利后，湖南革命浪潮迅猛发展。杨开慧遵照毛泽东的意见担负了湖南学生联合会的宣传工作，奔波于各个学校之间。她带领同学们组织讲演队，在街头巷尾进行反帝、反封建和反军阀统治的宣传。在毛泽东的指导下，省学联成了学生运动的指挥部，团结各群众团体，把全省的革命浪潮推向了一个新阶段。杨开慧在革命道路上走得愈加坚定。

投身革命斗争，血火淬炼优秀品质

随着斗争形势的发展，毛泽东、何叔衡等人于1920年9月在长沙建立了文化书社。杨开慧动员自己的母亲将父亲去世时北大同事捐献的奠仪费全部拿出，帮助毛泽东解决文化书社的经费问题。文化书社创办以后，与上海、北京、广州、武汉等城市的全国各革命团体及出版机构建立了密切联系，成了毛泽东开展建党建团工作的重要联络点，也成了杨开慧刻苦攻读马列著作的课堂。很长一段时间，毛泽东与外地革命者的来往信件都由文化书社收转，杨开慧也就成了接送这些信件的机要交通员。

毛泽东在湖南组建社会主义青年团并担任社会主义青年团长沙地方执行委员会书记，在工人和进步学生中发展组织，壮大队伍。杨开慧就在这年冬天加入了中国社会主义青年团。

1921年7月中国共产党成立后，从上海回到长沙的毛泽东，一面宣传党的“一大”方针政策，发展党的组织，一面创办湖南自修大学，为发展革命事业培养骨干。杨开慧则在湘区党委工作并兼任湖南学生联合会干事。为促成毛泽东办好自修大学，她和一批进步同学加入了船山学社，在学社表决开办自修大学问题的会议上坚定地支持毛泽东。她还在学联会上大胆提出：“我们学联要救亡图存，外抗强权，内惩国贼，必须首先着重培养青年骨干，自修大学正是培养青年骨干最好的学校。我们拿出一部分支援自修大学。”杨开慧的建议得到了大家的一致响应，自修大学终于创办成功。

省学联搬到船山学社办公后，湘南等地的一些失学青年也进入自修大学。杨开慧在毛泽东等人的支持下发动了一场复学斗争，使一些在五四运动期间被学校开除而长期流落在外的同学，回到了原来的学校。学生运动更加蓬勃地开展起来。这期间，毛泽东深入工厂、学校、矿山、铁路去发展党员，建立党的地方组织，并且派出党的骨干到外地建党。经过几个月的艰苦工作，全国第一个省级支部中共湖南支部建立了。在此基础上建立了中共湘区委员会，毛泽东亲自担任书记。而杨开慧在毛泽东的培养教育下，经过马克思主义思想的学习和革命斗争的锻炼，立场更加坚定，意志更加坚强。1921 年冬天，杨开慧加入中国共产党，成为我们党最早的党员之一。

杨开慧的多重身份

杨开慧不仅是一位好妻子、好母亲，更是优秀的共产党员。她既是中共湘区委员会的机要员与联络员，也是上海女工夜校里的好教员；她既是韶山冲里贫苦农民的知心人，也是广州农讲所里培训农运骨干的好帮手；她既是武昌都府堤里毛委员的贤内助，也是板仓杨柳坡党支部开展地下斗争的组织者。

作为党的第一代机要员，她尽职尽责

1920年冬天，杨开慧与毛泽东以“不作俗人之举”的态度成婚，之后便搬到了长沙清水塘22号居住。这里不仅是他们的第一个家，也是中共湘区委员会的秘密联络点。杨开慧在这里主要负责交通联络工作。由于工作的特殊性，许多来自全省和全国的革命同志、工友农友要找毛泽东汇报情况时，都是由杨开慧先接洽，摸清事实，分出轻重缓急，然后再安排与毛泽东会见的时间、地点。不仅如此，她还经常冒着风雪，

奔走在湘区党委的各个秘密联络点，送去毛泽东的指示和党的文件，带回社会动态和各种情报。她总是不惧危险亲自去取送一些秘密文件。她会乔装打扮成一位普通妇女，带着一包书，或者一包衣服，将机密文件夹在里面，不露一丝痕迹。

杨开慧既机敏又细致。住处的大门上有两个大铁环，有人推门，那两个铁环便会发出响声，成为一种预先报警。有时风吹门环响，她就侧着耳朵仔细分辨。不管形势如何紧张，她总是神情坦然，履险如夷，从来也没有出过事。将近一年半的时间，杨开慧协助毛泽东在这里开展湘区的工作。她的细致和贴心，使毛泽东能够将全部精力集中在革命活动上。她是最能干的秘书，日夜辛勤地为毛泽东抄写文件，整理材料；她是最得力的交通员，为毛泽东传送指示，带回消息，准确而又及时；她是最机警的保卫人员，警惕地守护在清水塘边，与广大党员和周围群众一起，保卫着湘区党委和毛泽东的安全。

作为女工夜校的优秀教员，她尽心尽力

杨开慧与毛泽东成婚后，经常跟着毛泽东深入到工厂车间或工人家庭里去，宣传马克思主义的基本道理，启发工人的阶级觉悟。

1922年初，毛泽东亲自领导成立了新河铁路工人俱乐部，办起了工人夜校。杨开慧自告奋勇到这所夜校去讲课。他们给工人们介绍马克思主义的初步知识和俄国十月革命的情况，揭露西方列强、封建军阀和资本家压榨剥削的真相，介绍国际国内工人运动动向，开拓了工人的眼界，鼓舞了工人的斗志。

1924年，杨开慧随毛泽东来到上海。她经常到小沙渡纱厂的工人夜校和邓中夏组织的“沪西工友俱乐部”去讲课。开始，她讲的湖南话上海工人听不太懂，她便一字一句慢慢讲，后来她也学着讲一点上海话，

越发受到工人的欢迎。有一次去得比较早，日班工人还没有下班，女工们亲热地围着杨开慧，要她讲湖南开展工人运动的情况。她便向大家讲了毛泽东领导安源路矿工人罢工的经验、三次去安源组织发动路矿工人的经过以及罢工前夕毛泽东在信里给安源工人讲“哀兵必胜”的道理，将诸多细节娓娓道来。小沙渡工人受到极大的鼓舞，特别是女工们，更加喜欢杨开慧了。沪西工友俱乐部的会员也发展得很快，年底已达一千来人。一支坚强的工人骨干队伍，迅速建立起来了。

作为毛泽东开展农民运动的得力助手，她热情似火

全国工人运动自“二七”惨案后进入低潮。毛泽东及时总结“二七”大罢工的经验教训，认为工人阶级不能赤手空拳孤军作战，要有自己的同盟军，于是便带着杨开慧回到了湖南韶山，在农村开展深入广泛的调查研究。

毛泽东与杨开慧以“走人家”的形式深入贫苦百姓家中，了解农民情况。为了更好地培养农民骨干力量，宣传革命道理，他们办起了农民夜校。除了教农民认字、唱歌外，还教他们学一点历史、地理知识。杨开慧总是利用一切机会帮助大家提高爱国主义觉悟。她在夜校讲课时大量运用从访贫问苦中得来的材料，从贫雇农的家庭史到韶山的民谚、歌谣，用这些“活”材料深入浅出地阐明阶级斗争的道理。

在毛泽东和杨开慧等的领导下，仅用了四个月的时间，韶山地区的农民就组织了二十多个秘密农会，办起了二十多所农民夜校，农民的革命觉悟大大提高。杨开慧还组织发动妇女，帮助她们学文化、求进步。她听说东茅塘有些年轻妇女要上夜校但父母不同意，便几次上门“走亲戚”，讲妇女没文化的痛苦，并用毛泽建跟随毛泽东到外边读书参加社会活动的事实来启发老人。杨开慧协助毛泽东办农民夜校，发动妇女工

作，团结了一批骨干，教育了许多贫苦农民，又通过这批骨干组织了一批秘密的农协小组。贫苦农民抱成了团，组建了“雪耻会”，革命火种遍布韶山。

作为毛委员的贤内助，她呕心沥血

1926年前后，毛泽东在广州主持国民党中央宣传部的工作。他反对党内机会主义倾向，坚决地进行反击国民党右派的斗争。杨开慧离开韶山后来到毛泽东身边，立即投入了紧张的战斗。随着革命形势的蓬勃发展，帝国主义和资产阶级右派深感恐慌。毛泽东对时局进行了深刻的剖析并一针见血地指出：谁是我们的敌人？ 谁是我们的朋友？ 这个问题是革命的首要问题。在广州期间，杨开慧除了协助毛泽东的工作外，也经常到毛泽东主持的政治讲习班听课。杨开慧认识到，只有工人阶级才是革命运动的领导阶级。而韶山农民的饥饿、反抗、斗争，又使她看清农民这支同盟军蕴藏的革命力量。

随着北伐胜利进军，湖南湖北等地的农民运动迅速扩大，特别是农民群众支援北伐的斗争如火如荼。毛泽东回到湖南考察五县的农民运动。杨开慧尽管怀有身孕，但仍夜以继日地帮助丈夫整理考察材料，誊写文稿，一直到考察结束也没有中断。毛泽东的这些零散的调查记录被杨开慧整理成五本厚厚的、完整的材料。可以说，毛泽东的《湖南农民运动考察报告》倾注了杨开慧大量心血。毛泽东曾经自豪地说，我这个秘书抄起稿子来比打字机还快。

作为地下斗争的组织者，她不屈不挠

“八七会议”后，毛泽东前赴湘赣边界领导秋收起义，而杨开慧则回到了家乡板仓开展地下革命工作。板仓离长沙很近，加之“马日事变”以后板仓一带的革命组织遭到严重破坏，革命斗争环境特别困难。为了抵抗国民党顽固派的“清乡反共”，杨开慧找到仍在坚持地下斗争的党员郑家奕，把失去联系的共产党员组织起来，重新恢复清泰党支部，并担任第四任党支部书记。

杨开慧以板仓为中心，深入平江、浏阳、湘阴等县境内，秘密串联，发动群众。在极端困难的情况下，坚持斗争了整整三年。在与上级组织失去联系的情况下，杨开慧在象牙山、杨柳坡等地秘密召开会议，商讨赤手空拳夺取敌人枪支的计划，领导了长沙、平江、湘阴边界的地下武装斗争。

秋收起义前后，杨开慧领导的中共清泰支部组织党员到处张贴标语、发传单，而且还剪断了敌人从长沙至平江的电话线，严重干扰了国民党反动派对秋收起义部队的进攻，极大地支援了秋收起义。

为了更好地壮大党组织和支持毛泽东在井冈山的武装斗争，杨开慧经常深入基层找群众和知识分子做工作，争取积极分子加入共产党，或介绍年轻同志上井冈山参加红军。

作为众人瞩目的“政治要犯”，她大义凛然

1930年10月24日凌晨，杨开慧不幸被捕，一时引发社会关注。敌人认为“杨开慧如能自首，胜过千万人自首”，妄图强迫她交代地下党组织名单和毛泽东的具体情况，对她严刑拷打，百般利诱。迫于各方压力，反动当局声称只要杨开慧公开申明与毛泽东脱离夫妻关系就能获得自由。出乎许多人意料的是，杨开慧却这样回答：“牺牲我小，成功我大。”

不久，杨开慧请亲友用自己保存的一点蓝颜色布料帮忙做一套新

衣，做好了为革命牺牲的准备。临刑前，她对毛岸英说："孩子，如果你将来见到爸爸，就说我没有做对不起他的事，说我非常想念他……"

杨开慧带着"我死不足惜，惟愿润之革命早日成功"的坚定信念，大义凛然，慷慨就义，用年仅29岁的宝贵生命最后一次践行了自己崇高的信仰。总之，杨开慧是这样的人：有信仰，"死不足惜，惟愿润之革命早日成功"；有勇气："女子革命而丧其元，焉得不骄？"有大我："牺牲我小，成功我大"……二十九岁的生命何其短暂，荡气回肠的人生又何其厚重。

1957年，毛泽东写下《蝶恋花·答李淑一》，其中两句，充满对杨开慧的深深感情："我失骄杨君失柳，杨柳轻飏直上重霄九。"

"骄杨丽质　英烈忠魂"。这就是杨开慧！

卷　五

著作一瞥：经典著作影响深远

《共产党宣言》翻译和出版后为什么会影响那么大?

在共产党人必读的经典著作中，如果要找一部翻译语种最多、出版印数最大、传播面最广的著作，那非《共产党宣言》莫属!

《共产党宣言》是第一次全面阐述科学社会主义原理的伟大著作，是中国共产党人特别是早期选择马克思主义和社会主义学说的共产党人确定自己信仰的基础性著作。这部著作自1848年问世以来，已被译成200多种文字，出版数千个版本，成为世界上发行量最大的书籍之一，也是每一个共产党员必读的经典。中国共产党的第一部党纲就是按照《共产党宣言》精神制定的。

《共产党宣言》的早期片段译介

自马克思主义传入中国开始，中国先进知识分子通过摘译、节译、译述等等方式，分批译介马克思主义的经典著作，一开始就突出地、片段性地将《共产党宣言》带到了中国人的视野中。中国共产党的老一辈革命家都是受《共产党宣言》的影响而走上革命道路的。

早在1905年,《民报》第2号刊载了朱执信节译的《共产党宣言》十大纲领;1908年《天义报》第15卷刊登了民鸣翻译的恩格斯1888年为《共产党宣言》英文版作的序言;同年《天义报》第16—19卷合刊号上发表了《共产党宣言》第一章。当然，这些译介，大都是零星的，在当时的影响并不大。

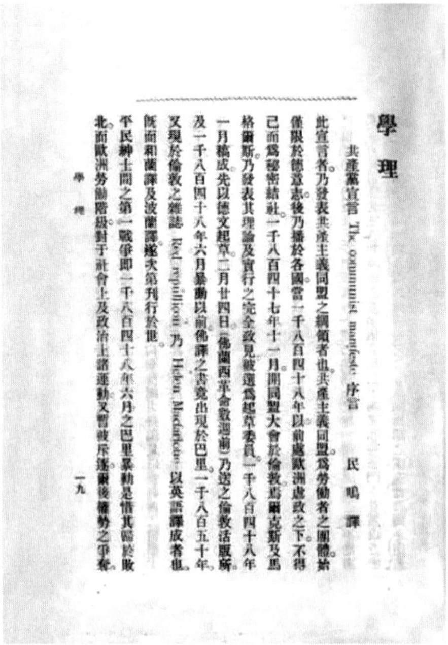

學理

共產黨宣言 The communist manifesto 序言　民鳴譯

此宣言者。乃發表共產主義同盟之綱領者也。共產主義同盟。爲勞働者之團體。始僅限於德意志。後乃播於各國。當一千八百四十八年以前。處歐洲虐政之下。不得已而爲秘密結社。一千八百四十七年十一月。開同盟大會於倫敦。馬爾克斯及馬格爾斯。乃發表其理論及實行之完全政見。被選爲起草委員。一千八百四十八年一月稿成。先以德文起草。二月廿四日（佛蘭西革命數週前）乃送之倫敦活版所。及一千八百四十八年六月暴動以前。佛譯之書。竟出現於巴里。一千八百五十年。又現於倫敦之雜誌 Red republican 乃 Helen Macfarlane 以英語譯成者也。既而和蘭譯及波蘭譯。[illegible]次第刊行於世。平民紳士間之第一戰爭。即一千八百四十八年六月之巴里暴動。是惜其歸於敗北。而歐洲勞働階級。對于社會上及政治上諸運動。又暫被斥逐。爾後權勢之爭奪。

學理　一九

1908年《天义报》第15卷刊登了民鸣翻译的恩格斯1888年为《共产党宣言》英文版作的序言

《共产党宣言》等马克思主义译著在中国产生巨大影响力，还是1917年俄国十月革命成功以后。在十月革命的鼓舞下，中国大批进步知识分子接受并开始研究马克思主义。随着革命运动的发展，马克思主义的影响逐渐扩大，五四运动前后，全国掀起了学习和宣传马克思主义的热潮。据统计，这一时期在报纸杂志上发表的介绍马克思主义的文章多达200多篇，特别是《新青年》《晨报》《每周评论》等刊物，集中发表了译介马克思主义的系列文章。为更广泛地传播马克思主义，推动社会主义实践和中国革命运动的发展，北京、上海、法国等地区的一些中国学者，开始谋划《共产党宣言》的全文翻译工作。

全文翻译分别在“南陈北李”领导下完成

大约从1918年底起，李大钊在北京秘密创立北大马克思学说研究会，就开始了《共产党宣言》的全文翻译工作，并分部发表。

在五四运动的影响和李大钊的帮助下，北京《国民》杂志开始刊登马克思主义著作和介绍马克思主义的文章。1919年11月发行的第2卷第1号刊载了《共产党宣言》第一章的全译文，译名是《马克思和昂格斯共产党宣言》，译者是北京大学的学生李泽彰，据许德珩回忆，译者已将《宣言》全文译完，但未能刊载完。

马克思学说研究会的成员之一罗章龙也曾回忆过，李大钊领导下的马克思学说研究会可能最早从1918年底开始，至迟到1920年3月，独立翻译过《共产党宣言》：“研究会成立了一个翻译室，下设英文、德文与法文三个翻译组。”“我们德文组曾译过《共产党宣言》，是从德文本翻译的，有油印本。”

毛泽东的老师黎锦熙也回忆过，1920年1月4日，他到北京北长街99号平民通讯社看望住在那里的毛泽东时，看到了现场的两堆材料：一是毛泽东用来“自编自刻自印的”“平民通信社的油印机和通讯稿件”，一是“一大堆关于社会主义的新书刊，我在这里第一次读到《共产党宣言》的全文”。

这是北京翻译《共产党宣言》全文的情况。这一时期，上海方面的翻译工作在陈独秀的领导下，也进入全文翻译时期。

罗章龙还回忆说：“我记得当时除了北京大学马克思学说研究会有一个翻译班子外，在上海也有一个翻译班子。上海的翻译班子是在陈独秀领导下，有陈望道、李汉俊、李达等一些人，他们是从日文本翻译的。当时我们翻译的著作都曾有送给陈独秀看过。我们译书的地方就在北大西斋宿舍。译书的目的和学习的目的是为了得到思想武器改造中国。”

由此可见，“南陈北李”在相约建党的同时，也相约推进着马克思主义中国化的翻译工作。

“共产主义幽灵”引发怎样的争议

提起《宣言》的翻译工作，罗章龙记忆犹新：“我还记得，《共产党宣言》很难翻译，译出的文字不易传神，所以当时翻译的进度很慢。如

《宣言》的第一句话，‘有一个幽灵，共产主义幽灵，在欧洲徘徊’。大家就议论说，‘幽灵’这两个字不大好，但又找不到比这更合适的词句。有个同志说，直译，然后把意思作一个说明。在那时，我们认为‘幽灵’在汉语中是一个贬义词，在德文中‘幽灵’这个词也就是‘鬼怪’的意思，我们还认为‘徘徊’这个词也不好，因为它没有指出方向。所以后来我们加以说明，‘欧洲那时有一股思潮，像洪水在欧洲泛滥，这就是共产主义’。类似这样的说明，在译文中大约有七八处之多。《共产党宣言》这本书的部分译文曾被《京汉工人流血记》一书引用过。”

在《共产党宣言》的翻译过程中，这样的例子还有很多。

蔡和森“霸蛮”翻译是啥样

1919年底，蔡和森赴法勤工俭学。到法国后，他刻苦学习法语，以“日唯手字典一册，报纸两页”，“蛮看”法文报纸和马克思主义书籍。在短时间内，他不仅阅读、收集了许多马克思主义和各国革命运动的书籍，而且选其重要者“猛看猛译”。

1920年7月6日至10日，新民学会会员在法国召开了留法新民学会会员蒙达尼会议，蔡和森就在会场上张贴了他翻译的《共产党宣言》。参与会议的萧三这样描述当时的场景：“他（蔡和森）从法语硬译了《共产党宣言》，用纸抄成一张张的小字报贴在了教室的墙上。”

1920年8月19日，在法国蒙达尼公学的教室里召开了工学世界社的成立会。何长工在《勤工俭学生活回忆》中记述：“在开成立大会的时候，有的主张采用无政府主义来改造中国，有的主张用马克思主义来改造中国。持后一种主张的蔡和森同志把他硬译的《共产党宣言》，全文写在纸上，一张一张贴在会场的四壁，还做了‘怎样救中国’的演讲。”

蔡和森当时“猛翻”的《共产党宣言》和其他马克思主义著作对当年

留法中国青年影响很大。李维汉曾表示：“（一九二〇年）八月至九月的时间内，我有机会集中阅读了和森以‘霸蛮’精神从法文翻译过来的《共产党宣言》《社会主义从空想到科学的发展》《国家与革命》《无产阶级革命与叛徒考茨基》《共产主义运动中的“左派”幼稚病》和若干关于宣传十月革命的小册子……给我的启发很大。”

蔡和森从法文翻译的《共产党宣言》虽然没有公开出版，但在中国马克思主义传播史上，蔡和森无疑是通过法文翻译和传播《共产党宣言》的第一人，也是从欧洲直接向国内输入《共产党宣言》思想的先驱。

陈望道译书为何费了“五倍功夫”

从学者目前考据的结果看，尽管陈望道不是《共产党宣言》的全文首译者，但是，中国正式翻译出版发行的首个中文全译本《共产党宣言》，无疑是陈望道翻译的。

陈望道译书的条件十分艰苦。一方面严重缺乏必要的工具书和资料。翻译用书仅有两本《共产党宣言》：一本是《星期评论》编辑戴季陶提供的日文本，一本是陈独秀取自北大图书馆的英文本。他只能依据日文本并参照英文本，“费了平常译书的五倍功夫”完成翻译工作。

另一方面，译书的环境十分艰苦。陈望道工作的柴屋经年失修、破陋不堪。山区早春天气还相当寒冷，刺骨的寒风会不时透过四壁漏墙向他阵阵袭来，冻得他手足发麻。柴屋里只安置了几件简单的家具，一块铺板和两条长凳，既当书桌又当床。

母亲见陈望道日以继夜地埋头工作，身躯渐见消瘦，十分心疼，特地设法弄来些糯米给包了几个粽子，让他补一补身子。当地盛产红糖，老母将粽子端至柴屋时还随带送上一碟子红糖。稍待片刻，母亲在屋外高声问他，是否还需添些红糖时，他连连回答说：“够甜够甜的了。”一会儿母亲进来收拾碗碟，只见他吃了满嘴的墨汁。原来他只顾全神贯注地工作，竟全然不知蘸着墨汁在吃粽子。这就是“真理的味道非常甜”的故事。

“社会主义研究社”因《宣言》而出名

在极为困难的条件下，陈望道在1920年4月完成了《共产党宣言》的翻译，8月由上海社会主义研究社正式出版，却把书名误印为《共党产宣言》。

初版仅印刷千余本，很快销售一空。许多未买到书的读者还纷纷投书到出版发行机构，询问《共产党宣言》发行的情况。原《星期评论》的编辑沈玄庐专为此事在《觉悟》上刊登了一封公开信。

信中说：“你们的来信问陈译马克思《共产党宣言》的买处，因为问的人太多，没工夫一一回信……‘社会主义研究社’，我不知道在哪里。我看的一本是陈独秀先生给我的；独秀先生是到‘新青年社’拿来的，新青年社在法大马路大自鸣钟对面……凡研究《资本论》这个学说系统的人，不能不看《共产党宣言》……再版的时候我希望陈望道亲自校勘一道！”

为了满足读者需要，社会主义研究社又于9月出版了第二版，在不到两个月内，《共产党宣言》连续印刷两次，这在马克思主义著作的出版史上也是罕见的。可见《共产党宣言》的中译本在广大革命群众，特别是先进知识分子中引起了多么强烈的反响！

陈望道翻译的《共产党宣言》全译本，是在中国公开出版发行最早的，也是传播最快、流传最广、影响最大的译本，为引导大批有志之士走向革命道路，特别是引导中国共产党人树立共产主义远大理想、牢记初心使命、投身民族解放振兴事业发挥了重要作用。

《资本论》是如何在白色恐怖下翻译出版的？

马克思的《资本论》，是以剩余价值为中心，对资本主义进行了彻底的批判的巨著。这部著作以唯物史观的基本思想作为指导，通过深刻分析资本主义生产方式，揭示了资本主义社会发展的规律，并使唯物史观得到科学验证和进一步的丰富发展，由此成为全世界无产阶级运动的思想指导。

这样一部重要著作，要想在帝国主义、封建主义和官僚资本主义占主导地位的中国境内翻译出版，是一件极为艰难的事。

马克思集毕生心血写成的这部不朽巨著，被誉为“工人阶级的圣经”；而翻译这一部鸿篇巨著，也绝对不可能在短时间内完成。因此，尽管早在五四新文化运动时期，李大钊等革命先驱就曾撰文介绍过《资本论》的基本观点，但由于翻译工作是一项艰巨复杂、耗时费力的工程，在白色恐怖下很长一段时间内，中国读者都没能完整地看到这部巨著的全貌。在敌人统治区从事《资本论》的翻译出版工作，就是一场饱含着鲜血和汗水的曲折艰辛的接力赛。

“为译《资本论》而死是光荣的”

第一个值得一提的是郭沫若。他早年在日本留学期间就抱定了翻译《资本论》全文的决心。1924年，他回国后不久就在上海制定了一个翻译《资本论》的“五年计划”。有人劝他放弃这个想法，理由是这项翻译工程会耗尽一个人的全部青春和心血。日本的高畠素之就因花费十年时间把《资本论》译成日文，结果积劳成疾而亡。郭沫若力排众议，坚决地回答说：“如果能为译《资本论》而死，要算是一种光荣的死。”

可是这个宏伟计划在商务印书馆的编审会上却没有获得通过。由于出版社不敢承担出版《资本论》的风险，郭沫若未能实现自己的抱负，这使他感到十分遗憾，但这并没有改变他翻译马克思主义著作的热情和决心。在险象环生、颠沛流离的生活中，郭沫若陆续翻译并出版了马克思主义经典文献中的著名篇章，对传播唯物史观和唯物辩证法起到了重要作用。

继郭沫若之后，在中国第一个翻译《资本论》的人是陈启修。1925年春，陈启修由朱德介绍加入中国共产党。1927年大革命失败后，他流亡日本，易名陈豹隐，潜心研究马克思主义经济学，着手翻译《资本论》。他根据德文版并参照日本学者河上肇的日文译本进行翻译。

1930年3月，上海昆仑书店出版了陈启修译的《资本论》第一卷第一分册，这是我国最早出版的中文译本。陈启修原计划分十册出版《资本论》，但在当时艰难的条件下只出版了第一分册。

早年加入中国共产党并曾留学苏联、精通六国语言的潘冬舟见《资本论》出了第一卷第一分册便没了下文，于是决定接着陈启修的工作继续翻译。潘冬舟的翻译速度很快，文风朴实流畅，先后译出《资本论》第一卷的第二、三、四篇，分为两册，即第二分册和第三分册，于1932年8月和1933年1月由北平东亚书店出版。不幸的是，1934年底，由于叛徒的出卖，时任张学良秘书的潘冬舟被蒋介石点名抓捕，1935年牺牲于武昌。

对于潘冬舟，张学良曾不胜惋惜地说：“前些天在武汉抓到一个共产党员叫潘冬舟，这个人通六国语言，很有才华。这样的人，中国还极少。如果用其所长，一定能为国家做出很大的贡献。可是，就因为他是共产党员，信仰马克思列宁主义，就非杀不可，甚至连我出面保了几次，都遭到（蒋介石）拒绝，最后还是被杀害了。”

蒋介石和国民党反动派杀害的，不仅仅是革命者，而且包括这些革命者拥有的思想及其载体。翻译《资本论》的努力，也再次被扼杀。

《资本论》第一卷翻译中的艰难与曲折

1936年6月，《资本论》第一卷的第一个中文全译本，以“世界名著译社”名义出版，译者是侯外庐和王思华。这两位翻译家为翻译《资本论》也历经艰辛。

早在1924年，年轻的侯外庐就结识了李大钊。1924至1926年间，他经常得到李大钊的关怀和教诲，并多次谈到《资本论》。李大钊为中国尚无一部较为完整的译本而感到遗憾。由于受到李大钊的鼓励和推动，侯外庐决心要翻译这部巨著。1928年，他在法国开始翻译《资本论》，到1930年回国前，共译完《资本论》第一卷的二十章。

侯外庐回到祖国后，结识了当时执教于中法大学的王思华，两人一见如故。王思华和侯外庐一样，也有一段受李大钊启蒙的经历。两人由于有着共同的信仰，和比较接近的对《资本论》的研究基础，很快就结成志同道合的朋友，并相约合作，从头翻译《资本论》。为了让《资本论》第一卷尽快与读者见面，他们将这本著作分为上、中、下卷进行翻译。

1932年9月，生活书店以“北京国际学社”的名义出版了他们翻译的《资本论》第一卷的上册。1936年6月，又以“世界名著译丛”的名义出版了《资本论》第一卷上、中、下三册的合译本。侯外庐署名为“玉枢”，王思华署名为“右铭”。为了完成这个译本，侯外庐前后奋斗苦译了8年之久。他后来在回忆这段经历时动情地写道：“翻译《资本论》，对我来说实在是艰难。我以德文1928年第四版为依据，找来英文、法文、日文译本为参考，一个词一个词地推敲着前进。若没有神圣的动力，一个从德文字母学起的人，简直是无法坚持下来的。”

完成了《资本论》第一卷的翻译后，侯外庐同时准备第二、三卷的翻译工作。他原打算继续与王思华合译，但由于各种原因，最终没有合作。于是在马克思主义的坚定信仰下，侯外庐开始自己翻译。在友人的建议下，他先把《资本论》第三卷中的地租部分翻译出来，但在这期间，他也没有放下第二卷的翻译。直至抗日战争爆发前，侯外庐完成了《资本论》第二卷大部分和第三卷地租部分的翻译。他把第二、三卷的译稿以及他的很多相关书籍都集中起来放在箱子里，托人将其带到延安。但遗憾的是，这箱译稿都毁于战火。只有第二卷的十五章译稿没有放在箱子里，得以保留下来。

在此期间，1934年，商务印书馆出版了《资本论》第一卷的另一个译本，译校者是吴半农和千家驹。但是，这个译本因印数太少和当时的动荡环境，影响不大。商务印书馆原计划将这部著作的三卷全部推出，但由于国民党当局的压迫，全书的翻译出版计划最终被扼杀。

第一个完整的中文全译本翻译工作从大佛寺开始

杭州西湖湖畔的大佛寺清静依旧。别说游人，就是杭州本地人，大多也不大清楚这里曾与《资本论》的一段翻译故事有过渊源。郭大力和王亚南翻译《资本论》的计划就是从这个大佛寺开始的。他们合作翻译《资本论》的历程，是中国马克思主义经典著作传播史上的又一段富有传奇色彩的佳话。

1927年，郭大力从上海大夏大学毕业后，曾一度在上海中学教书。半年之后，因有向学生进行“赤化宣传”的嫌疑被解聘。1928年1月，他离开上海来到杭州，选择了僻静的大佛寺住下来，开始翻译《资本论》。恰巧王亚南刚刚大学毕业，和郭大力一样，为生活所迫寄居在大佛寺里，他想在这里写一部长篇小说。

两位热血青年意气相投，很快成为知己。在郭大力的鼓动下，王亚南决心研究马克思主义政治经济学，与郭大力合作翻译《资本论》。共同的理想把他们紧紧地联结在一起。马克思这部科学巨著在中国的翻译传播，就在这青灯古佛旁边的书桌上开始了。翻译《资本论》的过程充满艰辛和苦难，郭大力和王亚南几经辗转，分头按计划翻译《资本论》。他们面临过反动势力的压迫，忍受过贫困和疾病的折磨，遭到过整卷译稿在日寇炮火中被焚毁的灾祸，遇到过翻译工作中成千上万的难关。但是，他们矢志不移，经过十年的努力与磨难，终于在1938年完成了这部厚达两千多页、近三百万字的《资本论》三卷翻译工作，并交付上海读书生活出版社出版。

1938年的上海已经被日本侵略者占领。然而，《资本论》三卷的第一个完整的中文全译本的校译工作就是由郭大力在这个“孤岛”上完成的。

当时，处于秘密状态下的读书生活出版社在上海法租界总共只有两个小房间。为了工作方便，郭大力住进了出版社负责人郑易里为他安排的一个小房间，里面摆着一张行军床、一张桌子、一把椅子。郭大力就在这个斗室里夜以继日地修订、整理他和王亚南多年积累的翻译成果——《资本论》。

在日本帝国主义包围下的租界里，译者和出版社总共只有十几个人。大家齐心协力，只用了半年时间，就出齐了中国第一部完整的《资本论》三卷中文本。1938年8至9月，《资本论》这部巨著终于第一次以完整的面貌出现在中国读者面前。

毛泽东亲自发起、集体编撰《红军长征记》

20世纪30年代，中国共产党领导的红军长征，是“中国共产党和红军谱写的壮丽史诗，是中华民族伟大复兴历史进程中的巍峨丰碑”，“不仅在中国历史上是绝无仅有的，在世界战争史乃至人类文明史上也是极为罕见的”。

为记录这段伟大而罕见的历程、挖掘其中生动感人的事迹、发扬和传播红军长征精神，早在中央红军长征到达陕北不久，毛泽东便亲自发起编撰忆述文章，不久后形成了《红军长征记》(又名《二万五千里》)。正式出版，则延迟到1942年11月。

毛泽东亲自起草征稿信

1935年10月，中央红军经过二万五千里长征，到达陕北革命根据地。几个月后，即1936年春天，经毛泽东提议，由红一方面军政治部宣传部负责，开始组织征集撰写红军长征的忆述文章。最初计划是将能找到的原始文件资料和征集到的长征亲历者的口述经历以及日记等材料集中起来，再请几个“笔杆子”进行编写。但是，由于“被指定写的人偏忙着无时间，一直延宕到8月”。这样，组织者不得不改变原定计划，“而采取更大范围的集体创作”。

也就是在这个时候，美国记者斯诺进入陕北苏区采访。斯诺的到来，客观上促进了毛泽东加紧向国内外扩大宣传红军影响的想法。1936年8

月5日，毛泽东起草，并以他与总政治部负责人杨尚昆联名的形式发出了一封致各部队首长的电报和一封致参加长征同志的信。

致各部队首长的电报说："现有极好机会，在全国和外国举行扩大红军影响的宣传，募捐抗日经费，必须出版关于长征记载。为此，特发起编制一部集体作品。望各首长并动员与组织师团干部，就自己在长征中所经历的战斗、民情风俗、奇闻轶事，写成许多片断，于9月5日以前汇交总政治部。事关重要，切勿忽视。"

致参加长征同志的信中写道："现因进行国际宣传，及在国内国外进行大规模的募捐运动，需要出版《长征记》，所以特发起集体创作。各人就自己所经历的战斗、行军、地方及部队工作，择其精彩有趣的写上若干片断。文字只求清通达意，不求钻研深奥。写上一段即是为红军作了募捐宣传，为红军扩大了国际影响。来稿请于9月5日前寄到总政治部。备有薄酬，聊志谢意。"

发起集体撰写和宣传《长征记》的意图很明确：一是为了进行国内国际宣传，扩大红军的影响；二是为了红军抗日募集资金。在给各部队首长的电报中还专门强调："事关重要，切勿忽视。"

在毛泽东的号召下，红军将士们纷纷拿起笔来撰写记述长征的文章。通知发出的第二天，童小鹏就在日记中写道："杨（尚昆）主任、陆（定一）部长又来要我们写长征的记载，据说是写一本《长征记》。用集体创作的办法来征集大家——长征英雄们的稿件，编成后由那洋人带出去印售。并云利用去募捐，购买飞机送我们，这真使我们高兴极了。"这里说的"洋人"就是斯诺。

到1936年10月底，在短短的两个月内，红军总政治部就征集到了约200篇文章，共50多万字。由于将士们撰写这些记述文章时距走完漫漫长征路，也就是短短一年时间，长征途中的种种战斗经历、故事趣闻，仍清晰地浮于脑际，是记忆最真切之时，所以，这批文章具有无可替代的最珍贵的历史文献价值。这些文章中的一部分，还送给了当时已到了延安的斯诺参阅。斯诺在红一军团参谋长左权那里还看到了红一军团编辑的《长征中经过地点及里程一览表》。斯诺自述中说，1936年10月他离开陕北时，“带着一打日记和笔记本，30卷照片，还有好几磅重的红军杂志、报纸和文件”，据说其中就有《长征记》的部分稿件。

由于征稿时红二、红四方面军尚在长征途中，所以后来编成的《红军长征记》中反映的只是红一方面军长征的情况。

参与撰写《红军长征记》的一些作者的情况

《红军长征记》编者将参加撰稿的这些“可爱”的作者们，称为“数十个十年来玩着枪杆子的人们”。编者最初也曾有过担忧：“征文启事发出后，我们仍放不下极大的担心：拿笔杆比拿枪杆还重的，成天在林野中星月下铅花里的人们，是否能不使我们失望呢？没有人敢说有把握的确信。然而到了8月中旬，有望的氛围来了，开始接到来稿。这之后稿子从各方面涌来，这使我们兴奋，我们骄傲，我们有无数的文艺战线上的‘无名英雄’！”

在撰写忆述文章的作者中，张爱萍以“艾平”、“斯顿”的笔名共写了20篇文章，有人考证他也曾参加了部分誊写、编辑工作。彭加伦撰写有11篇文章，还记叙了长征途中将士们常唱的4首歌曲，他当时在红军总政治部宣传部任职，因此也是该书的编者之一。童小鹏撰写了7篇文章，长征时他任红一军团政治部秘书，毛泽东发起征文倡议时，他正在红军大学学习，作为政治部的一位工作人员，有人考证他也参与了此书的编辑工作。

这些长征将士所写出来的亲历文章，仅仅是涉及了可歌可泣的长征战斗和英雄故事的极小部分。正如1937年2月编辑者在说明中表明的：

“我们把这约三十万言的稿子汇齐了，然而看一看目录，却使人有极大的不满，这里所有的还不到我们生活过的和应该写出的五分之二！然而我们不能再等了，环境和时间都不容许我们了。”

最后编成的《红军长征记》，选用的稿件也只是收到的大量来稿中的小部分，也未曾列出所有提供稿件的红军将士名录。从《红军长征记》收入的100多篇文章和歌词来看，至少有40多位作者，我们是应该记住他们的。他们是董必武、谢觉哉、徐特立、李富春、张云逸、谭政、萧华、彭雪枫、刘亚楼、张爱萍、陆定一、李一氓、王首道、杨成武、冯文彬、邓华、耿飚、莫文骅、曾三、童小鹏、黄镇、贾拓夫、陈士渠、周士第、舒同、廖志高、熊伯涛、张震、郭滴人、刘忠、王辉球、李雪山、李治、彭加伦、陈明、谢翰文、罗华生、周碧泉……

还有一些作者不详，如何涤宙、李月波等；另有一些作者用的是笔名，未能查出他们的真实姓名，如莫休、曙霞等。

由于工作繁忙和时局变化，发起这次集体编撰《长征记》的毛泽东本人，曾经应允为《长征记》撰写“总述”的愿望未能实现。这件事在谢觉哉的日记中作过记录。1945年11月2日，谢觉哉在日记中这样写道：“读《红军长征记》完，颇增记忆。没有一篇总的记述。总的记述当然难。毛主席说过，‘最好我来执笔！’毛主席没工夫，隔了10年也许不能全记忆，恐终究是缺文。”这件事成了永远的缺憾！

《红军长征记》的编辑、印制和传播情况

在征稿信发出不久，根据毛泽东和党中央的指示，红军总政治部专门成立了《长征记》编辑委员会，由丁玲、徐特立、成仿吾、徐梦秋等人负责编辑加工。

编委会经过仔细筛选，于1937年2月选定了一百余篇文章，十首长

征中传唱的歌曲和歌词，还有两篇红军英雄谱、四份资料表。编好的书约三十余万字，开始取名为《二万五千里》。编者还写了《关于编辑的经过》，落款是“1937年2月22日于延安”。

《关于编辑的经过》里说：“这本书本应早日和读者见面，但因稿子大量涌来后，编辑委员会的人出发了，结果只有一个脑力贫弱而又肢体不灵的人在工作，加以原稿模糊，誊写困难，以致延长预定编齐的期间约两个月，这是非常抱歉的。”这里提到的“一个脑力贫弱而又肢体不灵的人”，是最后完成编辑任务的徐梦秋的自称之语，他当时任红军总政治部宣传部部长，因长征中受风寒双脚被截肢。

从保留在上海的一本誊清稿看，被称为“红军书法家”的舒同，也参加了该书的编辑修改工作。

国内最早报道《二万五千里》一书编辑情况的，是上海的出版刊物。1937年8月，就在卢沟桥事变爆发一个月后，上海复旦大学黎明社出版了《文摘·卢沟桥浴血抗战特辑》（《文摘》第二卷第二期）。在这一期特辑上，刊登了记者任天马的一篇延安采访记:《集体创作与丁玲》。其中说到了《二万五千里》的撰写与编辑经过：“在这里可以比在外面更自由些，更有趣些，没有什么拘束。也许正是因为这里一切都不受拘束，集体创作的‘二万五千里长征记’乃得写就了它的初稿。这初稿的内容是从许许多多身经二万五千里路程的征人们日记中采取来的。”还说：“起初由参加长征的人自由用片段的文字叙述长征中的史实，在几千篇短文中，选出几百篇较佳的作品。由这几百篇作品加以淘汰，只剩下了百余篇佳作。再按历史的次序排列起来，乃集合成了一部长篇巨著。这长篇巨著，经过丁玲、成仿吾等人加以剪裁后，始成为现在正式的初稿。”任天马还描写了丁玲编辑这部书稿时的工作状态：“在丁玲的桌上，也放着那样宽约一尺，长约一尺半，厚约二寸的一份……这稿子外面包着绿纸的封面，里面是用毛笔横行抄写的。在每行文字之间和上下空余的白纸上，已让丁玲细细地写上无数极小极小的字。据说，在另外的二十三本上，也同样改得糊涂满纸了。”采访者当时问：“什么时候可以完成呢？”丁玲说：“今年秋天可以完成，现在大家都在加倍努力。”采访者又问：“将来怎样发行呢？”丁玲说：“能在外面发行更好，有困难呢，我们自己来印。这部东西自然的有它历史的价值。无论如何，它一定会流传到全世界去的。”

就在丁玲预计“今年秋天”可以发排的时候，由于抗日战争全面爆发，不久出现了国共两党合作抗日的新局面。书稿中有的内容似不宜公开出版，再加上编辑人员被派往延安以外的岗位工作等原因，这本书延迟到1942年11月才在延安排版印刷，定名为《红军长征记》，分上下两册，作为内部资料发给有关单位和个人，印数非常有限。

在1942年出版的延安印本《红军长征记》中，有一篇署名“总政治部宣传部”的《出版者的说明》，最后一段是这样说的：“本书的写作，系在1936年，编成于1937年2月。当

《红军长征记》书影

许多作者在回忆这些历史事实时，仍处于国内战争的前线，因此，在写作时所用的语句，在今天看来自然有些不妥。这次付印，目的在供作参考及保存史料，故仍依本来面目，一字未改。希接到本书的同志妥为保存，不得转让他人，不准再行翻印。”

《红军长征记》在延安内部印制以后，朱德总司令曾亲笔签名送了一套给斯诺。斯诺后来带回美国，现珍藏在美国哈佛燕京图书馆。

丁玲所说的“能在外面发行更好”，不只是编辑委员会的意见。在1937年2月编好《二万五千里》一书清样的时候，毛泽东和党中央就曾考虑在外面出版的问题。当时曾通过党内交通员将《二万五千里》一书的誊清稿本带到了上海，交给了冯雪峰（冯雪峰参加完长征到达陕北后，于1936年4月被张闻天和周恩来派往上海，以中央特派员的身份从事党的工作）。冯雪峰拿到《二万五千里》誊清稿本后，原打算尽快在上海出版。后来由于种种原因未能完整出版。在这种情况下，冯雪峰等人通过选登期刊和出版摘编本等方式，尽量将书中的内容传播开去。

1937年7月5日，上海人间书屋出版的《逸经》杂志第33、34期上，连续发表了一篇署名“幽谷”的长篇文章《二万五千里西引记》，介绍了红一方面军的长征。它从中央苏区第五次反“围剿”写起，叙述了红军决定实行战略转移的决策过程。以后按时间顺序，描写了红一方面军长征中经历的主要战斗、事件以及行军路线，如突破湘江封锁线、四渡赤水、强渡乌江、通过彝民区、飞夺泸定桥、爬雪山过草地、通过藏民区、攻克天险腊子口，最后以吴起镇红一方面军与陕北红军会师，胜利完成长征而结束。这篇连载文章的许多生动情节来自《二万五千里》一书，如讲述红军品尝茅台酒，引自熊伯涛的《茅台酒》；讲述红军在草地断粮，引自舒同的《芦花运粮》；《红军第一军团西引中经过地点及里程一览表》，与《二万五千里》一书的附表一致；等等。据考证，“幽谷”是化名“王牧师”、参与安排斯诺进入陕北苏区的中共地下党员董健吾。这篇文章发表后，立即在上海引起了轰动。

几乎同时，在上海还出现了一本题为《从江西到陕北》的书，署名赵文华，内容也与《二万五千里》雷同，显然为誊清稿本之摘录本。

由于在上海完整出版未果，冯雪峰将《二万五千里》誊清稿本原件，交由为党作过不少工作的党外人士谢澹如保管。1962年，谢澹如的子女将包括《二万五千里》誊清稿本的一批革命文物捐给了上海鲁迅纪念馆。这部誊清稿本，与1942年延安出版的《红军长征记》内容大体相同，但有的篇目是延安版中没有的，而延安版中有一些篇目该誊清稿上也没有。2006年9月，上海人民出版社将上海鲁迅纪念馆珍藏了近70年的《二万五千里》誊清稿本重新影印出版，具有很高的文献价值。

新中国成立后，在纪念红军长征20周年之际，中共中央宣传部曾于1954年在其内部刊物《党史资料》上，分三期发表了《中国工农红军第一方面军长征记》，这是根据延安版的《红军长征记》整理而成的。1955年，人民出版社出版了《中国工农红军第一方面军长征记》一书，书中选取了延安版《红军长征记》的回忆文章51篇，诗1首，并附表3份和综述文章4篇。

根据上述版本，在纪念红军长征胜利70周年之际，中央文献出版社以《亲历长征——来自红军长征者的原始记录》为书名，解放军文艺出版社以《红军长征记》的原书名，分别出版了该书，将当年长征亲历者们讲述的历史再次展现在世人面前。

新中国成立前毛泽东为什么要“写一篇纪念七一的论文”？

1949年6月24日，在领导人民解放战争和筹建新中国等内政外交工作中极度繁忙的毛泽东，给秘书胡乔木写了一封信，其中交待：“写一篇纪念七一的论文（似不宜用新华社社论形式，而用你的名字为宜）……最近两天拟好，以便于六月二十八日发出，六月二十九日各地见报。”

后来胡乔木回忆了这件事的过程，说道：“稿子写出以后，结果没有用。毛主席自己写了纪念七一的文章，这就是著名的《论人民民主专政》。”

这篇文章，在新中国成立前夕总结了中国共产党成立28年的历史经验，得出了关于新中国国体的重要结论。毛泽东为什么要亲自动手写这样一篇永传后世的理论雄文呢？

中国共产党是“一个成熟的大人了”

每到重要的历史节点，为了更好地前进，开创社会历史发展的新局面，中国共产党总要回望已经走过的路，总结党的光辉历程和取得的宝贵经验，提出继续前进的思想主张和政策举措。这是这个党不断取得胜利、不断走向成熟和伟大的一个重要法宝。

70多年前的1949年6月30日，新华社播发了毛泽东的长篇文章《论人民民主专政》。这篇文章的立意，一是回看和总结中国共产党走过的

人民日報

慶祝中國共產黨二十八周年誕辰！

中國共產黨萬歲！毛主席萬歲！

論人民民主專政

——紀念中國共產黨二十八周年——

毛澤東

1949年7月1日《人民日报》第一版刊发《论人民民主专政》

28年，二是擘画即将诞生的人民政权。这篇文章问世后，引起国内外各界人士的高度关注，在各个历史时期都会引发政界、学界的深入思考和持续研究。这篇重要文章，也成为世人研究毛泽东人民民主专政理论、研究中国共产党执政理念的重要文献。

1949年6月，中华民族即将迎来天翻地覆的历史性巨变，旧的半殖民地半封建的社会历史即将终结，新的人民民主国家政权即将诞生；1949年6月，中国共产党即将迎来28岁生日，“就像一个人一样”，“已经走过二十八年了”，“已经不是小孩子，也不是十几岁的年青小伙子”，而是一个成熟的大人了。

正是在这个成熟的政党带领人民走向新社会的历史关口，毛泽东沉着冷静地深刻总结党的历史经验，思考我们党走向什么样的政治舞台的一系列重大问题。

“七一”前写一篇结论性“论文”

在新中国即将成立的时候，写这样一篇重头文章，是基于总结经验、继续前进的大思路考虑，目的是要向党内外、国内外讲清楚中国共产党一路走来的一些根本经验和继续前进的一些重大问题。这件事，毛泽东非常看重。

1949年6月24日，百忙中的毛泽东，给秘书胡乔木交待了几个重要文稿的起草任务：“写一篇纪念七一的论文（似不宜用新华社社论形式，而用你的名字为宜），拟一单纪念七七的口号……此两件请于六月最近两天拟好，以便于六月二十八日发出，六月二十九日各地见报……”毛泽东体谅胡乔木的辛苦，因此他在给胡乔木的信中特别交待：“以上工作很繁重，都堆在你的身上，请你好好排列时间，并注意偷空睡足觉。你起草后，我给你帮忙修改，你可节省若干精力。”本想让胡乔木来承担这个任务，但胡乔木刚刚被任命为新华通讯社社长，同样处在忙碌中。“论文”的初稿按时起草出来了，却没有达到毛泽东的要求。后来胡乔木回忆了这件事的过程，说道：“稿子写出以后，结果没有用。毛主席自己写了纪念七一的文章，这就是著名的《论人民民主专政》。”

胡乔木还说：新华社的主要稿件，“有的最后送毛主席审阅和修改。最重要的由毛主席亲自撰写”。《论人民民主专政》这篇论文，就属“最重要”之列。胡乔木写出的稿子不能用，剩下只有两天左右时限，毛泽东只好自己动笔。在我们现在可查阅到的档案中，留下了毛泽东起草的整整31页手稿，以及他反复修改的过程稿。在毛泽东修改定稿的首页上，专门注明了“新华社”“急件”等字样。该文于6月30日由新华社全文播发，赶在7月1日中国共产党成立日这一天在《人民日报》头版头条刊发，报头还配发了“庆祝中国共产党二十八周年诞辰！”“中国共产党万岁！”等标语。

之所以要在这个时间节点上总结我们党所走过的道路，一是要找到一些规律性的经验，二是要从中得出一些结论。这些经验和结论涉及这个党的根本。在《论人民民主专政》一文中，毛泽东多次明确提到中国共产党人在长期的革命斗争实践中取得的各种“经验”，既有归根结底的、总体层面的经验，也有内外政策的、具体层面的经验。

总结一些“主要的和基本的经验”

梳理毛泽东在文中总结和提到的经验，以下几点特别值得关注：

一是提到“主要的和基本的经验”。毛泽东从内外政策角度总结了我们党28年的基本经验。他指出，在中国共产党领导下，中国革命的理论和实践，“都大大地向前发展了，根本上变换了中国的面目。到现在为止，中国人民已经取得的主要的和基本的经验，就是这两件事：

（一）在国内，唤起民众。这就是团结工人阶级、农民阶级、城市小资产阶级和民族资产阶级，在工人阶级领导之下，结成国内的统一战线，并由此发展到建立工人阶级领导的以工农联盟为基础的人民民主专政的国家；（二）在国外，联合世界上以平等待我的民族和各国人民，共同奋斗。这就是联合苏联，联合各人民民主国家，联合其他各国的无产阶级和广大人民，结成国际的统一战线。”毛泽东明确概括了中国共产党人经过28年的探索，得出的有关对内对外两方面的“主要的和基本的经验”，也就指明了这个党在内政外交方面制定系列政策的基本出发点。

二是提到归根结底“集中到一点”的经验。毛泽东反复强调说：“中国人民在几十年中积累起来的一切经验，都叫我们实行人民民主专政。”“总结我们的经验，集中到一点，就是工人阶级（经过共产党）领导的以工农联盟为基础的人民民主专政。这个专政必须和国际革命力量团结一致。这就是我们的公式，这就是我们的主要经验，这就是我们的主要纲领。”这是对上一条经验的又一次集中的、精炼的概括。讲的就是我们党28年历程的根本主题和主要结论。

三是提到选择政治制度和道路的经验。毛泽东从孙中山探索40年和中国共产党探索28年的各自经验角度，指明了我们所选择的这样一条道路：“一边倒，是孙中山的四十年经验和共产党的二十八年经验教给我们的，深知欲达到胜利和巩固胜利，必须一边倒。积四十年和二十八年的经验，中国人不是倒向帝国主义一边，就是倒向社会主义一边，绝无例外。骑墙是不行的，第三条道路是没有的。我们反对倒向帝国主义一边的蒋介石反动派，我们也反对第三条道路的幻想。”这里讲的“一边倒”，并不仅仅是个外交方针，更重要的是讲我们选择了社会主义道路，“倒向社会主义一边”。这种道路的选择，是孙中山和中国共产党人经过长期实践探索得到的共同经验。

四是提到中国共产党所代表的无产阶级为什么能取得“基本胜利”

的经验。毛泽东回答了一个关键性的问题：孙中山代表的资产阶级为什么“不可能领导任何真正的革命到胜利”，而中国共产党代表的无产阶级为什么“取得了基本胜利”？毛泽东给出的答案是，因为我们有“战胜敌人的主要武器”，那就是有区别于其他阶级和政党的一个党、一个军队、一个统一战线，这就是毛泽东所说的：“我们的二十八年，就大不相同。我们有许多宝贵的经验。一个有纪律的，有马克思列宁主义的理论武装的，采取自我批评方法的，联系人民群众的党。一个由这样的党领导的军队。一个由这样的党领导的各革命阶级各革命派别的统一战线。这三件是我们战胜敌人的主要武器。这些都是我们区别于前人的。依靠这三件，使我们取得了基本的胜利。”毛泽东点明，这个胜利的关键，还在于由谁来领导，“只有工人阶级最有远见，大公无私，最富于革命的彻底性。整个革命历史证明，没有工人阶级的领导，革命就要失败，有了工人阶级的领导，革命就胜利了”。毛泽东点明的这条经验，既是世界各国的实践经验，更是中国革命的实践经验。他认为，在帝国主义时代，一方面任何国家的任何别的阶级，都不能领导任何真正的革命达到胜利；另一方面，中国的小资产阶级和民族资产阶级曾经多次领导过革命，也都失败了。这些，“就是明证”。

五是提到处理好独立自主和国际援助关系的经验。毛泽东从反驳一些错误想法、错误提法的角度，讲到了我们得出的一些经验，比如，他反驳了“不要国际援助也可以胜利”的错误想法，指出：“在帝国主义存在的时代，任何国家的真正的人民革命，如果没有国际革命力量在各种不同方式上的援助，要取得自己的胜利是不可能的。胜利了，要巩固，也是不可能的。”“这件事，中国人民的经验是太多了。孙中山临终时讲的那句必须联合国际革命力量的话，早已反映了这一种经验。”又比如，他进一步从“有了经验”角度，反驳了当时有人提出的“我们需要英美政府的援助”的提法，断然指出：“在现时，这也是幼稚的想法。”因为“孙先生有了经验了，他吃过亏，上过当。我们要记得他的话，不要再上当。”这就是说，中国共产党人处理独立自主和国际援助的关系，不仅从自身探索中得出了宝贵的经验，而且也汲取了孙中山“吃过亏，上过当”的经验教训。

六是专门提到了教育农民的经验。毛泽东历来关注中国农民问题，他始终认为农民是中国社会的“基本群众”。在《新民主主义论》中，毛泽东特别指出，“中国的革命实质上是农民革命”，“农民问题，就成了中国革命的基本问题，农民的力量，是中国革命的主要力量”。早在1927年作《湖南农民运动考察报告》时，他就指出，农民的力量“其势如暴风骤雨，迅猛异常”，“他们将冲决一切束缚他们的罗网，朝着解放的路上迅跑”。但问题是，这些农民绝大多数未受到过文化教育，我们党应该“站在他们的前头领导他们”，把农民组织起来，并开展文化运动，通过发展农民运动，农民的文化程度才能“迅速地提高”。到了写作《论人民民主专政》这篇文章时，毛泽东再次以苏联经验为例，从农村经济结构角度讲了教育、引导农民的重要性，指出：“严重的问题是教育农民。农民的经济是分散的，根据苏联的经验，需要很长的时间和细心的工作，才能做到农业社会化。”他还特别强调：“没有农业社会化，就没有全部的巩固的社会主义。”

达成一些“基本上一致的结论”

在新中国即将诞生之际，毛泽东在总结我们党历经28年探索得到的经验后，还进一步给出一些基本的结论。而这些结论，恰恰是紧紧围绕一些关键性问题展开的。

比如，毛泽东阐述了一个关键性结论，即必须走社会主义的道路。这个结论，他是通过“走俄国人的路——这就是结论”这个角度表达出来的。

又比如，毛泽东阐述了另一个关键性结论，“必须唤起民众，及联合世界上以平等待我之民族，共同奋斗”。这个结论，他是通过以孙中山为例表达出来的：“孙中山和我们具有各不相同的宇宙观，从不同的阶级立场出发去观察和处理问题，但在二十世纪二十年代，在怎样和帝国主义作斗争的问题上，却和我们达到了这样一个基本上一致的结论。”

再比如，毛泽东还阐述了一个关键性的结论，即必须建立人民共和国，实行人民民主。这个结论，是毛泽东总结中国社会进程的历史，直接得出的一个根本性结论：“西方资产阶级的文明，资产阶级的民主主义，资产阶级共和国的方案，在中国人民的心目中，一齐破了产。资产阶级的民主主义让位给工人阶级领导的人民民主主义，资产阶级共和国让位给人民共和国。”这是中国社会发展历史所证明了的，更是中国共产党走上中国政治舞台后所经历的实践所证明了的。在中国不可能走资产阶级民主和资产阶级共和国的道路。中国社会的发展方向只能是建立人民民主政权，实行人民民主专政，并且只有通过人民民主专政，才能真正达到民族独立、国家富强、人民自由幸福，最终实现中华民族伟大复兴的目标。

由此可见，在新中国成立前夕，毛泽东回顾总结党领导人民的奋斗历程和宝贵经验，就是要告诉人们，我们走过了一条什么样的路，我们今后要遵循什么样的原则、往哪个方向继续前进。

《论人民民主专政》一文，原本的切入点就是“纪念七一”，所以毛泽东写这篇文章时，原拟的主标题就是《二十八年》，定稿前改了主标题，副标题定为《纪念中国共产党二十八周年》。从构思这篇文章起，以纪念中国共产党成立28年切入，这是确定的。但是，如何回看和总结已经走过的28年，站在怎样的基点上展望和走向未来？毛泽东在文章开头，就提醒世人：中国共产党“是一个大人了”，我们“是共产党主义者”，看问题“有正确的宇宙观”，“懂得事物的生存和发展规律”、“懂得辩证法”、“看得远些”。这就清楚地表明，毛泽东写这篇文章，就是要告诉人们一种世界观和方法论，表达共产党人的一种战略思维。毛泽东还要清晰地告诉人们，我们这个党要往哪里去。他在文章的结尾处，坚定而自信地说：“我们完全可以依靠人民民主专政这个武器，团结全国除了反动派以外的一切人，稳步地走到目的地。”

毛泽东写作这篇“论文”，是基于总结经验、继续前进的大思路考虑，是要向党内外、国内外讲清楚中国共产党一路走来的一些根本经验和继续前进的一些重大问题。

站在社会历史的巨变面前，毛泽东通过总结党的历史经验，阐述了有关中国共产党人在理论上的坚定性、中国人民所走道路的坚定性、新中国政权在制度选择上的坚定性以及新中国政权的人民性等重大问题。

这篇雄文，从理论和实践层面为马克思主义理论与中国实际相结合提供了范本，发挥了典范作用；向世人讲清楚了新中国的国体和政体，发挥了对新中国基本政治制度的宣传普及作用；表达出共产党人的历史使命，进一步明确了共产党人历史责任。

中国共产党是一个善于总结经验的政党，每到重要历史节点，都要回望来路、明确方向、继续前进，从而不断走向伟大。

毛泽东著作中为什么会存在“伪装本”？

在中国共产党领导人民取得全国胜利之前，无论是国民党反动势力还是日本侵略者，都在所控制区域采取高压政策，对革命书籍、报刊实行封锁、扣压甚至禁毁，限制中国共产党传播新思想、新文化。包括宣传马克思主义在内的进步书籍屡遭查禁。为了防止反动当局的查禁，当年的共产党人和进步文化界人士在国统区（中国国民党统治区）和沦陷区（侵华日军占领区）组织出版革命和进步书籍时，常常将这些书刊伪装后出版。

伪装的目的，是便于思想内容的有效传播；伪装的手段，一般为改换封面，换上与内容毫不相干，甚至看似庸俗的书名，或者伪托出版者、出版地，改换译著者或不署译著者姓名等，用以掩盖书中的内容。这些“伪装本”，有时也称“托名本”。

“伪装本”是中国共产党思想传播史、中国出版发行史上一个非常独特的现象，它是在白色恐怖下我们党在敌人统治区域进行宣传的一种迫不得已的方式，特别是在抗日战争时期，更是中国共产党领导的新闻出版大军与敌斗争的一种巧妙方式。

毛泽东著作的伪装本书刊，就是这些“伪装本”中的最多的一类。在那些特殊的岁月里，为了使毛泽东著作能够在国统区和沦陷区流通，编辑出版者们假借别的书刊名或作者名或出版人名等出版发行。这类“伪装本”，是中国共产党宣传自己的主张、开展对敌斗争的重要手段，也是毛泽东思想、党的方针政策在国统区、沦陷区得以传播的历史见证。这些“伪装本”在中国共产党领导人民进行艰苦卓绝斗争的那段历史进程中，在传播马列主义、宣传中国共产党的方针政策和加深广大人民群众对中共政策的理解，特别是扩大毛泽东思想的影响力等方面，都曾发挥过不可估量的重要作用。

被“伪装”得最多的毛泽东著作

就目前的研究结果，发现了毛泽东著作至少有30余种“伪装本”。有几例比较有特殊性。

被誉为毛泽东“三大天书”之一的《新民主主义论》，迄今共发现有“伪装本”九种，是目前发现“伪装本”最多的著作。

这部著作的“伪装本”，有两个现象比较有特点：

一是在署名上做文章。封面书名仍为《新民主主义论》，

图中毛泽东的《新民主主义论》“伪装本”，一本是将作者伪装成“叶平”；一本是封面书名伪装为《救国言论集》

但署名却把毛泽东改成“叶平”，正文内容也是毛泽东的《新民主主义论》，封面也仍为毛泽东的照片，此种伪装，比较容易识别。笔者推断，这种简单伪装，是为了应对不熟悉毛泽东的人群，应该不会在城市里面发行。

二是在封面上作文章。封面书名伪装为《救国言论集》，且封面图片与正文内容无任何关联，用的是国民党的旗帜，出版社为北京东亚书店。这种伪装有一定的隐蔽性。只有翻开内文，才知道是毛泽东的著作《新民主主义论》。

最有意思的“伪装本”

毛泽东在中共七大上所作的政治报告——《论联合政府》，其“伪装本”颇有意思，它是以《美军登陆与中国前途》为名作“伪装本”流通的。其背后的故事，引人深思。

中共七大召开时，中国人民面临着两种不同命运，一种是国民党蒋介石的“中国之命运”，即半殖民地半封建的黑暗的旧中国的命运；另一种是中国共产党所主张的人民民主的光明的新中国的命运。

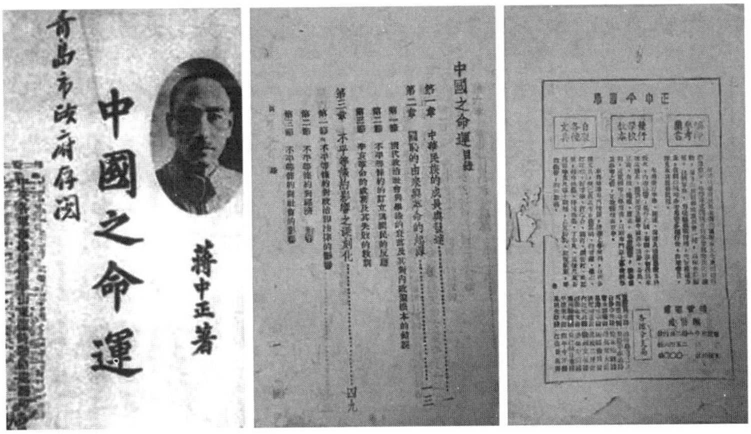

正中书局1943年版的蒋介石《中国之命运》

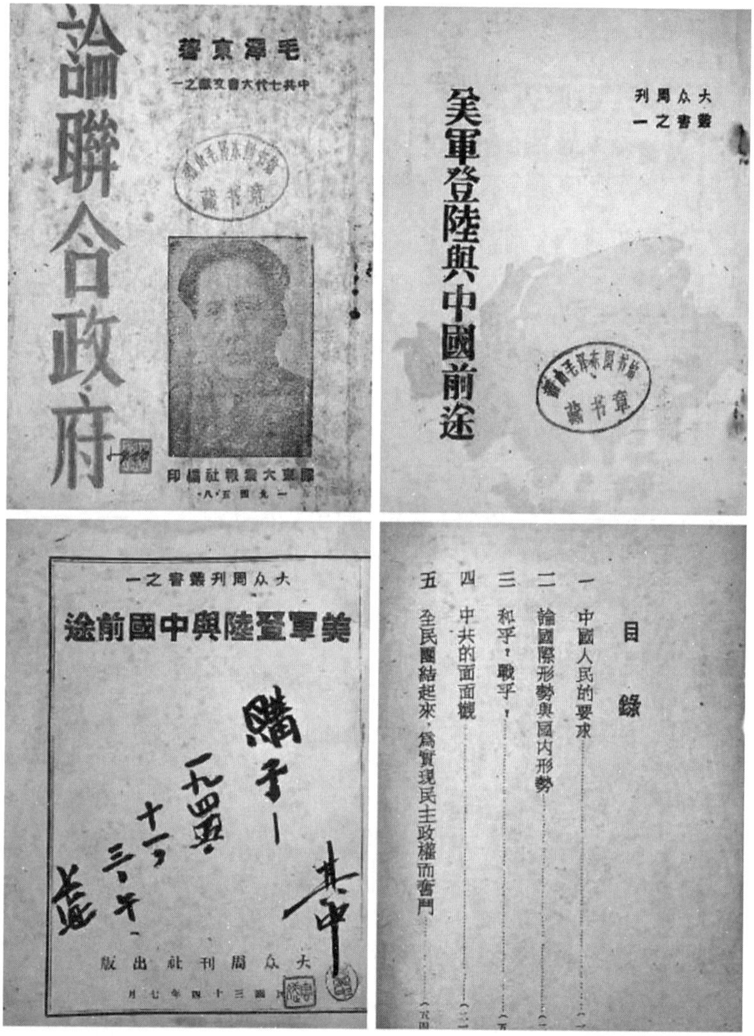

图中是毛泽东的《论联合政府》及其“伪装本”，“伪装本”封面书名伪装成《美军登陆与中国前途》

抗战时期，国民党统治集团坚持独裁统治，积极反共反人民。1943年3月，蒋介石出版了一本以他个人名义写的书——《中国之命运》，公开贩卖封建法西斯主义，扬言要在两年内解决所谓的“内政”问题，即在两年内消灭中国共产党和一切抗日民主力量，并随即发动了第三次反共高潮。这次反共高潮虽然没有得逞，但蒋介石统治集团仍然坚持其反共反人民的政策，企图在抗战胜利后建立一个代表大地主大资产阶级利益的、由国民党一党专政的独裁政府。

中国共产党在积极抗日、与蒋介石集团斗争的同时，也不断壮大自己。到1945年春，我们党已经拥有了121万党员；我党领导的军队已经发展到近一百万人；我们党领导的解放区已经遍布华北、东北、华中、华南各地，拥有近一亿人口，解放区政治、经济和文化等各方面的建设都有了很大的发展。1944年9月，中共中央提出了废止国民党一党专政、成立民主联合政府的主张，得到了全国人民的积极响应。广大人民群众迫切希望在抗战胜利后，以解放区为榜样，建立一个独立自由民主统一和富强的新中国。

中共七大就是在这样的历史条件下召开的。《论联合政府》这个政治报告，就是为了粉碎蒋介石、国民党集团的阴谋，保卫人民抗战胜利的果实，把中国建设成为一个独立、自由、民主、统一和富强的新国家而作的。在这个政治报告中，毛泽东分析了当时国际国内的形势，驳斥了蒋介石反动集团的谬论，论述了党在新民主主义革命阶段的纲领、路线、方针和政策，为中国人民指明了光明的中国之命运的道路。

毛泽东这篇《论联合政府》的报告，当年5月份就先后由太岳新华书店、涉县新华书店、救国报社、渤海新华书店、联政和解放社等相继出版了9种单行本。此后又陆续出版的单行本多达260多种。这些单行本中，有7种是以“伪装本”形式发行流通的。封面题为《美军登陆与中国前途》的“伪装本”便是其中之一。

《论联合政府》“伪装本”的三大特色

伪装成《美军登陆与中国前途》的《论联合政府》，其“伪装”特色主要体现在三处。

特色之一首先体现在书名上。正文内容是毛主席在七大的报告《论联合政府》，书名则是《美军登陆与中国前途》。有意思的是，至目前止，尚无任何资料显示当时有一本图书或刊物叫《美军登陆与中国前途》。那么，这本书的伪装为什么要与“美军登陆”联系起来呢？七大闭幕两个月后，日本宣告无条件投降。为了实现和平与民主，毛主席毅然赴重庆与国民党谈判，最终国共双方签订《双十协议》。但蒋介石并非真心想要和平，谈判只是其缓兵之计，借助美国力量为其运送军队和武器，蓄意发动内战才是真正目的。美军欲在烟台港登陆，遭到中共军队的拒绝，这就有了“美军登陆与中国前途”一说，单从题目上看是颇具时政特色的。这本“伪装本”出现在山东，山东解放区又有大众报社，它以大众周刊的名义出版发行也顺理成章。

特色之二体现在出版者上。伪装成是以“大众周刊”名义刊行的。关于“大众周刊”，我们查找相关资料，并没有找到其确切信息，目前只能查到1942年在南京创刊的《大众生活》半月刊，是由汪伪政权的御用文人主办的汉奸杂志。这样的杂志自然不会有什么生命力，1943年即宣告停刊，仅出了10期，只存在5个月。可以这样推断，为了对付国民党查禁革命、进步书刊，出版者就冒用或者是无中生有地编出了“大众周刊”这一名称。如果以上推断成立，则这本书应该是山东解放区的出版机构向尚未解放的济南、胶济线以南的广大百姓宣传党的七大精神，尤其是毛泽东报告精神而出版的伪装本。

特色之三体现在伪装封面与正文无关上。这本“伪装本”的封面书名及扉页书名，与正文完全不符。看书名，读者绝对不会想到这本书的内容是中国共产党主要领导人的一个政治报告。

其他形形色色的“伪装本”

上面几例及其后面的故事，只是“冰山一角”。今天，当读者走进韶山毛泽东图书馆，会发现这里珍藏着许多这样的“伪装本”，其中有几册重要的伪装本:《孙中山先生论地方自治》《春江秋月》《论思想》《灯塔小丛书(5)》《灯塔小丛书(2)》。这些都是毛泽东重要著作的“伪装本”。

（一）《孙中山先生论地方自治》：收录了毛泽东的《对日寇的最后一战》。

这本书共收录文章24篇，第一篇《苏联对日宣战后毛主席发表声明》，即毛泽东的《对日寇的最后一战》(1945年8月9日)。最后一篇才是《孙中山先生论地方自治》，其余篇目有《中国共产党中央委员会对于目前时局的宣言》《新时期中路标》《对日战争结束后的远东大局》《严惩战争罪犯》《向东北同胞致敬纪念“九一八”十四周年》《聂荣臻同志报告目前时局与任务》《用国法制裁汉奸特务和战犯》《没有民主就不可能有和平建设》《革命要有韧性》《要在全国人民前面做出更好的榜样》《苏共中央委员会颁布纪念十月革命节口号》《延安各界纪念十月革命筹备委员会发布纪念十月革命节口号》《延安各界纪念十月革命节致全国各界电》《远东持久的和平基础》《纪念十月革命庆祝中苏同盟》《建设和平民主团结的察哈尔》《中国人民公意的表现》《秋收与减租》《庆祝蒙古人民共和国独立》《介绍外蒙古人民共和国》等。

（二）《春江秋月》：收入了毛泽东1947年至1948年间《目前形势和我们的任务》等几篇著作。

这本以《春江秋月》为名的“伪装本”，乍一看颇有文学意境。署名为张啸云，而实际内容却与文学无关，收入文章为:《土地改革中的几个问题》(任弼时)、《知识份子的决定》《目前形势和我们的任务（第六节）》《毛主席在晋绥干部会议上的讲话(第五节)》(毛泽东著)。

（三）《灯塔小丛书（2）》：中国灯塔出版社出版，共37页，收录了毛泽东的《整顿“学风”“党风”“文风”》等文。

（四）《灯塔小丛书(5)》：1946年3月由中国灯塔出版社出版，共26

页，其中收录了《中央关于调查研究的决定》《农村调查（序言二）》《在边区二届参议会的演说》等文。

（五）《论思想》：1949年6月群众书店发行，收录了毛泽东的《改造我们的学习（代序）》《反对自由主义》《反对脱离群众》等文。

这些奇特的"伪装本"，是中共党史上的一个特殊现象。从这些"伪装本"中可以感受到，在险恶的斗争环境下，共产党人依靠坚定的理想信念和坚强的革命意志，坚持学习和创造性发展，敢于斗争并善于斗争。

"伪装本"凝聚了中国共产党人的智慧和心血，也是中国革命历史的见证。这些"伪装本"在革命战争年代不同的历史时期里，在传播马列主义、宣传中国共产党的方针政策和加深广大人民群众对中共政策的理解方面，都曾发挥过不可估量的重要作用，也是中国共产党历尽艰难困苦一步步走向辉煌的印证。

卷　六

亲力亲为：这些声音是怎样传播出去的？

周恩来最早在德国撰文宣介中共

由中央领导人亲自撰文对外宣介党情国情，是中国共产党一路走来的一个亮点。90多年前，在德国，“中国兄弟党中央政治局的一位领导成员”曾发表了一篇颇具影响力的德语文章，亲自介绍中国共产党的相关情况，介绍毛泽东、朱德等红军将领。

里面有一段趣闻，值得探寻。

作者是中共中央政治局一位领导成员

1930年4月27日，德国《红旗报》在头版（下接第二版）发表了一篇题为《写在中华苏维埃第一次代表大会召开之前》的社论性文章。文章详细介绍了当时中国革命的一些基本情况，作者署名是“晨光”（译音）。

《红旗报》是德国共产党的机关报，1918年11月9日在柏林创刊。报纸创办人是著名的马克思主义宣传鼓动家、组织家卡尔·李卜克内西和思想家、理论家罗莎·卢森堡。他们于同年底组织建立了德国共产党。有这样一种说法，从党与党报的关系来看，德国共产党走的是一条“先有党报后有党”的独特道路。自创刊以后，到20世纪30年代初，《红旗报》发行量高达十几万份，在德国社会具有广泛的影响力。

为什么要在这个时候介绍中国情况？为什么放在头版？文章所介绍的内容真实可靠吗？这位署名“晨光”的作者又是谁？

这些问题当时就引发了许多读者的高度关注。很多读者给报社去

Die Rote Fahne

Maiaufmarsch in Leipzig verboten!

Rüstet zur Lustgarten-Demonstration am 1. Mai, vormittags ½11 Uhr!

„Unsere Führer halten Brüning in den Sattel"

Reichsbanner – Brünings Garde

Frick verhindert Bau von Kinderheimen

Antwort an den Klerus

1930年4月27日德共《红旗报》

信，询问作者的情况。

三天后，《红旗报》公开答复："应众多读者的询问，现特宣布，这篇值得一读的文章的作者是我们的中国兄弟党中央政治局的一位领导成员"，文章"生动、具体地展现了中国革命巨大的图景"。

报社以正式答复的形式回答读者对作者情况的询问，这种情况并不多见，但却清晰地传递了三点意思：一是，感谢"众多读者"关注中共和中国情况；二是，这是一篇"值得一读的文章"；三是，明确作者身份"是我们的中国兄弟党中央政治局的一位领导成员"。事实上，这位亲自写文章宣介中共和中国革命情况的"中国兄弟党中央政治局的一位领导成员"就是周恩来。

周恩来为什么会在德国写这篇文章？这篇"值得一读的文章"写了些什么？文章的中文版在哪里？拂去历史的尘埃，让我们看看这篇文章背后的故事。

1930年4月30日德共《红旗报》，回答读者问询

周恩来为什么要用化名撰文

1927年国民党蒋介石集团背叛革命后，对共产党人和革命群众大肆屠杀，中国革命走入低潮。但是，在中国广大的人民群众中间，跟着共产党求翻身解放、谋幸福生活的火种已经播下。正如毛泽东在1930年1月5日答复党内同志对革命前途究竟应该如何估计的问题时所说："这里用得着中国的一句老话：'星星之火，可以燎原。'这就是说，现在虽只有一点小小的力量，但是它的发展会是很快的。"

毛泽东强调："'星火燎原'的话，正是时局发展的适当的描写。"毛泽东意在鼓舞党内同志，越是形势处于低潮之时，越要树立必胜的信念，越要对前进道路有坚定的信心，越要坚信革命的高潮快要到来，他特别解释说："所谓革命高潮快要到来的'快要'二字作何解释，这点是许多同志的共同的问题。马克思主义者不是算命先生，未来的发展和变化，只应该也只能说出个大的方向，不应该也不可能机械地规定时日。但我所说的中国革命高潮快要到来，决不是如有些人所谓'有到来之可能'那样完全没有行动意义的、可望而不可即的一种空的东西。它是站在海岸遥望海中已经看得见桅杆尖头了的一只航船，它是立于高山之巅远看东方已见光芒四射喷薄欲出的一轮朝日，它是躁动于母腹中的快要成熟了的一个婴儿。"

毛泽东还就中国的革命形势与西欧作了一个比较："现时中国革命的主观力量虽然弱，但是因为反革命力量也是相对地弱的，所以中国革命的走向高潮，一定会比西欧快。"他批评了当时党内一些同志对时局估量的悲观思想，并告诫人们，对正义的事业和社会发展大势，要看到"发展的必然性"，要有"科学的分析方法"。

正是毛泽东作出这一回答的两个月后，1930年3月初，周恩来受中共中央派遣去往莫斯科向共产国际报告工作，以便让国际共产主义运动的领导机构和国际社会更好地了解中国的情况。他这次出国，采取的是秘密出行的方式。据《周恩来传》介绍，3月3日，中共中央政治局召开了一次周恩来没有出席的会议，但会议记录却留下一条这样的信息："冠生（周恩来的化名）病入院。决：准假两月。"

事实上，周恩来并没有因病住院。就在中央政治局召开会议时，他应该已经动身去莫斯科了。周恩来此次出国的护照是通过地下党的关系，经过在上海的环球中国学生会申请取得的。护照是真的，用的名字是假的，照片是他本人的，但故意照得又像又不像。他坐轮船于4月间到达欧洲，转由陆路去莫斯科。

4月下旬，经过德国柏林时，他与德国共产党机关领导人会晤，介绍了中国党和革命的有关情况，并应德国共产党机关报《红旗报》的约请，专门撰写了这篇题为《写在中华苏维埃第一次代表大会召开之前》的文章。因国际国内斗争形势复杂，他不能用真名写作，署名"晨光"（音译，也有译作"陈广"）。德共中央有关同志听了周恩来的介绍后，非常重视，看了周恩来的文章后，更加兴奋。因为这篇文章清晰地指出：中国革命正在走向新的高潮，"农民游击战（争）和土地革命是今日中国革命的主要特征"。这是中国共产党在六大后一年多实践中得出的新的极为重要的结论。德共中央迅即决定，以机关报社论的形式在头版刊发这篇文章。

"值得一读的文章"中都说了些什么

要让德国读者和希望了解中国的西方人对中国的情况感兴趣，首先就得会讲话、讲实话、讲重点。周恩来在国外撰写的"这篇值得一读的文章"，是怎样宣介中国革命的？都说了些什么？让我们梳理一下文章的要点：

讲群众基础：中国大革命仍然活在广大工农群众心中

大革命失败后，“它仍然活在广大工农群众心中”。中国广大的工农群众不但没有失去革命的热情，反而出现了“千百万群众的革命觉悟空前提高”的局面。通过坚持不懈的斗争，“党取得了群众的信任，党组织的力量成倍增强”。并且在这些斗争中普遍存在“因有群众的支持，数量居于优势之敌却屡屡败北”的现象。

讲中国特色：起义农民纷纷夺取政权，建立苏维埃

1927年广州起义以后，中国革命逐渐转向农村并加强土地革命和根据地建设，革命力量得到恢复和发展。文章指出：“人们都知道，唯有革命取得新胜利，唯有在全国建立苏维埃政权，方能铲除白匪将军和帝国主义强盗的统治。”“中国南方的许多地方，农民已将全部土地没收。在地主权力被推翻之处，农民建起了苏维埃。”农民赤卫队“拔除界桩，将土地分给贫苦农民和红军士兵”。“迄今已在十八个区域建起苏维埃政权。较大的包括多达八个县，较小的也有三县（原文注：县的大小约相当于德国的省）。若干县城亦为工农所掌握，苏维埃即设于城内。”“广西省各苏区均包括六个县以上，该地区最重要的城市亦在苏维埃手中。”

讲领袖人物：闽西苏区为朱德、毛泽东率领的红军所掌握

中国革命有明确的领袖人物和红军骨干。文章特别提道：“在土地革命深化的过程中，工农红军创建成功。过去几年，随着阶级斗争的激化，农民武装已联合起来。”“游击队发展成为赤色农军。”“中国工农红军得以迅猛发展。”“现已有十三个军分布于各苏区，总人数在十万以上。武器亦较精良。”“闽西苏区为朱德、毛泽东率领的红军所掌握。”还说道：“红军的领导骨干，系由工农领袖担任。他们身经中国大革命，人人都持无产阶级立场，接受共产党的指导。”“各军中最重要者计有：朱德、毛泽东率领的第四军，彭、黄率领的第五军，江西的第三军，贺龙率领的第二军，江西（应为湖北）的第八军，福建的第十军（应为第十二军）。”同时，“除红军外，尚有大批农民组成的农民武装，如工农红军第三军所在之江西地区即有九支农民赤卫队，每队约五千人”。“每逢八月一日和十月革命节，高举饰有镰刀斧头的红旗，共同举行检阅。”

讲力量来源：军阀混战，士兵生活极端恶化，时有整营、整团的敌军投向红军

文章除了介绍中国共产党领导的队伍主要由工人、农民子弟组成以外，还特别点明了一个极为特殊的现象：“军阀混战，士兵生活极端恶化，以致兵变伴随着土地革命而常有发生，从而壮大了农民武装的兵力。近半年中，组织周密的兵变已发生六十余起，时有整营、整团的敌军投向红军。”“在这种有利形势下，中国工农红军得以迅猛发展。”

讲外敌干涉：半殖民地的中国乃是贪婪成性的帝国主义及其代理人争斗的场所

文章特别提到，“半殖民地的中国乃是贪婪成性的帝国主义及其代理人争斗的场所”，包括德国帝国主义在内，他们也在镇压中国革命群众。“帝国主义、中国的资产阶级和地主阶级联合起来反对革命”，甚至“帝国主义妄图直接使用其武力扑灭中国革命”，“如法帝国主义调动其驻印度支那的空军飞机，镇压龙山的苏维埃起义；帝国主义的兵舰沿长江而上，企图破坏红军作战部队之间的联系；德帝国主义亦不甘落后，派遣军官协助蒋介石镇压革命群众”。但是，“面临着中国革命的高涨，面临着世界无产阶级的革命化，这些进攻已统统失败”。

讲国际联合：宣告中华苏维埃全国代表大会将召开，呼吁德意志的工人们有力支援

文章宣告“土地革命向前发展，苏区日益扩大，工农红军实力增长——在此种形势下，中国共产党和中华红色工会决定召开中华苏维埃全国代表大会”。“中华苏维埃代表大会定于今年五月三十日，即一九二五年帝国主义惨杀上海革命工人和学生的纪念日”。“大会将建立各苏区统一的领导机构”，“大会将号召工农群众为在全中国建立苏维埃政权而奋斗，直到最后胜利”。呼吁“世界无产阶级和殖民地被压迫民族支援中国革命，并和我国的革命工农联合起来，共同反对帝国主义、保卫苏维埃政权”。“全世界的无产者们！ 德意志的工人们！ 你们正在迎接五一，你们的有力支援，一定会为中国革命的胜利作出贡献！”

这篇宣介文章吸引人的地方就在于：用事实讲清了中国革命的群众基础、道路特色、领袖骨干、力量来源和面临的危险，最后号召“全世界的无产者们”共同起来支援中国！

这篇文章的中文版在哪里

周恩来的这篇文章，用大量的事实和确切的数字使德国工人阶级和国际社会更加全面、准确地了解到当年中国共产党及其领导的革命斗争的现实，起到了很好的宣介作用。遗憾的是，在它发表后的几十年里，除了德文版外，人们始终没有见到它的中文版。

一晃近50年过去了，时间到了1979年。中国革命博物馆在为充实《纪念周恩来》展览，广泛征集周恩来的遗物和史料时，时任外交部副部长的章文晋想起了当年在德国留学时读到的这篇文章，就托当时的西德（联邦德国）驻华大使埃尔文·魏克德（Erwin Wickert）代为寻找刊登这篇文章的《红旗报》。在拿到这张报纸的复印件后，章文晋请外交部西欧司的同志们将其译成中文，连同《红旗报》的复印件一起送到中国革命博物馆。

后来，在经过著名翻译家、教育家成仿吾鉴定和校译后，《党的文献》杂志将该文刊载在1993年第4期上。这篇文章的注释中，是这样交待的：“原文系德文，载于一九三〇年四月二十七日德共《红旗报》，作

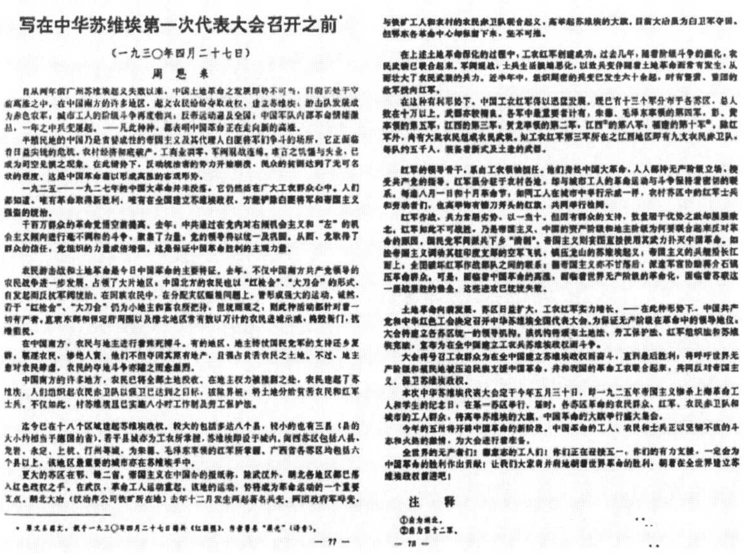

写在中华苏维埃第一次代表大会召开之前*

（一九三〇年四月二十七日）

周恩来

自从两年前广州苏维埃起义失败以来，中国土地革命之发展即势不可当，目前正处于空前高涨之中。在中国南方的许多地区，起义农民纷纷夺取政权，建立苏维埃；游击队发展成为赤色农军，城市工人的阶级斗争再度勃兴，罢工运动遍及全国，中国军队内部革命情绪激昂，一年之中兵变屡起。——凡此种种，都表明中国革命正在走向新的高潮。

半殖民地的中国乃是贪婪成性的帝国主义及其代理人白匪将军们争斗的场所，它正面临着日益尖锐的危机。农村经济彻底破产，工商业凋零，军阀混战连绵，空前之饥馑与失业，已成为司空见惯之现象。在此情势下，反动统治者的势力开始崩溃，民众的贫困达到了无可名状的程度。这是中国革命赖以形成高涨的客观形势。

一九二五——一九二七年的中国大革命并未挫折，它仍然活在广大工农群众心中。人们都知道，唯有革命取得新胜利，唯有在全国建立苏维埃政权，方能铲除白匪将军和帝国主义强盗的统治。

千百万群众的革命觉悟空前提高。去年，中共通过在党内对右倾机会主义和“左”的机会主义倾向进行毫不调和的斗争，聚集了力量，党的领导得以统一及巩固。从而，党取得了群众的信任，党组织的力量成倍增强。这是保证中国革命胜利的主观力量。

农民游击战和土地革命是今日中国革命的主要特征。去年，不仅中国南方共产党领导的农民战争进一步发展，占领了大片地区，中国北方的农民也以“红枪会”、“大刀会”的形式，自发起而反抗军阀统治。在同类农民中，在分配灾区赈粮问题上，曾形成强大的运动。诚然，若干“红枪会”、“大刀会”仍为小地主和富农所把持，但就现象之，则此种活动都针对着一切有产者。直隶东部和保定府周围以及豫北地区常有数以万计的农民进城示威，捣毁衙门，抗缴捐税。

在中国南方，农民与地主进行着殊死搏斗。有的地区，地主恃仗国民党军的支持还乡复辟，驱逐农民，惨绝人寰，他们不但夺回其原有地产，且强占贫苦农民之土地。不过，地主愈对农民肆虐，农民的夺地斗争亦随之而愈激烈。

中国南方的许多地方，农民已将全部土地没收。在地主权力被推翻之处，农民建起了苏维埃，人们组织起农民赤卫队以保卫已达到之目标。铲除界桩，将土地分给贫苦农民和红军士兵。不仅如此，村苏维埃且已实施八小时工作制及劳工保护法。

迄今已在十八个区域建起苏维埃政权，较大的包括多达八个县，较小的也有三县（县的大小约相当于德国的省）。若干县城亦为工农所掌握，苏维埃即设于城内。闽西苏区包括八县，龙岩、永定、上杭、汀州等城，为朱德、毛泽东率领的红军所掌握。广西省各苏区均包括六个县以上，该地区最重要的城市亦在苏维埃手中。

更大的苏区在鄂、赣二省。帝国主义在中国办的报纸称，除武汉外，湖北各地区都已落入红色政权之手。在武汉，革命工人运动重起，该地的运动，势将成为革命运动的一个重要支点。湖北大冶（汉冶萍公司铁矿所在地）去年十二月发生两起著名兵变，两团政府军哗变，

* 本文系译文，载于一九三〇年四月二十七日德共《红旗报》，作者署名“晨光”（译音）。

— 77 —

与铁矿工人和农村的农民赤卫队联合起义，高举起苏维埃的大旗。目前大冶虽为白卫军夺回，但鄂东各革命中心却保留下来，坚不可摧。

在上述土地革命深化的过程中，工农红军创建成功。过去几年，随着阶级斗争的激化，农民武装已联合起来。军阀混战，士兵生活极端恶化，以致兵变伴随着土地革命而常有发生，从而壮大了农民武装的兵力。近半年中，组织周密的兵变已发生六十余起，时有整营、整团的敌军投向红军。

在这种有利形势下，中国工农红军得以迅猛发展。现已有十三个军分布于各苏区，总人数在十万以上，武器亦较精良。各军中最重要者计有，朱德、毛泽东率领的第四军，彭、黄率领的第五军，江西的第三军，贺龙率领的第二军，江西①的第八军，福建的第十军②。除红军外，尚有大批农民组成农民武装，如工农红军第三军所在之江西地区即有九支农民赤卫队，每队约五千人，装备着新式及土造的武器。

红军的领导骨干，系由工农领袖担任。他们身经中国大革命，人人都持无产阶级立场，接受共产党的指导。红军虽分驻于农村各地，却与城市工人的革命运动与斗争保持着密切的联系。每逢八月一日和十月革命节，如同工人在城市中举行示威一样，农村苏区中的红军士兵和劳动者们，也高举饰有镰刀斧头的红旗，共同举行检阅。

红军作战，兵力常居劣势，以一当十，但因有群众的支持，数量居于优势之敌却屡屡败北。红军如此不可战胜，乃是帝国主义、中国的资产阶级和地主阶级为何要联合起来反对革命的原因。国民党军阀派兵下乡“清剿”，帝国主义则妄图直接使用其武力扑灭中国革命。如法帝国主义调动其驻印度支那的空军飞机，镇压龙山的苏维埃起义；帝国主义的兵舰沿长江而上，企图破坏红军作战部队之间的联系；德帝国主义亦不甘落后，派遣军官协助蒋介石镇压革命群众。可是，面临着中国革命的高涨，面临着世界无产阶级的革命化，面临着苏联这一屡战屡胜的堡垒，这些进攻已统统失败。

土地革命向前发展，苏区日益扩大，工农红军实力增长，——在此种形势下，中国共产党和中华红色工会决定召开中华苏维埃全国代表大会，为保证无产阶级在革命中的领导地位。大会将建立各苏区统一的领导机构，该机构将颁布土地法、劳工保护法、红军组织法和苏维埃宪法，宣布为在全中国建立工农兵苏维埃政权而斗争。

大会将号召工农群众为在全中国建立苏维埃政权而奋斗，直到最后胜利；将呼吁世界无产阶级和殖民地被压迫民族支援中国革命，并和我国的革命工农联合起来，共同反对帝国主义，保卫苏维埃政权。

本次中华苏维埃代表大会定于今年五月三十日，即一九二五年帝国主义惨杀上海革命工人和学生的纪念日，在某一苏区举行。届时，各苏区革命的农民群众、红军、农民赤卫队和城市的工人群众，将高举苏维埃的大旗、中国革命的大旗举行盛大集会。

今年的五卅将开辟中国革命的新阶段。中国革命的工人、农民和士兵正以坚韧不拔的斗志和火热的激情，为大会进行着准备。

全世界的无产者们！德意志的工人们！你们正在迎接五一，你们的有力支援，一定会为中国革命的胜利作出贡献！让我们大家肩并肩地朝着世界革命的胜利，朝着在全世界建立苏维埃政权前进吧！

注释

①应为湖北。
②应为第十二军。

— 78 —

《写在中华苏维埃第一次代表大会召开之前》，作者：周恩来

者署名‘晨光’（译音）。”

借用德国《红旗报》的一句话作为作者标记：“现特宣布，这篇值得一读的文章的作者是我们的中国兄弟党中央政治局的一位领导成员！”

在《联合国宪章》上签名的中共代表

联合国是随着世界反法西斯战争的胜利而诞生的！它的诞生，是当代国际关系史上具有深远历史意义的大事件，对战后国际政治的发展产生了巨大的影响。

作为联合国创始国之一，1945年4月中国派出代表团参加创建联合国大会。在国共合作的历史背景下，中国代表团中必须有中共代表参加，中国共产党创建人之一的董必武，就成了最佳人选。

董必武是中共元老，参加过红军两万五千里长征，长期担任中共重要领导职务，与林伯渠、吴玉章、徐特立、谢觉哉并称“中共五老”，在党内外享有很高的威望。

当年，董必武是如何作为中国代表团代表赴美出席创建联合国大会的？他是如何作为中国共产党高层领导人第一次以公开身份在美国活动的？作为中国代表团中的中共代表，他又是如何把中国共产党的方针政策及其领导下的解放区所取得的成就介绍给全世界的呢？让我们展开历史的画卷，回望那些历史的瞬间。

旧金山会议我们要参加

随着反法西斯战争的顺利发展，为了防止战争灾难的重演，中、苏、英、美等国进一步酝酿、商议在战后建立一个维护世界和平与安全的国际组织。1943年10月30日，中、美、英、苏在莫斯科签署了《关于普遍安全宣言》，第一次正式宣告四大国一致赞成战后成立一个维护和平与安全的国际组织。1943年12月，苏、美、英三国首脑在德黑兰开会时重申这一目标后，1944年9月21日至10月7日，中、苏、英、美四国在美国华盛顿一所被称为橡胶园的大厦里召开会议，就这个世界组织的目的、结构和职能达成了协议，拟订了创建联合国的具体计划。接着，罗斯福、丘吉尔、斯大林在雅尔塔会晤后，于1945年2月11日宣布，决定建立一个“具有普遍性的国际组织以维护和平与安全”。决议确定之后，中、苏、英、美四国于1945年3月15日分别在重庆、莫斯科、伦敦、华盛顿发表公告，向全世界宣布决定在1945年4月25日在美国旧金山举行联合国大会。

中国代表团成员的组成，成为中国各界关心的话题。

1945年2月18日，毛泽东在中国共产党的六届七中全会上明确提出，旧金山会议我们要参加，要与民主同盟联合提出要求。

同日，周恩来就出席旧金山联合国会议的中国代表团成员问题，致函美国驻中国大使赫尔利，提出4月25日在美国旧金山召开的联合国会议，仅有国民党一方派代表参加不能代表中国。出席旧金山会议的代表团应包括国民党、共产党和民盟三方成员，国民党只能占三分之一代表名额，其中还应包括国民党民主派，三分之二应是共产党和民盟的代表，否则不能代表中国，不能解决问题。并要求赫尔利将中共的要求转达给美国总统罗斯福。

对中共的意见，蒋介石一开始极力反对。他想此事由国民党方面包办、垄断。为此，毛泽东指示周恩来于3月9日致函国民政府外交部部长王世杰，函称：对于出席4月25日旧金山会议的中国代表团，中共中央决定派中央委员周恩来、董必武、秦邦宪三人参加。

选择董必武做代表人选，中共也有充分的考虑。董必武是中国共产党创建人之一，参加过红军两万五千里长征，长期担任中共重要领导职务，在党内外享有很高的威望。再加上他在重庆协助周恩来领导中共南方局和八路军驻渝办事处工作，与国统区各界人士和驻重庆的各国外交人员都有广泛而友好的交往，人缘颇佳，口碑很好，又懂英语。中国共产党派他作为解放区代表出席旧金山国际会议，称得上是理想人选。

结合国内外形势，经过再三考虑后，蒋介石不得不同意中共派代表参加中国代表团。

在无法回避要有共产党人参加代表团的情况下，国民政府内有人又说“没有一个共产党人具备当代表的资格”。此时，顾维钧提出董必武就可以。

顾维钧为什么提出董必武呢？在《顾维钧回忆录》中，我们看到了这样的记载：“我任驻法大使时，在巴黎同董先生曾有一面之缘。”“我也和董交谈过。”他认为董必武“年事稍长，且通晓国际事务”，“是一个上了年纪读过古书的

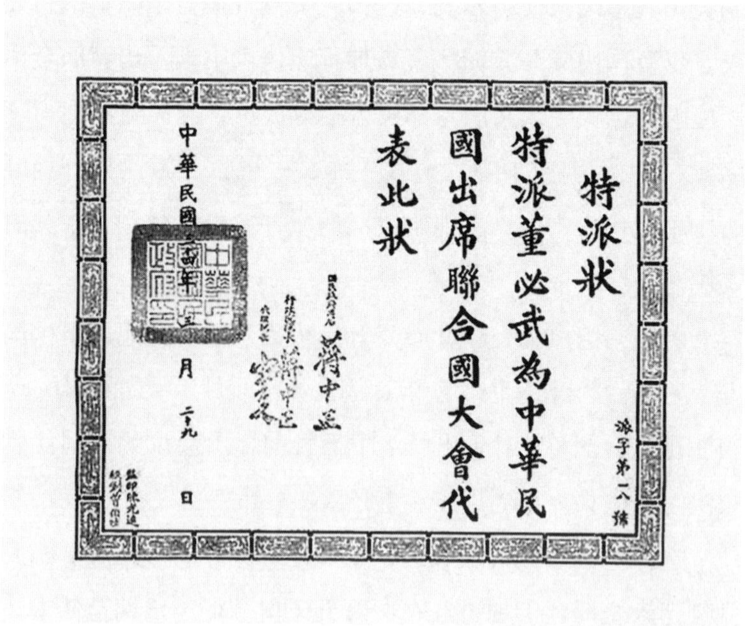
特派狀
特派董必武為中華民國出席聯合國大會代表此狀
派字第一八號
蔣中正
蔣中正
中華民國三十四年 月 二十九 日

中国国家博物馆收藏的国民政府委派董必武为出席联合国大会代表特派状

人，为人和蔼可亲，但颇机敏…… 他似乎比李璜更擅长辞令。”

经过反复争取，最后国民政府同意任命董必武为中国代表团的正式代表。

3月26日，国民政府公布了中国代表团名单：首席代表宋子文，代表顾维钧、王宠惠、李璜、吴贻芳、魏道明、胡适、张君劢、董必武、胡霖。

董必武虽是中国代表团十个代表之一，但他却代表了中国共产党及其领导下的十九个解放区、一亿人民和九十七万正规军、二百二十万民兵的广大地区和人民。

4月1日，中国共产党六届七中全会主席团会议决定，董必武带随员二人（伍修权、陈家康或章汉夫）；董必武赴美的任务主要是争取外国朋友，提高我党的国际地位，并尽量争取留驻美国工作，以扩大中国共产党在国际上的影响。

在《联合国宪章》上写下名字

1945年4月6日晨，董必武一行由延安乘飞机抵达重庆。4月12日，董必武乘飞机离开重庆，陪同他的章汉夫、陈家康分别以秘书、翻译身份参加代表团的工作。据《伍修权回忆录》介绍，伍修权接到通知，随董必武同志去重庆，作为“特区”（即陕甘宁边区）的代表，去美国旧金山参加联合国的成立大会。国民党认为伍修权太红了，借口他有沙眼，不让他出国。飞机经印度、转中东、跨非洲、横渡大西洋到达巴西，然后北上，辗转十天，于4月21日到达纽约，并于4月24日与中国代表团其他成员一道飞抵旧金山。

4月25日，联合国成立大会在旧金山歌剧院隆重开幕。董必武和中国代表团其他成员一起，出席了大会开幕式。包括中国在内的50个国

1945年4月6日，董必武在延安机场登机前与送行者及美军人员合影。左五周恩来、左八陈家康、左十一董必武、左十三伍修权、左十五林伯渠、左十六章汉夫、左十八陈毅、左十九朱德、左二十叶剑英

家的282名代表出席大会，将深入讨论和制定联合国宪章。

5月1日，中国代表团举行中外记者招待会，到会记者600余人。在中国代表团的十人中，格外引人注目的是中共代表董必武。不少人都想通过他了解共产党人的真实形象。有记者提出，请董必武站起来，看看他是否像有人说的那样，共产党人是带有危险色彩的人物。对国内外一些别有用心的人对共产党的造谣和诽谤，董必武早已司空见惯。只见他不卑不亢、笑容可掬地从座位上站起来，一派政治家兼学者的风度，博得全场掌声。

5月3日起，各代表团成员分成4个专门委员会审议联合国宪章草案，董必武参加了第三委员会，负责讨论成立一个安全理事会的提案。这个专门委员会讨论时，因涉及安理会的权限和否决权等问题，争论最为激烈，成为整个会议的中心之一。董必武与各国代表一起反复研究讨论，经过数百个小时的仔细推敲，终于拟出了长达万字、十九章、一百一十条的《联合国宪章》。

6月25日，与会代表一致通过了《联合国宪章》，并于

董必武在《联合国宪章》上签字

26日举行签字仪式。董必武代表中国共产党和解放区人民，用毛笔在《联合国宪章》上签上了“董必武”三个字。这是一个历史性的时刻，留下了不同寻常的镜头！

为纪念旧金山会议的成功，联合国出了一套纪念卡，分发给各国代表团，其中有一张照片是纪念《联合国宪章》的签署，照片上俯身在桌上签字的中国代表团成员正是董必武。

在美期间宣介中国共产党

董必武于1945年4月21日到达美国纽约，11月20日离开美国返回重庆，在美国停留了7个月。《章汉夫传》曾提到，在美期间，国民党政府表面上对董必武保持了礼貌，态度还比较客气，但暗地里指派特务对董必武会外的活动进行捣乱和破坏。美国政府也派特工严加监视。但作为中国共产党的

1945年，董必武在出席联合国大会制宪会议的各国代表中

代表，在这7个月时间里，除了积极参与创建联合国相关工作，董必武按照行前的中央要求，为提高中国共产党的国际地位，扩大中共在国际上的影响，通过发文章、演讲、会谈等各种方式，积极向国际社会宣传中国共产党的主张，争取外国朋友理解和支持。

用“笔杆子”讲，在无声语言中陈说

为了扩大中国共产党的影响，董必武在美国筹划出版了英文版《中国解放区实录》，发行五千册。第一次向海外华侨、出席联合国会议的各国代表和各国人民，真实、系统、全面地介绍中国解放区在中国共产党领导下抗击日本帝国主义取得的战绩和在军事、政治、经济、文化、教育等方面所取得的成就。《中国解放区实录》的出版发行，在美国引起强烈反响，产生了积极效果，国际友好人士及华侨表示同情和支持中国共产党。正如美籍华人邝治中在《纽约唐人街》一书中所写的："后来在考虑中国在战后世界中的前途时，华人中间几乎没有人认为国民党的独裁统治继续下去会有什么好处。"

借"喇叭"讲，在有声语言中演说

据史料记载，董必武在美期间至少进行过五次讲演，包括在中华学校向全校师生发表讲演；出席旧金山救国总会举行的侨众宣传大会，在会上发表讲演；在旧金山华侨宪政党、致公党举行的讲演大会上作题为《中国共产党的基本政策》的长篇讲演；在旅美华侨组织的欢迎会上作题为《中国共产党的基本政策》的长篇讲演；应华美协进社的邀请，出席该社在中国大厦举行的学术建国讨论会，作题为《中国的问题的关键》的讲演。《华侨日报》以《中国共产党的基本政策》为题，连载了他的讲演。董必武的长篇讲演，以大量翔实的资料和事实说明了中国共产党一贯坚持、奉行的基本政策，使广大海外侨胞耳目一新，进一步了解、认识了中国共产党及其方针政策，扩大了中国共产党的国际影响，提高了中国共产党在国际上的威望。

用"感情"联络，在对话沟通中传递

董必武到美国，是中国共产党高层领导人第一次以公开身份在美国活动，除上述宣传活动外，董必武还尽可能多地接触旅美华侨，董必武先后访问了旧金山市华侨居住区，参观了中华会馆、中华学校、东华医院等，向海外侨胞介绍、宣传中国共产党的方针政策和解放区的情况。董必武还多次到洗衣馆之类身处下层的华侨中去参观访问，应华侨的请求，利用休息日到侨区为侨胞题词留念。还登门拜访了中国人民的老朋友史沫特莱、史迪威的女儿和著名小说家赛珍珠。他还到了华盛顿，在那里拜访了中国史专家费正清。

无论是参加创建联合国大会的全部活动，还是同美国各方面友好人士交往活动，以及同在美华侨的广泛接触和联谊活动，董必武真诚、朴实的讲述备受人尊敬。在美国停留七个月的时间里，大大提高了美国各界对中共的认知，也提升了中国共产党人在旅美侨胞心目中的地位。

任弼时在共产国际翻译毛泽东著作

任弼时，曾经是中共中央领导集体中的一个重要成员。他离开我们很早，1949年10月1日，首都北京30万军民在天安门广场隆重举行开国大典，他因病未能出席，坐在收音机旁收听开国大典的实况广播。新中国成立一周年后，他在北京溘然长逝，享年46岁。

作为党的七届一中全会选出的中央政治局委员、中央书记处书记、中央秘书长，任弼时在筹建新中国期间与毛泽东、周恩来、刘少奇、朱德一起并肩战斗。遗憾的是，新中国成立后，他却病倒了……

往事历历在目。这里仅介绍全面抗战爆发后，任弼时受党中央委托于1938年3月至1940年2月在共产国际开展工作的一段历史。

以中共使者身份远赴莫斯科

1937年全面抗战爆发后，共产国际担心中共中央能否适应从苏维埃政策向抗日民族统一战线的转变，认为“需要有对国际形势很有研究的新人来帮助中共中央”，由此，决定派王明返回中国。当时，在共产国际和斯大林看来，中国共产党和中国工人阶级力量比较小，中国的抗战要依靠以蒋介石为首的国民党，倘若国共合作破裂，苏联在东线将受到日本帝国主义的威胁。因此，在抗日民族统一战线中，应当运用法国共产党的经验，“一切服从统一战线”，“一切经过统一战线”，做到“共同负责，共同领导”。共产国际之所以派王明回国，正是为了贯彻这些“新政策”。

1945年毛泽东在党的七大召开期间回忆这段历史时说，遵义会议以后，中央的领导路线是正确的，但中间也遭过波折。抗战初期，十二月会议就是一次波折。十二月会议的情形，如果继续下去，那将怎么样呢？有人说王明奉共产国际命令回国，国内搞得不好，需要有一个新的方针。所谓新的方针，主要是在两个问题上，就是统一战线问题和战争问题。在统一战线问题上，是要独立自主还是不要或减弱独立自主；在战争问题上，是独立自主的山地游击战还是运动战。

很显然，中共中央和共产国际之间，虽然在坚持抗战、巩固国共合作的抗日民族统一战线上是一致的，但是在如何坚持政治上、组织上的独立自主方面存在着分歧，因此，1938年二三月间召开的中央政治局会议决定，派任弼时立即起程去莫斯科，向共产国际说明中国抗战的情况和国共两党的关系，以加强相互了解。

任弼时一生与苏俄结下了不解之缘。在他46年短暂的生命历程和30年光辉的革命生涯中，曾先后4次旅居莫斯科，总共近6年时间。

第一次是1921年8月至1924年7月，在共产国际为培养东方各民族民主革命干部而创办的莫斯科东方劳动者共产主义大学学习了整整3年。是十月革命后中国最早赴苏俄学习的先进青年中的一个。学习期间，曾被安排轮流列席共产国际第三次代表大会；作为工作人员参加了远东各国共产党及民族革命团体第一次代表大会；1922年底因瞿秋白奉调回国，接替瞿秋白担任东大中国班的西方革命运动史课堂翻译；1924年1月列宁逝世时，他不仅参加了追悼仪式，还有幸作为东方民族代表参加“荣誉守灵”。这是葬仪中一项特殊荣誉性任务。每批4人，每次5分钟，4人分立距列宁遗体周围六七米远的四角，垂头默立。

第二次，1926年10月至1927年4月，作为中国共产主义青年团中央总书记出席青年共产国际执委会第六次扩大会议，在莫斯科生活了半年。

第三次，1938年3月至1940年2月，受中共中央委托，在莫斯科工作了整整两年。应该说，无论是从个人经历——此前曾两次在莫斯科学习和工作，还是从理论水平——仅1938年1至2月，就写有《山西抗战的回忆》《怎样渡过抗战的困难时期》《支持华北抗战中的第八路军》等文章和报告，还是从实践经验——作为中央军委总政治部主任，这年2月刚由山西前线回到延安，任弼时都是当时协调中国共产党与共产国际关系比较合适的人选，他对苏联也是有着特殊的感情的。

第四次，新中国成立后，1949年12月至1950年5月，专程到莫斯科治病、休养了半年时间。

扭转共产国际对中共的态度

1938年3月5日任弼时从延安出发，一路奔波，3月底到达莫斯科后，立即开始紧张的工作。4月14日，在出席共产国际执委会时，任弼时代表中共中央向执委会主席团递交了书面报告大纲《中国抗日战争的形势与中国共产党的工作和任务》。这份大纲长达1.5万字，分为中国抗日战争的形势、抗日民族统一战线的现状、八路军在抗日战争中的作用和最近的状况、中国共产党的状况与群众工作、中国共产党目前最重要的任务等5个部分。全面介绍了中国抗日战争8个月来的发展过程，阐述了中国共产党坚持抗日民族统一战线，实行全面、持久抗战的方针政策。

5月17日，任弼时和原驻共产国际的中共代表团代表王稼祥出席共产国际执委会主席团会议，对4月14日书面报告大纲作了更为全面详实的口头说明和补充。这是抗日战争爆发后，中共中央向共产国际作的一个较全面、深刻的汇报。它比较详细地介绍了中国抗日战争的形势、发展趋势与前途，抗日民族统一战线的基本状况，国共新合作的特点、困

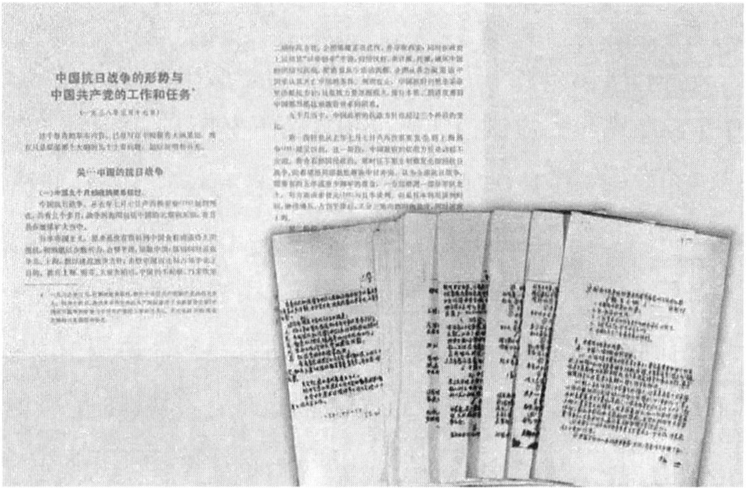

任弼时代表中共中央向共产国际提交的《中国抗日战争的形势与中国共产党的工作和任务》书面报告大纲手稿及口头说明和补充

难与阻碍，共产党的方针、任务，共产党对八路军的领导，八路军在抗日战争中的作用、任务，群众运动的发展及中共在自我建设方面的情况，等等。此外，任弼时还单独向季米特洛夫作了汇报，并听取了他的意见。共产国际和季米特洛夫在听取了任弼时的汇报后，对中共的党建工作、国共合作，以及中国革命提出了一些意见和建议，这当然也是苏共中央和斯大林的意见和建议。

6月11日，共产国际执委会主席团讨论任弼时的报告，并作出《关于中共代表报告的决议案》，决议案肯定："中国共产党的政治路线是正确的。中国共产党在复杂和困难条件之下，灵活地转到抗日民族统一战线的政策之结果，已建立起国共两党的新的合作，团结起民族的力量，去反对日本的侵略。"决议案表示赞同中共继续大力开展敌后游击运动，坚持统一战线中在政治上、组织上的独立性。

如果说，共产国际执委会曾经对和蒋介石血战十年的中国共产党能否正确实行国共合作的抗日民族统一战线有所怀疑，对中共中央坚持独立自主原则又缺乏基本认识的话，任弼时的报告沟通了情况，阐明了团结斗争的真实状况，很大程度上扭转了原有的认识。

9月初，任弼时参加共产国际执委会主席团会议，并在会上宣读《中国共产党代表团的声明》。声明指出："在最近的时期中，中国民族还须要以英勇的努力克服极大的困难。"四万万人民团结一致的自卫战争，是中国人民之所以不可战胜的基本保证。会议经过讨论，通过《共产国际执委会主席团的决定》，再次声明，"完全同意中国共产党的政治路线"；会议号召国际无产阶级、共产国际各支部，以及一切热诚拥护民主与和平的人士，通过组织群众大会和示威游行、群众制裁、募捐、派遣医药救护队到华等多种方式，加强国际援华运动。此后，加拿大的白求恩、美国的马海德、奥地利的罗生特、印度的柯棣华等国际主义战士相继来到中国战场，为了中国人民的伟大事业努力奋斗，有的甚至献出自己的宝贵生命。

由于任弼时同稍后到苏联治伤的周恩来一起，向共产国际作了大量的说明，使共产国际的主要负责人转变了对中共党内情况的看法。正如师哲在回忆任弼时的一篇文章中所写的，任弼时在苏期间，中共代表团同共产国际及苏共的关系基本上是正常的。任弼时对共产国际和苏联了解中国帮助很大。他向共产国际做的几个报告非常重要，形式上是汇报中国的抗战、中国的革命运动，实际上不仅扭转了王明在共产国际时的那些不正确的方针路线，也扭转了共产国际对中国共产党的根本态度，由原来的命令式变成了商量。这期间，共产国际处理有关中国的事务，无论是方针、政策的研究讨论，对中国同志问题的处理，还是培养中国学生的教育方针、教学计划等，一律以任弼时为首的中共代表团的意见为依据。至于要向国内提出任何意见和建议，都是先同中共代表团协商，取得一致意见后才发表。到后来，更是根本不提意见，听中共代表团的汇报，中共代表团觉得应该怎么办就怎么办。

重视对外翻译毛泽东著作

远离延安的中共代表团既是中共中央派驻国外的一个宣传站，又是了解世界政治风云的前哨站和参谋组。为了向苏联人民及世界各国人民广泛宣传中共历史、中国抗战形势和中共现行政策，争取国际社会对中国抗战的理解和支持，任弼时在繁忙的工作之余，经常撰写文章。他的文章，有介绍中国革命经验的，比如为纪念中国抗日战争一周年，在《真理报》发表的《中国人民的卫国战争》一文；有叙述中国共产党怎样领导抗战的，比如在《真理报》发表的《民族解放斗争中的中国共产党》一文；有说明国共合作，实现抗日民族统一战线的，比如在《共产国际》杂志发表的《中国的抗日民族统一战线及其发展》一文；有宣传以毛泽东为代表的中国共产党的正确路线和政策的，比如在《真理报》发表的《中国持久战口号的意义》一文；还有宣传党领导下的抗日民族解放战争经验的，比如，在《共产国际》杂志发表的《中国人民民族解放战争中的中国共产党》。其中有些还被兄弟党的报刊转载。

自任弼时到莫斯科后，共产国际和苏联的报刊对八路军抗战的宣传明显地增加了。4月14日，《真理报》发表《中国八路军》一文，《共产国际》发表了朱德的《八路军抗战六个月的经验和教训》以及任弼时的《山西抗战的回忆》两篇文章，共产国际执委会在《五一节宣言》中号召全世界反法西斯者支援中国抗日战争。7月5日，《真理报》以《山西的保卫者》为题，摘登了英国记者J. 贝特兰的特写（原文发表在美国的《亚洲》杂志）。6日，该报又用一整版的篇幅，以“中国人民英勇斗争一周年”的通栏标题，介绍了中国抗日战争的事迹，刊登了毛泽东、朱德的合影。之后，又发表了《新中国文化生活的中心——延安》，介绍第一一五师

Чжен Лин

ЧТО ОЗНАЧАЕТ ЛОЗУНГ ЗАТЯЖНОЙ ВОЙНЫ В КИТАЕ

1938年9月，任弼时（署名陈林）在《真理报》上发表《中国持久战口号的意义》

的《八路军的一个年轻师团》的专文，报道了新四军成立的消息。

任弼时不仅自己写，还动员指导其他同志积极撰稿，经他审定后，在《真理报》《消息报》《红星报》《共产国际》《布尔什维克》等报刊上发表。他常说：“宣传工作，是我们每个同志的光荣任务，这是党的一项重要工作，是革命不可少的工作，我们一定要做好。”

与此同时，任弼时还非常重视翻译党的重要文献，积极组织力量编译发表党的领导同志的重要讲话和文章。他认为：“我们自己写文章宣传党的主张固然是必要的，但把我党的重要文献翻译出去，那作用更大。”他特别重视毛泽东的著作和讲演的翻译工作，先后译出《论持久战》《新民主主义论》，印成外文单行本，在莫斯科等地发行。1939年4月，任弼时指示工作人员将毛泽东的《论新阶段》译成俄文，在《共产国际》杂志第四期刊登。9月，任弼时组织工作人员，将周恩来带来的毛泽东《关于国际新形势对新华日报记者的谈话》译成俄文，分送共产国际执委和书记处领导人。而后，共产国际宣传部又将其译成各种文字分送各国代表团，并发表在《共产国际》杂志第八、第九期合刊上。

1939年8月，苏联为了维护和平，保卫自身的安全，和德国签订了互不侵犯条约。谁知这个条约签订后一周，德军进攻波兰，9月3日，英法对德宣战，第二次世界大战爆发。这时，国际舆论界对《苏德互不侵犯条约》很不理解，连共产国际的不少工作人员也不例外。任弼时立即把情况向中共中央报告。9月28日，毛泽东发表《苏联利益和人类利益的一致》一文，指出苏德互不侵犯条约击破了英美法推动德国进攻苏联、自己“坐山观虎斗”的阴谋；打破了德意日反共集团对于苏联的包围，在东方，“大大地打击了日本，援助了中国，加强了中国抗战派的地位，打击了投降派”。告诫世人不要上英美法的阴谋家、中国的投降派借机煽动反苏的当。任弼时立即将这篇文章翻译成俄文，分发给兄弟党驻共产国际的代表，并发表在《共产国际》杂志上，澄清了一度出现的混乱认识，兄弟党的同志心悦诚服地说：中国共产党已是政治上成熟的党。

其他如周恩来、朱德、林伯渠、董必武、吴玉章的文章，也都被选译并向国外推荐，在兄弟党代表团中分发。

任弼时的原则性很强，凡是符合党的正确路线和政策的文章，便积极组织翻译；要是违反党的正确路线和政策的文章，如王明的文章，即使有同志提请翻译，他都用笔画掉。

在共产国际工作期间，任弼时还利用作报告、讲演、会晤等方式，向共产国际、苏共和其他兄弟党负责人多次介绍中国抗日战争形势、国共关系、中国与其他国家的关系等情况。

为了使更多的兄弟党了解中共的情况，回答他们对中国革命提出的各种问题，任弼时除应邀到各国代表团作报告外，还及时把当时在苏联学习的我党一部分干部找来，分别派到各国代表团去介绍国内情况。方志纯回忆道：“根据任弼时同志的意见，我和马明方、张子意等人，都分别去做过关于中国革命情况的报告。我出去讲过两次，一次是给德共驻共产国际代表团介绍中共的情况，一次是给莫斯科的一个区组织的群众报告会讲中国革命情况。”他们以亲身的经历，介绍红军长征、陕北抗日根据地、中国抗日民族统一战线的建立和发展，以及共产党对抗日的主张等等，“每一次报告都得到兄弟党和苏联群众的热烈欢迎”。他让这些干部在介绍毛泽东的革命理论时，着重介绍在中国不是先夺取城市，而是先占领农村广大阵地，由农村包围城市，武装夺取政权，以及人民战争的战略和策略等方面的理论。这些理论都是在马列主义经典著作中找不到的。各兄弟党代表团听了，既感到新鲜，更觉得有道理。因此，兄弟党的许多同志都说：“中国共产党是伟大的，应该向中国同志学习。”

协助校订《联共（布）党史简明教程》中译本

《联共（布）党史简明教程》是在斯大林倡议和亲自参加下，由联共（布）中央特设委员会编写、联共（布）中央审定的一部苏联共产党历史简明读本。该书记述了苏联共产党的产生、发展，以及苏联共产党领导苏联人民将生产资料私有制转变为社会主义公有制，进行社会主义工业化、农业集体化，建成社会主义的历史。

该书自1938年出版至苏共二十大期间，一直是苏共和国际共产主义运动的必读教材。不仅在苏联，而且在中国，在各社会主义国家，乃至在整个国际共产主义运动中都产生过广泛而重大的影响，在一个时期内对传播和普及马克思主义理论起过积极作用。

任弼时到莫斯科后，苏联外文出版局正在翻译出版《联共（布）党史简明教程》中文本。任弼时和代表团的同志参加了部分翻译和校订工作。他对译文的准确性要求非常严格。翻译前，要同志们读原文，正确领会书的原意；翻译时，在文字上反复推敲，再三修改；翻译后，又将译稿寄给国内和在苏联学习的同志征求意见。他自己则用了好几个月的时间，对全书作了认真审阅和校订，并亲自翻译该书第四章“辩证唯物主义与历史唯物主义”一节。初稿译出后，就组织在莫斯科的中国学员试读，听取意见，认真修改。有一次，方志纯问：译稿中把马克思列宁主义当作“鞋子搁在草席底下”是什么意思？这句话是直译苏联的谚语，苏联的读者读来是生动而有幽默感的，但中国的读者却感到不好理解。任弼时反复琢磨后说：用汉语的意思表达就是“束之高阁”而不去应用。方志纯听了恍然大悟。后来就意译为：“马克思列宁主义理论不是教条，而是行动的指南。”

1939年3月17日，任弼时致电中共中央，报告已通过在新疆的邓发寄回国内1万册中文版《联共（布）党史简明教程》。7月15日，又致电中共中央，询问是否收到该书以及该书纸型；此书发行如何，卖出了多少本；为学习该书采取了哪些措施；对此书有什么评论。并在电报中强调，“发行和学习此书是提高党的思想水平的一个转折点和强大杠杆，是保证马克思列宁主义思想深入最广大群众的一个最有力的手段。在兄弟党那里此书的发行进行得很成功。”

8月18日，中共中央复电说，寄到延安来的1万册，主要已分配给华北和西北各地区，一部分留给延安各机关。我们党成立中级干部学习小组。一般县委以上干部都已经开始学习《联共（布）党史》，它成为教学的必修科目。该书是延安所有学校的教科书。此外，在延安还成立了由王明领导的《联共（布）党史》学习委员会。在党的报纸和《解放》《群众》等杂志上经常刊登介绍性的文章和学习《联共（布）党史》必备的材料。“这部书对于提高我们党的马列主义理论水平会起重大作用。现在我们在采取更多的措施来扩大该书的学习范围。”复电还说，据来自重庆的报告，这部书在同情我们的无党派人士中间也大受赞赏。一些杂志和报纸刊登了对该书的评论。我们在重庆的机关报编辑部还收到了一些读者的来信，咨询这部书的情况。

1939年博古也曾将《联共（布）党史简明教程》翻译成中文，并由延安解放社出版。此后，该书便成为中共党员必读的马列主义著作之一。毛泽东曾多次阅读此书，他在延安一次干部会上说，《联共党史》是本好书，我已读了十遍，奉劝各位也多读几遍。

1940年2月25日，根据中共中央的决定，任弼时离开莫斯科回国。这也是中国共产党最后一次向共产国际派遣代表。此后，中共中央就不再有代表派驻共产国际。

3月26日，任弼时在延安各界欢迎大会上讲话指出：

"苏联人民对中国人民，对中国一切抗战军队，对八路军新四军，对边区人民，对中国共产党，对毛泽东都极为关心怀念。苏联对中国抗战不但同情，而且援助。目前国内出现的妥协投降分裂倒退的危险，在我党领袖毛泽东同志的领导下一定能克服，最后胜利一定能够到来。"

邓小平在法国做油印博士

1920年9月，邓小平出发去法国勤工俭学，当时只有16岁。在法国的五年零三个月里，他是如何从一个涉世未深的学生成长为一名职业革命家的呢?

到法国去学本事

1919年的暑假，刚念了一年中学的邓小平在广安家中突然收到父亲从重庆捎来的口信，让他到重庆去念留法勤工俭学预备学校。这样小的年龄要去陌生的国外，着实让母亲担忧！说服母亲后，邓小平前往重庆并通过入学考试，被重庆留法预备学校录取。学校主要安排学生学习法语和工业技术知识，为去法国勤工俭学做准备。

入学不久，就发生了一件令邓小平思想触动很大的事。

1919年11月，重庆警察厅长挪用公款购买大量廉价日货并以警察厅的名义公开拍卖。如此行径激起了广大爱国学生的强烈抗议。邓小平和同学们一起到警察厅示威请愿。一千多名爱国学生将警察厅团团围住，坚决要求警察厅交出日货。警察厅长吓得不敢出门，被迫答应学生们的要求。爱国学生将收缴的日货运到重庆朝天门，公开焚毁，在场群众无不叫好。回到学校后，同学们自发将日本厂家生产的牙粉、脸盆等日用品销毁，表示今后再也不用“东洋劣货”。多年后，邓小平回忆自己由于参加了这个活动，爱国思想有所提高，满怀希望地想到法国去，一面勤工，一面俭学，学点本事回国。

1920年7月，重庆留法勤工俭学预备学校为学生们举行了毕业典礼。邓小平也顺利通过法国驻重庆领事馆的口语测试和体格检查，取得赴法勤工俭学自费生资格。

踏上法兰西的土地

出国手续办妥后，邓小平和重庆留法预备学校的同学一起，乘船前往上海，到那里等候每月一次由上海到法国的邮轮。

1920年9月10日，上海黄浦江畔，邓小平与几十名赴法勤工俭学生登上了开往法国的“鸯特莱蓬”号邮轮，踏上留法勤工俭学的征途。

邮轮上的生活是相当艰苦的。据同行的江泽民（江克明）回忆，“鸯特莱蓬”号的一等舱票价800元，二等舱500元，三等舱300元。留法勤工俭学生们花100元，住的是四等舱，其实就是最底层的货舱。昏暗的船底，摆了几十张双层床，邓小平等近百名学生在里头拥挤不堪，空气浑浊，闷热潮湿，蚊虫咬得人睡不着觉，有人干脆去甲板上打地铺。

就这样经历39天的航行，邓小平等人终于抵达法国马赛港，踏上了向往已久的法兰西的土地。华法教育会派人到码头接船，安排学生们乘汽车前往巴黎华法教育会所在地。在巴黎短暂停留几天后，邓小平等二十多名同学被安排到巴耶中学学习。

在巴耶中学：先做寄宿制学生

对于这批中国学生的到来，1920年10月22日出版的《巴耶日报》曾发表一篇题为《中国学生到巴耶》的消息：

“二十多名中国学生在二名法文讲得非常流利的同乡带领下，于昨天晚上到达巴耶市。这些年轻人是由他们的政府派往法国的，并在巴耶中学学习他们感兴趣的课程，以便使他们了解法国的语言和风土人情。他们是寄宿制学生。”

考虑到这些中国学生法语水平普遍较差，巴耶中学为邓小平等人单独开班，提高法语水平。

巴耶中学是一所寄宿制学校，学生们饮食起居都在校园里，管理十分严格。每天早上六点起床，六点半开始早自习，晚上八点准时上床，九点就要熄灯。上午八点至十一点、下午两点至四点为上课时间，不过五个钟头。邓小平后来回忆，学校待他们像小孩子一样，每天很早就要求上床睡觉。他还说过，那是一家私人开的学校，才上了几个月，没学什么东西，吃得却很坏。

据法国国家档案中保存的一份巴耶中学中国学生的开支细账表记载：

一九二一年三月，邓小平当月应付给学校二百四十四法郎六十五生丁的食宿费。其中生活费二百法郎，洗衣费七法郎，卧具租金七法郎，校方收费十二法郎，杂支费十八法郎六十五生丁。

这份细账表显示，中国学生的杂支费一般是在十五至五十法郎之间，平均二十六法郎左右。邓小平的杂支费只有十八法郎，远低于平均数，可见他是非常俭省的。

尽管邓小平过得很节省，到了1921年3月，带来的钱也快用完了。他知道家里困难，凑出路费已是不易，如今怕是也没有钱再寄给他。因交不出学费，邓小平和同学们面临失学的危机。他们多次向校方求情，法国教育部也致信巴耶中学，希望校方为困难学生减免部分费用，但都被学校拒绝。最终，因拖欠学校费用，邓小平不得不和其他十几名同学一起离开了巴耶中学。

在法国做工

1921年4月，邓小平和几名失学的同学经华法教育会介绍，进入克鲁梭的施奈德钢铁厂做工。这家工厂规模很大，是法国当时最大的军火工厂，工人数量有三万之多。一战期间，许多法国工人应征入伍，工厂招聘了大批外国劳工来补缺，所以许多留法勤工俭学的中国学生来到这家工厂做工。

施奈德钢铁厂给中国学生开的工资很低，固定工资每天十二至十四法郎。不满十八岁的只能当学徒工，每天工资只有十法郎。学徒工可以在食堂用餐，伙食费每天六法郎。此外，还需自费购买工作服穿去上班，一套工作服至少也要二十法郎。

施奈德工厂的档案中邓小平（邓希贤）的登记卡显示：

> 工卡号：〇七三九六。姓名：邓希贤。年龄：十六岁。出生年月：一九〇四年七月十二日（农历）。婚姻状况：单身。出生地：四川省重庆市。职业：学生。过去工作及其他有关情况：系邓文明及淡氏之子，受哥伦布市（巴黎西郊小城市）法中救济委员会派遣在巴耶中学求学。身体状况：一九二一年四月二日体检。服务部门：轧钢车间。工种：杂工。工作能力：很好。工作表现：好。日薪金：六法郎六十生丁。评语：志愿来工厂工作……

从这张登记卡也可以看出，邓小平进入工厂后被分配到轧钢车间，因不满十八岁只能当学徒工，每日工资六法郎六十生丁，连糊口都不够。

轧钢车间的工作虽然不需要专业技术知识，但是重体力活，劳动强度很大，也非常危险。年仅16岁的邓小平每天在四十度的高温下工作，

1921年，邓小平在法国勤工俭学时的留影

身上穿着厚厚的工作服，脚上穿一种特制的木鞋，用长把铁钳夹着炽热的钢材拖着跑。木鞋毫无回弹力，穿上以后行走不便，一不小心就会摔跤，如果摔倒在钢材上，全身就被烫伤。有时轧钢机发生故障，失控的钢条弹射出来，很容易造成伤亡事故。

邓小平等人来法的初衷是求学，到工厂做工也是为了赚得学费重返课堂。然而现实是繁重的苦工令他们筋疲力尽，根本没有学习的时间和精力，低廉的工资连一日三餐都难以维持，更别说积攒学费。为了能早日重返校门，邓小平打算另找一份工资多一些的工作，于是离开了施奈德工厂。

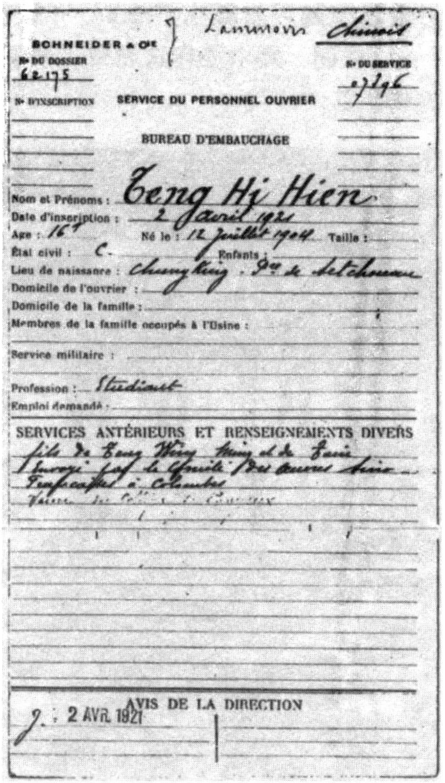
SCHNEIDER & Cie
N° DU DOSSIER 62175
N° DU SERVICE 07896
N° D'INSCRIPTION
SERVICE DU PERSONNEL OUVRIER
BUREAU D'EMBAUCHAGE
Nom et Prénoms : Teng Hi Hien
Date d'inscription : 2 Avril 1921
Age : 16
Né le : 12 juillet 1904
Taille :
État civil : C.
Enfants :
Lieu de naissance : Chungking
Domicile de l'ouvrier :
Domicile de la famille :
Membres de la famille occupés à l'Usine :
Service militaire :
Profession : Student
Emploi demandé :
SERVICES ANTÉRIEURS ET RENSEIGNEMENTS DIVERS
AVIS DE LA DIRECTION
2 AVR. 1921

邓小平（邓希贤）在施奈德工厂做工的档案卡

辞职后的邓小平来到巴黎，却一时找不到新工作，只好一边向中国驻法公使馆申领救助金，一边寻找工作机会。单靠六法郎的救助金维持不了生活，邓小平后来回忆，这期间做过各式各样的工作，都是杂工。他曾在火车站、码头帮人家搬运货物、行李，也曾在建筑工地推砖、扛水泥，还做过清洁工。这样的情况持续了好几个月。

1922年2月，邓小平终于找到一份稳定的工作。他从巴黎乘火车到了蒙达尔纪，步行来到一个叫夏莱特的小城。邓小平进入哈金森橡胶工厂做工，被分配到制鞋车间，制作防雨鞋。制鞋的工作不同于轧钢，劳动强度不大，节奏很快，适合心灵手巧的人做。据当时和邓小平一起在哈金森工厂做工的郑超麟回忆说，一般人每天只能做十双鞋，邓小平可以做二十多双，一天下来可以挣十五六法郎。这样，每个月除去生活开支，还能攒下二百多法郎。

流落巴黎街头的时候，生活窘迫的邓小平曾写信回家求援。家里收到信后又卖掉一些粮食，凑出些钱寄给他。邓小平收到钱时已经是1922年秋冬了。有了这笔钱，加上在哈金森工厂做工攒下来的钱，邓小平心中重新燃起求学的念头。

1922年10月，邓小平离开哈金森工厂，前往塞纳夏狄戎中学读书，然而因为钱不够，他没能如愿复学。辗转几个月后，邓小平于1923年2月回到哈金森工厂，继续在制鞋车间工作。然而，短短一个多月后，邓小平再次辞职。

邓小平为什么要放弃好不容易找到的稳定工作呢？第一次离职是为了求学，第二次离职其实是为了投身政治活动。

“我总是站在社会主义这边”

1922年6月，赵世炎、周恩来、李维汉、王若飞、萧朴生、刘伯坚、袁庆云、任卓宣、陈延年、尹宽、李慰农、佘立亚、郑超麟等十八名勤工俭学生在法国巴黎成立旅欧中国少年共产党（简称“少共”）。随后，其机关刊物《少年》创刊，以“传播共产主义学理”为主要任务。其实，早在“少共”正式成立前，在蒙达尔纪和夏莱特已存在一个规模不大的研究小组。

邓小平在夏莱特哈金森工厂做工期间，结识了赵世炎、王若飞等人，受他们影响，开始阅读《新青年》等进步刊物。邓小平后来说：

“最使我受影响的是《新青年》第八、九两卷及社会主义讨论集，我做工的环境使我益信陈独秀们所说的话是对的。因此，每每听到人与人相争辩时，我总是站在社会主义这边的。”

“我从来就未受过其他思想的浸入，一直就是相当共产主义的。”

“从自己的劳动生活中，在先进同学的影响和帮助下，我的思想也开始变化，开始接触一些马克思主义的书籍，参加一些中国人和法国人的宣传共产主义的集会。”

“一方面接受了一点关于社会主义尤其是共产主义的智识，一方面又受了已觉悟的分子的宣传。同时加上切身已受的痛苦，有了参加革命组织的要求和愿望。”

1923年2月，“少共”召开临时代表大会，旅欧中国少年共产党加入中国社会主义青年团，成为其旅欧支部，名称改为“旅欧中国共产主义青年团”，其领导机构改称旅欧共青团执行委员会，周恩来任书记。

1923年3月，郑超麟受旅欧共青团执行委员会派遣将赴莫斯科学习。行前，几个“政治上的朋友”为他饯行，邓小平也在其中。这时，邓小平已经在向团组织靠拢，开始参加一些活动，逐渐受到团组织的关注和重视。同年6月，邓小平离开夏莱特回到巴黎，正式加入旅欧中国共产主义青年团，成为一名马克思主义和共产主义的信仰者。

做了“油印博士”，与周恩来“住在一起”

邓小平回到巴黎后，参加了旅欧中国共产主义青年团第二次代表大会。此后，他一边做杂工，一边在旅欧共青团执行委员会从事机关刊物《少年》的编辑出版工作。据蔡畅回忆：“《少年》刊物是轮流编辑，邓小平、李大章同志刻蜡版，李富春同志发行。”后来《少年》改名为《赤光》，由周恩来负责编辑、发行，并担任主要撰稿人。

邓小平负责刻蜡版和油印。每到出刊时，周恩来将改定的稿件交予邓小平，邓小平将稿件逐字逐句、一笔一画地刻写在蜡纸上，然后用一台简陋的印刷机打印、装订。因刻字工整隽秀，印刷清晰整齐，邓小平被大家称为“油印博士”。

那时，编辑部就设在巴黎意大利广场旁边的一座小旅馆里，邓小平和周恩来常常工作到深夜，就挤在编辑部的小房间里一起睡。多年后，邓小平说：我和周总理“认识很早，在法国勤工俭学时就住在一起”，“对我来说他始终是一个兄长。我们差不多同时期走上了革命的道路”。

五年零三个月的人生印记

1924年7月，旅欧中国共产主义青年团召开第五次代表大会，邓小平当选执行委员会委员，开始担任领导职务，并根据中央有关规定，自动转为中国共产党旅欧支部的党员。这时，邓小平还不满二十岁。

五卅运动爆发后，中共旅欧党团组织领导在法国的勤工俭学生、华工和各界华人，开展反对帝国主义的斗争，声援五卅运动。法国当局疯狂镇压，巴黎警察局大肆搜捕中国共产党人，二十多人被捕入狱。邓小平那时正作为支部特派员在里昂地区开展工作，面对如此形势，他毅然回到巴黎，接替党团组织的领导工作。

邓小平的频繁活动引起了法国警方的注意。1926年1月8日，巴黎警察局下令搜查邓小平等人的住所，并决定将其驱逐出境。好在邓小平等人早有准备，已在前一晚坐上火车，离开巴黎，前往莫斯科，结束了五年又三个月的旅法生活。这个时期的邓小平，已经成长为一个职业革命家、一个坚定的共产党人。法兰西岁月，在邓小平一生的经历中，留下了深深的印记！

四十八年后，1974年4月，邓小平率中国政府代表团赴纽约参加联合国大会第六届特别会议，在回程中途经巴黎转机时，特意请托使馆的工作人员帮忙寻找意大利广场边上他和周总理等人当年从事革命活动的小旅馆。就在这次短暂停留巴黎期间，他特地请身边的工作人员到巴黎街头买了100个法式牛角面包。回国后，邓小平把这些牛角面包分送给了当年同在法国勤工俭学和参加革命活动的周恩来、李富春、聂荣臻、蔡畅等老战友。小小的牛角面包承载着当年旅法的共产党人共同的青春记忆，也足见这段法兰西岁月给邓小平留下的深刻印象。

陈云最早撰文向国外讲述中共领导的长征

在中共走过的百年奋斗历程中，有着许许多多艰难的时期。国际社会比较早地了解而且熟知的段落，莫过于中共领导的中国工农红军长征，特别是中央红军进行的二万五千里长征。这段艰难历程是怎样传播出去的呢？

美国记者斯诺的《西行漫记》不是最早的

有人说，红军长征，最早是美国记者埃德加·斯诺（Edgar Snow）介绍给国际社会的。某种程度上说也对，因为斯诺写作的《西行漫记》在国际英语圈中影响力极大。

1936年6月，刚刚30岁的斯诺带着宋庆龄的一封引荐信，通过层层封锁进入中共领导下的陕甘宁边区，用4个月时间采访毛泽东、周恩来等共产党人，还深入红军战士和老百姓当中实地探访，搜集到了有关中共领导的二万五千里长征的极为真实可靠的第一手资料。他于1936年10月底回到北平，又经过几个月的埋头写作，写成了《红星照耀中国》（中文译名为《西行漫记》）一书。1937年10月，这本书由英国伦敦维克多·戈兰茨公司推出英文版本。从此在国际社会引起轰动。

但上述说法不太准确的是，国际社会出现宣介红军长征的出版物，还有比斯诺《红星照耀中国》时间上更早的一部。早在斯诺进入陕甘宁边区之前3个月，1936年3月，中共驻共产国际代表团在巴黎创办的《全民月刊》创刊号上，就发表了一篇署名“廉臣”的连载文章《随军西行见闻录》。随后，在莫斯科出版了单行本，并传回了国内，不仅在欧洲，而且在国统区产生了巨大的影响。

这份出版物，据说才是最早在国际社会公开发表的宣介中国工农红军长征的作品。

这本著述的作者“廉臣”是谁？据书中所称，他是被俘国民党军医！果真是吗？

巧用军医名义写，却“极适合于大众阅读”

1934年10月，中央红军主力五个军团及中央、军委机关和直属部队共8.6万余人，踏上战略转移的征途，开始长征。湘江之战后，中央红军和中央机关人员锐减至3万余人。红军面临着至暗时刻。

当时，中国共产党作为共产国际的一个支部，受共产国际领导。红军长征后，中共中央便与共产国际中断了联系。长征途中，中共中央考虑，还是要设法恢复与共产国际的联系，同时努力恢复党在白区的工作，使白区工作能与红军的斗争相互配合。遵义会议后，中共中央决定：派陈云和潘汉年等人去上海设法寻找与共产国际联系的途径，并恢复党的地下工作。潘汉年先行一步。陈云于1935年7月奉命回到上海。他在上海住了一个多月，因当时白色恐怖十分严重，一时不能开展工作。这期间，陈云开始撰写《随军西行见闻录》，记录他所经历的中国工农红军长征的故事。后来，中共驻共产国际代表团决定派陈云直接去莫斯科汇报。他便随身带上了没有写完的《随军西行见闻录》。这本书在莫斯科完成后陈云将它交给了在巴黎创办的《全民月刊》编辑部。

《随军西行见闻录》全书三万多字，以被红军俘虏的国民党军医的口吻写就。文章以亲历者的视角、客观的态度、细腻的描述、讲故事的

《从东南到西北》封面

方式，生动地讲述了中共领导下的红军长征的真实情况。

陈云化名“廉臣”写作，用的又是被俘的国民党军医名义，以第三者的口吻，所以内容可信度和可读性极高。1936年在莫斯科出版单行本后，很快被传回国内。1937年4月，《随军西行见闻录》被作为附录，收入上海丁丑编译社在北平秘密出版发行的《外国记者西北印象记》一书。这本书里收录的还有斯诺、韩蔚尔、史沫特莱等人写的文章。后来，《随军西行见闻录》这本书在国内还先后以《从东南到西北》《长征两面写》《红军长征随军见闻录》等书名再版。

1937年11月，民生出版社刊印该书时在前言中是这样说的：“中国红军从江西到陕北之二万五千里的行军，是一件全世界绝无仅有的事情，他们历尽艰险，尝透了种种困难的滋味，结果终于建立了新的根据地。”“如今在市面上已经有二三种关于二万五千里行军的记录，可是我们觉得不够逼真，太零碎，本书是巴黎出版的一种比较写实的记载。我们认为在描写的态度与文字的通俗、连贯、有趣味方面，是极适合于大众阅读的。所以决定将它重印了。”

到1939年的时候，大文出版社又将这本《随军西行见闻录》同红军歌曲《三大纪律八项注意》和斯诺的《两万五千里长征》一起编辑成册。

这本册子的“卷头小言”写得有意思：

“第一篇随军西行见闻录是一位被俘的军医，他被迫随同部队在长途中跋涉，基于私人的观感，把沿途的经历加以描述，加以分析；如小说，如演义，亲切而有味。”“第二篇两万五千里长征为美国名记者斯诺君的记录，曾刊载于亚细亚杂志上。”“这两篇现代史上难得的史料，也是出人意外的‘特种游记’。我们撇开政治问题不谈，也觉得是现代青年应读一读的。”

直到1985年1月，在纪念遵义会议召开50周年时，中共中央机关刊物《红旗》杂志才首次披露“廉臣”是陈云的笔名，并以作者的名字公开发表了这篇纪实报告。

主要向国际社会介绍了些什么？

陈云的这本“如小说，如演义，亲切而有味”的著述中，到底写了些什么呢？这要与陈云到莫斯科后所作的事情联系起来看。

1935年10月15日，历经辗转后到达莫斯科的陈云向共产国际执行委员会书记处作了《关于红军长征和遵义会议情况的报告》，在报告中详细介绍了红军长征达到的目的，长征的具体情况和胜利的原因，这是中共中央同共产国际中断联络后，第一次向共产国际汇报中国共产党独立自主地取得的胜利，使共产国际对毛泽东和中共中央的情况有了初步的了解。

随后，1936年春第三国际主办的《共产国际》杂志（中文版）第1、2期合刊上，发表了根据陈云所作的报告整理而成、署名“施平”的另一文章《英勇的西征》。

“施平”是陈云当时在莫斯科的化名“史平”的谐音。在文章发表时，用“西征目的已经达到；作战的经过；我们成功的原因”三个小标题对报告进行了详细讲述。

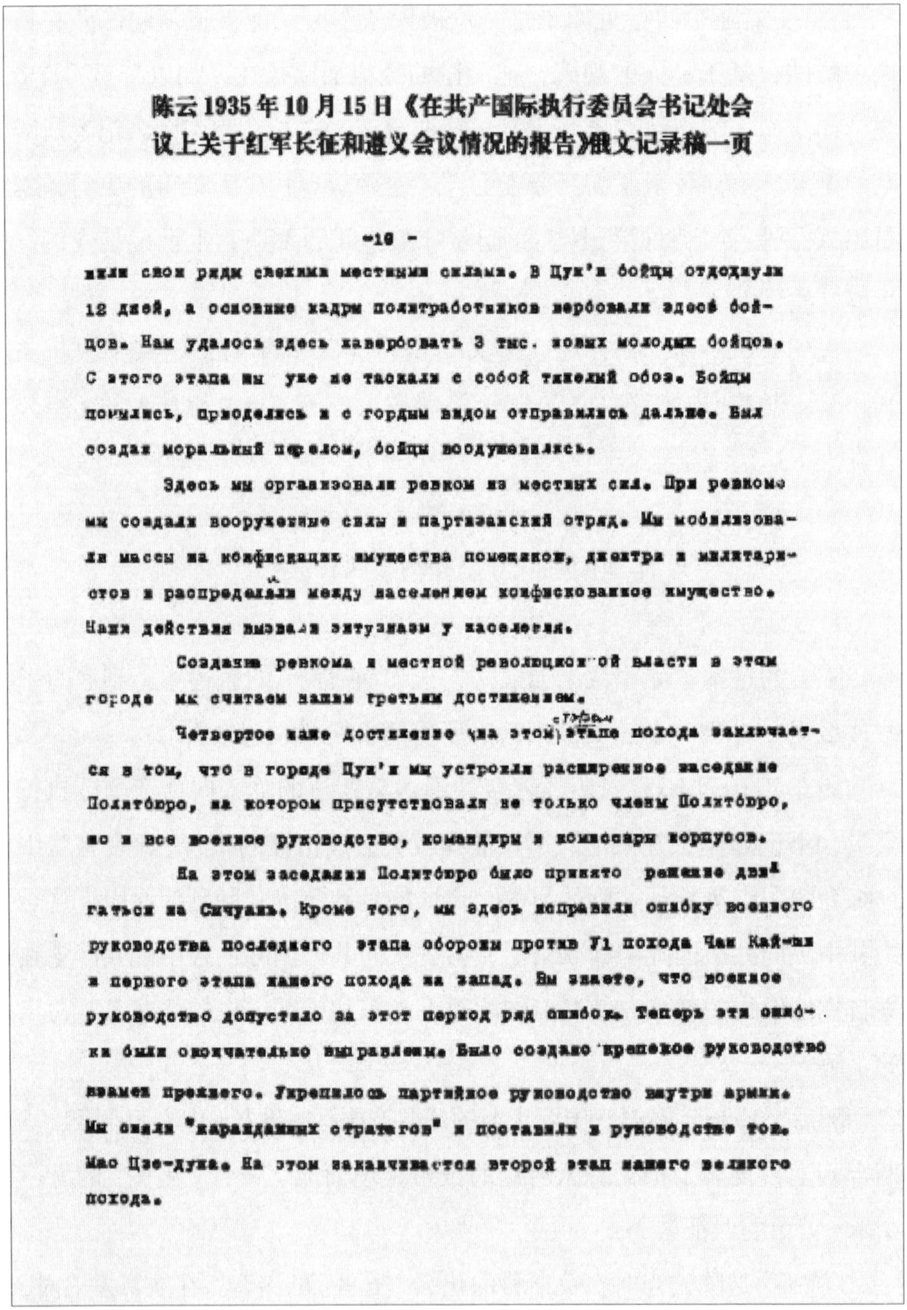

陈云1935年10月15日《在共产国际执行委员会书记处会议上关于红军长征和遵义会议情况的报告》俄文记录稿一页

-16 -

шили свои ряды свежими местными силами. В Цун'и бойцы отдыхали 12 дней, а основные кадры политработников вербовали здесь бойцов. Нам удалось здесь завербовать 3 тыс. новых молодых бойцов. С этого этапа мы уже не таскали с собой тяжелый обоз. Бойцы помылись, приоделись и с гордым видом отправились дальше. Был создан моральный перелом, бойцы воодушевились.

Здесь мы организовали ревком из местных сил. При ревкоме мы создали вооруженные силы и партизанский отряд. Мы мобилизовали массы на конфискацию имущества помещиков, джентри и милитаристов и распределяли между населением конфискованное имущество. Наши действия вызвали энтузиазм у населения.

Создание ревкома и местной революционной власти в этом городе мы считаем нашим третьим достижением.

Четвертое наше достижение на этом этапе похода заключается в том, что в городе Цун'и мы устроили расширенное заседание Политбюро, на котором присутствовали не только члены Политбюро, но и все военное руководство, командиры и комиссары корпусов.

На этом заседании Политбюро было принято решение двигаться на Сичуань. Кроме того, мы здесь исправили ошибку военного руководства последнего этапа обороны против VI похода Чан Кай-ши и первого этапа нашего похода на запад. Вы знаете, что военное руководство допустило за этот период ряд ошибок. Теперь эти ошибки были окончательно выправлены. Было создано крепкое руководство взамен прежнего. Укрепилось партийное руководство внутри армии. Мы сняли "карандашных стратегов" и поставили в руководство тов. Мао Цзе-дуна. На этом заканчивается второй этап нашего великого похода.

陈云1935年10月15日在共产国际执行委员会书记处会议上《关于红军长征和遵义会议情况的报告》俄文记录稿一页

《随军西行见闻录》和《英勇的西征》作为最早向国际社会宣传、介绍红军长征情况的文献，文笔细腻，内容丰富，可读性非常强。

作为红军长征中担任后卫军队的红五军团的政委，陈云亲自组织安排了巧渡金沙江等长征中的关键战役。作为亲历者，讲起故事来生动有趣，娓娓道来，故事中自然而然地流露出红军纪律严明、组织有力的特征：

> 赤军之渡过金沙江而仅凭此六只破烂之船，国人未目睹此或不信之。但事实赤军确仅仅靠这六只破船以渡江。当然赤军之所以能如此从容渡江，最大原因，是由于南京军、滇军中了它的声东击西、调虎离山之计，故有充裕之时间渡过全部人马。而且全部渡完两天之后，追军才到，所以掉队落班者亦极少。但另一原因，则因赤军之渡河技术，有极好的组织。试想，如无较好的组织，则在渡河时，人马拥挤，一不小心，小船即可翻身，而船只稍有损失，即将延长渡河时间矣。故赤军在各方面之组织能力，确远优于南京及各省之军队。我曾见赤军总司令部及共党中央委员会派有共党高级人员组织渡河司令部。一切渡河部队均须听命于这个渡河司令部。各部队按到达江边之先后，依次渡河，不得争先恐后。并在未到江边前，沿途贴布渡河纪律。部队到江边时，必须停止，不能走近船旁。必须听号音前进。而且每一空船到渡口时，依船之能渡多少人，即令多少人到渡口沙滩上，预先指定先上那一只船。每船有号码。船内规定所载人数及担数，并标明坐位次序。不得同时几人上船，只能一路纵队上船。每船除船夫外，尚有一船上司令员，船中秩序必须听命于这个司令员。而赤军之对于服从命令纪律之严，亦非国军所可及。即如赤军中军团长、师长渡河时，亦须按次上船，听命于渡河司令部，不稍违背。赤军之组织能力，除表现于组织秩序外，而

同时极好地组织船夫。船夫第一天只有十八人，后闻增加至二十七人。工人之所以能增加者，由于赤军渡河司令部除派共党干部进行宣传工作外，并优给工资。闻每天日夜工资现洋五元。工人中大部吸鸦片，赤军则命人烧云南鸦片一大锅，随便由工人抽吸不算钱。且日夜进食六次，每次杀猪。而共党指挥渡河之人员，则每餐之菜蔬只吃青豆。语云，重赏之下，必有勇夫，诚可信也。并闻渡河之后，共党即毁船，船为当地彝家领袖金土司所有。但念船夫之生活暂时将绝，故每人除工资外，各给现洋三十元及几斤鸦片，因此船夫中有大部对赤军有好感而随赤军入川者。

赤军之人枪由船渡金沙江，而同时亦将全军马匹渡过金沙江。渡船上本不许载马匹，但渡河时赤军想出方法，命马夫弃马鞍，拉住马口索坐于船尾，使马立河边上，船离岸时，岸上派人执鞭驱马，马即跟于船尾游泳过江。故赤军自豪，渡过金沙江，未掉一人一马，诚趣事也。

对毛泽东等中共领导人，书中也作了生动形象的描述：

毛泽东似乎一介书生，常衣灰布学生装，暇时手执唐诗，极善词令。我为之诊病时，招待极谦。朱德则一望而知为武人，年将五十，身衣灰布军装，虽患疟疾，但仍力疾办公，状甚忙碌。我入室为之诊病时，仍在执笔批阅军报。见我到，方搁笔。人亦和气，且言谈间毫无傲慢。

当我等行经剑河县附近之某村落时，见路边有一老妇与一童子，身穿单衣，倒于路边，气息尚存。询之，始知为当地农家妇，秋收之后，所收获之谷米，尽交绅粮（地租），自己则终日乞食，因今日气候骤寒，且晨起即未得食，故倒卧路旁。正询问间，赤军领袖毛泽东至，告以老妇所言。当时毛即时从身上脱下毛线衣一件及行李中取出布被单一条，授于老妇，并命人给以白米一斗。老妇则连连道谢含笑而去。

长征中经过了云贵少数民族地区，书中极为详细地记载了刘伯承和彝族领袖小叶丹“歃血为盟”的故事：

赤军所过之彝民居住之山，共有彝民十余部落。当赤军之前卫团出大桥镇上山二十里时，即有三个部落之彝民在前后及左翼包围赤军，意欲缴枪。但赤军善用宣传政策，向白彝声明共党主张国内各民族一律平等，反对汉人军阀压迫彝民，并提出为彝民所迫切希望之要求‘打刘家’（意即打刘文辉的军队，因刘文辉压迫彝民甚烈）。当时赤军领袖即与当前的一部落名‘沽鸡’者以鸡血充酒，与彝民领袖共饮，表示歃血为盟共打刘家。经过歃血为盟后，‘沽鸡’一部落彝民非但不打赤军，而反被赤军收编作‘红军游击支队’，而与赤军引路及招抚‘阿越’、‘罗洪’等十余部落。伺候赤军全部过此彝民山时，彝民则牵牛送羊欢迎赤军于道旁。赤军则以皮衣、旧枪、盐、布送彝民。故当时我等日夜恐惧之彝民山地，如此竟安然地通过。

这样精彩的故事，在这两篇文献中比比皆是。恰恰印证了毛泽东所说的话：

“长征是以我们胜利、敌人失败的结果而告结束。谁使长征胜利的呢？是共产党。没有共产党，这样的长征是不可能设想的。中国共产党，它的领导机关，它的干部，它的党员，是不怕任何艰难困苦的。”

“长征一完结，新局面就开始。”

毛泽东与白求恩不只见过一面

“我和白求恩同志只见过一面。后来他给我来过许多信。可是因为忙，仅回过他一封信，还不知他收到没有。对于他的死，我是很悲痛的。现在大家纪念他，可见他的精神感人之深。”

毛泽东的这段话，已经铭记于广大读者的心中。至今仍有数不清的人，不仅对这段话记忆犹新，而且也能把那篇不朽的雄文《纪念白求恩》倒背如流。

这段话，是当事人之一的毛泽东亲自说的。清楚地讲了他与白求恩“只见过一面”。

但长期居住在加拿大的学者李彦教授，经过自己的细致追寻，得出的结论是：毛泽东与白求恩之间，不只见过一次面。她说：“几十年之后，在远离祖国的地球另一端，我却惊讶地发现，毛泽东与白求恩，至少见过三次面，而绝非仅仅一面。”

据她考证：毛泽东与白求恩的第一次会面，是许多文章里都提到过的，发生在1938年的春天。

毛泽东与白求恩的第二次会面，大约发生在四月中旬，虽然没有直接的公开记录，但仍有线索可寻。

毛泽东与白求恩的第三次会面，发生在白求恩即将出发去五台山的前夕，一张令人意想不到的照片为此作了最好的注脚。

众所周知的第一次见面到底发生在哪一天？

毛泽东与白求恩1938年春天的第一次见面，是许多文章里都提到过的。但至于究竟是哪一天，中外史料却有不同版本。

中国方面一般都认为，他们的见面，是在那年的三月底，白求恩一行经过长途跋涉，刚刚抵达延安的当天夜晚。也有的文章说，是在4月2日那天夜里。中国有不少艺术创作，绘制了毛泽东主席与白求恩在窑洞里秉烛夜谈的温馨场面。

如此不寻常的会面，若按白求恩的习惯，毫无疑问，将会一字一句，详细写入他的日记或信函之中。然而，时至今日，查找白求恩相关研究的英文资料，却一直没有发现他留下过这一天的记录。但是在陪同白求恩一起抵达延安的医疗队成员、加拿大护士珍妮·尤恩的回忆录里，我们能看到她

画作《毛主席会见白求恩同志》

为白求恩与毛泽东那次历史性的会面，留下的鲜活记录。

珍妮回忆说，她与白求恩抵达延安之后，马海德用从日军那里缴获的咖啡款待了他们，接着李德也来了，大家一起聊到很晚，将近夜里11点时，才在简陋的边区招待所里安顿了下来。招待所的房间，是仅用门帘隔开的窑洞，泥土地面，墙上新刷了白浆，窗框上糊着白纸，桌上燃着两盏豆油灯。

珍妮说，她正在琢磨，明天想独自一人去延安城里逛逛，突然间，一个年轻人来到门口，朝她敬礼，说道："很抱歉，同志，这么晚了来打扰你。但毛主席要尽快接见白求恩大夫。"

珍妮马上冲到白求恩的房间里，告知了这个消息。白求恩本已躺下了，但不到一分钟就迅速穿好了衣裳。此时，白求恩站在珍妮房间外，说了一句："哦，你用不着跟着去。"

珍妮岂肯放弃这个难得的机会呢？她立即反驳说："既然我还没被这支医疗队正式除名，我觉得我有资格一同前往！"

白求恩匆忙解释，她误解了自己的意思。他以为，年轻姑娘风尘仆仆，奔波了数天，巴不得早点休息呢。

下面是珍妮的描述：

陪同我们的年轻人解释说，毛主席通常在夜深人静时开始工作，直到早晨八九点钟，而且他只接见重要人物。

在他的带领下，我们穿过了城里黑暗的街道。沿途不时听到有人大声问询，谁啊？

到了毛主席居住的地方，守在门外的卫士掀开了厚重的门帘，我们迈入了一间光线幽暗的窑洞。靠墙立着一张做工粗糙的桌子，桌上一支高高的蜡烛燃着火苗。金色的光焰洒在桌上摆放的一大摞书籍和报纸上、洒在低矮的窑洞顶、洒在脚下的泥土地上。

一个男人面朝门口，站在桌子旁，一只手按在书的边沿上。他穿着和延安的八路军战士们一样的蓝色棉军装，但头上却戴着一顶缀有红星的八角帽。投在墙壁上的影子突显出他高大的身材。飘忽闪烁的烛光为此情此景增添了神秘的气氛。

他微笑着朝我们走过来，口中说着“欢迎”“欢迎”，伸出他修长柔软的大手，紧紧握住了白求恩。好一会儿，两个男人互相凝视着对方，默然无语，接下来，他们便像亲兄弟一样，紧紧拥抱在一起了。

主席宽阔的前额上留着浓密的黑发。他微笑着与我们在桌子旁坐下。他的秘书说一口流利的英语，所以我卸下了充当翻译的重担。

稍事寒暄并谈及我们在山西遇到的困阻之后，白求恩伸出双手，把自己的加拿大共产党党证呈递到毛主席面前。那是印在一块雪白的丝绸上面的，有总书记蒂姆·巴克的签字，并盖有党的印章。

毛主席郑重其事地接过来看了，然后对他说，我们将把你的关系转入中国共产党，从现在起，你就是我们中的一员了。

此时，主席好奇地问我，你是在哪里学了这么一口流利的中国话的？

谈话很快涉及五台山的八路军和游击队，那里急需医疗援助。白求恩无疑将会有用武之地，但他不敢肯定，我是否能适应那里异常艰苦的环境。

整个谈话期间，我们一杯接一杯不停地喝茶，一把又一把吃着花生米、葵花籽。在这片贫瘠的土地上，这些就是最好的待客茶点了。

过了一会儿，毛主席问我道，“你有没有觉得，白求恩大夫长得很像列宁？”他站起身来，打量着这位医生的侧面轮廓。

我笑着逗乐说，“是的，挺像。不过，白求恩大夫的后脑勺比列宁的后脑勺形状更好看些。”

秘书把我们聊天的大意告诉了白求恩。白求恩听了，十分高兴，露出受宠若惊的神情。的确，有些时候，他看上去真的和列宁十分相像。

我们四人的交谈越来越热乎，但有的话题花费了不少时间却没能达成结论。黑夜就像长了翅膀，转瞬即逝。不知不觉间，已是4月2日的凌晨了。东边山峦上露出了黎明的曙光。远处传来了公鸡的鸣叫声。

根据珍妮留下的记录，那么，毛泽东主席接见他们俩，就应当是在4月1日午夜之前开始，在2日凌晨结束的。

第二次会面又是何时发生的呢？

我们知道，白求恩和珍妮在延安停留的一个月里，忙得不亦乐乎。他们一面在傅连暲和马海德的领导下，协助边区医院改进工作，一面兴致勃勃地参观采访。白求恩曾多次给抗大的青年学子们做世界形势报告。这期间，他勤奋笔耕，撰写了大量散文通讯，用热情洋溢、挥洒自如的笔触，向西方世界介绍了汇集在延河畔宝塔山下的这支中国革命的生力军。

与此同时，在豫东教会医院工作的加拿大传教士理查德·布朗医生也赶到了延安，令白求恩喜出望外。

原来，白求恩和珍妮在汉口停留时，与这位加拿大同胞偶然相遇，曾竭力动员他加入医疗小组，共同为八路军服务。由于白求恩与医疗队里那位美国酒鬼医生帕森斯因政见不合而分道扬镳，当时医疗队就只剩下了白求恩这一名医生，严重缺乏人手。

琼·尤恩（亦译作珍妮·尤恩）所著《在中国当护士的年月（1933—1939）》

布朗是外科医生，来中国已经十年之久，能说一口流利的河南话。他利用自己的三个月假期，悄悄来到陕北，助白求恩一臂之力。

据珍妮说，布朗医生和白求恩收到了与毛泽东会见的邀请。这次会见是哪一天发生的呢？不知道。白求恩是否陪同布朗医生一同参加会见了呢？也不知道。

珍妮只是在回忆录中说，接见之后，布朗曾对珍妮感叹，“没想到毛泽东竟然是一个如此谦和儒雅的君子，完全不像国统区媒体上所妖魔化的那样。”珍妮告诉他，毛主席仅仅接见重要人物，所以你应当感到荣幸。

布朗自愿前来帮助八路军，毛泽东当然十分欢迎。珍妮描述了中共中央宣传部招待他们看电影的经历：

> 那是一部在露天场地放映的苏联电影《夏伯阳》。天还没黑透呢，银幕的前前后后就摆满了条凳，四周的房顶上，也挤满了人，已无插针之地。除了党政机关的干部，远近十里八乡的老百姓也都携家带口，前来观看这新奇的西洋景。
>
> 电影放映完后，毛主席做了简短的讲话，介绍了三位从加拿大远道来华救死扶伤的医护人员。此时，有个小鬼建议，让加拿大的医生给大家唱一首歌。

白求恩大大方方地站起身来，唱了一首流行小调《乔·希尔》。（注：那首歌是为了纪念一位领导罢工运动而被判死刑的美国左翼运动领袖。）当布朗医生把歌词大意翻译成中文后，赢得了全场热烈的掌声。

这是一个延河上闪烁着流萤、空气中洋溢着欢乐的迷人的春夜。白求恩、珍妮、布朗、马海德一同回到招待所之后，仍然毫无倦意，兴奋得侃侃而谈。大家决定，派遣珍妮去西安一趟，为八路军采购一批必需的医药用品。

根据白求恩信函中所述，珍妮是在4月20日那天动身，乘坐从延安出发的大卡车，前往西安的。那么，毛泽东和白求恩第二次见面的时间，就应当是四月中旬，在电影招待会的那个春夜。

一张照片显示他们的再次会面

2013年的暑假，李彦教授回国出差，在北京见到了白求恩精神研究会的几位负责人。她得知：全世界独一无二的毛泽东与白求恩的合影照片，存放在加拿大。“当我第一眼看到那张年代久远、颜色泛黄的黑白照片的复印件时，便毫不犹豫地断定：这是真实的，绝非伪造！”

白求恩和毛泽东侧身并排而坐，从姿势上看，似乎是坐在那种称为“马扎”的小板凳或者是没有靠背的长条凳上。地点是一个光线幽暗的场所。他们俩斜后方露出的半张脸，根据轮廓，好像是朱德总司令。看情形，大家似乎正在大礼堂里听报告，抑或是观摩文艺演出。

据说，照片的拥有者是一位叫比尔·史密斯的加拿大老人。他长期以来过着离群索居的生活，甚少抛头露面。由于他对中国怀有深厚感情，才与一个华裔移民交往，并向他展示了自己收藏多年的珍贵文物。白求

毛泽东与白求恩的合照

恩精神研究会的几位负责人委托李彦帮助寻找到老人，并把照片弄回中国。

返回加拿大之后，李彦经过一番搜索发现，早在2012年5月，安大略省伦敦市的英文日报《伦敦自由报》就已刊登过这则新闻了：

白求恩的遗物将会去中国吗

记者：詹姆斯·瑞内

居住在安省伦敦市的退休社会活动家比尔·史密斯小心翼翼地展开了一封信，那是诺尔曼·白求恩写给他母亲的。旁边放着一张照片，注明日期是1938年5月1日，是白求恩与毛泽东在中国的合影。史密斯的父母和这位令人尊敬的加拿大医生曾经是朋友。他正在寻找机会，把一些相关的资料出售给中国，因为那里是白求恩广受爱戴的地方。

白求恩去世之前的几个月，他曾给史密斯的母亲莉莲写过一封信，同时也给其他加拿大共产党的朋友们写了信。这封寄给莉莲的信来自华北的晋察冀边区，时间是1939年8月15日。白求恩写道，他希望在11月时回加拿大一趟，专程去募捐。

“他的愿望却永远未能实现。”比尔·史密斯说。

如今，史密斯准备把他家里保存的白求恩遗物送到对这位医生尊敬有加的国度去。直到今天，史密斯还秉承着他的家族传统，身为加拿大左派并保持着与中国文化的纽带。

他的一位朋友已经返回中国，探索移交白求恩遗物的渠道。史密斯也打算专程去渥太华一趟，探讨如何处理这些家传遗物。

“中国有几处白求恩纪念馆。我真诚地希望，这些遗物能在白求恩纪念馆中让公众瞻仰。”他说。

读罢报道，李彦抑制住激动的心情，迫不及待地给《伦敦自由报》这位记者打去了电话，并在他的热心协助下，找到了比尔·史密斯的下落。双方通信之后，又经过数月之久的耐心等待，才终于约定了见面时间。

在老人的家里，李彦看到了那张珍贵照片，也看到了照片背面白求恩留下的字迹：“毛泽东和白求恩，延安，38年5月1日”。

这第三次会面的时间，由白求恩自己证实了。但会面的场所，究竟在哪里呢？

在珍妮的回忆录里，记叙了她从西安采购药品返回延安的那一天，恰好赶上了“五一国际劳动节”。珍妮描述了举行庆祝活动时的热闹景象。除了盛装打扮的军民游行队伍，她特别提到了毛泽东长达三个小时的对公众讲话，还有其后的军民联欢。她不但享受了瓜子糖果饼干，还看了场电影《假如明天战争》。

不错，根据那张照片上的场景和坐姿，显然，毛泽东和白求恩正并肩坐在长条板凳上，在延安的大礼堂里观看电影。

查验白求恩留下的书信，李彦进一步了解到，他和布朗医生是在5月2日早晨离开延安，前往晋察冀前线的。

毛泽东与白求恩的这次会面，确凿无疑了。

人的记忆，是会出差错的。日理万机的伟人，自然也难免。但李彦转念一想，也许毛泽东所说的“只见过一面”，指的是双方第一次正式的、专门的会见，而没有包括他在其他非正式场合与白求恩的数次相遇。

翻开白求恩的一篇战时讲稿

白求恩，加拿大共产党员，国际主义战士。1938年不远万里，带领医疗队来到中国，支援中国人民的抗日战争。3月底，他在延安受到毛泽东的接见，不久奔赴晋察冀敌后抗日根据地开展医务工作，夜以继日救死扶伤。9月15日，应邀在晋察冀军区国际和平医院（亦称“模范医院”）开幕时，做了一次讲演。

白求恩这次讲话的讲稿，中方当时就有记录，记录稿全文约4700多字，后收入有关方面编辑的文集中，名为《诺尔曼·白求恩给我们的教言》。白求恩也将演讲的英文原稿寄回了加拿大，根据这部分手稿也有多个译本公开。

这份篇幅不短的讲稿，是我们比较少见的白求恩富有代表性的经典之作，极具白求恩式的思想、精神、谋略与情感，值得我们细细品读。

伤病员至上、人民至上——核心思想所蕴

白求恩牺牲后，留下了许多著述，包括文章、建议、报告、信件等等，还有少量的讲稿。这篇讲稿，就蕴含了白求恩精神的丰富内涵。

白求恩既是一名共产党员，也是一位医生；既算得上是专业技术工作者，也可以算是一个领导者。他亲身经历战时八路军的医疗技术与装备落后状况，深感医疗技术对救死扶伤的极端重要性，心中始终把伤病员放在首位，把人民大众放在心中。这就是为什么毛泽东同志称赞他：

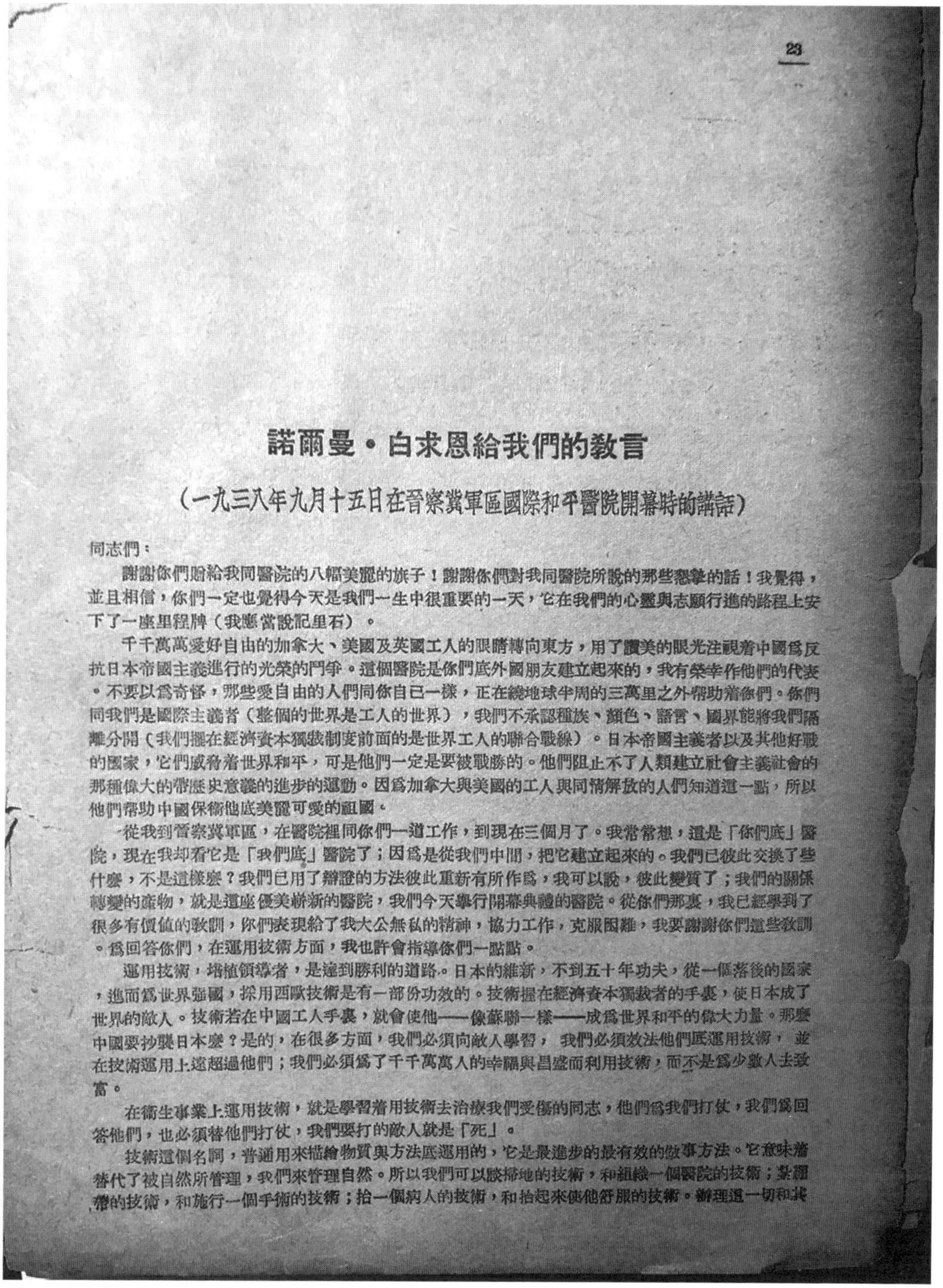

23

諾爾曼・白求恩給我們的教言

（一九三八年九月十五日在晉察冀軍區國際和平醫院開幕時的講話）

同志們：

謝謝你們贈給我同醫院的八幅美麗的旗子！謝謝你們對我同醫院所說的那些懇摯的話！我覺得，並且相信，你們一定也覺得今天是我們一生中很重要的一天，它在我們的心靈與志願行進的路程上安下了一座里程牌（我應當說記里石）。

千千萬萬愛好自由的加拿大、美國及英國工人的眼睛轉向東方，用了讚美的眼光注視着中國爲反抗日本帝國主義進行的光榮的鬥爭。這個醫院是你們底外國朋友建立起來的，我有榮幸作他們的代表。不要以爲奇怪，那些愛自由的人們同你自已一樣，正在繞地球半周的三萬里之外幫助着你們。你們同我們是國際主義者（整個的世界是工人的世界），我們不承認種族、顏色、語言、國界能將我們隔離分開（我們擺在經濟資本獨裁制度前面的是世界工人的聯合戰線）。日本帝國主義者以及其他好戰的國家，它們威脅着世界和平，可是他們一定是要被戰勝的。他們阻止不了人類建立社會主義社會的那種偉大的帶歷史意義的進步的運動。因爲加拿大與美國的工人與同情解放的人們知道這一點，所以他們幫助中國保衛他底美麗可愛的祖國。

從我到晉察冀軍區，在醫院裡同你們一道工作，到現在三個月了。我常常想，這是「你們底」醫院，現在我却看它是「我們底」醫院了；因爲是從我們中間，把它建立起來的。我們已彼此交換了些什麼，不是這樣麼？我們已用了辯證的方法彼此重新有所作爲，我可以說，彼此變質了；我們的關係轉變的產物，就是這座優美嶄新的醫院，我們今天舉行開幕典禮的醫院。從你們那裏，我已經學到了很多有價值的教訓，你們表現給了我大公無私的精神，協力工作，克服困難，我要謝謝你們這些教訓。爲回答你們，在運用技術方面，我也許會指導你們一點點。

運用技術，培植領導者，是達到勝利的道路。日本的維新，不到五十年功夫，從一個落後的國家，進而爲世界强國，採用西歐技術是有一部份功效的。技術握在經濟資本獨裁者的手裏，使日本成了世界的敵人。技術若在中國工人手裏，就會使他——像蘇聯一樣——成爲世界和平的偉大力量。那麼中國要抄襲日本麼？是的，在很多方面，我們必須向敵人學習，我們必須效法他們底運用技術，並在技術運用上遠超過他們；我們必須爲了千千萬萬人的幸福與昌盛而利用技術，而不是爲少數人去致富。

在衛生事業上運用技術，就是學習着用技術去治療我們受傷的同志，他們爲我們打仗，我們爲回答他們，也必須替他們打仗，我們要打的敵人就是「死」。

技術這個名詞，普通用來描繪物質與方法底運用的，它是最進步的最有效的做事方法。它意味着替代了被自然所管理，我們來管理自然。所以我們可以談掃地的技術，和組織一個醫院的技術；紮繃帶的技術，和施行一個手術的技術；抬一個病人的技術，和抬起來使他舒服的技術。辦理這一切和其

《诺尔曼・白求恩给我们的教言》

“白求恩同志毫不利己专门利人的精神，表现在他对工作的极端的负责任，对同志对人民的极端的热忱。”

白求恩的这篇讲稿特别提到了一个医务工作者的职责，他明确指出：

“一个医生，一个护士，一个事务员的责任是什么呢？只有一个责任。那责任是什么呢？那责任就是使你的病人快乐，帮助他们恢复健康，恢复力量。你必须看他们每一个人，都是你的兄弟，你的父亲——因为就真理说，是的，他们比兄弟、父亲还要亲切些——他是你的同志。在一切的事情当中，要将他放在最前头，倘若你不把他看作重于自己，那么你就不配从事卫生事业，实在说，也简直就不配当八路军。”

在讲话中，他特别为八路军战士的“大公无私”所感动。他说：“从你们那里，我已经学到了很多有价值的教训。你们表现给了我大公无私的精神，协力工作，克服困难。我要谢谢你们这些教训。”

白求恩的这些讲话，充分体现了伤病员至上、人民至上、人民解放事业至上的高尚思想与情操。

毛泽东在《纪念白求恩》(原名为《学习白求恩》)一文中，讲清楚了白求恩精神的深刻内涵，以及我们要向白求恩学习什么的问题。毛泽东强调，“每一个共产党员，一定要学习白求恩同志的这种真正共产主义者的精神”，学习白求恩“国际主义的精神”、“毫不利己专门利人的精神”。这种精神感人至深，是共产党人的精神，是彻底地为人民服务的精神。

技术要成为世界和平的伟大力量——技术领导所为

毛泽东指出，“白求恩同志是个医生，他以医疗为职业，对技术精益求精；在整个八路军医务系统中，他的医术是很高明的。”白求恩这次开幕式上的讲话中处处表达了他对技术的重视，他特别告诫一些技术人员、一些技术领导干部，要加强学习，学好技术才能为世界谋得和平。

白求恩在讲话中强调，医务工作者的首要任务，就是学好技术，他说：“为什么我们一定要学习好技术呢？因为在医药和外科上的好技术可以更快地医好病人，少有些痛苦，少有些不安，少有些死亡，少有些疾病，少有些残废。这一切事情都是我们的任务。”

为了不断提高技术，运用技术减少战时伤亡，必须加强学习，甚至不惜向敌人学习。他在讲话中响亮提出：“在很多方面，我们必须向敌人学习，我们必须效法他们底运用技术，并在技术运用上远超过他们；我们必须为了千千万万人的幸福与昌盛而利用技术，而不是为少数人去致富。”

白求恩对于医院管理、战场救护、部队医疗事业发展，有着自己深刻的见解，他在这次讲话中表达为：“运用技术，培植领导者。”他认为这是“达到胜利的道路”。他指出：“日本的维新，不到五十年功夫，从一个落后的国家，进而为世界强国，采用西欧技术是有一部分功效的。技术握在经济资本独裁者的手里，使日本成了世界的敌人。技术若在中国工人手里，就会使他——像苏联一样——成为世界和平的伟大力量。”

他还讲到了培养技术领导者的重要性：“同志们，现在我们需要技术，同时我们需要运用那技术的领导者；我们理想着一个学识渊博、公平正直的技术领导者。这样一个领导者要具备什么条件呢？他必须具备：（一）组织力量；（二）教育能力；（三）监督能力。”

一个战地医疗工作者，怎样去工作呢？他在讲话中的回答是，勤奋工作是非常重要的，但这不意味着一个劲地找领导要活干，而是要动脑筋，创造性地工作。“很急切的到各处去找工作，做两个或三个医生做的事情，时时研究如何能增进你的技术，不断地想着去安慰你的病号，使你的病号平安。倘若别的医生一天一次或两天一次地去看他的病号，你就一天去看他们两次或三次；过了一些时候聂司令（指聂荣臻）将要听到你了，要委派你当一个军分区的主任医生了。这时你还是照从前一样做，不断的不满足你自己同你的工作，不断的想着计划着，改善你的病号的情况，并且不断的给别人以指导；那样毛泽东同志就要听到你了，要使你当全八路军军医处的处长了。那时候聂同志和毛泽东同志为争你就要有一个友谊的争执，因为聂同志不愿意你离开他的军区啊！”

白求恩在讲话中，对基层医疗领导干部的修养如何提高，如何开展工作，也提出了一些建设性意见。这些意见有很强的可操作性。比如他指出：

“医生们，去指导、监督你们年轻的医生、护士与事务员。领导他们，指示给他们充满精力的、不懈怠懒惰的、深谋远虑的各种的例子。护士们，指导你们的事务员，领导他们，监督他们；要勤快敏捷，不要多说话；要多工作，当你知道得更不清楚的时候，不要太喜欢给别人忠告；要学习独立工作，不要那半斤八两的帮助；你自己能做的事，不要找别人去做。”

“会议是需要的，好的，但必须议而即行，记着马克思的话：“实际行动的一步，胜似一打纲领”，空谈代替不了行动。话是人民发明来描写行动的，照它底本来的目的去用它吧。”

这是“你们底”，也是“我们底”——国际情怀所系

没有情感的讲话与讲稿，是不会受欢迎的；没有情怀的讲话，也是不能打动人的。只有对人对事富有情感、情怀，才会打动人心、沟通思想，也才能促使听众自觉接受。白求恩的这篇讲话，就富有丰富的情感、情怀。

到晋察冀工作后，白求恩很快就与大家融在了一起。他在讲话一开始就说：“从我到晋察冀军区，在医院里同你们一道工作，已经三个月了。我常常想，这是‘你们底’医院，现在我却看它是‘我们底’医院了；因为是从我们中间，把它建立起来的。”讲话中这种角色转换的说法，

无形中拉近了与大家的心理距离，一下子就说到“一个战壕的战友”的心里去了。

白求恩表达了国际主义者的眼界：“这个医院，是你们底外国朋友建立起来的，我有荣幸作他们的代表。不要以为奇怪，那些爱自由的人们同你自己一样，正在绕地球半周的三万里之外帮助着你们。你们同我们是国际主义者（整个的世界是工人的世界），我们不承认种族、颜色、语言、国界能将我们隔离分开。”这里，我们看到一位国际主义、共产主义战士的思想境界。

新中国，不一定能活着看到——牺牲精神所在

思想是精神的内涵，精神是思想的体现。有伟大的思想，才会有牺牲的精神。毛泽东说：“人是要有一点精神的。”法国拿破仑说过，决定胜利的力量是精神。白求恩的这篇讲稿，就充分体现了他为了人民的事业不惜牺牲的大无畏精神。

白求恩的讲话中清楚地提到，未来的新国家，自己是不一定能看到：

“他们打仗，不仅为挽救今日的中国，而且为实现明天的伟大的自由、没有阶级的新中国。那个新中国，虽然他们和我们，不一定能活着看到，但是不管他们和我们是否能活着看到那个和平、幸福的工人的共和国，主要的是他们和我们用今天的行动已使那新共和国成为可能的了，帮助了他的诞生了。但是他之能否诞生，要依靠我们今天和明天的行动。”

白求恩的讲话，也充满了必胜的信念。他带着深厚的感情说：

“千千万万爱好自由的加拿大、美国及英国工人的眼睛转向东方，用了赞美的眼光注视着中国为反抗日本帝国主义进行的光荣的斗争。”

“日本帝国主义者以及其他好战的国家，它们威胁着世界和平，可

是他们一定是要被战胜的。他们阻止不了人类建立社会主义社会那种伟大的带历史意义的进步的运动。”

对于未来的新中国和共产党人追求的目标，白求恩有着坚定的信念，他最后说：“那些躺在病房里的同志，不能动却能听到我们说：‘同志们！我们向你致敬礼。’为那些死者让我们说：‘同志们！我们知道你们是没有白死的。’让活着的、要死的、死了的，用一个目的、一个意志结为同志吧！那样我们将是无敌的。”

白求恩所讲的也是他实践的。他的这些话，不幸言中，一年多以后，他以身殉职，牺牲在工作岗位上。没能看到伟大的、自由的、人民当家作主的新中国的诞生。但在他牺牲后，他的战友们化悲痛为力量，继续完成他未竟的事业。

这就是我们从这篇讲话中看到的白求恩，一个国际主义者，一个共产党人，一个“毫不利己、专门利人”的人！

毛泽东在窑洞中如何对外国人“讲故事”？

中国共产党及其领导的队伍在成长、壮大的历史上，数度被敌人封锁、包围，却数度逆境崛起。

延安时期，毛泽东曾说过：“在国民党政府的新闻封锁政策下”，对解放区的情况，“很多的中国人外国人都无法知道”。

中华民族历经磨难，但自从有了中国共产党的领导，尽管数度艰难，却能不断崛起。抗日战争，就是艰难岁月的一段。

那时的毛泽东，身处延安窑洞，却成功地把中国共产党的政策主张以及中国的道路方向展示在世界面前，赢得了国际社会的理解、同情和支持，为中华民族必胜的事业争取到了强大的推动力。

为什么要对外国人“讲故事”

由于敌对势力的全面封锁，中共直接对外“发声”非常困难。再加上以国民党反动派为代表的一些人刻意抹黑共产党及其领导下的区域“人民如何苦惨，生活如何穷困，稍有资产者则剥榨净尽，活埋生命极无人道，男女混杂人伦不讲”。中国共产党及延安在外界的形象是模糊的、歪曲的，正如斯诺在《西行漫记》一开篇所说：“在世界各国中，恐怕没有比红色中国的情况是更大的谜，更混乱的传说了。”

在当时，面对日益严峻的抗战形势，关心抗战大局的各界人士对“中国前途在哪里”的担忧越来越重，纷纷把目光转向了中共和延安，愿意听听来自延安的声音。共产党坚持抗战的实际表现，以及通过种种渠道传播出去的《论持久战》《新民主主义论》等理论著作，则使外界对中共有了更多的积极猜测和期待。他们迫切地想知道，中共这支越来越强大的力量，以及领导下的边区究竟是什么样的？

对外“发声”，传递准确信息、掌握话语主动权，是中国共产党的迫切需要；同时，也是为了更大范围地争取中间势力、争取国际援助。

处在延安窑洞中的毛泽东，广邀国际友人来访，在与他们的交往中以各种方式，讲好中国共产党的故事，讲好共产党领导下的千千万万边区人民的故事。

面对面讲：在交谈中讲述

在延安，与毛泽东面谈过的，有国外的记者、政要、团体等。他特别重视与外国新闻记者的交流。

见过毛泽东的美国记者斯诺曾说：“毕竟我是一种媒介，他通过我，第一次得到了向世界发表谈话，更重要的是，向全中国发表谈话的机会。…… 他的看法一旦用英语发表出去，尽管国民党实行新闻检查，也会传回到大多数中国知识分子的耳朵里。”

斯诺启程打开“红色中国”的大门之前，就准备了78个美国民众关心的问题，想要寻找答案。毛泽东接连几十天与斯诺谈话，自1936年底至1937年初，斯诺先后发表了30余篇报道，《红星照耀中国》一书先后译为20多种文字。斯诺的成功吸引了更多西方记者到来。

另一位美国记者、作家白修德，1944年以美国《时代》杂志记者身份访问过延安。他这样描述与毛泽东谈过话后的效果：“驻外记者一回到华盛顿便会惊讶地发现，他们每天发回的即使是漫不经心的报道也会对国会议员和决策者产生巨大的影响。”

1944年中外记者西北参观团访问延安时，“毛主席很兴奋，与记者畅所欲言，因为总算是打开了局面。外国记者的情绪也很高，像发现了新大陆”。毛泽东回答了记者们关于抗战政策、抗战前途、国共合作、战略战术、国际形势等方面的问题，介绍了中共和边区的情况，同时也从他们那里了解到国际的许多信息。

还有一位美国记者斯特朗，1946年8月，毛泽东在与她谈话时提出了“一切反动派都是纸老虎”的著名论断，并且自己用英语敲定表达为“Paper-tiger”。“纸老虎”这个生动有力的表述被报道后引起巨大反响，极大地增强了人民的必胜信心。

“红色中国”的故事，跟随着史沫特莱、海伦·福斯特·斯诺、贝特兰、斯坦因、福尔曼、爱泼斯坦、白修德、斯特朗等外国记者的著述，传遍了世界，让国际社会认识了一个真实的中共，一个立体的中国。

1965年11月24日，毛泽东为老朋友美国女作家安娜·路易斯·斯特朗女士设午宴，祝贺她八十寿辰

延安时期，与毛泽东面谈过的外国人，不只是上述这些人们熟悉的名字，还有许许多多人们不熟悉的外国人，他们或受邀到来，或悄悄赴延安，自与毛泽东和中共各级领导人面谈后，大多改变了以往对中共的认识。

用“笔杆子”讲：在文字中陈说

毛泽东形象地称知识分子的“笔杆子”堪比“三千毛瑟精兵”。在对外介绍中共时，毛泽东适时地运用纸媒的力量，把中共的政策主张及时宣传出去。

以美军观察组来访为例。毛泽东在1944年6月28日确切得知美军观察组可来延安后，当即表示欢迎。在7月22日观察组第一批人员飞抵延安之前，《解放日报》《新华日报》等集中刊登了相关文章。

1944年8月15日，《解放日报》刊登了毛泽东亲自改定的社论《欢迎美军观察组的战友们》，其中“战友们”三个字是毛泽东加上的。在这篇社论里，除了对美军观察组的到来表示欢迎，认为这“对于争取抗日战争的胜利，实有重大的意义”之外，还对八路军和新四军的战果做了介绍，以澄清“国民党统治人士的欺骗政策与封锁政策”造成的谣言。

观察组成员谢伟思在发回美国国务院的报告中，详细记录了毛泽东传递的一些重要信息，比如：中共“比国民党更易于合作”，“美国无需害怕中共”。

1945年2月8日，由美国驻重庆大使馆全体政务官员联名发出的《中国的局势》报告中说：如果美国继续坚持片面支持援助蒋介石的政策，“在中国发生混乱就是不可避免的”，而且灾难性的内部冲突可能加速爆发。

据知情学者透露，毛泽东当时用“笔杆子”亲自撰写的文章、亲笔书写的书信，现在还保存在苏联、美国、加拿大以及欧洲有关国家的档案部门或个人手中。

“请看事实”：用开放和真实的事实展现

毛泽东曾这样说：“我们反攻敌人的方法，并不多用辩论，只是忠实地报告我们革命工作的事实”，面对敌人的抹黑，我们说“请看事实”。

中共及其领导下的边区新闻自由，给到访者们留下深刻印象。

比如，爱泼斯坦把“开放”和“真实”的延安与被称为“反共壁垒”的西安作对比说：在西安，“每个人仿佛都是棋盘上的棋子，行动都要严格遵守规则，一般不能按本人意志行事”。

比如，海伦·斯诺在延安的4个多月里，接触了苏区的

1944年6月，毛泽东在延安和外国记者合影。前排左起［美］武道、［美］普金科、［美］爱泼斯坦、［美］福尔曼；后排左起［美］夏南汉、［英］斯坦因

战士、工人、农民、文艺工作者、妇女、儿童，采访人数起码达到65位，她称自己提出的数以千计的问题绝大部分都得到了圆满答案。

比如，中外记者西北参观团来访时，毛泽东等人制定的接待原则就是敞开大门，他们可以自由考察参观，不受任何拘束。冈瑟·斯坦曾说："看来对于我们的到来，他们是很高兴的，而且愿意协助我们工作。……他们对我们的态度似乎是：用你们自己的眼睛去了解我们。"

"请看事实"的接待态度，产生了非常好的效果。在华北某抗日根据地被营救，并在那里生活了两个月的美军飞机轰炸手布希回国后，向纽约《下午报》(1945年4月8日)说：中国共产党人在他们领导的区域有效地组织起中国人民从事全面抗日战争，我能证明他们是打日军的。

国际友人们纷纷向外界介绍他们的所见所闻、亲身感受，针对之前听说的种种不实信息，为中共和边区进行了强有力的辟谣。

比如，英国记者斯坦因写道：共产党的军队，是和人民紧密联系着的，这种联合力量使得日本人产生恐惧。

毛泽东虽偏居延安窑洞，却放眼全中国和全世界，在他的亲自谋划和直接参与下，向国际社会呈现了一个真实的延安、真实的中国共产党，赢得广泛理解和支持。

毛泽东是怎么批驳美国政客言论的?

1949年8月至9月，新华社连续播发了由毛泽东亲自撰写的五篇文章（社论），严厉批驳当时美国总统杜鲁门、幕后总司令马歇尔、国务卿艾奇逊和美国驻华大使司徒雷登等政客的言论。这些言论主要包括1949年8月5日，美国国务院公布的《美国与中国的关系》白皮书和艾奇逊给杜鲁门的信等。这到底是怎么回事呢?

美国政客存在严重的唯心史观

毛泽东在系列文章中指出，白皮书和信件的发表，反映了美国政客不甘心看到中国人民已经站起来的事实。毛泽东清楚地看到，美国政客们对中国革命等问题采取了全面污蔑的态度，反映了他们的唯心史观本质。

中国共产党领导的中国人民解放军即将解放全中国之际，美国国务院于1949年8月5日，公布了《美国与中国的关系》白皮书（简称白皮书）和美国国务卿艾奇逊给杜鲁门总统的信（简称信件）。

毛泽东在《丢掉幻想，准备斗争》一文中，开宗明义地指出：白皮书和信件，“在现在这个时候发表，不是偶然的。这些文件的发表，反映了中国人民的胜利和帝国主义的失败，反映了整个帝国主义世界制度的衰落。帝国主义制度内部的矛盾重重，无法克服，使帝国主义者陷入了极大的苦闷中”。在毛泽东连续发表批判白皮书和信件的文章后，引

丟掉幻想，準備鬥爭

《丢掉幻想，准备斗争》发表于1949年8月15日的《人民日报》

起了国内外广泛的注意和讨论。

毛泽东在《为什么要讨论白皮书？》中，进一步指出：“现在全世界都在讨论中国革命和美国的白皮书，这件事不是偶然的，它表示了中国革命在整个世界历史上的伟大意义。就中国人来说，我们的革命是基本上胜利了。”美国政客不甘心看到中国人民已经站起来的心态，从他们对中国革命发生原因、性质等的歪曲和污蔑中就能看出来。

中国革命发生的原因，艾奇逊一曰是中国人口太多。对于这种唯心史观谬论，毛泽东在《唯心历史观的破产》中针锋相对地批判道：“古今中外有过很多的革命，都是由于人口太多吗？中国几千年以来的很多次的革命，也是由于人口太多吗？美国一百七十四年以前的反英革命，也是由于人口太多吗？艾奇逊的历史知识等于零，他连美国《独立宣言》也没有读过。华盛顿杰斐逊们之所以举行反英革命，是因为英国人压迫和剥削美国人，而不是什么美国人口过剩。”毛泽东进一步指出：“中国人民历次推翻自己的封建朝廷，是因为这些封建朝廷压迫和剥削人民，而不是什么人口过剩。”毛泽东还尖锐地指出，从艾奇逊这类政客的心态中可以看出，他们唯恐中国不乱，希望中国大乱。“按照艾奇逊的说法，中国是毫无出路的，人口有了四亿七千五百万，是一种‘不堪负担的压力’，革命也好，不革命也好，总之是不得了。艾奇逊在这里寄予了很大的希望，这个希望他没有说出来，却被许多美国新闻记者经常地透露了出来，这就是所谓中国共产党解决不了自己的经济问题，中国将永远是天下大乱。”毛泽东并不信这个邪，他从唯物史观出发，提出了具有真理性的命题：革命加生产即能解决吃饭问题。毛泽东充满自信地说：“我们相信革命能改变一切，一个人口众多、物产丰盛、生活优裕、文化昌盛的新中国，不要很久就可以到来，一切悲观论调是完全没有根据的。”

艾奇逊又曰中国革命发生的原因，是受“西方的影响”。艾奇逊讲的“西方的影响”有两层意思：一是指西方文化对中国的影响，二是指西方文化是一种“高度文化”。毛泽东则从唯物史观上批驳了艾奇逊的说法。毛泽东认为，西方文化传入中国，确实产生了影响，但是，这种影响从本质上讲，是“西方资产阶级按照自己的面貌用恐怖的方法去改造世界”。

毛泽东的这个概括是用中国共产党人的话语，解析《共产党宣言》中的这个重要观点。马克思恩格斯指出：资产阶级运用其生产方式，“它迫使一切民族——如果它们不想灭亡的话——采用资产阶级的生产方式；它迫使它们在自己那里推行所谓文明制度，即变成资产者。一句话，它按照自己的面貌为自己创造出一个世界”。

当然，在马克思恩格斯看来，资产阶级运用其生产方式向全世界扩张具有两重性，一是创造了新的生产力，二是造就了运用这种生产方式的资产阶级掘墓人。毛泽东历数了中国近代史上发生的英国鸦片侵略的战争、英法联军侵略的战争、法国侵略的战争、日本侵略的战争、八国联军侵略的战争等，这就是艾奇逊所讲的西方资产阶级文化对中国的影响。

针对艾奇逊傲视为“高度文化”的西方资产阶级文化，毛泽东也作了剖析。毛泽东认为，中国人对西方文化的认识经历了一个过程。从1840年的鸦片战争到1919年的五四运动，中国人确实没有什么思想武器可以抵御帝国主义。旧的顽固的封建主义的思想武器打了败仗，抵不住，宣告破产了。不得已，中国人被迫从帝国主义的老家即西方资产阶级革命时代的武器库中学来了进化论、天赋人权论和资产阶级共和国等思想武器和政治方案，组织过政党，举行过革命，以为可以用它来外御列强，内建民国。但是这些东西也和封建主义的思想武器一样，软弱得很，又是抵不住，败下阵来，宣告破产了。无情的事实告诉中国人“帝国主义的侵略打破了中国人学西方的迷梦。很奇怪，为什么先生老是侵略学生呢？中国人向西方学得很不少，但是行不通，理想总是不能实现”。毛泽东还以中国革命的先行者孙中山为例说明上述道理：“孙先生以大半辈子的光阴从西方资产阶级文化中寻找救国真理，结果是失望，转而‘以俄为师’，这是一个偶然的事件吗？显然不是。”

毛泽东这种据史立论、论从史出的叙述方式，具有极强的说服力。

在批驳了西方文化并不是什么“高度文化”之后，毛泽东指出，真正的高度文化是马克思列宁主义。“一九一七年的俄国革命唤醒了中国人，中国人学得了一样新的东西，这就是马克思列宁主义。中国产生了共产党，这是开天辟地的大事变。……总之是从此以后，中国改换了方向。”

马克思列宁主义来到中国为什么会发生这样大的作用呢？毛泽东从唯物史观的高度和深度上解析了这个真理：“马克思列宁主义来到中国之所以发生这样大的作用，是因为中国的社会条件有了这种需要，是因为同中国人民革命的实践发生了联系，是因为被中国人民所掌握了。任何思想，如果不和客观的实际的事物相联系，如果没有客观存在的需要，如果不为人民群众所掌握，即使是最好的东西，即使是马克思列宁主义，也是不起作用的。”

这恰恰说明，一个国家实行什么样的主义，关键要看这个主义能否解决这个国家面临的历史性课题。

抓住美国政客言论的要害

美国政客那些颠倒黑白的言论并不是每句话都能反映了这些政客的真实面目的，比如他们言论中那些充满仁义道德的辞藻。毛泽东运用辩证唯物主义和历史唯物主义的望远镜和显微镜，抓住美国政客言论的要害并加以批驳。

比如，把侵略说成友谊。毛泽东指出：白皮书上提到的中美两国有史以来第一次签订的1844年的《望厦条约》，这清楚表明“美国是最早强迫中国给予治外法权的国家之一”。

在《“友谊”，还是侵略？》这篇文章中，毛泽东历数了中国近现代史上美国对中国的“友谊”的表示：参加八国联军打败中国，迫出庚子赔款，又用之于“教育中国学生”，从事精神侵略，也算一项“友谊”的表示；治外法权是“废除”了，强奸沈崇案的犯人回到美国，却被美国海军部宣布无罪释放，也算一项“友谊”的表示；所谓战时和战后对华援助，帮助蒋介石杀死几百万中国人，也算一项“友谊”的表示；等等。毛泽东指出：“美帝国主义侵略中国的历史，自从一八四〇年帮助英国人进行鸦片战争起，直到被中国人民轰出中国止，应当写一本简明扼要的教科书，教育中国的青年人。”

美国对华援助是白皮书不厌其烦提到的，而且还有具体数字。美国教会、“慈善”机关在中国的投资，总额达4190万美元，白皮书讲美国“战时和战后的对华援助”达45亿多美元（据我方统计是59亿多美元）。

美国对华援助的这些钱用来干什么呢？一是进行精神侵略，二是帮助蒋介石杀死几百万中国人。

毛泽东在《别了，司徒雷登》一文中，一针见血地指出了美国对华援助的实质："美国出钱出枪，蒋介石出人，替美国打仗杀中国人，借以变中国为美国殖民地的战争，组成了美国帝国主义在第二次世界大战以后的世界侵略政策的一个重大的部分。"

针对当时一些中国人（包括年轻人）看不清楚的美国两党制和两党之间斗争的问题，毛泽东敏锐地看到，白皮书和信件的发表是有当时美国民主党和共和党之间斗争背景的。中国革命的胜利和美国对华政策的失败"已经迫使美帝国主义集团内部的一个方面、一个派别，要用公开发表自己反对中国人民的若干真实材料，并作出反动的结论，去答复另一个方面、另一个派别的攻击，否则他们就混不下去了"。从这个意义上看，毛泽东称白皮书是"以推卸责任为目的白皮书"。

毛泽东在《为什么要讨论白皮书？》一文中，再次用中国共产党人的话语解读了马克思主义的重要观点。1891年，恩格斯为纪念马克思的《法兰西内战》发表20周年而写的导言中是这么阐析19世纪末美国的两党制和两党之间斗争的。这是"两大帮政治投机家，他们轮流执掌政权，用最肮脏最卑鄙的目的运用这个政权，而国民却无力对付这两大政客集团，这些人表面上是替国民服务，实际上却是统治和掠夺国民的"。毛泽东深刻指出了美国两党制和两党之间斗争的实质，这是"他们同伙中的对手辩论究竟哪一种反革命方法较为聪明的问题，是必要的和可行的。他们企图借此说服其对手，以便继续他们自认为较为聪明的反革命方法"。毛泽东还指出，为什么有些人对这个问题的观察不正确，"就是因为他们没有或不赞成用历史唯物主义的观点去看问题的缘故"。

在历史发展的长过程中，历史现象虽然不会出现简单重复，但却有惊人的相似之处。当今世界正经历百年未有之大变局，国际格局正处于大发展大变革大调整时期，在这样背景下，出现了一些美西方政客围堵、攻击、污蔑中国的种种谬论，而且这些论调有时还颇能迷惑一些人。今天重新审视美国政客说一套做一套的两面派嘴脸，重新读读毛泽东的这些反驳文章，会给我们别样的启发。

毛泽东告诉美国国务卿两个理论逻辑

“丢掉幻想，准备斗争！”

“捣乱，失败，再捣乱，再失败，直至灭亡！”

这是一段时间以来中国网民们在谈论中美关系和具有许多新的历史特点的伟大斗争时，经常引用的两句话。这两句话，出自毛泽东在新中国成立前夕于1949年8月写下的《丢掉幻想，准备斗争》这篇文章。文章的起因，就是要回应1949年8月美国方面发表的《美国与中国的关系》白皮书和美国国务卿艾奇逊为发表白皮书给美国总统杜鲁门的信。

给美国政客们讲了两个逻辑、两条定律

在《丢掉幻想，准备斗争》这篇文章中，毛泽东开门见山地指出：

“美国国务院关于中美关系的白皮书以及艾奇逊国务卿给杜鲁门总统的信，在现在这个时候发表，不是偶然的。这些文件的发表，反映了中国人民的胜利和帝国主义的失败，反映了整个帝国主义世界制度的衰落。帝国主义制度内部的矛盾重重，无法克服，使帝国主义者陷入了极大的苦闷中。”

毛泽东给美国政客们讲了两个逻辑、两条定律：

“捣乱，失败，再捣乱，再失败，直至灭亡——这就是帝国主义和世界上一切反动派对待人民事业的逻辑，他们决不会违背这个逻辑的。这是一条马克思主义的定律。”

“斗争，失败，再斗争，再失败，再斗争，直至胜利——这就是人民的逻辑，他们也是决不会违背这个逻辑的。这是马克思主义的又一条定律。”

毛泽东还告诉他们，我们是怎样取得胜利的：

“斗争，失败，再斗争，再失败，再斗争，积一百零九年的经验，积几百次大小斗争的经验，军事的和政治的、经济的和文化的、流血的和不流血的经验，方才获得今天这样的基本上的成功。这就是精神条件，没有这个精神条件，革命是不能胜利的。”

他提醒那些还存在幻想的人们：

“‘准备斗争’的口号，是对于在中国和帝国主义国家的关系的问题上，特别是在中国和美国的关系的问题上，还抱有某些幻想的人们说的。他们在这个问题上还是被动的，还没有下决心，还没有和美国帝国主义（以及英国帝国主义）作长期斗争的决心，因为他们对美国还有幻想。在这个问题上，他们和我们还有一个很大的或者相当大的距离。”

消除一些人对美国不切实际的幻想

在西方政客和敌对势力惯用的谎言手段面前，如何认清外部势力干涉中国内政的本质，如何教育人民搞清真相、分清敌友，这是当时我们党面临的一个重大问题。在重大历史关头，会出现有模糊认识的人，甚至“有错误思想的人”。对这样一些人，需要“进行说服工作”。

毛泽东在宣布“中国人民站起来了”时候，明确指出：“帝国主义者和国内反动派决不甘心于他们的失败，他们还要作最后的挣扎。在全国平定以后，他们也还会以各种方式从事破坏和捣乱，他们将每日每时企图在中国复辟。这是必然的，毫无疑义的，我们务必不要松懈自己的警惕性。”这种“破坏和捣乱”，在新中国成立前后就没有停止过，为此，毛泽东告诫那些干涉中国内政者要“从中国事变中吸取教训”，“应当着手改变他们干涉中国内政的错误政策，采取和中国人民建立友好关系的政策”。

就在这个时候，美国国务院于1949年8月发表了《美国与中国的关系》白皮书和美国国务卿艾奇逊为发表白皮书给美国总统杜鲁门的信。白皮书详细叙述了抗日战争末期至1949年的5年间，美国实行扶蒋反共政策，千方百计反对中国人民革命，最后遭到失败的经过，公布了若干反对中国人民革命的真实材料，但却把美国侵略中国的政策说成是“对中国的关切”，“对中国的友谊”。还公开声称要鼓励中国的“民主个人主义者”“再显身手”，推翻中国共产党领导的人民民主专政的政府，摆脱“苏联的控制”。

这份白皮书，实际上是美国对华政策失败的真实记录，从另一方面展示了美帝国主义者侵华的罪行。为了帮助党内外人士提高警惕，并说服一些思想糊涂的人甚至“有错误思想的人”，毛泽东通过修改或起草新华社社论等方式，亲自做工作，并号召：“先进的人们应当利用白皮书，向一切这样的人进行说服工作。”

经毛泽东亲自安排部署，中国共产党从1949年8月中旬至9月中旬，连续以新华社社论形式，发表了《无可奈何的供状》《丢掉幻想，准备斗争》《别了，司徒雷登》《为什么要讨论白皮书？》《“友谊”，还是侵略？》《唯心历史观的破产》六篇评论。这六篇评论中，后五篇是毛泽东亲自撰写的。这些重要社论文章，揭示了美国对华政策的真正面目，揭露了美国对华政策的侵略实质及其对中国革命的仇视，批评了国内一部分知识分子对美国不切实际的幻想。

在《丢掉幻想，准备斗争》这篇社论中，毛泽东指出“美国帝国主义者对于中国的目前这个局面是毫无办法了”，“他们不能控制了，他们无可奈何了”。在揭露美国对华政策的帝国主义本质时，他批评了国内一部分具有“民主个人主义思想”的人对美帝国主义的幻想。

在《别了，司徒雷登》这篇社论中，毛泽东揭露了美国试图变中国为美国殖民地的侵略政策，明确表示：“我们中国人是有骨气的。”并指出：“中国还有一部分知识分子和其他人等存有糊涂思想，对美国存有幻想，因此应当对他们进行说服、争取、教育和团结的工作，使他们站到人民方面来，不上帝国主义的当。”

在《为什么要讨论白皮书？》这篇社论中，毛泽东针对美国国务卿艾奇逊说共产党领导的政府是“极权政府”的话，指出：“这个政府是对于内外反动派实行专政或独裁的政府，不给任何内外反动派有任何反革命的自由活动的权利。反动派生气了，骂一句‘极权政府’。其实，就人民政府关于镇压反动派的权力来说，千真万确地是这样的。这个权力，现在写在我们的纲领上，将来还要写在我们的宪法上。对于胜

人民日报

中华民国三十八年八月十九日　星期五

别了，司徒雷登

新华社社论

《别了，司徒雷登》发表于1949年8月19日《人民日报》

利了的人民，这是如同布帛菽粟一样地不可以须臾离开的东西。这是一个很好的东西，是一个护身的法宝，是一个传家的法宝，直到国外的帝国主义和国内的阶级被彻底地干净地消灭之日，这个法宝是万万不可以弃置不用的。越是反动派骂‘极权政府’，就越显得是一个宝贝。但是艾奇逊的话有一半是说错了。共产党领导的人民民主专政的政府，对于人民内部来说，不是专政或独裁的，而是民主的。这个政府是人民自己的政府。这个政府的工作人员对于人民必须是恭恭敬敬地听话的。同时，他们又是人民的先生，用自我教育或自我批评的方法，教育人民。”

在《“友谊”，还是侵略？》这篇社论中，毛泽东回应美国对中国的所作所为是“友谊”还是侵略的问题时，尖锐地指出：“艾奇逊当面撒谎，将侵略写成了‘友谊’。”毛泽东列举了1840年以来美帝国主义侵略中国的历史事实，指出：“美帝国主义侵略中国的历史，自从一八四〇年帮助英国人进行鸦片战争起，直到被中国人民轰出中国止，应当写一本简明扼要的教科书，教育中国的青年人。”

在《唯心历史观的破产》这篇社论中，毛泽东批评说：“艾奇逊胡诌了一大篇中国近代史，而艾奇逊的历史观点正是中国知识分子中有一部分人所同具的观点，就是说资产阶级的唯心的历史观。”毛泽东在文章中用大量的事实说明：“自从中国人学会了马克思列宁主义以后，中国人在精神上就由被动转入主动。从这时起，近代世界历史上那种看不起中国人，看不起中国文化的时代应当完结了。伟大的胜利的中国人民解放战争和人民大革命，已经复兴了并正在复兴着伟大的中国人民的文化。”

“中国的历史，从此开辟了一个新的时代”

通过这些回答，毛泽东清楚地告诉世人：对帝国主义侵略的本质，要有清醒的认识；对帝国主义者不能抱有任何幻想；我们要建立的新中国，是一个人民当家作主的国家，是一个完全独立自主的主权国家；中华民族被压迫和被侮辱的日子，将永远成为过去，我们已经站起来了；由于有了马克思列宁主义的指导，中国人在精神上才由被动转入主动，中华民族伟大复兴才有了可能；在中国共产党领导下，一个全新的中国，已经翻开了“从此站起来了”的时代篇章。

1949年，以毛泽东为代表的中国共产党人带领人民经过28年艰难探索和浴血奋战，迎来了一个由人民当家作主的全新的历史新纪元。这年9月30日，在中国人民政治协商会议第一届全体会议闭幕式上，通过了一份由毛泽东亲自起草的《中国人民政治协商会议宣言》，其中明确写道：“中国的历史，从此开辟了一个新的时代。”

就在这个“新的时代”来临的时候毛泽东还回答了一系列问题。

比如：在回应经济悲观论调时，他指出：“善于建设一个新世界”，“将活得比帝国主义国家要好些”。

在回答新中国的政治制度构架时，他指出：“集中到一点，就是工人阶级（经过共产党）领导的以工农联盟为基础的人民民主专政。”

在回答党和政府与人民群众的关系问题时，他指出：“我们共产党人区别于其他任何政党的又一个显著的标志，就是和最广大的人民群众取得最密切的联系。全心全意地为人民服务，一刻也不脱离群众；一切从人民的利益出发，而不是从个人或小集团的利益出发；向人民负责和向党的领导机关负责的一致性；这些就是我们的出发点。”

毛泽东特别向国内外宣告：“人民的国家是保护人民的！”“人民万岁！”

后　记

《来路——中共党史中的伟大细节》，由中共中央党史和文献研究院对外合作交流局国家高端智库团队集体编撰，素材来自该局主办的“理论中国”公众号发表的原创性文章，作者有的是在党史、国史、军史上有所研究、有所造诣的专家学者，有的是对党史细节、党史疑难问题极富探究热情和浓厚研究兴趣的青年学者。这些党史细节探究出来后，发表在“理论中国”公众号上，被读者称为读懂中共党史、探寻历史本源的“风向标”。

参与本书内容写作的作者有（按姓氏笔画为序）：

王双梅　王续堃　云巳茹　尹　玲　石玉惠　冯潇然　吕　臻
严书翰　杜金玲　杨明伟　李　丽　李雨檬　李　彦　李　颖
邹卫韶　沈　言　张国华　张清华　陈　鹤　罗　炯　周炳钦
郑天晓　赵晨旭　秦　正　倪富增　郭伟伟　唐筱菊　庹　平
黄　莎　董文墨　谢武申　翟亚柳

参与研究讨论和提出意见的智库团队成员是：

杨明伟　唐筱菊　李　平　刘　强　翟亚柳　樊宪雷　陈　鹤
桑月鹏　梁　晨　罗　炯　鲍传健　冯潇然　庞　娟　张国华
詹　珩　于志辉　张文镝　王续堃　董文墨　谢光远　施　梦
袁　昕　赵晨旭　纪文娟　徐　帜　云巳茹　杜金玲　石玉惠
倪富增　宋雨洲　张　宇

全书由杨明伟策划选题、设计框架并对每一篇文章作出编改；翟亚柳、樊宪雷协助并对其中专题内容进行编改；冯潇然、赵晨旭、杜金玲、石玉惠、倪富增、云巳茹参与了资料和照片收集整理工作，赵晨旭协助作了资料汇总工作。

本书选题策划，最初来源于中国出版集团领导的提议，实施得益于人民文学出版社社长臧永清先生，正是他们对党史细节的独到把握和对主题出版的独具慧眼，激发了作者、编撰者的创作热情，使得这本书能够由意向变成现实。人民文学出版社的编辑周墨西女士细心投入、精心编辑的作风，也给编者留下了深刻印象。

要感谢上述平台、机构和各位参与者为此付出的辛劳！

读懂今天的中国，必须读懂中国共产党；而中共党史，是一本读不完的大书。《来路——中共党史中的伟大细节》，为您提供一个读懂中国共产党的独特视角。但这本小书，不可避免地会存在不足不全甚至细节错漏。恳请读者和方家批评指正！

编撰者

2023年1月